DIE GESETZE DER SELBSTVERWALTUNG IM LANDE NORDRHEIN-WESTFALEN

Die Gesetze der Selbstverwaltung im Lande Nordrhein-Westfalen

GEMEINDEORDNUNG
AMTSORDNUNG · LANDKREISORDNUNG
LANDSCHAFTSVERBANDSORDNUNG
KOMMUNALWAHLGESETZ

Textausgabe
mit Durchführungs- und Verwaltungsverordnungen
8. neubearbeitete und ergänzte Auflage

Mit Anmerkungen von
HANS GERHARD
Bürgermeister i. R.

Springer Fachmedien Wiesbaden GmbH 1961

ISBN 978-3-663-19954-0 ISBN 978-3-663-20300-1 (eBook)
DOI 10.1007/978-3-663-20300-1

Verlags-Nr. 051004

Ursprünglich erschienen bei Westdeutscher Verlag, Koln und Opladen 1960.

Gesamtherstellung: Druckerei Dr. Friedrich Middelhauve GmbH., Opladen

INHALTSVERZEICHNIS

Gemeindeordnung für das Land Nordrhein-Westfalen
(GO)

Amtsordnung für das Land Nordrhein-Westfalen
(AO)

Landkreisordnung für das Land Nordrhein-Westfalen
(LKO)

Landschaftsverbandsordnung für das Land Nordrhein-Westfalen
(LVO)

Verordnung über die Aufstellung und Ausführung des Haushaltsplanes der Gemeinden
(GemHVO)

Eigenbetriebverordnung
(EVO)

Kommunalwahlgesetz
(KWG)

Anhang

GEMEINDEORDNUNG

Innere Verfassung des NRW Amtes

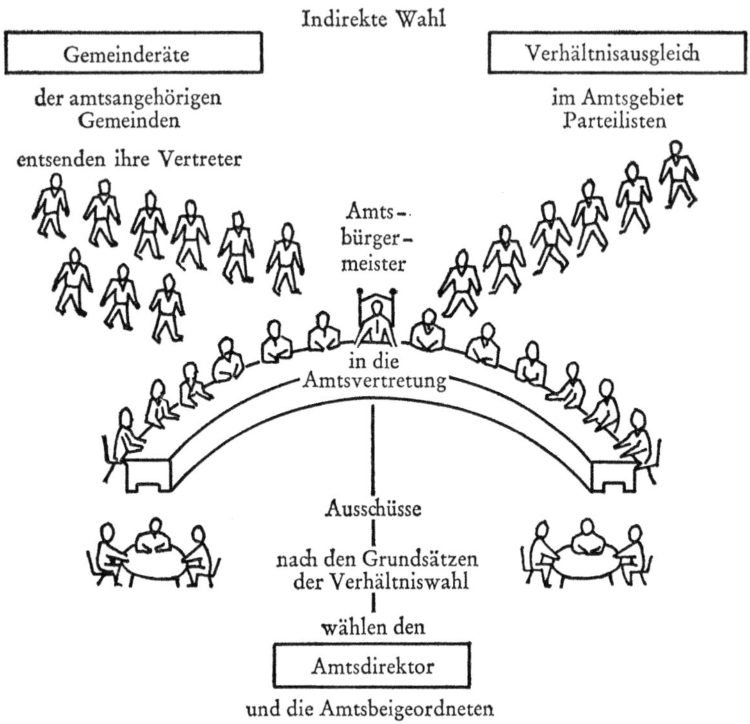

Amtsverwaltung erledigt *Pflicht*aufgaben der amtsangehörigen Gemeinde, die zur Erfüllung nach Weisung übertragen sind

Das Amt kann mit Einwilligung der Gemeinde auch Aufgaben der Gemeinde übernehmen

Der Amtsdirektor kann auch — durch Wahl — ehrenamtlicher Gemeindedirektor sein

Gemeindeordnung
für das Land Nordrhein-Westfalen

vom 21. Oktober 1952 (GV NW S. 269) in der Fassung der Bekanntmachung vom 28. Oktober 1952 (GVO Bl. NRW Nr. 57 vom 10. November 1952 S. 283) mit Durchführungsbestimmungen

Erster Teil

GRUNDLAGEN DER GEMEINDEVERFASSUNG

§ 1 Wesen der Gemeinden

(1) Die Gemeinden sind die *Grundlage des demokratischen Staatsaufbaues.* Sie fördern das Wohl der Einwohner in *freier Selbstverwaltung durch ihre von der Bürgerschaft gewählten Organe.*

(2) Die Gemeinden sind *Gebietskörperschaften.*

Erste Verwaltungsverordnung zu § 1

Die Gemeindeordnung für das Land Nordrhein-Westfalen (im Nachfolgenden „GO“ genannt) gilt für alle Gemeinden. Sie hat keine unmittelbare Bedeutung für Ämter und Kreise, doch sind ihre leitenden Grundsätze in der neuen Amtsordnung und Landkreisordnung berücksichtigt. Vergl. § 2 Amtsordnung und § 1 LKrO.

Die drei Verwaltungsverordnungen zu den einzelnen Paragraphen der Gemeindeordnung sind im Rahmen der Verwaltungserlaßentrümpelung und Bereinigung des Ministerialblattes überarbeitet, zusammengefaßt und neu veröffentlicht worden unter der Gliederungsnummer 2020 in Band 1 des bereinigten Ministerialblattes – SMBl. NW. Die „Verwaltungsverordnungen“ sind keine Rechtsverordnungen mit Gesetzeskraft, keine Rechtsnormen. Sie geben die ministerielle Auffassung wieder und stellen, da sie sich mit wenigen Ausnahmen in der Praxis als richtig erwiesen haben, eine gute kommentarähnliche Erläuterung des Gesetzestextes dar.

§§ 1–9. Die §§ 1–9 haben, abgesehen von den Bestimmungen des § 4 über das Satzungsrecht, programmatischen Inhalt. Die näheren Bestimmungen über das Gemeindegebiet (§ 5) finden sich im Teil III, §§ 12–17, der IV. Teil §§ 18–26 regelt die Rechte und Pflichten der Einwohner und Bürger. Im V. Teil §§ 27–61 wird die in § 7 in der Form der Ratsverfassung festgelegte Verwaltung der Gemeinde (sog. innere Gemeindeverfassung) näher bestimmt. Die in § 8 aufgestellten Grundsätze der Gemeindewirtschaftsführung werden des näheren in Teil VI Gemeindewirtschaft in den §§ 62–105 festgelegt. Die näheren Bestimmungen über die in § 9 nur im Grundsatz verankerte Staatsaufsicht enthält der VII. Teil des Gesetzes in den §§ 106–114.

Zu § 1. Das Recht der Selbstverwaltung ist den Gemeinden nach Artikel 28 Abs. 2 des Grundgesetzes garantiert. Nach der Landesverfassung von NRW Art. 1 Abs. 1 gliedert sich „das Land in Gemeinden und Gemeindeverbände". Art. 78 der Landesverfassung erklärt: „(1) Die Gemeinden und Gemeindeverbände sind Gebietskörperschaften mit dem Recht der Selbstverwaltung durch ihre gewählten Organe. (2) Die Gemeinden und Gemeindeverbände sind in ihrem Gebiet die alleinigen Träger der öffentlichen Verwaltung, soweit die Gesetze nichts anderes vorschreiben." Das Land Nordrhein-Westfalen hat den Grundsatz der „Einheitsgemeinde" beibehalten, gleiches Gemeinderecht für Landgemeinden, kreisangehörige und kreisfreie Städte. An diesem Grundsatz ändern auch die geringen Abweichungen in den §§ 10 (Städte) 57–61 – Sonderbestimmungen für amtsfreie Gemeinden unter 3000 Einwohnern und für amtsangehörige Gemeinden nichts.

Die Grundlage für die neue Gemeindeordnung ist ein Initiativgesetzentwurf der CDU (Drucksache Nr. 89 2. Wahlperiode). Als zweiter Initiativgesetzentwurf lag ein Gesetzentwurf der SPD vor, unterzeichnet von den Abg. Dr. Menzel, Dobbert, Dr. h. c. Severing, Hemsath, Feldmann, Witthaus und Trost (Drucksache 153 2. Wahlperiode). Der SPD-Entwurf sah einen „Gemeinderat" als kollegiales Verwaltungsorgan mit einem Bürgermeister als Vorsitzer vor. Die Freien Demokraten verlangten für die Städte und Gemeinden über 10 000 Einwohner einen „unechten" Magistrat (Drucksache Nr. 661 v. 30. 2. 1952). Die Freien Demokraten beantragten mit Drucksache 731, die Worte „Bürgermeister und Oberbürgermeister" zu ersetzen durch das Wort „Bürgervorsteher". Die SPD- und FDP-Anträge verfielen der Ablehnung.

§ 2 Wirkungskreis

Die Gemeinden sind *in ihrem Gebiet*, soweit die Gesetze nicht ausdrücklich etwas anderes bestimmen, *ausschließliche und eigenverantwortliche Träger der öffentlichen Verwaltung.*

Erste Verwaltungsverordnung zu § 2

Durch die Generalklausel des § 2 wird der Grundsatz der sogenannten gemeindlichen Allzuständigkeit zum Ausdruck gebracht. Die GO sieht also davon ab, die Aufgaben der Gemeinden im einzelnen zu bezeichnen, insbesondere Pflichtaufgaben der Gemeinden aufzuzählen. Soweit die Gesetze nicht ausdrücklich etwas anderes bestimmen, ist es somit grundsätzlich der Entschließung der Gemeinden überlassen, welche Einrichtungen und Vorkehrungen sie nach Maßgabe des örtlichen Bedürfnisses und der Leistungsfähigkeit der Abgabepflichtigen (GO § 8) treffen wollen. Die durch die GO den Gemeinden übertragene Selbstverwaltung enthält für sie jedoch die gesetzliche Pflicht, jedenfalls die Einrichtungen und Vorkehrungen zu treffen, die einen geordneten Gang der Verwaltung und eine hinreichende Erfüllung ihrer Aufgaben sichern.

Zu § 2. Die Gemeinde ist darauf beschränkt, sich mit Angelegenheiten ihres örtlichen Wirkungskreises zu befassen. Insofern hat sie die „Allzuständigkeit", als sie sich aller Aufgaben der örtlichen Gemeinschaft annehmen kann. Angelegenheiten des örtlichen Wirkungskreises sind nur solche Aufgaben, die in der örtlichen Gemeinschaft wurzeln oder auf die örtliche Gemeinschaft einen besonderen Bezug haben und von dieser Gemeinschaft eigenverantwortlich und selbständig bewältigt werden können. Die Gemeinde kann zwar gegen eine sie speziell berührende staatliche Maßnahme protestieren. Sie überschreitet aber die ihr gesetzten rechtlichen Schranken, wenn sie zu allgemeinen überörtlichen, vielleicht hochpolitischen Fragen Resolutionen faßt oder für oder gegen eine Politik Stellung nimmt, die sie nicht als einzelne Gemeinde besonders trifft, sondern der Allgemeinheit – ihr so wie allen Gemeinden – eine Last aufbürdet. Wenn eine Gemeinde die Grenzen ihrer Zuständigkeit überschreitet, so ist das noch kein Einbruch in andere (Bundes-) Kompetenzen. Die Gemeindeaufsichtsbehörde „kann" Maßnahmen der Gemeinden, die nicht im Einklang mit den Gesetzen stehen, beanstanden und Beschlüsse aufheben. Hierbei hat die Gemeindeaufsichtsbehörde Ermessensspielraum. Länder und Gemeinden sind zu bundesfreundlichem Verhalten verpflichtet. „(Bundesverfassungsgericht Urt. v. 30. 7. 1958 2 B v F 3/58, 16/58, Neue juristische Wochenschrift Bd. 1958 S. 1339 ff.).

Das Petitionsrecht im Rahmen der Kompetenzen wird dadurch nicht beschränkt. Auch den Gemeinden steht das Recht zu, sich mit Bitten und Beschwerden an die zuständigen Stellen oder an die Volksvertretung zu wenden (Art. 17 des Grundgesetzes).

§ 3 Übertragung von Aufgaben

(1) *Neue Pflichten,* insbesondere *Pflichtaufgaben,* können den Gemeinden *nur durch Gesetz* auferlegt werden. Dabei ist gleichzeitig die *Aufbringung der Mittel zu regeln. Eingriffe* in die Rechte der Gemeinden sind *nur durch Gesetz* zulässig. Rechtsverordnungen zur Durchführung solcher Gesetze bedürfen der Zustimmung des zuständigen *Landtagsausschusses* und, sofern nicht die Landesregierung oder der Innenminister sie erlassen, der Zustimmung des Innenministers.

(2) *Pflichtaufgaben* können den Gemeinden zur *Erfüllung nach Weisung* übertragen werden; das *Gesetz bestimmt den Umfang des Weisungsrechts.*

Zu § 3. Als ausschließlicher und eigenverantwortlicher Träger der öffentlichen Verwaltung (§ 2) haben die Gemeinden nicht nur Gemeindeaufgaben in engerem Sinne, sondern auch durch Gesetz übertragene Aufgaben, „Pflicht"aufgaben, zu erfüllen. Bei diesen „Pflichtaufgaben" kann sich das Land (und der Bund) nach Art. 78 Abs. 4 der Landesverfassung „ein Weisungs- und Aufsichtsrecht nach näherer gesetzlicher Vorschrift vorbehalten". An die Stelle des Begriffs „Staatsauftragsangelegenheiten" ist der Begriff „Pflichtaufgaben nach Weisung" getreten. Die im Ordnungsbehördengesetz den Ordnungsbehörden übertragenen Pflichtaufgaben zur Erfüllung nach Weisung sind weder Auftragsangelegenheiten noch Selbstverwaltungsangelegenheiten nach den bisher gültigen Begriffsbestimmungen. Es handelt sich bei ihnen um ein Zwischending zwischen beiden. Sie sind jedenfalls keine echten Selbstverwaltungsaufgaben (Urteil des OVG Münster v. 15. 7. 1958 VII A 1063/56).

§ 4 Satzungen

(1) *Die Gemeinden können ihre Angelegenheiten durch Satzungen* regeln, soweit die Gesetze nicht etwas anderes bestimmen. Satzungen bedürfen der *Genehmigung der Aufsichtsbehörde* nur, *soweit sie* sich *rückwirkende Kraft* beilegen *oder* eine *Genehmigung gesetzlich vorgeschrieben* ist.

(2) Jede Gemeinde hat eine *Hauptsatzung* zu erlassen. In ihr ist mindestens zu ordnen, was nach den Vorschriften dieses Gesetzes der Hauptsatzung vorbehalten ist. Die *Hauptsatzung und ihre Änderung* können nur mit der *Mehrheit* der *gesetzlichen Anzahl der Ratsmitglieder* beschlossen werden.

(3) Die Gemeinden können die auf Grund *gesetzlicher Ermächtigung* in ihren Satzungen ausgesprochenen *Verpflichtungen im Zwangswege durchsetzen.* [Zu diesem Zweck kann in den Satzungen für jeden Fall der Zuwiderhandlung *Zwangsgeld* angedroht werden.]

(4) Satzungen sind *öffentlich bekanntzumachen.* Sie treten, wenn kein anderer Zeitpunkt bestimmt ist, mit dem Tage nach der Bekanntmachung in Kraft.

Erste Verwaltungsverordnung zu § 4

1. Da zu den Angelegenheiten der Gemeinden auch die Pflichtaufgaben nach § 3 GO zählen, können die Gemeinden auch diese durch Satzungen regeln. Solche Satzungen dürfen zu Weisungen nach § 3 Abs. 2 GO nicht in Widerspruch stehen.
2. Zum Erlaß einer Hauptsatzung sind die Gemeinden gemäß § 4 Abs. 2 Satz 1 GO verpflichtet. Die Aufsichtsbehörden haben *sicherzustellen, daß die Hauptsatzungen bis spätestens 31. März 1953 in Kraft treten* (GO § 4 Abs. 4).
3. Hinsichtlich des Inhalts der Hauptsatzung ist zu beachten, daß bestimmte Angelegenheiten in ihr geregelt werden müssen und andere Angelegenheiten in ihr geregelt werden können.

Soweit eine Regelung in der Hauptsatzung zwingend vorgeschrieben ist, handelt es sich einerseits um Angelegenheiten, die in der Hauptsatzung ohne weiteres geregelt werden müssen, und anderseits um solche, deren Regelung in der Hauptsatzung nur bei Vorliegen einer bestimmten Voraussetzung erforderlich wird.

Angelegenheiten, die in der Hauptsatzung ohne weiteres geregelt werden müssen, sind:

die Genehmigung von Verträgen der Gemeinde mit Rats- und Ausschußmitgliedern, mit dem Gemeindedirektor und mit den leitenden Dienstkräften der Gemeinde nach § 28 Abs. 1 Buchstabe s,

die Form der Bekanntmachung nach § 37 Abs. 3,

die in § 48 Abs. 2 Satz 2 vorgesehene Bezeichnung derjenigen Beamten oder Angestellten, die außer dem Gemeindedirektor zur Teilnahme an den Sitzungen der Ausschüsse verpflichtet sind, und

die Festlegung der Zahl der Beigeordneten nach § 49 Abs. 1 Satz 1.

Angelegenheiten, deren Regelung in der Hauptsatzung nur bei Vorliegen einer bestimmten Voraussetzung erforderlich wird, sind:

die Einrichtung von Bezirken, die Bildung von Bezirksausschüssen und Bezirksverwaltungsstellen sowie deren Aufgaben, soweit das Gemeindegebiet in Bezirke eingeteilt wird (§ 13 Abs. 3),

die Ernennung, Beförderung und Entlassung von Beamten sowie die Anstellung, Beförderung und Entlassung von Angestellten und Arbeitern, soweit hierfür nicht § 54 Abs. 1 Satz 2 und 3 gelten sollen,
die Unterzeichnung der nach geltendem Recht auszustellenden Urkunden für Beamte sowie die Unterzeichnung von Anstellungsverträgen und sonstigen schriftlichen Erklärungen zur Regelung der Rechtsverhältnisse von Angestellten und Arbeitern, soweit hierfür nicht § 54 Abs. 2 Satz 1 und 2 gelten sollen,
die bei schwierigen Verwaltungsverhältnissen in amtsfreien Gemeinden unter 3000 Einwohnern von dem Grundsatz des § 57 Abs. 1 Satz 1 abweichende Einrichtung der Stelle eines hauptamtlichen Gemeindedirektors und dessen Vertretung und
die Wahrnehmung des Kassenanordnungsrechts in amtsangehörigen Gemeinden, soweit von § 61 Abs. 3 Satz 1 abgewichen werden soll.

Als Angelegenheit, die in der Hauptsatzung geregelt werden *kann*, bezeichnet die GO lediglich die Form der Unterrichtung der Öffentlichkeit über bedeutsame Verhandlungsgegenstände des Rates (§ 33 Abs. 3). Darüber hinaus ist es den Gemeinden jedoch unbenommen, auch andere Angelegenheiten in der Hauptsatzung zu regeln. Als solche kommen in Betracht
die Übertragung der Entscheidung auf Ausschüsse oder den Gemeindedirektor (§ 28 Abs. 2),
die Bestimmung dessen, was nach Maßgabe der örtlichen Verhältnisse als „einfache Geschäfte der laufenden Verwaltung" im Sinne des § 28 Abs. 3 anzusehen ist und demgemäß im Namen des Rates als auf den Gemeindedirektor übertragen gilt, soweit nicht der Rat sich oder einem Ausschuß für einen bestimmten Kreis von Geschäften oder im Einzelfall die Entscheidung vorbehält,
die Bildung von Ausschüssen (§§ 41 Abs. 1, 58 und 60 Abs. 3),
die Wahrnehmung der Aufgaben des Finanzausschusses durch den Hauptausschuß (§ 41 Abs. 2 Satz 2), die Festsetzung der Aufwandsentschädigung für den Bürgermeister und gegebenenfalls seinen Stellvertreter (§ 45) usw.

4. Die Bekanntmachung von Satzungen erfolgt im vollen Wortlaut. Eine Bekanntmachung, die lediglich auf eine erlassene Satzung hinweist oder etwa zum Ausdruck bringt, die Satzung könne im Rathause eingesehen werden, entspricht § 4 Abs. 4 Satz 1 GO nicht. Hinsichtlich der Form der Bekanntmachung siehe Ziffer 3 zu § 37.

Zu § 4. § 4 regelt das Recht der Ortsgesetzgebung. Der Erlaß von Satzungen hat seine Schranke in der Gesetzgebung, die „etwas anderes bestimmt". Die Satzungen dürfen insbesondere keine Vorschriften enthalten, die dem Wortlaut und dem Sinne der Gemeindeordnung entgegenstehen.

Für jede Gemeinde besteht die Pflicht, eine Hauptsatzung zu erlassen. Erlaß und Änderung sind an eine qualifizierte Mehrheit gebunden. Bestimmte Angelegenheiten müssen in die Hauptsatzung aufgenommen werden. Andere können durch die Hauptsatzung geregelt werden.

Die Gemeinden setzen in den Satzungen Recht nach Maßgabe der Gemeindeordnung (und des Kommunalabgabengesetzes) als eine Angelegenheit der örtlichen Gemeinschaft im Rahmen der Gesetze (OVG Münster v. 3. 4. 1957 III A–1066/56). Satzungen sind Ortsrecht, sie können nicht mit Klage im Verwaltungsstreitverfahren angefochten werden, wenn sie im Rahmen der Gesetze erlassen sind. (OVG Münster v. 16. 10. 1956–VII A–234/56).

Die Bildung von Schulbezirken für die öffentlichen Pflichtschulen (Volksschulen und Berufsschulen) ist in einer Rechtsverordnung festzulegen, die nach § des Schulverwaltungsgesetzes v. 3. 6. 1958 (GVNW S. 241) der gemeindliche Schulträger in den für Gemeindesatzungen bestimmten Formen (§ 4 GO) zu erlassen ist.

Die Vorschriften über die *Androhung von Zwangsgeld,* in Abs. 3 Satz 2 in Klammern [] gesetzt, sind auf Grund der Vorschriften in den §§ 55, 58 des *Verwaltungsvollstreckungsgesetzes* vom 23. 7. 1957 (GV NW S. 216) gegenstandslos geworden. (Ministerialerlaß Min. d. I. vom 11. 11. 1958).

Die anzuwendenden Bestimmungen des Verwaltungsvollstreckungsgesetzes lauten:

§ 56. (1) Ein Verwaltungsakt wird von der Behörde vollzogen, die ihn erlassen hat, sie vollzieht auch Beschwerdeentscheidungen.

§ 58. (1) Zwangsmittel sind:

a) Ersatzvornahme (§ 59),
b) Zwangsgeld (§ 60),
c) unmittelbarer Zwang (§ 61).

(2) Das Zwangsmittel muß in einem angemessenen Verhältnis zu seinem Zweck stehen. Dabei ist das Zwangsmittel möglichst so zu bestimmen, daß der Betroffene und die Allgemeinheit am wenigsten benachteiligt werden.

§ 60. (3) Die Höhe des Zwangsgeldes beträgt mindestens drei Deutsche Mark und höchstens zweitausend Deutsche Mark . . .

§ 67. (1) Gegen die Androhung eines Zwangsmittels sind die Rechtsmittel gegeben, die gegen den Verwaltungsakt zulässig sind, dessen Durchsetzung erzwungen werden soll . . .

Es genügt, wenn die *Veröffentlichung einer Ortssatzung* nur die Unterschrift des Bürgermeisters trägt (LVG Düsseldorf v. 1. 7. 1955 U K 2056/55).

Nur die Bekanntmachung der Haushaltssatzung (*§ 88* Abs. 2) muß die Unterschriften der drei Personen tragen, die die Niederschrift der Sitzung des Rates unterzeichnet haben (OVG Münster v. 9. 9. 1955 III A 738/55).

Zur ordnungsgemäßen Veröffentlichung gemeindlicher *Steuerordnungen* bedarf es der Veröffentlichung der Genehmigungsverfügung. Eine dem widersprechende Veröffentlichung schafft kein Ortsrecht (OVG Münster v. 1. 7. 1953–III A 298/53).

Gesetz über die Weitergeltung von Satzungen der Gemeinden und Gemeindeverbände über indirekte Steuern, Gebühren und Beiträge v. 9. 6. 1954 (GV NW S. 198).

§ 1. Geltungsdauer der Satzungen.

Satzungen der Gemeinden und Gemeindeverbände über indirekte Steuern, Gebühren und Beiträge, deren Geltungsdauer durch § 2 der Dritten Verordnung über die Vereinfachung der Verwaltung vom 30. März 1940/7. Dezember 1942 (RGBl. S. 678) bis zum Schluß des auf das Kriegsende folgenden Jahres verlängert worden ist, treten ein Jahr nach dem Inkrafttreten eines Kommunalabgabengesetzes für das Land Nordrhein-Westfalen, jedoch nicht vor dem 31. März 1956, außer Kraft, sofern nicht die

Gemeinde oder der Gemeindeverband die Satzung vorher aufhebt oder durch eine andere Satzung ersetzt. Das gleiche gilt für die entsprechenden Satzungen der Gemeinden und Gemeindeverbände, die seit Einstellung der Kriegshandlungen bis zum Inkrafttreten dieses Gesetzes erlassen worden sind.

§ 2. Aufhebung entgegenstehender Vorschriften.

Den Bestimmungen des § 1 entgegenstehende Vorschriften sind nicht mehr anzuwenden.

(*Anmerkung:* Ein Kommunalabgabengesetz für das Land Nordrhein-Westfalen ist noch nicht ergangen.)

§ 5 Gemeindegebiet

Das Gebiet jeder Gemeinde soll so bemessen sein, daß die örtliche Verbundenheit der Einwohner gewahrt und die *Leistungsfähigkeit* der Gemeinde *zur Erfüllung ihrer Aufgaben gesichert* ist.

Zu § 5. Zur institutionellen Garantie der Selbstverwaltung gehört nicht die Garantie des Bestandes einer Gemeinde (Verfassungsgerichtshof NRW v. 10. 1. 1959 VGH 3/58).

§ 6 Einwohner und Bürger

(1) *Einwohner* ist, wer in der Gemeinde *wohnt.*

(2) *Bürger* ist, wer zu den Gemeindewahlen *wahlberechtigt* ist.

Zu § 6. Der Unterschied zwischen Einwohner und Bürger ist praktisch von geringer Bedeutung. Der Einwohner wird, wenn er 21 Jahre ist und 3 Monate in der Gemeinde gewohnt hat, automatisch wahlberechtigt (§ 8 des Gemeindewahlgesetzes) und damit Bürger.

§ 7 Verwaltung

Die Verwaltung der Gemeinden wird ausschließlich durch den Willen der Bürgerschaft bestimmt. Die Bürgerschaft wird durch den Rat vertreten.

Zu § 7. § 7 bestimmt als einzige Form der inneren Gemeindeverfassung die Ratsverfassung, auch als bürgerschaftliche Verwaltung bezeichnet. Die angestrebte wahlweise Einführung der unechten Magistratsverfassung wurde vom Landtag abgelehnt. Die Ratsverfassung ist ein Einkammersystem, in dem der Rat, ein Kollegium, für die Willensbildung u n d die Verwaltung zuständig ist. Man spricht deshalb von der Allzuständigkeit des Rats. Der Gemeindedirektor hat die Rechtsstellung eines wenn auch mittelbaren Organs (Verf. Gerichtshof NRW v. 21. 8. 1954 AZ 3/53). Der Grundsatz der Allzuständigkeit ist aber in den Einzelbestimmungen des Teils V zugunsten des ausführenden Organs des Rates, des Gemeindedirektors eingeschränkt, z. B.: Übertragung der Geschäfte der laufenden Verwaltung (§ 28 Abs. 3), Beanstandungspflicht (§ 39 Abs. 2), Vorbereitung der Ratsbeschlüsse, ihre Ausführung, Erledigung der Pflichtaufgaben nach Weisung, Maßnahmen bei Aufgaben zur Sicherung der verfassungsmäßigen Ordnung (§ 38 Abs. 1 und § 47), die gesetzliche Vertretung und die Abgabe von Willenserklärungen (§§ 55 und 56).

§ 8 Wirtschaftsführung

Die Gemeinden haben ihr *Vermögen und ihre Einkünfte so zu verwalten, daß die Gemeindefinanzen gesund bleiben. Auf die wirtschaftliche Leistungsfähigkeit* der Abgabepflichtigen ist Rücksicht zu nehmen.

Zu § 8. Hinsichtlich der „Gemeindefinanzen“ legt Art. 79 der Landesverfassung Grundsätze fest. „Die Gemeinden haben zur Erfüllung ihrer Aufgaben das Recht auf Erschließung eigener Steuerquellen. Das Land ist verpflichtet, diesem Anspruch bei der Gesetzgebung Rechnung zu tragen und im Rahmen seiner finanziellen Leistungsfähigkeit einen übergemeindlichen Finanzausgleich zu gewährleisten.“

Art. 106 des Grundgesetzes.

Abs. 6 des Art. 106: Das Aufkommen der Realsteuern steht den Gemeinden zu. Bestehen in einem Lande keine Gemeinden, so steht das Aufkommen dem Lande zu. Nach Maßgabe der Landesgesetzgebung können die Realsteuern als Bemessungsgrundlage für Umlagen und Zuschläge zugrunde gelegt werden. Von dem Länderanteil an der Einkommen- und Körperschaftssteuer fließt den Gemeinden und Gemeindeverbänden insgesamt ein von der Landesgesetzgebung zu bestimmender Hundertsatz zu. Im übrigen bestimmt die Landesgesetzgebung, ob und inwieweit das Aufkommen der Landessteuern den Gemeinden (Gemeindeverbänden) zufließt (das ist der Steuerverbund).

Abs. 7. Veranlaßt der Bund in einzelnen Ländern oder Gemeinden (Gemeindeverbänden) besondere Einrichtungen, die diesen Ländern oder Gemeinden (Gemeindeverbänden) unmittelbar Mehrausgaben oder Mindereinnahmen (Sonderbelastungen) verursachen, wird der Bund den erforderlichen Ausgleich gewähren, wenn und soweit den Ländern oder Gemeinden (Gemeindeverbänden) nicht zugemutet werden kann, diese Sonderbelastung zu tragen. Entschädigungsleistungen Dritter und finanzielle Vorteile, die diesen Ländern oder Gemeinden (Gemeindeverbänden) als Folge der Einrichtungen erwachsen, werden bei dem Ausgleich berücksichtigt.

§ 9 Aufsicht

Die Aufsicht des Landes schützt die Gemeinden in ihren Rechten und sichert die Erfüllung ihrer Pflichten.

Zu § 9. Die Grenzen der Aufsicht zieht die Landesverfassung in Art. 78 Abs. 4 wie folgt: „Das Land überwacht die Gesetzmäßigkeit der Verwaltung der Gemeinden und Gemeindeverbände.“

Zweiter Teil

NAME UND WAHRZEICHEN

§ 10 Name und Bezeichnung

(1) Die Gemeinden führen ihren bisherigen Namen. Die Landesregierung kann nach Anhörung der Gemeinde den Gemeindenamen ändern und den Namen einer neugebildeten Gemeinde bestimmen.

(2) Die Bezeichnung „Stadt“ führen die Gemeinden, denen diese Bezeichnung nach dem bisherigen Recht zusteht oder auf Antrag von der Landesregierung verliehen wird. Die Gemeinden können wichtige überkommene Bezeichnungen weiterführen.

Erste Verwaltungsverordnung zu § 10

1. Die Vorschrift des Absatzes 1 Satz 2 bezieht sich nur auf Gemeindenamen. Die Benennung sowie die Änderung der Benennung von Gemeindeteilen (z. B. Ortschaften und Siedlungen) ist Sache der Gemeinde selbst. Hinsichtlich der Namen von Straßen und Plätzen verbleibt es bei dem geltenden Recht.
2. Eine Änderung von Gemeindenamen liegt vor:
a) bei Änderung der Eigennamen von Gemeinden,
b) bei Änderung der Schreibweise derartiger Eigennamen,
c) bei Feststellung einer zweifelhaft gewordenen Schreibweise,
d) bei Festsetzung von zusätzlichen, unterscheidenden Bezeichnungen, nicht dagegen bei Änderung der Bezeichnung einer Gemeinde im Sinne des § 10 Abs. 2 GO.
3. Für die Änderung der Namen von Gemeinden sowie die Bestimmung von Namen neugebildeter Gemeinden werden folgende Richtlinien gegeben:
a) Vor Ausspruch der Änderung des Namens einer Gemeinde sowie der Bestimmung des Namens einer neugebildeten Gemeinde ist in jedem Falle dem Statistischen Landesamt und der zuständigen Oberpostdirektion Gelegenheit zur Stellungnahme zu geben. Das gleiche gilt zugunsten der zuständigen Bundesbahndirektion, soweit es sich um Gemeinden handelt, die Bundesbahnstationen sind. Die Stellungnahme wird von der oberen Aufsichtsbehörde und, soweit es sich um kreisfreie Städte handelt, vom Regierungspräsidenten eingeholt. In Fällen, in denen die Gemeinden die Änderung des Namens von Gemeindeteilen oder die erstmalige Benennung von Gemeindeteilen beabsichtigen, empfiehlt es sich, der zuständigen Oberpostdirektion ebenfalls Gelegenheit zur Stellungnahme zu geben. Das gilt auch hinsichtlich der zuständigen Bundesbahndirektion, soweit der Gemeindeteil eine Bundesbahnstation besitzt. Zur Vermeidung von Schwierigkeiten muß ich Wert darauf legen, daß diese Anregung beachtet wird. Die Einholung der Stellungnahme ist in diesen Fällen Sache der Gemeinden selbst.
b) Bei Änderung von Eigennamen sind aus postalischen Gründen Doppelnamen zu vermeiden.
c) Unterscheidende Zusätze, die die geographische Lage einer Gemeinde näher bestimmen sollen, sind nach Möglichkeit in Klammern zu setzen.
d) Namensänderungen sowie die Benennung neugebildeter Gemeinden sind stets im Regierungsamtsblatt bekanntzumachen. Ihre Bekanntgabe erfolgt nachrichtlich auch im Ministerialblatt für das Land Nordrhein-Westfalen. Des weiteren wird den nach a) gehörten Stellen von mir aus Mitteilung gemacht.
Im übrigen habe ich keine Einwendungen dagegen zu erheben, daß die Änderung der Namen von Gemeindeteilen sowie die erstmalige Benennung von Gemeindeteilen ebenfalls im Regierungsamtsblatt bekanntgegeben werden.

4. Die Bezeichnung „Stadt“ soll nur solchen Gemeinden verliehen werden, die nach Struktur, Siedlungsform, Gebietsumfang, Einwohnerzahl und anderen, die soziale und kulturelle Eigenart der örtlichen Gemeinschaft bestimmenden Merkmalen tatsächlich städtisches Gepräge haben.
5. Da § 10 Abs. 2 Satz 2 GO lediglich von der Weiterführung überkommener Bezeichnungen spricht, kommt die Verleihung anderer Bezeichnungen als die Bezeichnung „Stadt“ nicht mehr in Betracht.

Die erforderlichen Stellungnahmen vor Ausspruch der Änderung des Namens einer Gemeinde sowie bei der Bestimmung des Namens einer neu gebildeten Gemeinde sind künftig in allen Fällen vom Regierungspräsidenten einzuholen. (Band 1 ber. Min. Bl. Nr. 2020.)

Zu § 10. Die Verleihung des Städterechts hat kommunalrechtlich keine Bedeutung. Sie hat nur repräsentativen Charakter. Siehe auch die Anmerkungen zu § 1 über die Einheitsgemeinde. Als „überkommene Bezeichnung“ ist z. B. die Bezeichnung Hansestadt anzusehen. Die neuerdings üblich gewordenen Bezeichnungen Farbenstadt, Blütenstadt u. ä. sind keine überkommenen Bezeichnungen.

§ 11 Siegel, Wappen und Flaggen

(1) Die Gemeinden führen *Dienstsiegel.*

(2) Die Gemeinden führen ihre bisherigen *Wappen und Flaggen.*

(3) Die *Änderung und die Einführung* von Dienstsiegeln, Wappen und Flaggen bedürfen der *Genehmigung des Innenministers.*

Erste Verwaltungsverordnung zu § 11

1. Nach Absatz 1 ist jede Gemeinde zur Führung eines Dienstsiegels verpflichtet. Wegen der Form des Dienstsiegels verbleibt es bei den bisherigen Bestimmungen.
2. Für die Verleihung und Änderung von Wappen werden folgende Richtlinien gegeben:

a) Die Wappen der Gemeinden dürfen in ihrer äußeren Form und Anlage nicht gegen solche Regeln der Wappenkunde verstoßen, die auf historischen, künstlerischen und praktischen Gesichtspunkten beruhen (Bedeutung, Einfachheit, Klarheit, Übersichtlichkeit). Das schließt jedoch nicht aus, daß an Stelle alter Symbole auch solche Formen und Bilder verwendet werden, die der modernen Umwelt entlehnt, gemeinverständlich und für die betreffende Gemeinde charakteristisch sind. Das Wappen des Bundes, des Landes oder von Gemeindeverbänden darf im Gemeindewappen nicht verwendet werden.

b) Den Gemeinden wird empfohlen, sich vor der Aufstellung neuer oder der Änderung bestehender Wappen mit dem zuständigen Staatsarchiv in Verbindung zu setzen. Dieses wird auf Wunsch den Gemeinden geeignete Künstler namhaft machen, die die Aufstellung einwandfreier Entwürfe gewährleisten.

c) Vor Verleihung oder Änderung eines Gemeindewappens ist in jedem Falle dem zuständigen Staatsarchiv Gelegenheit zur Stellungnahme zu geben. Die Stellungnahme wird durch die obere Aufsichtsbehörde, bei kreisfreien Städten durch den Regierungspräsidenten, eingeholt. Nach Verleihung des Wappens werden dem zuständigen Staatsarchiv zwei farbige Abbildungen von mir übersandt.

3. Soweit Gemeinden das Recht zur Wappenführung besitzen, sind sie ohne weiteres berechtigt, ihr Wappen auch im Dienstsiegel zu führen. Soweit Gemeinden das Recht zur Wappenführung nicht besitzen, gelten für die Verleihung und Änderung besonders ausgestalteter Dienstsiegel die gleichen Vorschriften wie für die Verleihung und Änderung von Wappen.
4. Eine eigene Flagge soll einer Gemeinde nur verliehen werden, wenn sie das Recht zur Wappenführung besitzt. In diesen Fällen kann eine Gemeindeflagge in Farben verliehen werden, die den Wappenfarben entsprechen.

Der Regierungspräsident ist vor Einführung oder Änderung eines Gemeindewappens künftig allein für die Einholung der erforderlichen Stellungnahmen zuständig. Klargestellt ist, daß Gemeinden, die das Recht zur Wappenführung nicht besitzen, als Dienstsiegel das kleine Landessiegel in abgewandelter Form nach § 5 der VO vom 16. 5. 56 (GS NW S. 140) verwenden können. (Band 1 ber. Min. Bl. Nr. 2020.)

Zu § 11. Im Gegensatz zum bisherigen Recht beschließen die Gemeinden über Einführung und Änderung von Dienstsiegeln, Wappen und Flaggen selbst. Die Beschlüsse bedürfen aber, um die Einhaltung heraldischer Grundsätze zu sichern, der Genehmigung des Innenministers.

Dritter Teil

GEMEINDEGEBIET

§ 12 Gebietsbestand

(1) *Das Gebiet der Gemeinde besteht aus den Grundstücken, die nach geltendem Recht zu ihr gehören. Grenzstreitigkeiten* entscheidet die *Aufsichtsbehörde.*

(2) *Jedes Grundstück soll zu einer Gemeinde gehören. Gemeindefreie* Grundstücke und *Gutsbezirke sollen Gemeinden eingegliedert werden.*

Zweite Durchführungsverordnung

Auf Grund des § 106 Abs. 1 in Verbindung mit § 119 Abs. 1 der Gemeindeordnung wird im Einvernehmen mit dem Ausschuß des Landtages zur Beratung der Gemeinde-, Amts- und Kreisordnung verordnet:

1. Wenn durch die Grenzstreitigkeit die Grenzen von Gemeinden berührt werden, die in verschiedenen Kreisen liegen, ist zuständige Aufsichtsbehörde im Sinne des § 12 der Gemeindeordnung die obere Aufsichtsbehörde (vgl.

Ziffer 2 der Ersten Verordnung zur Durchführung der Gemeindeordnung vom 10. November 1952 – GV NRW S. 296 –); werden durch die Grenzstreitigkeit die Grenzen von Gemeinden berührt, die in verschiedenen Regierungsbezirken liegen, so entscheidet der Innenminister.

Zweite Verwaltungsverordnung

1. Wegen der oft weittragenden Bedeutung von Entscheidungen bei *Grenzstreitigkeiten* werden den Aufsichtsbehörden folgende *Weisungen* gegeben:
a) Die Aufsichtsbehörden haben von Amts wegen alle erforderlichen Ermittlungen anzustellen. An Anträge der Beteiligten sind sie nicht gebunden.
b) Rechtzeitig vor Ausspruch der Entscheidung ist den beteiligten Gemeinden, in geeigneten Fällen auch Grundbesitzern, deren Grundstücke durch den Streit über die gemeindliche Zugehörigkeit berührt werden, und sonstigen besonders interessierten Einwohnern des Gebiets Gelegenheit zur schriftlichen Stellungnahme zu geben.
c) Auf Antrag einer beteiligten Gemeinde ist ihr Gelegenheit zu ausführlichem mündlichem Vortrag zu geben.
d) Die Entscheidung ist den beteiligten Gemeinden zuzustellen.
2. Werden durch die Streitigkeiten die Grenzen von Gemeinden berührt, die in verschiedenen Kreisen oder in verschiedenen Regierungsbezirken liegen, so gilt die besondere Vorschrift der Ziffer 1 der Zweiten Durchführungsverordnung zur Gemeindeordnung vom 29. November 1952 (GV NRW S. 409).

Zu § 12. Gutsbezirke sind nur noch in einigen Fällen vorhanden. Sie bestehen durchweg aus Forstbesitz mit erheblichen Wegelasten. Das bereitet der kommunalen Eingliederung Schwierigkeiten. Nur aus diesem Grunde wurde die Sollvorschrift gewählt, die eine allmähliche, sinnvolle kommunale Eingliederung der Gutsbezirke bewirken soll.

§ 13 Gemeindebezirke

(1) Das *Gemeindegebiet kann in Bezirke eingeteilt werden.* Dabei sind die geschichtlichen Zusammenhänge sowie die Besonderheiten der Bevölkerungs- und Wirtschaftsverhältnisse zu berücksichtigen.

(2) *In den Bezirken können für die Erledigung bestimmter, auf ihren Bereich entfallender Aufgaben vom Rat Bezirksausschüsse und Bezirksverwaltungsstellen gebildet werden.*

(3) Die *näheren Vorschriften* trifft die *Hauptsatzung.*

Zweite Verwaltungsverordnung

§ 13 GO überläßt die Einteilung des Gemeindegebiets in Bezirke sowie die Aufgabenzuweisung an die Bezirke und ihre Organisation der Hauptsatzung. Bei der Gestaltung der Hauptsatzung sind die Vorschriften des Gesetzes selbst die maßgebende Grundlage.

Daraus folgt im einzelnen

a) Die *Bezirksausschüsse* sind ihrer Natur nach Ausschüsse des Rates mit örtlich begrenztem Wirkungsbereich.

b) Den Bezirksausschüssen können demzufolge Aufgaben, die § 28 Abs. 1 GO von der Übertragung auf andere Stellen ausschließt, nicht zugewiesen werden.

c) Die Bezirksverwaltungsstellen bleiben Bestandteil der Gesamtverwaltung. Demzufolge unterstehen die in ihnen tätigen Beamten, Angestellten und Arbeiter der Dienstaufsicht des Gemeindedirektors.

Zu § 13. Die Bildung von Bezirken kann in jeder Gemeinde, in der dies zweckmäßig erscheint, geschehen. Man hat mit Absicht von der Festlegung einer bestimmten Gemeindegrößenklasse abgesehen. Die Bildung von Bezirken würde sich nicht nur in Groß-Städten, sondern auch in größeren Flächengemeinden empfehlen, um den Bürger stärker am kommunalen Leben zu interessieren.

Der Absatz 2 läßt dem Rat der Gemeinde hinsichtlich der Zusammensetzung und der Aufgabenzuweisung an die Bezirksausschüsse weiten Spielraum. Die vom Rat gebildeten Bezirksausschüsse können je nach dem Willen des Rats für ihren Bezirk nur beratend tätig werden, aber auch in den besonderen örtlichen Angelegenheiten ihres Bezirks beschließende und verwaltende Funktionen erhalten, soweit § 28 GO das zuläßt.

§ 14 Voraussetzungen der Gebietsänderung

(1) Aus *dringenden* Gründen des *übergemeindlichen öffentlichen Interesses* können *Gemeindegrenzen geändert, Gemeinden aufgelöst oder neugebildet werden.* Bei diesen Maßnahmen *muß der Wille der betroffenen Bevölkerung berücksichtigt werden.*

(2) *Der Wille der betroffenen Bürgerschaft* wird *durch Zustimmung der beteiligten Räte mit einer Mehrheit von zwei Dritteln* der *Ratsmitglieder oder durch Abstimmung der Wahlberechtigten festgestellt.* Die *Abstimmung* erfolgt *auf Beschluß eines Rates einer betroffenen Gemeinde, auf Verlangen eines Drittels eines Rates einer betroffenen Gemeinde oder* auf *Anordnung der Landesregierung.*

(3) Die *Abstimmung* gemäß Absatz 2 ist *innerhalb zwei Monaten* nach den Grundsätzen des *Artikels 68 Absatz 5* der *Landesverfassung durchzuführen.*

(4) *Vor einer Änderung* des Gemeindegebietes *sind die beteiligten Gemeindeverbände* zu hören.

(5) Werden durch die *Änderung von Gemeindegrenzen* die Grenzen von Gemeindeverbänden berührt, so *bewirkt* die Änderung der Gemeindegrenzen *ohne weiteres die Änderung der Gemeindeverbandsgrenzen.*

Zweite Verwaltungsverordnung

1. § 14 Abs. 1 GO stellt klar, daß für die *Änderung von Gemeindegrenzen* sowie die Auflösung und Neubildung von Gemeinden entscheidend ist, ob die Maßnahme aus dringenden Gründen des übergemeindlichen öffentlichen Interesses geboten erscheint. Wenn der Gesetzgeber weiterhin verlangt, daß bei derartigen Maßnahmen der Wille der betroffenen Bevölkerung berück-

sichtigt wird, so liegt darin keine Bindung nach der Richtung, daß kommunale Grenzänderungen nicht auch gegen den Willen der beteiligten Räte und der betroffenen Bevölkerung durchgeführt werden können. Gerade in derartigen Fällen wird jedoch stets besonders sorgfältig zu prüfen sein, ob nicht an Stelle der Gebietsänderung andere Wege gegeben sind, die unter den Gesichtspunkten des übergemeindlichen öffentlichen Interesses eine gleichbefriedigende Regelung ermöglichen. Die Aufsichtsbehörden haben zu dieser Frage in ihren Berichten Stellung zu nehmen.

2. Aus Gründen der Rechtsklarheit haben die Gemeinden und die Aufsichtsbehörden bei der Stellung von Anträgen auf gemeindliche Gebietsänderungen den rechtlichen Charakter der vorgeschlagenen Maßnahmen deutlich zum Ausdruck zu bringen. Dabei sind in der Regel folgende Fälle zu unterscheiden:

a) Bisher gemeindefreie Grundstücke werden in eine Gemeinde *eingegliedert;*
b) eine Gemeinde oder mehrere Gemeinden werden in eine andere Gemeinde *eingegliedert;*
c) Gemeindeteile werden in eine andere Gemeinde *eingegliedert;*
d) mehrere Gemeinden werden zu einer neuen Gemeinde *zusammengeschlossen;*
e) Teile von Gemeinden werden für sich oder mit einer anderen Gemeinde *zusammengeschlossen;*
f) Teile einer Gemeinde werden unter Bildung einer neuen Gemeinde aus der bisherigen Gemeinde *ausgegliedert.*

3. Die Vorschrift des § 14 Abs. 2 regelt das Verfahren, nach dem der Wille der betroffenen Bevölkerung festgestellt werden soll:

a) § 14 Abs. 2 weist die Zustimmung zu beabsichtigten Grenzänderungen zunächst den Räten der beteiligten Gemeinden zu. Beschließen alle Räte der beteiligten Gemeinden mit der vorgeschriebenen Zweidrittelmehrheit, der Grenzänderung zuzustimmen, so ist der Wille der betroffenen Bevölkerung damit festgestellt. Wird in einer der beteiligten Gemeinden die Zweidrittelmehrheit nicht erreicht, so ist in dieser Gemeinde, dagegen nicht auch in den übrigen Gemeinden, eine Abstimmung der Wahlberechtigten durchzuführen. Kommt ein dahingehender Beschluß des Rates nicht zustande und wird die Abstimmung auch nicht von einem Drittel des Rates verlangt, so kann die Landesregierung die Abstimmung anordnen.

b) *Handelt es sich lediglich um die Eingliederung von Gemeindeteilen in eine andere Gemeinde, so liegt die Zustimmung gleichfalls zunächst bei den Räten der beteiligten Gemeinden. Kommt es in diesen Fällen zur Abstimmung der Wahlberechtigten in der Gemeinde, die Gebietsteile an die benachbarte Gemeinde abgeben soll, so nehmen an der Abstimmung die Wahlberechtigten der gesamten Gemeinde teil. Bei der Abstimmung ist jedoch dafür Sorge zu tragen, daß durch Bildung von Abstimmungsbezirken die gesonderte Feststellung des Willens der Wahlberechtigten des abzutretenden Gebietsteiles möglich ist.*

c) *Auch bei der Ausgliederung von Teilen einer Gemeinde, besonders zur Neubildung einer Gemeinde, entscheidet zunächst der Rat der Gemeinde. Wird bei der Abstimmung des Rates keine Zweidrittelmehrheit für die Ausgliederung erreicht, kann das Abstimmungsverfahren nach § 14 Abs. 2 Satz 2 in Gang gesetzt werden. Für die Durchführung gilt entsprechendes wie zu b).*

d) *Bei der Abstimmung in den Räten der beteiligten Gemeinden ist für die Berechnung der Mehrheit nicht die gesetzliche, sondern, Beschlußfähigkeit vorausgesetzt, die Anzahl der anwesenden Ratsmitglieder zugrunde zu legen.*

e) Hinsichtlich der Abstimmung selbst bestimmt § 14 Abs. 3 GO, daß sie innerhalb zwei Monaten nach den Grundsätzen des Artikels 68 Abs. 5 der Landesverfassung durchzuführen ist. Danach sind zunächst auf das Stimmrecht und das Abstimmungsverfahren die Vorschriften des Artikels 31 Abs. 1 bis 3 der Landesverfassung entsprechend anzuwenden. Artikel 68 Abs. 5 der Landesverfassung bezieht sich jedoch weiterhin auf das in der Zwischenzeit ergangene Gesetz über das Verfahren bei Volksbegehren und Volksentscheid vom 3. August 1951 (GV NRW S. 103). Für das Verfahren bei der Abstimmung nach § 14 GO sind daher die Grundsätze auch dieses Gesetzes zu übernehmen. Danach sind die Vorschriften der §§ 20 Abs. 1 Satz 3 und Abs. 2, 21 und 22 Abs. 2 dieses Gesetzes in vollem Umfange anzuwenden. Sofern die Abstimmung auf Beschluß eines Rates oder auf Verlangen eines Drittels eines Rates stattfindet, ist der Abstimmungstag durch den Rat festzusetzen und zu veröffentlichen. Findet die Abstimmung auf Anordnung der Landesregierung statt, so wird der Abstimmungstag von dieser festgesetzt und veröffentlicht. In der Veröffentlichung ist der Gegenstand der Abstimmung unter genauer Beschreibung der beabsichtigten Grenzänderung bekanntzugeben. Für die Form der Bekanntmachung gilt § 37 Abs. 3 Satz 2 GO, soweit die Abstimmung auf Verlangen des Rates oder eines Drittels des Rates stattfindet. Wird sie durch die Landesregierung angeordnet, so wird die Bekanntmachung neben der Veröffentlichung im Ministerialblatt in der gleichen Weise durchgeführt. Im übrigen gelten für das Abstimmungsverfahren die Vorschriften des Gemeindewahlgesetzes entsprechend.

Zu § 14. Die Bestimmungen über die Gebietsänderungen waren in der rev. GO in den §§ 13–16 ganz allgemein gehalten. Das hat den Gesetzgeber veranlaßt, über das Recht der Ein-, Umgemeindung nähere Bestimmungen zu treffen und das Verfahren zu regeln. Gebietsänderungen sollten mit Rücksicht auf die Erfahrungen mit der preuß. Umgemeindungsgesetzgebung der Jahre 1926–1929 erschwert und bei solchen Maßnahmen der Wille der Bevölkerung beachtet werden. Voraussetzung einer Änderung der Gemeindegrenzen, der Auflösung von Gemeinden oder der Neubildung von Gemeinden ist das Vorliegen von „dringenden" Gründen „übergemeindlichen" öffentlichen Interesses, auch wenn sich die Beteiligten einig sind.

Dringende Gründe des übergemeindlichen öffentlichen Interesses sind ein „unbestimmter Rechtsbegriff". Der Wille der betroffenen Bevölkerung ist nur eines der Elemente, die bei der Entscheidung über die Gebietsänderung zu berücksichtigen sind. Letztlich entscheidend ist das überörtliche Interesse, das bonum commune – das öffentliche Wohl. (Urteil des Verfassungsgerichts NRW v. 10. 1. 1959 VGH 3/58.)

Das Lebensinteresse einer Gemeinde darf nur dann aufgeopfert werden, wenn schwerwiegende Gründe eines übergeordneten Gemeinwohls es erfordern, wenn nicht mit Hilfe der mannigfachen Möglichkeiten kommunaler Interessenverbindungen in einer den Fortbestand der Gemeinde schonenden Weise Genüge getan werden kann. Grenzänderungen aus Gründen des öffentlichen Wohles erfordern die sorgfältig abwägenden Abstimmung der Gründe und Gegengründe (OVG Münster v. 23. 5. 1951 III A 537/50 Öffentliche Verwaltung 1952 S. 508).

Gebietsänderungen stellen in NRW einen Verwaltungsakt dar, der zur Sicherung der Beteiligten in die Form eines Gesetzes gekleidet ist (sog. formelles Gesetz). Hiergegen gibt es kein Verwaltungsstreitverfahren. Den Betroffenen steht das Recht der Verfassungsbeschwerde gem. § 50 des Gesetzes über den Verfassungsgerichtshof zu (ob ein Gesetz die nach Art. 78 der Landesverfassung garantierte Selbstverwaltung verletzt). Dem Verfassungsgerichtshof sind in bezug auf die Prüfung der Ermessensfrage engere Grenzen gezogen als dem Verwaltungsrichter bei der Prüfung von Verwaltungsakten. Der Verfassungsrichter darf nur die gesetzgeberische Handlungsfreiheit nachprüfen, nicht die zweckmäßigste oder gerechteste Lösung. Der Gesetzgeber kann von sich aus in freiem Ermessen die sog. unbestimmten Rechtsbegriffe und deren Beurteilungsspielraum auslegen. Dagegen ist vom Verfassungsrichter nur zu prüfen, ob die äußersten Grenzen des Ermessensinhalts eingehalten und nicht mißbraucht sind. Art. 28 des Grundgesetzes und Art. 74 der Landesverfassung geben keine Garantie für das Fortbestehen der einzelnen Gemeinde. Ein Einwand, durch ein Gebietsänderungsgesetz werde der Gleichheitsgrundsatz des Art. 3. des Grundgesetzes verletzt, kann vom Landesverfassungsrichter nicht entschieden werden. Dazu ist das Bundesverfassungsgericht zuständig. (Urteil des Verfassungsgerichts des Landes Nordrhein-Westfalen v. 10. 1. 1959 VGH 3/58.)

Ein Grund, ein Gebietsänderungsgesetz anzufechten, wäre unter Umständen gegeben, wenn ein unredliches Verhalten des Gesetzgebers in dem Sinne vorliegen würde, eine Verschiebung des Stimmverhältnisses zu bezwecken. (Aus den Entscheidungsgründen des Urteils des Verfassungsgerichtshofs von NRW v. 21. 2. 1959 – AZ 4/58.)

Wie der Wille der betroffenen Bevölkerung sich äußern kann, regelt Abs. 2. Zunächst ist für Gebietsänderungsbeschlüsse eine Zweidrittel-Mehrheit des beteiligten Rates vorgeschrieben. Es kann aber auch eine Abstimmung der Wahlberechtigten (Gemeindeentscheid) stattfinden, wenn sie der Rat der betroffenen Gemeinde beschließt oder ein Drittel der Ratsmitglieder sie verlangt oder die Landesregierung eine Abstimmung anordnet. Ein Recht der betroffenen wahlberechtigten Bevölkerung, unmittelbar auf eine Abstimmung anzutragen (Gemeindebegehren) enthält das Gesetz nicht. Auch haben Sondervorschriften über die Wiederverselbständigung der in den Jahren 1926–1929 zwangseingemeindeten Gebietsteile, wie sie zunächst beabsichtigt waren, im Gesetz keinen Niederschlag gefunden.

Abstimmungen werden in Anwendung der Vorschrift des Art. 68 Abs. 5 der Landesverfassung nach dem Gesetz über das Verfahren bei Volksbegehren und Volksentscheid vom 15. 8. 1951 (GesVOBl. NRW. Nr. 35) durchgeführt.

Bei der Frage, ob dringende Gründe des übergemeindlichen öffentlichen Interesses für eine Gebietsänderung vorliegen, ist der Wille der Bevölkerung gebührend zu berücksichtigen. Er ist einer der Gründe, die dafür oder dagegen sprechen. Nicht das Gesamtabstimmungsergebnis in den in das Verfahren einbezogenen Gemeinden oder der Gemeinde ist ausschlaggebend, bedeutsam ist das Abstimmungsergebnis in dem Umgliederungsgebiet.

Zur Frage der Gebietsänderung, insbesondere der Frage der Abstimmung, machte der Innenminister bei der Beratung und Verabschiedung der Gemeindeordnung in der Landtagssitzung vom 29. 7. 1952 folgende Ausführungen:

> Es muß für alle Gemeinden, ob sie zusammen wollen oder ob sie auseinander wollen, dasselbe Recht gelten, und das müssen sie finden. Sind 95 % der Bevölkerung dagegen, dann ist es selbstverständlich, daß der Gesetzgeber sagen wird: Die Entscheidung liegt offensichtlich nicht im Interesse der Bevölkerung, ich lasse den bisherigen Zustand bestehen. Auch diejenigen, die glauben, daß sie durch die frühere Gesetzgebung nicht richtig behandelt sind, können beruhigt sein. Sie können sich selber an ihre Abgeordneten wenden. Sie haben gehört, wie die Meinungen in diesem hohen Hause sind, sie finden immer die erforderliche Anzahl von Abgeordneten, die einen Gesetzentwurf einbringt, und sie finden immer die pflichtgemäße Untersuchung seitens der Regierung – das ist ganz selbstverständlich – darüber, ob das Verlangen berechtigt ist oder nicht (stenBerichte S. 2349, 2351, 2352).

Die Anordnung einer Abstimmung durch die Landesregierung (Abs. 2 letzter Satz) kann auch vom Landtag durch einen Beschluß nicht erzwungen werden. Die Anordnung der Abstimmung ist Angelegenheit der Regierung (Exekutive). Ein solcher Landtagsbeschluß würde die Regierung allerdings politisch verpflichten. Anders liegt es, wenn aus der Mitte des Landtags ein Gebietsänderungsgesetz (Initiativgesetz) eingebracht und angenommen wird.

§ 15 Gebietsänderungsverträge

Die Gemeinden können über die Änderung ihres Gebiets *Vereinbarungen treffen (Gebietsänderungsverträge)*. Derartige Verträge bedürfen der *Genehmigung der Aufsichtsbehörde. Kommt* ein *Gebietsänderungsvertrag nicht zustande, so bestimmt die Aufsichtsbehörde* die *Einzelheiten der Gebietsänderung.*

Zweite Durchführungsverordnung

Auf Grund des § 106 Abs. 1 in Verbindung mit § 119 Abs. 1 der Gemeindeordnung wird im Einvernehmen mit dem Ausschuß des Landtags zur Beratung der Gemeinde- und Kreisordnung verordnet:

1. Wenn durch die Grenzstreitigkeit die Grenzen von Gemeinden berührt werden, die in verschiedenen Kreisen liegen, ist zuständige Aufsichtsbehörde im Sinne des § 12 der Gemeindeordnung die obere Aufsichtsbehörde (vgl. Ziff. 2 der Ersten Verordnung zur Durchführung der Gemeindeordnung vom 10. November 1952 – GV NRW S. 296 –); werden durch die Grenzstreitigkeit die Grenzen von Gemeinden berührt, die in verschiedenen Regierungsbezirken liegen, so entscheidet der Innenminister.

2. Ziffer 1 gilt entsprechend, wenn:
a) es sich um die Genehmigung von Gebietsänderungsverträgen oder die Bestimmung der Einzelheiten der Gebietsänderung im Falle des § 15 der Gemeindeordnung handelt und die betreffenden Gemeinden in verschiedenen Kreisen oder in verschiedenen Regierungsbezirken liegen,
b) in einer Angelegenheit, die nach den Vorschriften der Gemeindeordnung der Genehmigung bedarf, der Kreis beteiligt ist, dem die Gemeinde angehört.

Zweite Verwaltungsverordnung zu § 15

1. § 15 GO geht davon aus, daß die Gemeinden sich über die aus Anlaß der Gebietsänderung notwendigen Regelungen einigen sollen. Es empfiehlt sich, diese Vereinbarungen so rechtzeitig vorzubereiten, daß sie bei der Entscheidung über die Zustimmung nach § 14 Abs. 2 GO den beteiligten Räten zur Billigung vorgelegt und auch einer etwaigen Abstimmung nach § 14 Abs. 2 Satz 2 mit zugrunde gelegt werden können.
2. Die Vereinbarungen bedürfen der Genehmigung der Aufsichtsbehörde. Wird die Genehmigung versagt oder nur unter Auflagen erteilt, so bedarf es gegebenenfalls weiterer Verhandlungen zwischen den beteiligten Gemeinden und einer erneuten Beschlußfassung der beteiligten Räte. Finden auch die erneuten Beschlüsse die Genehmigung der Aufsichtsbehörde nicht, so hat diese zu prüfen, ob sie von sich aus die Einzelheiten der Gebietsänderung bestimmen will. Dieser Weg ist auch dann zu beschreiten, wenn die Räte der beteiligten Gemeinden den Abschluß des Gebietsänderungsvertrages überhaupt ablehnen.
3. In den Fällen einer Ausgliederung von Gemeindeteilen unter gleichzeitiger Bildung einer neuen Gemeinde ist für den Abschluß eines Grenzänderungsvertrages in Ermangelung eines Vertragspartners kein Raum. In diesen Fällen hat die Aufsichtsbehörde die Einzelheiten der Gebietsänderung zu bestimmen.
4. In die *Gebietsänderungsverträge* oder die Bestimmungen, die über die Einzelheiten der Gebietsänderung durch die Aufsichtsbehörde getroffen werden, ist in dem erforderlichen Ausmaß eine Regelung über die Rechtsnachfolge, die Auseinandersetzung, das Ortsrecht und die sonstige Überleitung aufzunehmen:
a) Einer Regelung der Rechtsnachfolge bedarf es dann nicht, wenn sie sich ohne weiteres aus der Rechtsnatur der geplanten Grenzänderung ergibt. Soll z. B. eine Gemeinde in eine andere Gemeinde eingegliedert werden, so ist nach der Rechtsnatur der Eingliederung die aufnehmende Gemeinde ohne weiteres Rechtsnachfolgerin. Sollen mehrere Gemeinden zu einer neuen Gemeinde zusammengeschlossen werden, so ist diese nach der Rechtsnatur des Zusammenschlusses Rechtsnachfolgerin. Ebensowenig bedarf es in der Regel einer besonderen Regelung der Rechtsnachfolge, wenn die Rechtspersönlich-

keit aller bei einer Grenzänderung beteiligten Gemeinden unberührt bleibt. Insoweit scheidet eine Gesamtrechtsnachfolge schon begrifflich aus. Die Regelung der vermögensrechtlichen Beziehungen der Beteiligten vollzieht sich hier im Rahmen der Auseinandersetzung. Dagegen kann es ausnahmsweise in solchen Fällen geboten sein, Verwaltungsvermögen einer Gemeinde, das in den umzugliedernden Gebieten wurzelt, im Wege der Einzelrechtsnachfolge auf einen anderen Rechtsträger zu übertragen.

b) Sowohl nach der DGO als auch nach der rev. DGO war die Auseinandersetzung Sache der Aufsichtsbehörde, und sie folgte der Gebietsänderung regelmäßig nach. Die GO vom 21. Oktober 1952 sieht jedoch eine Auseinandersetzung im früheren Sinne nicht mehr vor. Das Wort „Auseinandersetzung" findet sich hier nur in § 17 Abs 1 Satz 1, und es ist dabei weder gesagt, daß die Auseinandersetzung Sache der Aufsichtsbehörde sei, noch paßt es auch in das Verfahren der Gebietsänderung dieser GO, daß sie der Gebietsänderung zeitlich folge. Die Fragen der Auseinandersetzung sind demgemäß abschließend in dem Gebietsänderungsvertrag oder in den von der Aufsichtsbehörde nach § 15 Satz 3 zu bestimmenden Einzelheiten zu regeln. Dabei hat die Auseinandersetzung, wie bisher zum Gegenstand,

aa) die durch die Gebietsänderung entstandene Gemeinsamkeit von Rechten und Pflichten zu beseitigen und auf die einzelnen Rechtsnachfolger zu verteilen (*Auseinandersetzung im engeren Sinne*),

bb) erforderlichenfalls die Interessen der Beteiligten in billiger Weise auszugleichen (*Ausgleichung*).

Gemeindliche Gemeinsamkeiten, die einer *Auseinandersetzung im engeren Sinne* bedürfen, sind insbesondere die Anteile aus dem Finanzausgleich bis zur Feststellung neuer Verteilungsgrundlagen, die für das laufende Rechnungsjahr rechtskräftig veranlagten Amts-, Kreis- und ähnliche Umlagen, das Vermögen und der Kassenbestand. Als Maßstab für die Verteilung kommen die Fläche, die Einwohnerzahl oder das Gesamtverhältnis der zu übernehmenden Vorteile und Lasten in Betracht. Da es sich bei der Auseinandersetzung lediglich um die eigentlich gemeindlichen Beziehungen der von der Grenzänderung betroffenen Gemeinden handelt, gelten nur diese als Beteiligte. Andere Gemeinden sowie Gemeindeverbände, die etwa einen Nachteil aus der Regelung befürchten, sind also nicht beteiligt.

Eine *Ausgleichung* der Interessen kommt sowohl bei der Auseinandersetzung zwischen mehreren Gemeinden wie bei der Auseinandersetzung innerhalb derselben Gemeinde in Frage. Im ersteren Falle können die Voraussetzungen etwa vorliegen, wenn durch die gesetzliche Rechtsnachfolge für den einen Teil eine erhebliche unbillige Belastung zugunsten des anderen Teiles eintreten würde. Im einzelnen sind für die Beurteilung der Voraussetzungen, des Umfanges und des Inhalts einer solchen Ausgleichung die zahlreichen Entscheidungen der obersten Verwaltungsgerichte heranzuziehen. Dabei ist davon auszugehen, daß stets ein besonderer Grund für eine solche Ausgleichung vorliegen muß, und daß als ein solcher die Tatsache der Umgemeindung selbst und die damit stets in gewissem Umfange eintretende Verschiebung der Leistungsfähigkeit und Belastung nicht anzusehen ist. Vielmehr kommt ein Ausgleich nur in Frage,

1. wenn der eine Teil durch die Gebietsänderung eine wesentliche Entlastung erfährt;
2. wenn dieser Teil leistungsfähig ist;
3. wenn der andere Teil durch die Gebietsänderung eine wesentliche Mehrbelastung erfährt;
4. wenn der andere Teil in seiner Leistungfähigkeit beeinträchtigt wird;
5. wenn schließlich besondere Billigkeitsgründe einen Ausgleich erfordern.

Zur Ausgleichung kommen Kapitalzahlungen, laufende Renten und Überweisungen von Vermögensstücken in Frage. Innerhalb ein und derselben Gemeinde kommt auch eine steuerliche Mehr- oder Minderbelastung in Betracht. Doch wird ein solcher Ausgleich so zu bemessen sein, daß die verschiedene Belastung in einem bestimmten, nicht zu weit hinauszuschiebenden Zeitpunkt aufhört und damit die Gleichmäßigkeit innerhalb der Gemeinde für die Zukunft sichergestellt wird.

c) Hinsichtlich des Ortsrechts ist Bestimmung über eine möglichst reibungslose Überleitung zu treffen. Als Ortsrecht in diesem Sinne gelten nicht nur Satzungen und Ordnungen, sondern auch andere für die Gemeindeverwaltung wesentliche Entschließungen. Im übrigen wird für den Regelfall folgende Ordnung der Überleitung empfohlen:
   aa) In eingegliederten Gemeinden und Gemeindeteilen soll das Ortsrecht der Gemeinde, in welche die Eingliederung erfolgt, nicht sofort, sondern erst nach einem bestimmten Zeitraum, der sechs Monate nicht überschreiten soll, in Kraft treten.
   bb) Im Falle des Zusammenschlusses mehrerer Gemeinden zu einer neuen Gemeinde oder von Gemeindeteilen zu einer neuen Gemeinde sowie bei Bildung einer neuen Gemeinde durch Ausgliederung ist regelmäßig vorzusehen, daß bis zur Schaffung neuen Ortsrechts das in jedem Gebietsteil bisher geltende Ortsrecht für eine bestimmte Übergangszeit in Kraft bleibt. Auch hier soll jedoch die Übergangszeit einen Zeitraum von sechs Monaten regelmäßig nicht überschreiten.

d) Zur sonstigen Überleitung gehört in erster Linie die Sicherung des Bürgerrechts für die Bürger umgegliederter Gebietsteile. Es ist dementsprechend stets vorzusehen, daß, soweit die Wohnung oder der Aufenthalt in der Gemeinde für Rechte und Pflichten maßgebend ist,
   aa) im Falle einer Eingliederung die Dauer der Wohnung oder des Aufenthalts in dem eingegliederten Gebiet auf die Dauer der Wohnung oder des Aufenthalts in der aufnehmenden Gemeinde angerechnet wird,

bb) im Falle des Zusammenschlusses die Wohnung oder der Aufenthalt in den zusammengeschlossenen Gebieten als Wohnung oder Aufenthalt in der neuen Gemeinde gilt,

cc) im Falle der Bildung einer neuen Gemeinde aus Teilen einer oder mehrerer bestehenbleibender Gemeinden die Wohnung oder der Aufenthalt in diesen als Wohnung oder Aufenthalt in der neuen Gemeinde anzusehen ist.

Hinsichtlich der Räte der von der Gebietsänderung berührten Gemeinden gilt folgendes:

aa) Werden mehrere Gemeinden zu einer neuen Gemeinde zusammengeschlossen, so endet damit die Wahlzeit der Räte.

bb) In den Fällen der Ein- und Ausgliederung bleibt es der gesetzlichen Regelung nach § 16 GO vorbehalten, Bestimmungen über eine etwaige Auflösung von Räten über ihre Neuwahl zu treffen.
Einer besonderen Regelung der Rechtsfolgen einer Grenzänderung für hauptamtliche Beamte bedarf es in keinem Falle. Insoweit gelten vielmehr die Vorschriften des Kapitels V des Reichsgesetzes vom 30. Juni 1933 (RGBl I S. 433).

5. Werden durch die beabsichtigte Gebietsänderung die Grenzen von Gemeinden berührt, die in verschiedenen Kreisen oder in verschiedenen Regierungsbezirken liegen, so gilt die besondere Vorschrift der Ziffer 2 a der Zweiten Durchführungsverordnung zur Gemeindeordnung vom 29. November 1952 (GV NRW S. 409).

6. Gemäß § 16 Abs. 1 sind in dem Gebietsänderungsgesetz die Bestimmungen über die Gebietsänderung zu bestätigen. Der Gebietsänderungsvertrag bzw. die von der Aufsichtsbehörde bestimmten Einzelheiten der Gebietsänderung erhalten damit Gesetzeskraft. Die Aufsichtsbehörden haben dementsprechend gegebenenfalls ihre Durchführung mit den Mitteln der Aufsicht zu sichern.

Auch dann, wenn die Genehmigung zu einem Gebietsänderungsvertrag von der Aufsichtsbehörde nicht erteilt wird, soll die Aufsichtsbehörde mit den beteiligten Gemeinden über den Inhalt der von ihr in Aussicht genommenen Regelung vor ihrer Festlegung verhandeln. (Band 1 ber. Min.Bl. Nr. 2020.)

§ 16 Durchführung der Gebietsänderung

(1) Die *Änderung des Gemeindegebiets* erfolgt durch *Gesetz*. In diesem sind die *Bestimmungen über die Gebietsänderung zu bestätigen* und der Tag der Rechtswirksamkeit der Gebietsänderung festzulegen.

(2) In *Fällen von geringer Bedeutung* kann eine Entscheidung über die *Änderung des Gemeindegebiets* (Absatz 1) *durch den Innenminister* getroffen werden. Ob ein Fall von geringer Bedeutung vorliegt, entscheidet *im Streitfall* die *Landesregierung*.

Zweite Verwaltungsverordnung zu § 16

1. Nach Abschluß der Verhandlungen nach den §§ 14 und 15 GO haben die Aufsichtsbehörden auf dem Dienstwege zu berichten. Dem Bericht sind beizufügen:

a) die Ratsbeschlüsse und deren Abstimmungsergebnis,
b) das Ergebnis einer etwaigen Abstimmung der Wahlberechtigten,
c) der Gebietsänderungsvertrag oder die von der Aufsichtsbehörde bestimmten Einzelheiten im Sinne des § 15 Satz 3 GO,
d) die Stellungnahme der beteiligten Gemeindeverbände,
e) bei land- und forstwirtschaftlich genutzten Flächen eine Stellungnahme des zuständigen Geschäftsführers der Landwirtschaftskammer als Landesbeauftragter,
f) eine genaue Grenzbeschreibung und ein Meßtischblatt.

Der Bericht muß eine eingehende Darstellung der Verhältnisse und insbesondere der mit der Gebietsänderung verbundenen finanziellen Auswirkungen enthalten. Zu diesem Zweck muß er hinsichtlich aller beteiligten Gemeinden Aufschluß geben über:

a) den Umfang der Gebietsänderung nach Fläche und Einwohnerzahl,
b) die Auswirkungen der Gebietsänderung auf die unmittelbar und mittelbar betroffene Bevölkerung sowie die örtliche Wirtschaft,
c) die haushaltsmäßigen Auswirkungen der Gebietsänderung unter Beifügung der Haushaltspläne des laufenden Jahres und der letztabgeschlossenen Rechnungen.

2. Nach § 16 Abs. 2 GO kann in Fällen von geringer Bedeutung eine Entscheidung über die Änderung des Gemeindegebietes durch den Innenminister getroffen werden. Fälle von geringer Bedeutung liegen dann vor, wenn es sich um die Eingliederung unbewohnter Gebietsteile oder kleinerer Gebietsteile mit geringer Einwohnerzahl handelt.
3. Die Vorschrift des § 61 Abs. 2 der Reichsumlegungsordnung vom 16. Juni 1937 (RGBl. I S. 629) wird durch die GO nicht berührt.

Der Bericht der Aufsichtsbehörde über die Durchführung einer Gebietsänderung muß künftig auch Aufschluß darüber geben, ob aus Anlaß der Gebietsänderung die Grenzen von Amtsgerichtsbezirken zu ändern sind. (Band 1 ber. Min. Bl. Nr. 2020.)

Zu § 16. Während bisher teils eine staatliche Behörde, die Landesregierung, der Innenminister oder früher das Staatsministerium oder der Landtag Gebietsänderungen durch Staatshoheits- oder Gesetzgebungsakte aussprachen, erfolgt nunmehr die Änderung des Gemeindegebietes durch Gesetz. Nur Fälle von geringerer Bedeutung, die mehr den Charakter von Grenzänderungen haben, sind ausgenommen. Diese spricht der Innenminister aus. In dem Gesetz sind die Bestimmungen über die Gebietsänderung zu bestätigen. Damit erhalten die Gebietsveränderungsverträge (§ 15) Gesetzeskraft. Die Einhaltung von Bestimmungen und Abmachungen aus den Gebietsveränderungsverträgen kann nun auch von den Einwohnern der untergegangenen Gemeinde durch Klage bei den Verwaltungs- und ordentlichen Gerichten erzwungen werden.

Dem Gesetzgeber steht es frei, von den nach § 15 vereinbarten oder von der Aufsichtsbehörde bestimmten Gebietsveränderungsverträgen und auch von den aufgestellten Plänen abzuweichen. Er ist an diese Festlegungen nicht gebunden.

§ 17 Wirkungen der Gebietsänderung

(1) Der *Ausspruch der Änderung des Gemeindegebiets und die Entscheidung über die Auseinandersetzung begründen Rechte und Pflichten der Beteiligten.* Sie bewirken den Übergang, die Beschränkung oder Aufhebung von dinglichen Rechten, sofern der Gebietsänderungsvertrag oder die Entscheidung über die Auseinandersetzung derartiges vorsieht. Die Aufsichtsbehörde ersucht die zuständigen Behörden um die Berichtigung des Grundbuchs, des Wasserbuchs und anderer öffentlicher Bücher. Sie kann Unschädlichkeitszeugnisse ausstellen.

(2) Rechtshandlungen, die aus Anlaß der Änderung des Gemeindegebiets erforderlich sind, sind frei von öffentlichen Abgaben sowie von Gebühren und Auslagen, soweit diese auf Landesrecht beruhen.

Vierter Teil

EINWOHNER UND BÜRGER

§ 18 Gemeindliche Einrichtungen und Lasten

(1) Die *Gemeinden schaffen innerhalb der Grenzen ihrer Leistungsfähigkeit die für die wirtschaftliche, soziale und kulturelle Betreuung ihrer Einwohner erforderlichen öffentlichen Einrichtungen.*

(2) Alle *Einwohner* einer Gemeinde sind im Rahmen des geltenden Rechts *berechtigt,* die *öffentlichen Einrichtungen der Gemeinde zu benutzen* und *verpflichtet,* die *Lasten zu tragen, die sich aus ihrer Zugehörigkeit zu der Gemeinde ergeben.*

(3) *Grundbesitzer und Gewerbetreibende, die nicht in der Gemeinde wohnen, sind in gleicher Weise berechtigt, die öffentlichen Einrichtungen zu benutzen,* die in der Gemeinde für Grundbesitzer und Gewerbetreibende bestehen, und *verpflichtet, für ihren Grundbesitz oder Gewerbebetrieb im Gemeindegebiet zu den Gemeindelasten beizutragen.*

(4) Diese Vorschriften gelten entsprechend für juristische Personen und für Personenvereinigungen.

§ 19 Anschluß- und Benutzungszwang

Die Gemeinden können bei *dringendem öffentlichem Bedürfnis* durch Satzung *mit Genehmigung der Aufsichtsbehörde* für die Grundstücke ihres Gebiets den Anschluß an Wasserleitung, Kanalisation, Müllabfuhr, Straßenreinigung und ähnliche der Volksgesundheit dienende Einrichtungen (*Anschlußzwang*) und die Benutzung dieser Einrichtungen und der Schlachthöfe (*Benutzungszwang*) vorschreiben. Die Satzung kann Ausnahmen vom Anschluß- und Benutzungszwang zulassen. Sie kann den Zwang auch auf bestimmte Teile des Gemeindegebietes und auf bestimmte Gruppen von Grundstücken oder Personen beschränken.

Zweite Verwaltungsverordnung zu § 19

1. Der *Zwang zum Anschluß an die in § 19 GO genannten Einrichtungen* bedeutet, daß jeder Einwohner, für den das Gebot des Anschlußzwanges besteht, die Vorrichtungen treffen muß, die ihm die Benutzung der gemeindlichen Einrichtungen ermöglichen. Der Benutzungszwang verpflichtet ihn darüber hinaus zur Benutzung der Einrichtung und verbietet ihm damit zugleich die Benutzung anderer Einrichtungen, die dem Bedarf in ähnlicher Weise dienen könnten.
2. In § 19 GO sind der Umfang, die Voraussetzungen und die Form der Einführung des Anschluß- und Benutzungszwanges abschließend geregelt. Dem Umfang nach ist lediglich ein Zwang zum Anschluß an Wasserleitung, Kanalisation, Müllabfuhr, Straßenreinigung und ähnliche, der Volksgesundheit dienende Einrichtungen sowie ein Benutzungszwang für diese Einrichtungen und für Schlachthöfe möglich. Voraussetzung der Einführung eines Anschluß- oder Benutzungszwanges ist stets das Vorliegen eines dringenden öffentlichen Bedürfnisses. Die Einführung eines solchen Zwanges aus rein fiskalischen Gesichtspunkten kommt somit nicht in Betracht. Was schließlich die Form betrifft, so kann ein Anschluß- oder Benutzungszwang nur durch eine von der Aufsichtsbehörde genehmigte Satzung ausgesprochen werden. Diese muß die näheren Vorschriften über den Anschluß- oder Benutzungszwang enthalten und insbesondere auch das für den Anschluß und die Benutzung zu entrichtende Entgelt regeln.
3. Bei der besonderen Bedeutung des Anschluß- und Benutzungszwanges wird den Gemeinden nahegelegt, die Entwürfe dieser Satzungen nach vorheriger öffentlicher Bekanntmachung 14 Tage lang auszulegen.

Zu § 19. Über Anwendung von Zwangsmitteln bei Durchführung des Anschluß- und Benutzungszwangs siehe § 4 und Anmerkung dazu.

Ob ein dringendes öffentliches Bedürfnis für den Erlaß einer Satzung besteht, die den Anschluß- und Benutzungszwang einführt, hat das Verwaltungsgericht nicht nachzuprüfen (gemeindliche Wasserversorgung). Eine Bestimmung in der Satzung, die eine Befreiung von dem Anschluß- und Benutzungszwang vorsieht, wenn der Anschluß- oder Benutzungszwang aus schwerwiegenden Gründen, auch unter Berücksichtigung der Erfordernisse des Gemeindewohles, nicht zugemutet werden kann, ist gültig (Beispiel Wasserversorgung) – Urteil des OVG Münster v. 5. 11. 1958 III A 824/58.

Ein privatrechtlicher Vertrag über die Benutzung der Wasserleitung der Gemeinde wird durch eine Satzung der Gemeinde, die den Anschluß- und Benutzungszwang einführt und die Benutzung nur auf Grund eines öffentlich-rechtlichen Benutzungsverhältnisses zuläßt, gegenstandslos. Der Verlust eines solchen privaten Rechts kann eine Enteignung i. S. des § 14 Abs. 1 GG sein (Urteil des OVG Münster v. 8. 10. 1958 AZ III A 262/55).

Mustersatzung über den Anschluß an die öffentliche Wasserleitung und die Abgabe von Wasser siehe Runderlaß v. 1. 12. 1938 RMBliV 1938 S. 2061. Mustersatzung für die Entwässerung von Grundstücken und den Anschluß an die gemeindliche Abwasseranlage siehe Runderlaß v. 30. 3. 1951 MBl. NW 1951 S. 485, Mustersatzung für den Anschluß von Grundstücken an die gemeindliche Müllabfuhr siehe Runderlaß v. 19. 11. 1949 MBl. NW S. 1069 und Runderlaß v. 2. 3. 1953 MBl. NW 1953, S. 342.

§ 20 Ehrenamtliche Tätigkeit und Ehrenamt

(1) Der *Einwohner* ist *zu* einer *nebenberuflichen vorübergehenden Tätigkeit für die Gemeinde verpflichtet (ehrenamtliche Tätigkeit).*

(2) Der *Bürger* ist *zur nebenberuflichen Übernahme eines auf Dauer berechneten Kreises von Verwaltungsgeschäften* für die Gemeinde *verpflichtet (Ehrenamt).*

Zweite Verwaltungsverordnung

Bei der *Übernahme eines Ehrenamtes* ist eine Ernennungsurkunde auszufertigen (in der die Worte „unter Berufung in das Beamtenverhältnis als Ehrenbeamter“ enthalten sein müssen). Im übrigen sind hinsichtlich der Ernennung die Vorschriften des § 54 GO zu beachten.

Zusatz: Jetzt gilt § 7 in Verbindung § 185 NRW Landesbeamtengesetz.

Zu § 20. Unter vorübergehender ehrenamtlicher Tätigkeit ist z. B. die Tätigkeit als Zähler zu verstehen. Ein Wohlfahrtspfleger auf Zeitdauer gewählt oder verpflichtet, verwaltet dagegen ein Ehrenamt.

§ 21 Ablehnungsgründe

(1) *Einwohner und Bürger* können die *Übernahme einer ehrenamtlichen Tätigkeit oder eines Ehrenamtes ablehnen,* ihre *Ausübung verweigern* oder das *Ausscheiden verlangen,* wenn ein *wichtiger Grund* vorliegt. Als wichtiger Grund gilt namentlich, wenn der Einwohner oder Bürger

a) ein geistliches Amt verwaltet,
b) ein öffentliches Amt verwaltet und die Anstellungsbehörde feststellt, daß die ehrenamtliche Tätigkeit oder das Ehrenamt mit seinen Dienstpflichten nicht vereinbar ist,
c) Ratsmitglied ist, sechs Jahre als Ratsmitglied tätig war oder ein öffentliches Ehrenamt ausgeübt hat,
d) Bundestags- oder Landtagsabgeordneter oder Mitglied eines Beschlußorgans von Gemeinde- oder Zweckverbänden ist,
e) mindestens vier minderjährige Kinder hat,
f) mindestens zwei Vormundschaften oder Pflegschaften führt,

g) aus beruflichen Gründen häufig oder langdauernd von der Gemeinde abwesend ist,
h) anhaltend krank ist,
i) mindestens sechzig Jahre alt ist,
k) durch die Ausübung der ehrenamtlichen Tätigkeit oder des Ehrenamts in der Fürsorge für die Familie besonders belastet wird.

(2) *Ob ein wichtiger Grund vorliegt, entscheidet der Rat, soweit er nicht die Entscheidung dem Gemeindedirektor überträgt.*

(3) *Der Rat kann* einen *Bürger oder Einwohner, der ohne wichtigen Grund die Übernahme einer ehrenamtlichen Tätigkeit oder eines Ehrenamts ablehnt* oder ihre Ausübung verweigert, in eine *Buße bis zu fünfhundert Deutsche Mark* und für *jeden Fall der Wiederholung bis zu eintausend Deutsche Mark* nehmen. Die Bußen werden im *Verwaltungsverfahren* beigetrieben.

Zweite Verwaltungsverordnung zu § 21

Die Aufzählung von *Ablehnungsgründen* nach § 21 Abs. 1 GO hat keinen abschließenden Charakter; sie nennt lediglich die Fälle, in denen dem Betroffenen ein gesetzlicher Anspruch zusteht, die Übernahme einer ehrenamtlichen Tätigkeit oder eines Ehrenamtes abzulehnen, ihre Ausübung zu verweigern oder das Ausscheiden zu verlangen. Im übrigen wird darauf hingewiesen, daß der Bürger aus einem Ehrenamt nie durch einseitige Erklärung, sondern stets nur durch Ausspruch der Verabschiedung ausscheiden kann.

Zu § 21. Die Aufzählung der Ablehnungsgründe ist nicht erschöpfend, es gibt noch andere wichtige Gründe. Mit der Entscheidung, ob ein wichtiger Grund zur Ablehnung vorliegt, sollte man, wenigstens, was die vorübergehende ehrenamtliche Tätigkeit anlangt, den Gemeindedirektor beauftragen.

§ 22 Pflicht zur Verschwiegenheit

(1) *Wer zu ehrenamtlicher Tätigkeit oder zu einem Ehrenamt berufen wird,* ist zur *Verschwiegenheit über solche Angelegenheiten verpflichtet, deren Geheimhaltung ihrer Natur nach erforderlich, besonders vorgeschrieben oder vom Rat beschlossen worden ist.* Er darf die *Kenntnis vertraulicher Angelegenheiten nicht unbefugt verwerten.* Dies gilt auch dann, wenn er nicht mehr ehrenamtlich tätig oder aus dem Ehrenamt ausgeschieden ist.

(2) *Wer diese Pflichten verletzt,* kann zur Verantwortung gezogen werden. *§ 21 Absatz 3* gilt entsprechend.

Zweite Verwaltungsverordnung zu § 22

Es wird klargestellt, daß § 22 Abs. 2 eine Anwendung der Disziplinarordnung des Landes NW vom 8. 12. 53 (GS NW S. 335) auf Ehrenbeamte nicht ausschließt. (Band 1 ber. Min. Bl. Nr. 2020.)

Zu § 22. Die Bestimmungen über die Verschwiegenheit sind gegenüber der rev. GO (§ 24) gemildert und der Stellung der ehrenamtlich tätigen Bürger und der Rats- und

Ausschußmitglieder – § 22 gilt für diese entsprechend (siehe § 30 Abs. 2) – angepaßt worden. Die Einwohner, Bürger, Rats- und Ausschußmitglieder sind nicht mehr allgemein wie ein Gemeindebeamter zur Verschwiegenheit verpflichtet. Sie haben nur in drei Fällen Verschwiegenheit – auch über die Amtsdauer hinaus – zu bewahren:

1. bei Angelegenheiten, die ihrer Natur nach geheim zu halten sind (z. B. persönliche, private Angelegenheiten);
2. Angelegenheiten, in denen die Geheimhaltung besonders vorgesehen ist (z. B. Steuergeheimnis);
3. bei Vorliegen eines Ratsbeschlusses, der allgemein einen bestimmten Aufgabenkreis umfaßt (evtl. in der Geschäftsordnung vorgeschrieben) oder einen besonderen Fall betrifft.

Neuerdings hat das OVG Münster unterm 20. 5. 1959 AZ III A 751/58 entschieden, daß ein Ratsmitglied zur Verschwiegenheit „wie ein Gemeindebeamter" verpflichtet sei, da er einer Vertretung angehöre, die „verwaltende" Funktionen ausübt. Diese Auslegung erscheint zu weitgehend und die Rechte der Ratsmitglieder (§ 30) zu stark einschränkend. Eine Entscheidung des Bundesverwaltungsgerichts zu dieser Frage liegt bisher nicht vor.

Verletzung der Verschwiegenheitspflicht kann jetzt im Gegensatz zur früheren Regelung mit einer Buße nach § 22 geahndet werden. Die Vorschrift verlangt eine objektive, jeder kleinlichen oder gar schikanösen Auffassung abholde Handhabung.

§ 23 Ausschließungsgründe

(1) Niemand darf in einer *ehrenamtlichen Tätigkeit oder* in einem *Ehrenamt* bei Angelegenheiten *beratend oder entscheidend mitwirken*, wenn die Entscheidung ihm selbst, seinem Ehegatten, seinen Verwandten bis zum dritten oder Verschwägerten bis zum zweiten Grade oder einer von ihm kraft gesetzlicher oder rechtsgeschäftlicher Vollmacht vertretenen Person einen *unmittelbaren* Vorteil oder Nachteil bringen kann.

(2) Das gilt auch, wenn der Betreffende in der Angelegenheit in anderer als öffentlicher Eigenschaft ein *Gutachten* abgegeben hat, oder sonst tätig geworden ist oder *gegen Entgelt bei jemandem beschäftigt ist,* der an der Erledigung der Angelegenheit ein persönliches oder wirtschaftliches Interesse hat.

(3) *Diese Vorschriften gelten nicht, wenn* die in Absatz 1 bezeichneten *Personen* an der Entscheidung der Angelegenheit lediglich *als Angehörige eines Berufs oder einer Bevölkerungsschicht beteiligt* sind, deren gemeinsame Interessen durch die Angelegenheit berührt werden.

(4) *Ob die Voraussetzungen* des Absatz 1 oder 2 vorliegen, *entscheidet bei den vom Rat zu ehrenamtlicher Tätigkeit* oder einem *Ehrenamt Berufenen der Rat, im übrigen der Gemeindedirektor.*

(5) Die Bestimmungen der Absätze 1 bis 4 *gelten nicht für Wahlen in unbesoldete Wahlstellen, die vom Rat vorgenommen werden.*

Zu § 23. § 23 bringt die Vorschriften über die sogenannte Interessenkollision. Auf die Einhaltung dieser Bestimmung muß im Interesse der Sauberkeit der Ratsverwaltung besonders geachtet werden. Abs. 3 nimmt die Berufsvertreter, Vertreter einer bestimmten Bevölkerungsschicht bei der Entscheidung über Angelegenheiten, die das gemeinsame Berufs- oder Standesinteresse zum Gegenstand haben, von den Verbotsbestimmungen aus. Es wird sich in der Regel um Beamtenvertreter, Syndici von Verbänden oder Gewerkschaftsvertreter handeln. Die Vorschrift sollte, um Mißbräuche zu verhüten, eng ausgelegt werden.

Bei der Besetzung von „unbesoldeten" Wahlstellen (z. B. Bürgermeister, unbesoldete Beigeordnete, Ausschußmitglieder) kann der Gemeindevertreter sich selbst wählen.

§ 24 Treupflicht

(1) *Inhaber eines Ehrenamts* haben eine besondere Treupflicht gegenüber der Gemeinde. *Sie dürfen Ansprüche anderer gegen die Gemeinde nicht geltend machen,* es sei denn, daß sie als *gesetzliche* Vertreter handeln.

(2) Absatz 1 *gilt auch für ehrenamtlich Tätige, wenn der Auftrag mit den Aufgaben ihrer ehrenamtlichen Tätigkeit im Zusammenhang steht.* Ob diese Voraussetzungen vorliegen *entscheidet bei den* vom Rat zu ehrenamtlicher Tätigkeit Berufenen *der Rat, im übrigen der Gemeindedirektor.*

Zu § 24. Die Gemeindeordnung für NRW übernimmt materiell die Vorschrift der rev. GO über die Treupflicht der Inhaber eines Ehrenamtes (einschl. der Rats- und Ausschußmitglieder). Die Entscheidung der Aufsichtsbehörde (§ 26 d. rev. GO) ist fortgefallen. Jetzt hat der Rat (resp. der Gemeindedirektor) zu entscheiden. Z. B. können Anwälte oder Steuerberater, die ein Gemeindeehrenamt in vorstehendem Sinne bekleiden, nach wie vor Ansprüche Dritter gegen die Gemeinde nicht geltend machen und gegen die Gemeinde nicht auftreten.

§ 25 Entschädigung

(1) *Ehrenamtlich tätige Einwohner und Bürger, die ein Ehrenamt* verwalten, haben *Anspruch auf Ersatz ihrer Auslagen und des entgangenen Arbeitsverdienstes.*

(2) *Ehrenamtliche Gemeindedirektoren und Kassenverwalter* erhalten eine angemessene Aufwandsentschädigung; ehrenamtlichen Beigeordneten kann sie gewährt werden.

(3) Der *Innenminister* erläßt *allgemeine Richtlinien über die Höhe der Aufwandsentschädigung.*

(4) *Ansprüche* auf Bezüge nach den Absätzen 1 und 2 sind *nicht übertragbar.*

Zweite Verwaltungsverordnung zu § 25

1. Wo die Aufgaben des ehrenamtlichen Gemeindedirektors vom Bürgermeister wahrgenommen werden (§ 57 Abs. 2 GO), ist die Entschädigung bereits durch die Erste Verwaltungsordnung zu § 45 GO geregelt.
2. Wo die Stelle des Gemeindedirektors in amtsfreien Gemeinden über 3000 Einwohner ehrenamtlich wahrgenommen wird, halte ich eine Aufwandsentschädigung für angemessen, die 75 vom Hundert der Sätze der Ersten Verwaltungsverordnung zu § 45 GO nicht übersteigt.

3. Für ehrenamtliche Kassenverwalter halte ich eine Aufwandsentschädigung bis zu 50 vom Hundert der vorgenannten Aufwandsentschädigung für angemessen. Das gleiche gilt für ehrenamtliche Beigeordnete, soweit diese in der Verwaltung tätig sind.

Zu § 25. Die Regelung der Entschädigung für ehrenamtliche Tätigkeit, die in der rev. GO der Hauptsatzung überlassen war (§ 27 rev. GO) ist jetzt im Gesetz festgelegt. § 25 findet gleichmäßig auf ehrenamtlich Tätige, Verwalter eines Ehrenamtes, Rats- und Ausschußmitglieder Anwendung. Sie haben gesetzlichen Anspruch auf Ersatz ihrer (angemessenen) *Auslagen* und auf Erstattung des entgangenen Arbeitsverdienstes. Für die Rats- und Ausschußmitglieder (1. § 30 Abs. 2) sind hierbei vom Innenminister zu erlassende allgemeine Richtlinien zu beachten. Ob darüber hinaus durch Hauptsatzung oder Beschluß Sitzungsgelder – wie das da und dort geschieht – gezahlt werden, steht im pflichtgemäßen Ermessen der Gemeinde. Man sollte hierbei Zurückhaltung üben.

Siehe auch 1. VerwVO. und Anmerkung zu § 30.

§ 26 Ehrenbürgerrecht und Ehrenbezeichnung

(1) Die Gemeinden können Persönlichkeiten, *die sich um sie besonders verdient gemacht* haben, das *Ehrenbürgerrecht* verleihen. Die Verleihung des Ehrenbürgerrechts an Ausländer bedarf der Genehmigung der Aufsichtsbehörde.

(2) Die Gemeinden können Bürgern, die mindestens zwanzig Jahre Ratsmitglieder oder Ehrenbeamte waren *und* ausgeschieden sind, eine Ehrenbezeichnung verleihen.

(3) *Die Gemeinden* können *mit Genehmigung der Aufsichtsbehörde* das *Ehrenbürgerrecht* und die *Ehrenbezeichnung* wegen unwürdigen Verhaltens *entziehen.*

(4) *Beschlüsse* über die Verleihung oder die Entziehung des Ehrenbürgerrechts und über die Entziehung einer Ehrenbezeichnung bedürfen einer *Mehrheit von zwei Dritteln der anwesenden Ratsmitglieder.*

Zweite Verwaltungsverordnung zu § 26

1. Nach § 26 Abs. 1 Satz 1 GO kommt eine Verleihung des *Ehrenbürgerrechts* nur in solchen Fällen in Betracht, in denen der Ehrenbürger sich besondere Verdienste um die betreffende Gemeinde selbst erworben hat. Diese Voraussetzung muß auch erfüllt sein, soweit es sich um eine Verleihung des Ehrenbürgerrechts an Ausländer handelt.
2. Bei der Verleihung von Ehrenbezeichnungen im Sinne des Absatzes 2 a. a. O. ist darauf zu achten, daß nicht solche Bezeichnungen gewählt werden, die den Amtsbezeichnungen von Beamten entsprechen oder zu Verwechslungen mit derartigen Amtsbezeichnungen Anlaß geben können. Es ist ferner nicht zulässig, ausscheidenden Ehrenbeamten als Ehrenbezeichnung ihre bisherige

Amtsbezeichnung mit dem Zusatz „a. D.“, „i. R.“ usw. zu verleihen. Im übrigen sind geeignete Ehrenbezeichnungen für Bürgermeister und Ratsmitglieder z. B. die Bezeichnungen „Altbürgermeister“, „Ehrenbürgermeister“, „Stadtältester“ oder „Gemeindeältester“.

Fünfter Teil

VERWALTUNG DER GEMEINDE

1. Abschnitt: Regelbestimmungen

§ 27 Träger der Gemeindeverwaltung

(1) *Die Verwaltung der Gemeinde wird ausschließlich durch den Willen der Bürgerschaft bestimmt.*

(2) Die Bürgerschaft wird durch den Rat vertreten. Der Rat besteht aus den von der Bürgerschaft gewählten *Ratsmitgliedern*. Der *Vorsitz* im Rat sowie *die Vertretung des Rates nach außen* liegen bei dem vom Rat *aus seiner Mitte gewählten Bürgermeister* (in kreisfreien Städten: Oberbürgermeister).

(3) Die Vorschriften des Kommunalwahlgesetzes über die Gemeindeversammlung bleiben unberührt.

Zweite Verwaltungsverordnung zu § 27

1. Im Interesse eines einfachen Geschäftsablaufs wird empfohlen, Schreiben an die Gemeinden an den Gemeindedirektor, den Stadtdirektor oder den Oberstadtdirektor zu adressieren, auf den gemäß § 55 GO die gesetzliche Vertretung der Gemeinden in Rechts- und Verwaltungsgeschäften im Regelfalle als übertragen gilt. Nur in den Fällen des § 38 Abs. 2 sowie des § 108 Abs. 2 GO sind die Schreiben an den Rat zu Händen des Bürgermeisters bzw. Oberbürgermeisters zu richten.
2. Das Gesetz spricht lediglich von Ratsmitgliedern. Es bestehen jedoch keine Bedenken, wenn die Ratsmitglieder nach örtlicher Regelung auch als Gemeindeverordnete, als Ratsherren und in Städten als Stadtverordnete bezeichnet werden.

Zu § 27. Die Fälle des § 38 Abs. 2 sind: Beschlüsse des Rats, die die Durchführung der Geschäftsordnung, die Geltendmachung von Ansprüchen gegen den Gemeindedirektor oder die Amtsführung des Gemeindedirektors betreffen. Diese führt der Bürgermeister aus. § 108 Abs. 2 hat die Beanstandung von Anordnungen des Gemeindedirektors durch die Aufsichtsbehörde zum Gegenstande. Diese ist an den Rat zu richten.

Nach § 52 des Kommunalwahlgesetzes bestimmt in Gemeinden bis zu 100 Einwohner die Hauptsatzung, ob eine Gemeindevertretung gewählt wird oder ob die Gemeindeversammlung die Gemeindevertretung bildet.

Die Bezeichnung „Stadtrat“ für ein Ratsmitglied ist wegen ihres beamtenrechtlichen Inhalts unzulässig (OVG Münster v. 5. 6. 1955 III A 1731/54).

§ 28 Zuständigkeiten des Rates

(1) *Der Rat der Gemeinde ist für alle Angelegenheiten der Gemeindeverwaltung zuständig.*

Die Entscheidung über folgende Angelegenheiten kann der Rat nicht übertragen:

a) die *allgemeinen Grundsätze*, nach denen die Verwaltung geführt werden soll,
b) die *Wahl* der Mitglieder *der Ausschüsse und ihrer Vertreter,*
c) die *Wahl des Gemeindedirektors und der Beigeordneten,*
d) die Verleihung und die Entziehung des *Ehrenbürgerrechts* und einer *Ehrenbezeichnung,*
e) die *Änderung des Gemeindegebiets,* soweit nicht in diesem Gesetz etwas anderes bestimmt ist,
f) die *allgemeinen Grundsätze für die Ernennung, Einstellung, Beförderung und Entlassung, für die Bezüge und Vergütungen* sowie die *Versorgung* von *Beamten, Angestellten und Arbeitern der Gemeinde,* soweit nicht ihre Rechtsverhältnisse *durch das allgemeine Beamten- und Tarifrecht geregelt* sind,
g) den Erlaß, die Änderung und die Aufhebung von *Satzungen* und *sonstigen ortsrechtlichen Bestimmungen,*
h) den Erlaß der *Haushaltssatzung* mit *Haushaltsplan* und *Stellenplan* sowie die Genehmigung *überplanmäßiger* und *außerplanmäßiger Ausgaben,*
i) die Festsetzung allgemein geltender *öffentlicher Abgaben und privatrechtlicher Entgelte,*
j) die Abnahme der *Jahresrechnung* und die *Entlastung,*
k) den *Erwerb von Vermögensgegenständen,* soweit es sich nicht um einfache Geschäfte der laufenden Verwaltung handelt,
l) die *Verfügung über Gemeindevermögen,* soweit es sich nicht um einfache Geschäfte der laufenden Verwaltung handelt,
die *Veräußerung* und die *Belastung* von *Grundstücken,*
die Vornahme von *Schenkungen* und die *Hingabe von Darlehen,*
die *Veräußerung* und die *Verpachtung von Eigenbetrieben oder Teilen* von Eigenbetrieben,
die Veräußerung aller oder einer Anzahl der im Eigentum der Gemeinde befindlichen Anteile an einem Unternehmen mit eigener Rechtspersönlichkeit,
m) die *Errichtung, Erweiterung, Übernahme und Auflösung von öffentlichen Einrichtungen* und *wirtschaftlichen Unternehmen* sowie die *Beteiligung* an diesen,
n) die *Umwandlung der Rechtsform von Eigenbetrieben,*
die *Umwandlung der Rechtsform von wirtschaftlichen Unternehmen, an denen die Gemeinde beteiligt* ist, soweit ihr Einfluß (§ 72 Absatz 1 Satz 2) geltend gemacht werden kann,

o) die Umwandlung des Zwecks, die Zusammenlegung und die Aufhebung von *Stiftungen* einschließlich des Verbleibs des *Stiftungsvermögens,*
p) die Umwandlung von *Gemeindegliedervermögen* in freies Gemeindevermögen sowie die Veränderung der Nutzungsrechte am Gemeindegliedervermögen,
q) die *Aufnahme von Darlehen,* die *Übernahme von Bürgschaften,* der *Abschluß von Gewährverträgen* und die *Bestellung sonstiger Sicherheiten* für andere sowie solche Rechtsgeschäfte, die den vorgenannten wirtschaftlich gleichkommen,
r) die *Bestellung des Leiters und der Prüfer des Rechnungsprüfungsamts* sowie die *Erweiterung der Aufgaben* des Rechnungsprüfungsamtes über die Pflichtaufgaben hinaus,
s) die Genehmigung von *Verträgen* der Gemeinde *mit Rats- und Ausschußmitgliedern, mit dem Gemeindedirektor* und *mit den leitenden Dienstkräften* der Gemeinde nach näherer Bestimmung der Hauptsatzung,
t) die *Führung von Rechtsstreitigkeiten* und *der Abschluß von Vergleichen,* soweit es sich nicht um einfache Geschäfte der laufenden Verwaltung handelt,
u) die *Übernahme* neuer Aufgaben, für die keine gesetzliche Verpflichtung besteht.

(2) *Im übrigen kann der Rat die Entscheidung über bestimmte Angelegenheiten auf Ausschüsse oder den Gemeindedirektor übertragen. Er kann ferner Ausschüsse ermächtigen,* in Angelegenheiten ihres Aufgabenbereichs die *Entscheidung dem Gemeindedirektor* zu übertragen.

(3) *Einfache Geschäfte der laufenden Verwaltung gelten im Namen des Rats als auf den Gemeindedirektor übertragen, soweit nicht der Rat sich oder einem Ausschuß für einen bestimmten Kreis von Geschäften oder* für einen *Einzelfall* die *Entscheidung vorbehält.*

Erste Verwaltungsverordnung zu § 28

1. Die Frage welche Geschäfte „einfache Geschäfte der laufenden Verwaltung" sind, läßt sich generell nicht beantworten. Die Antwort hierauf muß eine nach der Einwohnerzahl, der Finanzkraft und der Bedeutung der Gemeinde verschiedene sein. Es empfiehlt sich, die Bestimmung dessen, was nach Maßgabe der örtlichen Verhältnisse als „einfache Geschäfte der laufenden Verwaltung" anzusehen ist, in der Hauptsatzung zu treffen oder die Entscheidung über diese Frage unter dem Vorbehalt des § 28 Abs. GO dem Ermessen des Hauptgemeindebeamten zu überlassen. Da eine Entscheidung darüber, welche Vorgänge „einfache Geschäfte der laufenden Verwaltung" sind, auch im gemeindlichen Bereich sehr schwer sein und man mit einer Abgrenzung dieses Begriffes auch kaum alle in der Praxis möglichen Vorgänge erfassen wird, empfehle ich die letztere Methode.

2. Es steht zu § 28 Abs. 2 GO nicht in Widerspruch, wenn die Übertragung der Entscheidungsbefugnisse des Rates auf Ausschüsse oder den Gemeindedirektor sowie der Entscheidungsbefugnisse von Ausschüssen auf den Gemeindedirektor gattungsmäßig erfolgt.
3. Wie bereits unter Ziff. 3 zu § 4 GO zum Ausdruck gebracht, sind die Gemeinden zur Aufnahme näherer Bestimmungen über die Genehmigung von Verträgen der Gemeinde mit Rats- und Ausschußmitgliedern, mit dem Gemeindedirektor und mit den leitenden Dienstkräften der Gemeinde in der Hauptsatzung verpflichtet (§ 28 Abs. 1 Buchst. s). Es wird sich hier zur Hauptsache darum handeln, die Art der Verträge, deren Genehmigung der Rat nicht übertragen darf, festzulegen. Vor allem in größeren Gemeinden wird es jedoch notwendig sein, besonders auch eine Bestimmung darüber zu treffen, welcher Personenkreis außer dem Gemeindedirektor zu den leitenden Dienstkräften zu zählen ist.

Zweite Verwaltungsverordnung zu § 28

Aus den Worten „Im übrigen" zu Beginn des § 28 Abs. 2 GO könnte an sich der Schluß gezogen werden, daß die in Abs. 1 a. a. O. aufgezählten Angelegenheiten, in denen der Rat eine Entscheidung nicht übertragen darf, erschöpfend sind. Dies ist jedoch nicht der Fall. Auch in anderen Fällen, so z. B. nach § 51 Abs. 1 und § 86 Abs. 3 Satz 2 ist der Rat ausschließlich zuständig.

Zu § 28. Die Vorschrift des § 28 Abs. 1 betont die grundsätzliche Allzuständigkeit des Rats und schreibt vor, über welche Gegenstände der Rat, das Ratskollegium entscheiden muß.

Die Entscheidung über die im „Ausschließlichkeitskatalog" aufgeführten Angelegenheiten kann nicht übertragen werden. Beschlüsse von Ausschüssen in diesem Aufgabenkreis würden der Rechtsgültigkeit entbehren. In allen anderen Gemeindeangelegenheiten kann der Rat nach Abs. 2 von seinem Delegationsrecht Gebrauch machen. Er kann diese Entscheidungen auf seine Ausschüsse oder auf den Gemeindedirektor übertragen. Auch die Ausschüsse können nach Ermächtigung durch den Rat ihnen übertragene Entscheidungen auf den Gemeindedirektor delegieren. Von dem Delegationsrecht sollte im Interesse eines raschen Verwaltungsablaufes weitgehend Gebrauch gemacht werden. Auf Gebieten, die Verwaltungsakte im engeren Sinne darstellen, sollte man den Gemeindedirektor mit der Entscheidung betrauen. Um Zweifel an der Rechtsgültigkeit der Beschlüsse und Entscheidungen zu vermeiden, ist die Übertragung der Entscheidung durch besonderen Beschluß des Rates oder auch durch die Geschäftsordnung festzulegen. Unter „bestimmten" Angelegenheiten ist nicht nur der Einzelfall, sondern auch ein bestimmter Kreis von Geschäften zu verstehen. Der Rat hat jederzeit das Recht, die Delegation zurückzunehmen.

Der Gemeindedirektor hat nach den Urteilsgründen der Entscheidung des Verfassungsgerichtshofs NRW vom 21. August 1954 – AZ 3/53 – die Rechtsstellung eines eigenen Organs. Er wird in dem ihm zugewiesenen Aufgaben kraft Gesetzes tätig, wenn er auch als mittelbares Organ anzusehen ist. Als solches sind ihm die „einfachen" Geschäfte der „laufenden Verwaltung" übertragen, die er im Namen des Rates zu führen hat. Unter „einfachen laufenden Geschäften" ist alles zu verstehen, was zur Verwaltung im engeren Sinne gehört, die Erledigung und Entscheidung auf allen Gebieten des täglichen Verwaltungsablaufs zur Erfüllung der Gemeindeaufgaben im engeren Sinne, der gesetzlichen Pflichtaufgaben und der Pflichtaufgaben nach Weisung. Um dem Gemeindedirektor die nötige Bewegungsfreiheit zu lassen, darf der von der neuen Bayrischen Gemeindeordnung übernommene Begriff „einfache Geschäfte" nicht zu eng ausgelegt werden. Bei Fragen grundsätzlicher Bedeutung wird sich der Gemeindedirektor von selbst der Auffassung des Rats oder des zuständigen Ausschusses vergewissern. Grundsatz muß sein, die Arbeitsfähigkeit der Gemeindeverwaltung zu sichern. Ein Vorbehalt von Entscheidungen auf dem Gebiete der laufenden Verwaltung sollte – ebenso wie das Rückholrecht – zu den seltenen Ausnahmen gehören.

Laufende Geschäfte, die in die Zuständigkeit des Gemeindedirektors fallen, sind z. B.: die Feststellung und Verteilung der Straßenbaukosten (LVG Oldenburg v. 27. 8. 58 A 89/58 A), die Heranziehungsverfügungen zu Gemeindeabgaben (OVG Münster v. 11. 1. 1956 – III A 1599/55, 18. 7. 1956 II 855/56 und 20. 3. 1957 – III A 1285/55) und der Erlaß eines Haftungsbescheides in Gewerbesteuersachen (Beschluß OVG Münster v. 7. 8. 1957 – III B 699/57).

§ 86 GO Abs. 3 Satz 2: Der Rat beschließt über die Einwendungen von Bürgern gegen die Haushaltssatzung.

§ 29 Wahl der Ratsmitglieder

(1) Die Ratsmitglieder werden von den Bürgern in allgemeiner, gleicher, unmittelbarer Wahl auf die Dauer von vier Jahren gewählt. Die näheren Vorschriften trifft das Kommunalwahlgesetz.

(2) Nach Ablauf der Wahlzeit üben die bisherigen Ratsmitglieder ihre Tätigkeit bis zum Zusammentritt des neugewählten Rates weiter aus.

Zu § 29. Das Grundgesetz schreibt für die Länder kein bestimmtes Wahlsystem vor. – Der Landesgesetzgeber kann also bei der Gestaltung des Kommunalwahlrechts sowohl das reine Mehrheitswahlrecht als auch das reine Verhältniswahlrecht einführen oder beide Systeme kombinieren. Bei der Gestaltung jeden Wahlrechts aber ist der Landesgesetzgeber an den Grundsatz der Wahlrechtsgleichheit gebunden (Bd. 6 der Entsch. d. BuVerfG). Nach Art. 28 Abs. 1 GG muß in den Kreisen und Gemeinden das Volk eine Vertretung haben, die aus allgemeinen, unmittelbaren, freien, gleichen und geheimen Wahlen hervorgegangen ist. Das Kommunalwahlrecht ist Aufgabe des Landesgesetzgebers. Wenn im Grundgesetz auch kein bestimmtes Wahlsystem vorgeschrieben ist, so muß der Landesgesetzgeber bei seiner Entscheidung über das Wahlsystem diese Normativbestimmung des Grundgesetzes beachten. Der Wesensgehalt der Selbstverwaltung (Abs. 2 des Art 28 GG) darf nicht angetastet werden. Nur eine begrenzte Differenzierung zwischen „politischen" Wahlen und Kommunalwahlen ist zugelassen.

Danach ist der Grundsatz der Allgemeinheit und Gleichheit der Kommunalwahl (Gleichheitsgrundsatz nach Art. 3 GG) garantiert. Diese Grundsätze gelten für das aktive und das passive Wahlrecht, d. h. auch für das Wahlvorschlagsrecht.

Die Kandidatenauslese für die kommunalen Körperschaften muß auch örtlich bestimmt werden können und darf daher nicht ausschließlich den politischen Parteien vorbehalten werden. Durch eine begrenzte Differenzierung kann einer die Funktionsfähigkeit der Selbstverwaltungskörperschaften gefährdende Stimmenzersplitterung ohne Verstoß gegen Art. 28 GG durch Sperrklauseln und Unterschriftenquoten vorgebeugt werden. (Entscheidung des Bu.Verf.Ger. v. 12. 7. 1960 2 BVR 373/60, 2 BVR 442/60 vom 2. 11. 1960 2 BVR 504/60 und vom 15. 11. 1960 2 BVR 536/60.)

Anfechtungsmöglichkeiten sind durch Einlegung einer Verfassungsbeschwerde beim Bundesverfassungsgericht gegeben (§§ 90 und 91 des Bundesverfassungsgerichtsgesetzes).

Zur Verlängerung der Wahldauer bedarf es eines Gesetzes.

Verlängerung der Wahlperiode 1956–1960 bis 1961; Verkürzung der Wahlperiode 1960–1964 (April 1961 bis Sept. 1964) gemäß Gesetz vom 20. 12. 1960 (GVNW S. 448).

Das Kommunalwahlgesetz f. d. Land Nordrhein-Westfalen (GVNW) siehe im Anhang.

§ 30 Pflichten der Ratsmitglieder

(1) Die *Ratsmitglieder* sind verpflichtet, in ihrer Tätigkeit ausschließlich *nach dem Gesetz* und ihrer *freien, nur durch Rücksicht auf das öffentliche Wohl bestimmten Überzeugung* zu handeln; sie sind *an Aufträge nicht gebunden.*

(2) *Die Tätigkeit als Ratsmitglied oder als Mitglied eines Ausschusses gilt nicht als ehrenamtliche Tätigkeit oder als Wahrnehmung eines Ehrenamts* im Sinne des § 20. *Die Vorschriften der §§ 22–24 und 25 Absatz 1, 3 und 4 gelten jedoch entsprechend.*

(3) Erleidet die Gemeinde infolge eines Beschlusses des Rates einen *Schaden, so haften die Ratsmitglieder*, wenn sie:

a) in *böswilliger* oder *grobfahrlässiger Verletzung ihrer Pflicht* gehandelt haben,
b) bei der *Beschlußfassung mitgewirkt* haben, *obwohl* sie *nach dem Gesetz hiervon ausgeschlossen waren,* und ihnen der Auschlußgrund bekannt war,
c) der *Bewilligung von Ausgaben zugestimmt haben,* für die das Gesetz oder die Haushaltssatzung eine Ermächtigung nicht vorsieht, *wenn nicht gleichzeitig die erforderlichen Deckungsmittel bereitgestellt werden.*

Erste Verwaltungsverordnung zu § 30

Nach Abs. 2 Satz 2 gelten die Vorschriften der §§ 22 bis 24 und 25 Abs. 1, 3 und 4 *entsprechend.* Was den Hinweis auf § 25 Abs. 3 GO betrifft, so obliegt mir hiernach die Aufgabe, auch allgemeine Richtlinien hinsichtlich der Entschädigung der Rats- oder Ausschußmitglieder zu erlassen. Dem Erlaß solcher Richtlinien kommt praktische Bedeutung nur für den Fall zu, daß den Rats- oder

Ausschußmitgliedern *eine über den in § 25 Abs. 1 GO genannten Anspruch hinausgehende Entschädigung zuerkannt oder der Ersatz ihrer Auslagen und des entgangenen Arbeitsverdienstes pauschaliert werden soll.* Was eine Pauschalierung betrifft, so ist der Erlaß allgemeiner Richtlinien wegen der individuellen und örtlichen Unterschiedlichkeit der entstehenden Auslagen und des entgangenen Arbeitsverdienstes schwierig. Ich halte eine Pauschalierung, die sich sowohl auf die entstandenen Auslagen als auch auf den entgangenen Arbeitsverdienst bezieht, auch für unzweckmäßig, von einer Entschädigung, die über den in § 25 Abs. 1 a. a. O. genannten Anspruch wesentlich hinausgeht, ganz zu schweigen. Im übrigen habe ich jedoch keine Bedenken, wenn der Ersatz der Auslagen, zu denen ich auch die Ausgaben für entstehenden Verzehr zähle, pro Sitzungstag mit nicht mehr als 5 DM pauschaliert und *für den Bezug von Zeitschriften ein monatlicher Betrag von ebenfalls nicht mehr als 5 DM gezahlt werden.*

Eine Pauschalentschädigung ist nur in der Höhe zulässig, die sich aus dem durchschnittlichen Betrag der regelmäßig entstehenden Auslagen und Ausfälle ergibt. Der Charakter des Ehrenamtes muß gewahrt bleiben. Die Regelung des Gesetzes über die Entschädigung der ehrenamtlichen Mitglieder von Ausschüssen vom 13. 5. 58 (GV NW S. 193) kann als Anhalt dienen. (Band 1 ber. Min. Bl. Nr. 2020.)

Zu § 30. Ratsmitglieder sind Vertreter der Bürgerschaft und haben politische Funktionen. Sie haben gleiche Rechte und Pflichten und entscheiden nach bestem Wissen und Gewissen. Fraktionen und Fraktionszwang kennt die Gemeindeordnung nicht, was nicht ausschließt, daß sich Ratsmitglieder, die einer Partei zugehören oder gleiche Anschauungen haben, zusammenschließen und gemeinsam an der Willensbildung teilnehmen. Dabei bleibt das Recht des einzelnen zur selbständigen Entscheidung gewahrt. Wenn auch ein Ratsmitglied oder eine Minderheit einen Mehrheitsbeschluß des Rates nicht anfechten kann, es also keine „allgemeine" Minderheitenklage gibt (Beschluß des OVG Münster v. 10. 7. 1958 III B 669/1958) so gibt es schon ein gewisses Maß an Minderheitenschutz für das Ratsmitglied oder eine Minderheit von Ratsmitgliedern, der im Verfahren zur Herbeiführung auch einer internen Willensentscheidung eines Kollegialorgans zu beachten ist. Das gehört zu den grundlegenden Ordnungsprinzipien des Staatsaufbaus der parlamentarischen Demokratie, die sichergestellt sein müssen (§ 1 GO in Verbindung mit Art. 20 und 28 GG–LVG Münster v. 7. 11. 1959 – 3 K 257/58).

Es wird ausdrücklich festgestellt, daß die Ratsmitglieder keine ehrenamtliche Tätigkeit ausüben, sie sind also nicht wie die Ehrenbeamten der Disziplinargerichtsbarkeit unterworfen. Gleichwohl haben sie die Pflicht zur Verschwiegenheit (siehe § 22) und die besondere Treupflicht (siehe § 24). – Es gelten ferner für sie die Vorschriften für die Interessenkollision (siehe § 23).

Die Ratsmitglieder haften zivilrechtlich für Beschlüsse des Rates, durch die die Gemeinde Schaden erleidet. Die haftungsmäßige Inanspruchnahme geschieht durch einen

Beschluß des Rates. Aber auch ein Eingreifen der Aufsichtsbehörde gem. § 109 GO (Anordnungsrecht und Ersatzvornahme) ist möglich. Es empfiehlt sich bei fraglichen Fällen, daß das Ratsmitglied, das gegen einen Beschluß stimmt, namentliche Erwähnung in der Niederschrift verlangt, um sich vor späteren Haftungsansprüchen zu sichern.

Die Voraussetzungen zu Abs. 3a – grobe Fahrlässigkeit – liegen vor, wenn die verkehrsübliche Sorgfalt in besonders schwerem Maße verletzt wird (§ 276 Abs. 1 BGB).

Das Ratsmitglied kann für Äußerungen bei seiner Mandatsausübung (im Sinne des Abs. 1 des § 30) bei Beleidigungsklagen die „Wahrung berechtigter Interessen" für sich in Anspruch nehmen.

Bei Vorliegen strafbarer Handlungen wird das Ratsmitglied als Ehrenbeamter angesehen und fällt unter die verschärften Strafbestimmungen für Beamte im Strafgesetzbuch (StGB v. d. Fassung vom 25. 8. 1953 BGBl. S. 1083 §§ 113, 114, 196, 197, 331, 359).

Über den Verlust des Mandats als Ratsmitglied siehe Kommunalwahlgesetz (1. Verzicht, 2. nachträglicher Verlust der Wählbarkeit, 3. strafrechtliche Aberkennung der Rechte aus öffentlichen Wahlen, 4. Parteiverbot gem. Art. 121 GG, 5. Ungültigkeit seiner Wahl im Wahlprüfungsverfahren). Der Verzicht ist nicht widerruflich. Er muß dem Wahlleiter zur Niederschrift erklärt werden.

Für die Bußgeldfestsetzung gegen ein Ratsmitglied (§ 22 GO) ist der Verwaltungsrechtsweg zugelassen (OVG Münster v. 20. 5. 1959 III A 751/58).

Ersatz von Auslagen

In der Erkenntnis, daß der ehrenamtlich tätige Kommunalvertreter zu einer erfolgreichen Ausübung seines Ehrenamtes bei der Kompliziertheit der heutigen Gesetzgebung und der vielen Vorschriften, besonders auch auf dem Sektor Selbstverwaltung, gewisse Hilfsmittel benötigt, haben schon seit Ergehen der britischen Gemeindeordnung zahlreiche kommunale Vertretungskörperschaften ihren Mitgliedern Gesetzestexte, kommunalpolitische Zeitschriften auf Kosten der Gemeinde, der Stadt, des Amtes oder des Kreises geliefert oder auf Antrag der betreffenden Mitglieder die Kosten dieses Schulungsmaterials aus der Gemeinde- usw. Kasse erstattet.

Das Land Nordrhein-Westfalen stellt Mittel für die kommunalpolitische Schulung zur Verfügung. Im Landeshaushalt sind unter Titel 0302 602 – Innenministerium 300 000 DM vorgesehen. Die Anmerkung lautet: Die Arbeit im öffentlichen Leben und damit in Gesetzgebung und Verwaltung sowie die Verantwortung des Bürgerschaftsvertreters in der Selbstverwaltung erfordert ein entsprechendes Wissen und Können. Die hier veranschlagten Mittel sollen die bereits seit Jahren von den Parteien verfolgten Tätigkeiten durch Zuschüsse aus öffentlichen Mitteln unterstützen. Die Mittel werden entsprechend der Sitzverteilung im Landtag über die Landtagsfraktionen an die Träger der kommunalpolitischen Arbeit der Parteien verteilt.

Es ist also nach den heutigen Anschauungen in den politischen Kreisen durchaus opportun, im Sektor Selbstverwaltung öffentliche Mittel für Fortbildung, Schulung und Information in Anspruch zu nehmen, wenn diese Inanspruchnahme sich in vernünftigen Grenzen, so wie sie in den Ministerialerlassen und in der 1. VerwVO zur Gemeindeordnung abgesteckt sind, bewegt.

§ 31 Einberufung des Rates

(1) *Der Rat wird von dem Bürgermeister, zu seiner ersten Sitzung nach der Neuwahl von dem bisherigen Bürgermeister, einberufen.* Nach der Neuwahl erfolgt die Einberufung *innerhalb von zwei Wochen, im übrigen so oft es die Geschäftslage erfordert;* jedoch *soll* der Rat *wenigstens alle zwei Monate* einberufen werden. Er ist *unverzüglich* einzuberufen, *wenn ein Drittel der Ratsmitglieder* unter Angabe der zur Beratung zu stellenden Gegenstände *es verlangt.*

(2) Die *Ladungsfrist, die Form der Einberufung* und die *Geschäftsführung des Rates* sind durch die *Geschäftsordnung* zu regeln, soweit hierüber nicht in diesem Gesetz Vorschriften getroffen sind.

(3) *Kommt der Bürgermeister seiner Verpflichtung* zur Einberufung des Rates *nicht nach, so veranlaßt die Aufsichtsbehörde die Einberufung.*

Zweite Verwaltungsverordnung zu § 31

1. Nach § 31 Abs. 1 Satz 2 GO wird der *Rat* nach der Neuwahl innerhalb von zwei Wochen *einberufen.* Es entspricht dem Sinn dieser Vorschrift, daß die erste Sitzung des neugewählten Rates innerhalb von zwei Wochen nach der Neuwahl tatsächlich auch stattfindet.
2. Abs. 1 letzter Satz a. a. O. schreibt vor, daß der Rat unverzüglich einzuberufen ist, wenn ein Drittel der Ratsmitglieder unter Angabe der zur Beratung zu stellenden Gegenstände es verlangt. Die Ratsmitglieder können sich auf diese Vorschrift nur berufen, wenn das Verlangen und die Angabe der zur Beratung zu stellenden Gegenstände schriftlich erfolgt sind.
3. Die Vorschrift des Abs. 3 a. a. O., wonach die Aufsichtsbehörde die Einberufung des Rates zu veranlassen hat, wenn der Bürgermeister seiner Verpflichtung zur Einberufung des Rates nicht nachkommt, gilt auch, wenn der bisherige Bürgermeister die Einberufung des Rates zu seiner ersten Sitzung nach der Neuwahl unterläßt (a. a. O. Abs. 1 Satz 1). Gegebenenfalls hat der Gemeindedirektor zu diesem Zwecke an die Aufsichtsbehörde zu berichten.

Das Verlangen auf Einberufung des Rates *soll* schriftlich geschehen. (Nach der bisherigen Fassung konnten sich Ratsmitglieder auf § 31 Abs. 1 Satz 3 nur dann berufen, wenn das Verlangen und die Angabe der zur Beratung zu stellenden Gegenstände schriftlich erfolgt war.) (Band 1 ber. Min.Bl. Nr. 2020.)

Zu § 31. Der Erlaß einer Geschäftsordnung ist für jede Gemeinde zwingend vorgeschrieben, auch wenn der Gesetzgeber mit Rücksicht auf die Verhältnisse in den kleineren Gemeinden eine ganze Anzahl Bestimmungen geschäftsordnungsmäßiger Art im Interesse eines gleichmäßigen Verfahrens schon im Gesetz geregelt hat. Diese Bestimmungen der GO werden zweckmäßig in der Geschäftsordnung zitiert oder wiederholt.

Eine vom Rat ordnungsgemäß beschlossene Geschäftsordnung ist im Verhältnis des Rates zu den Ratsmitgliedern unmittelbar verbindliches Recht geworden. Eine förmliche

Veröffentlichung ist nicht erforderlich, weil die Geschäftsordnung lediglich organisations-internes Recht der Vertretungskörperschaft enthält und daher nicht den Formvorschriften unterliegt, wie sie der Gesetzgeber in § 4 für die nach außen wirkenden Satzungen vorgesehen hat. (LVG Münster v. 25. 11. 1955 – 3 K 560/55).

Die grundlegenden Ordnungsprinzipien der parlamentarischen Demokratie sind von allen Organen der Gemeinden einschließlich der Vertretungskörperschaften zu beachten. Dazu gehört auch ein Mindestmaß an Minderheitenschutz im Verfahren zur Herbeiführung einer Willensbildung durch die Vertretungskörperschaft.

Die Geschäftsordnungen kommunaler Vertretungskörperschaften sind als autonome Satzungen anzusehen, die verbindliches Recht enthalten können. Bei Verletzung der allgemein anerkannten Verfahrensgrundsätze eines demokratisch-parlamentarischen Abstimmungsverfahrens, die auch den sachlichen Minderheitenschutz umfassen, hat auch die Kommunalaufsichtsbehörde einzugreifen. (LVG Münster Urteil vom 7. 11. 1958 3 K 257/58.)

„Unverzüglich" bedeutet ohne schuldhaftes Verzögern (§ 121 BGB); „schuldhaft" schließt auch „vorsätzliches und fahrlässiges" Handeln ein. Auch bei unverzüglicher Einberufung müssen die in der GeschO vorgeschriebenen Ladungsfristen gewahrt werden. Werden die Vorschriften der GeschO über die Ladungsfristen und die sonstigen Formalien (z. B. Mitteilung der Tagesordnung) nicht gewahrt, so sind die in der Sitzung gefaßten Beschlüsse nichtig (Hess. VGH Entsch. 1952 S. 43). Die GeschO kann Ausnahmen von der Regel zulassen (z. B. Beratungen von nicht auf der Tagesordnung stehenden dringenden Angelegenheiten, wenn dies mit Zweidrittelmehrheit beschlossen wird). Schriftliche Abstimmungen durch Umlauf sind unzulässig.

§ 32 Wahl des Bürgermeisters

(1) Der Rat wählt zu Beginn der ersten Sitzung nach der Neuwahl aus seiner Mitte unter der Leitung des *Altersvorsitzenden ohne Aussprache* den *Bürgermeister* und *seinen Stellvertreter.* Er kann *mehrere Stellvertreter* wählen. Die *Wahlzeit* des Bürgermeisters und des Stellvertreters dauert *zwei Jahre.* Bei vorzeitigem Ausscheiden wird der *Nachfolger für den Rest der Wahlzeit* seines Vorgängers gewählt. *Wiederwahl ist zulässig.*

(2) Gewählt ist derjenige, für den *in geheimer Abstimmung mehr als die Hälfte der gültigen Stimmen* abgegeben worden ist. Wird die nach Satz 1 erforderliche Mehrheit nicht erreicht, so ist die *Wahl in einer neu einzuberufenden Sitzung alsbald* in der gleichen Weise zu *wiederholen.* Erreicht auch bei dieser zweiten Wahl niemand mehr als die Hälfte der gültigen Stimmen, so erfolgt ein *dritter Wahlgang,* jedoch *mit namentlicher Abstimmung. „Ergibt sich auch bei diesem Wahlgang nicht* die nach Satz 1 *erforderliche Mehrheit* für einen der bisher zur Wahl stehenden Bewerber, *so ist derjenige gewählt, der die meisten Stimmen auf sich vereinigt hat; bei Stimmengleichheit entscheidet das Los."*

(3) Der *Bürgermeister wird von dem Altersvorsitzenden,* sein *Stellvertreter und* die übrigen *Ratsmitglieder* werden *von dem Bürgermeister eingeführt und auf die gewissenhafte Erfüllung ihrer Pflicht vereidigt.*

Erste Verwaltungsverordnung zu § 32

1. Die Wahl des Bürgermeisters, seines Stellvertreters und etwaiger weiterer Stellvertreter erfolgt durch Stimmzettel. Jede Wahl erfolgt getrennt. Der Stimmzettel darf, abgesehen von Stimmenthaltungen, nur einen Namen aufweisen. Stimmzettel, die mehrere Namen aufweisen, Zusätze enthalten oder unleserlich sind, sind ungültig.
2. Stimmenthaltungen sind dadurch zu bekunden, daß der Stimmzettel unbeschriftet ist oder, etwa durch das Wort „Stimmenthaltung", deutlich zum Ausdruck bringt, daß das Ratsmitglied sich der Stimme enthält.
3. Der in § 32 Abs. 2 Satz 3 GO vorgesehene dritte Wahlgang braucht nicht in einer neu einzuberufenden Sitzung zu erfolgen, sondern kann in der gleichen Sitzung stattfinden, in der der zweite vergebliche Wahlgang stattgefunden hat.
4. Entfällt.
5. Aus § 32 Abs. 2 ergibt sich, daß für den Fall der Notwendigkeit eines dritten Wahlganges ein Wechsel der Kandidaten des zweiten Wahlganges unstatthaft ist.
6. Für die gemäß § 32 Abs. 3 notwendige Vereidigung empfiehlt sich etwa folgende Eidesformel:

   „Ich schwöre, daß ich nach bestem Wissen und Können das Grundgesetz, die Verfassung und die Gesetze beachten und meine Pflichten zum Wohle der Gemeinde gewissenhaft erfüllen werde. So wahr mir Gott helfe."

   Der Eid kann auch ohne religiöse Beteuerung geleistet werden. Ich habe keine Bedenken, daß auf einen bereits geleisteten Eid verwiesen wird, wenn das Ratsmitglied wiedergewählt wird und seine Mitgliedschaft zum Rate nicht unterbrochen war.

Zweite Verwaltungsverordnung zu § 32

1. Soweit die *Wahl eines Bürgermeisters* in der ersten Sitzung nach der Neuwahl nicht zustande kommt, dürfen weitere Angelegenheiten in dieser Sitzung nicht behandelt werden. Bis zur Wahl des Bürgermeisters in einer späteren Sitzung wird der Rat nach wie vor durch den bisherigen Bürgermeister einberufen.
2. Die Wahl von Stellvertretern des Bürgermeisters ist ausgeschlossen, solange nicht der Bürgermeister selbst gewählt ist.
3. Soweit die nach Abs. 2 Satz 1 a. a. O. erforderliche Mehrheit nicht erreicht wird, kann eine zweite Wahl nicht am gleichen Tage stattfinden. Wann die neu einzuberufende Sitzung stattfindet, regelt sich nach der Geschäftsordnung (§ 31 Abs. 2 GO). Davon abgesehen, entspricht es dem Sinn des § 32 Abs. 2 Satz 2 GO, daß den Ratsmitgliedern hinsichtlich des zweiten Wahlganges eine Frist zur Überlegung eingeräumt wird, die über den Tag, an welchem der erste ergebnislose Wahlgang stattgefunden hat, hinausgeht.

Hinsichtlich eines dritten Wahlganges verbleibt es bei Ziffer 3 der Ersten Verwaltungsverordnung zu § 32 GO.

4. *Ziffer 4 der Ersten Verwaltungsverordnung zu § 32 GO wird aufgehoben (siehe Dritte Verordnung zur Durchführung der Gemeindeordnung für das Land Nordrhein-Westfalen vom 21. Oktober 1952 – GV NW S. 269 – in der Fassung der Bekanntmachung vom 28. Oktober 1952 – GV NW S. 283 – vom 1. Dezember 1952 – GV NW S. 409 –).*
5. Sofern der Altersvorsitzende selbst zum Bürgermeister gewählt worden ist, wird er durch das zweitälteste Ratsmitglied vereidigt.

Zu § 32. Die Vorschriften des § 32 sind genau zu beachten. Formfehler bei der Wahl können diese ungültig machen (Urteil des OVG Münster v. 20. 1. 1954 – III A – 758/53).

Die Wahlen finden „ohne Aussprache" statt. Das schließt die Benennung bestimmter Ratsmitglieder vor der Wahl nicht aus. Empfehlende Zusätze oder Erklärungen sind als Aussprache anzusehen und daher in bezug auf die Gültigkeit der Wahl bedenklich.

Ein Beschluß des Rates, zwei gleichberechtigte Stellvertreter zu wählen, ist rechtswidrig. Ob die Stellvertreter in einem Wahlgang oder jeder in besonderen Wahlgängen zu wählen sind, ist unerheblich. Es bedarf aber eines Beschlusses, in welcher Reihenfolge die Stellvertreter des Bürgermeisters zur Vertretung zu berufen sind. Es gibt keine Stellvertretung des Bürgermeisters für bestimmte Angelegenheiten bzw. verschiedene Aufgabengebiete. (OVG Münster v. 21. 4. 1959 – III A 1109/53.)

Es wird angestrebt, den Bürgermeister wieder für die ganze Amtsperiode von 4 Jahren wählen zu lassen, um eine bessere Kontinuität in der Amtsführung zu gewährleisten. Auch der Landrat soll wieder auf 4 Jahre gewählt werden.

In amtsangehörigen Gemeinden wird der Bürgermeister auf vier Jahre gewählt (siehe § 54).

Gegen die Wahl des Bürgermeisters oder seiner Stellvertreter kann unter der Behauptung, die Wahl sei ungültig, binnen eines Monats beim Rat Einspruch eingelegt werden. Im Falle der Ablehnung des Einspruchs kann binnen eines Monats das Landesverwaltungsgericht angerufen werden.

§ 33 Tagesordnung und Öffentlichkeit der Ratssitzungen

(1) Der Bürgermeister setzt *nach Benehmen mit dem Gemeindedirektor* die Tagesordnung fest. *Zeit* und *Ort* der Sitzung sowie die *Tagesordnung* sind von ihm *öffentlich bekanntzumachen.*

(2) *Die Sitzungen des Rates sind öffentlich.* Durch die *Geschäftsordnung* kann die *Öffentlichkeit für Angelegenheiten einer bestimmten Art ausgeschlossen werden. Auf Antrag eines Ratsmitgliedes* oder auf *Vorschlag des Gemeindedirektors* kann für *einzelne* Angelegenheiten die *Öffentlichkeit ausgeschlossen werden. Anträge und Vorschläge* auf Ausschluß der Öffentlichkeit werden in *nichtöffentlicher Sitzung begründet, beraten und entschieden. Die Entscheidung ist bekanntzugeben.*

(3) *Die Öffentlichkeit ist über bedeutsame Verhandlungsgegenstände zu unterrichten.* Die Form der Unterrichtung *kann die Hauptsatzung* regeln.

Erste Verwaltungsverordnung zu § 33

Die in § 33 Abs. 3 GO erwähnte Unterrichtung der Öffentlichkeit über bedeutsame Verhandlungsgegenstände des Rates bezieht sich, im Gegensatz zu § 37 Abs. 2 GO, nicht auf Ratsbeschlüsse, sondern auf Gegenstände, die in der bevorstehenden Ratssitzung zur Verhandlung anstehen. Eine solche Unterrichtung kann außer den unter Ziff. 3 zu § 37 Abs. 2 GO erwähnten Formen auch dadurch erfolgen, daß die Presse über die betreffenden Verhandlungsgegenstände mündlich informiert wird.

Zu § 33. Die notwendige Mitwirkung des Gemeindedirektors bei Aufstellung der Tagesordnung ist dadurch gegeben, daß sie „nach Benehmen" mit ihm vom Bürgermeister aufgestellt wird. „Benehmen" ist kein „Einvernehmen". Die Unterrichtung der Öffentlichkeit über bedeutsame Verhandlungsgegenstände kann in verschiedener Weise geschehen und wird sich in ihrer Art nach der Größe der Gemeinde richten. Die Vorschrift hat unter den Bestimmungen über den Geschäftsgang des Rats Aufnahme gefunden. Das beinhaltet die Mitwirkung des Rats bei diesen Unterrichtungsmaßnahmen, sie können nicht einseitig nur durch den Gemeindedirektor und die Verwaltung erfolgen.

Der Rat ist an die vom Bürgermeister im Benehmen mit dem Gemeindedirektor festgesetzte Tagesordnung nicht gebunden. Er kann die Tagesordnung mit Mehrheit abändern und z. B. die Beratung von Gegenständen, die für die vertrauliche Sitzung vorgeschlagen sind, unter Beachtung der Vorschriften der Geschäftsordnung öffentlich verhandeln.

Für die Verhandlungen des Rates besteht das Prinzip der Öffentlichkeit. Sie soll die Regel sein. Nichtöffentliche Sitzungen finden unter Ausschluß der Öffentlichkeit statt. Der Begriff „Nichtöffentlich" ist nicht gleichzusetzen mit den Begriffen: „Geheim", „vertraulich", wie sie in § 22 GO festgelegt sind. Nur im Rahmen des § 22 unterliegen Verhandlungen und in nichtöffentlicher Sitzung gefaßte Beschlüsse der Pflicht zur Verschwiegenheit. Auch die in nichtöffentlicher Sitzung gefaßten Beschlüsse, soweit nicht als vertraulich oder geheim bezeichnet (ev. i. d. GeschO) sind öffentlich bekanntzumachen.

§ 34 Beschlußfähigkeit des Rates

(1) *Der Rat ist beschlußfähig, wenn mehr als die Hälfte der gesetzlichen Mitgliederzahl anwesend ist. Er gilt als beschlußfähig, solange seine Beschlußunfähigkeit nicht festgestellt ist.*

(2) Wird der Rat *zum zweiten Male zur Verhandlung über denselben Gegenstand* einberufen, so ist er *ohne Rücksicht auf die Zahl der Erschienenen stets beschlußfähig. Bei der zweiten Ladung muß auf diese Bestimmung ausdrücklich hingewiesen werden.*

Erste Verwaltungsverordnung zu § 34

Es erscheint zweckmäßig, daß der Vorsitzende vor Eintritt in die Tagesordnung feststellt, ob der Rat beschlußfähig ist. Die Feststellung der Beschlußunfähigkeit im Laufe der Sitzung hat jedenfalls keine Rückwirkung auf Beschlüsse, die vor der Feststellung der Beschlußunfähigkeit liegen. § 34 Abs. 1

Satz 2 GO kommt besondere Bedeutung auch deshalb zu, weil Beschlußunfähigkeit auch dadurch eintreten kann, daß Ratsmitglieder die Sitzung, wenn auch nur vorübergehend, verlassen.

Zu § 34. Die Beschlußfähigkeit muß von einem Ratsmitglied angezweifelt werden. Daraufhin hat der Bürgermeister als Vorsitzender des Rates die Beschlußfähigkeit oder Beschlußunfähigkeit festzustellen.

Die gesetzliche Mitgliederzahl, die die Grundlage zur Feststellung der Beschlußfähigkeit bildet, kann sich gegenüber der in § 3 Kommunalwahlgesetz angegebenen Zahl der Gemeindevertreter dann ändern, wenn Sitze infolge des Fehlens einer Reserveliste oder einer Erschöpfung der Reserveliste unbesetzt bleiben. Dann kann die gesetzliche Mitgliederzahl theoretisch auf unter drei sinken und zur dauernden Beschlußunfähigkeit i. S. von § 111 GO führen.

§ 35 Abstimmungen und Wahlen

(1) *Beschlüsse werden nach Stimmenmehrheit gefaßt,* soweit nicht das Gesetz etwas anderes vorschreibt. *Bei Stimmengleichheit* ist der *Antrag abgelehnt. Bei der Beschlußfassung wird öffentlich abgestimmt,* soweit nicht die *Geschäftsordnung* etwas anderes vorsieht.

(2) *Wahlen werden durch Zuruf vollzogen.* Wenn das Gesetz es bestimmt *oder wenn ein Ratsmitglied widerspricht,* erfolgen sie durch *Abgabe von Stimmzetteln. Gewählt ist derjenige, für den mehr als die Hälfte der gültigen Stimmen abgegeben worden* ist. *Bei Stimmengleichheit entscheidet das Los. Wahlen zu den Ausschüssen* des Rates werden *nach den Grundsätzen der Verhältniswahl* durchgeführt.

(3) Bei Abstimmungen und Wahlen zählen *Stimmenthaltungen und ungültige Stimmen zur Feststellung der Beschlußfähigkeit, nicht* aber *zur Berechnung der Mehrheit* mit.

Erste Verwaltungsverordnung zu § 35

1. Im Hinblick darauf, daß bisher der Vorsitzende bei Stimmengleichheit den Ausschlag gab und dieses Verfahren auch sonst üblich ist, wird auf § 35 Abs. 1 Satz 2 GO auch an dieser Stelle besonders hingewiesen.
2. Das Wort „öffentlich" in § 35 Abs. 1 Satz 3 GO bedeutet nicht, daß die Beschlußfassung in öffentlicher Sitzung stattfinden muß. Es bedeutet lediglich, daß die Beschlußfassung eine namentliche und keine geheime ist.
3. Da § 35 Abs. 2 Satz 5 GO lediglich besagt, daß Wahlen zu den Ausschüssen des Rates nach den Grundsätzen der Verhältniswahl durchgeführt werden, ist es Sache des Rates, unter den verschiedenen Systemen des Verhältniswahlrechts das ihm geeignet erscheinende System auszuwählen. Ich empfehle jedoch Anwendung des d'Hondtschen Systems. Hiernach wird die Mitgliederzahl der einzelnen Fraktionen oder Gruppen des Rates der Reihe nach durch 1, 2, 3 usw. geteilt. Von den so gefundenen Zahlen werden die höchsten ausgesondert, und zwar so viele, als Sitze in dem betreffenden

Ausschuß zu vergeben sind. Jeder Fraktion oder Gruppe des Rates werden alsdann so viele Sitze zugeteilt, als Höchstzahlen auf sie entfallen.

Zweite Verwaltungsverordnung zu § 35

1. *Erhält bei der Mehrheitswahl nach § 35 Abs. 2 bei mehr als zwei Kandidaten niemand mehr als die Hälfte der gültigen Stimmen, so empfiehlt sich, eine örtliche Regelung dahin zu treffen, daß in diesen Fällen eine Stichwahl zwischen den Bewerbern durchgeführt wird, die die meisten Stimmen erhalten haben.*
2. *Wird bei den Wahlen zu den Ausschüssen das in der Ersten Verwaltungsverordnung zu § 35 Ziff. 3 Satz 2 ff. empfohlene d'Hondtsche Verfahren zugrunde gelegt, so entspricht diesem Verfahren nach der Übung aus der Zeit vor 1933 die Wahl nach gebundenen Listen, wie sie von den einzelnen Fraktionen oder Gruppen des Rates aufgestellt sind.*

Beispiel für eine Ausschußwahl nach dem d'Hondtschen System

PARTEIEN ODER GRUPPEN

	A		B		C		D		E	
Teil. Zahl.	ausgesonderte Zahl	Sitz Nr.	ausgesonderte Zahl	Sitz Nr.	ausgesonderte Zahl	Sitz Nr.	ausgesonderte Zahl	Sitz Nr.	ausgesonderte Zahl	Sitz Nr.
1	19	1	18	2	5	7	4	10	2	
2	9.50	3	9	4	2.50	17	2		1	
3	6.33	5	6	6	1.67		1.33		0.67	
4	4.75	8	4.50	9	1.25		1.00		0.50	
5	3.80	11	3.60	12	1.00		0.80		0.40	
6	3.17	13	3.00	14	0.83		0.67		0.33	
7	2.71	15	2.57	16	0.71		0.57		0.29	
8	2.38	18	2.25	19	0.63		0.50		0.25	
9	21.11	20	2.00		0.56		0.44		0.22	

7 er Ausschuß: Partei A 3, B 2, C 1 Sitz
8 er Ausschuß: Partei A 4, B 3, C 1 Sitz
9 er Ausschuß: Partei A 4, B 4, C 1 Sitz
10 er Ausschuß: Partei A 4, B 4, C 1, D 1 Sitz
11 er Ausschuß: Partei A 5, B 5, C 1, D 1 Sitz
12 er Ausschuß: Partei A 6, B 5, C 1, D 1 Sitz.

Zu § 35. In der neuen Gemeindeordnung hat der Bürgermeister bei Stimmengleichheit keine doppelte Stimme, mit der er bei Stimmengleichheit den Ausschlag gibt. Durch Zuruf sollte man Wahlen nur tätigen, wenn wirklich allseitige Zustimmung zu der Wahl angenommen werden kann, in anderen Fällen ist es zweckmäßiger und demokratischer, Wahlen durch Stimmzettel vorzunehmen. Wahlen zu den Ausschüssen müssen nach den Grundsätzen der Verhältniswahl vorgenommen werden, um eine Majorisierung von Minderheiten auszuschließen. Das d'Hondtsche System ist für größere Parteien oder Gruppen günstiger als eine Verteilung nach dem prozentualen Verhältnis.

Für die Wahlen des Bürgermeisters, des Gemeindedirektors und der Beigeordneten gelten besondere Bestimmungen (§ 32, § 49).

Wenn in der GeschO oder durch Ratsbeschluß das d'Hondtsche System für Ausschußwahlen vorgeschrieben ist, müssen bei der Wahl, wenn sie gültig ein soll, Vorschlagslisten vorliegen, über die nach d'Hondt abgestimmt werden muß. Wenn nur eine Vorschlagsliste eingereicht wird und dieser alle Ratsmitglieder zustimmen (keine Enthaltung), wenn also Einstimmigkeit vorliegt, dann ist die Auszählung und Verteilung der Stimmen nach d'Hondt nicht notwendig (OVG Münster vom 3. 2. 1954 – III A 353/54 und RdErl Min. d. I. vom 15. 6. 1956). Es empfiehlt sich, bei den Ausschußwahlen die Stellvertreter mitzubestimmen.

§ 36. Ordnung in den Sitzungen

(1) Der Bürgermeister leitet die Verhandlungen, eröffnet und schließt die Sitzungen, *handhabt die Ordnung* und *übt das Hausrecht aus.*

(2) In der *Geschäftsordnung* kann bestimmt werden, in welchen Fällen durch Beschluß des Rates einem Ratsmitglied bei Verstößen gegen die Ordnung die auf den Sitzungstag entfallenden Entschädigungen ganz oder teilweise entzogen werden und es für eine oder mehrere Sitzungen ausgeschlossen wird.

(3) Enthält die *Geschäftsordnung* eine Bestimmung gemäß Absatz 2, so kann der Bürgermeister, falls er es für erforderlich hält, *den sofortigen Ausschluß des Ratsmitgliedes aus der Sitzung verhängen und durchführen. Der Rat befindet über die Berechtigung dieser Maßnahme in der nächsten Sitzung.*

Zu § 36. Dem Ratsvorsitzenden stehen gesetzliche und nicht durch die GeschO beschränkbare Rechte der Verhandlungsleitung zu. Die Ratsmitglieder unterstehen der Leitung und der Ordnungsgewalt des Vorsitzenden. Er hat die Verhandlungsleitung und die Handhabung der Ordnung, soweit sich aus der Gemeindeordnung nicht etwas anderes ergibt, nach den ungeschriebenen parlamentarischen Regeln und Bräuchen zu führen. Der Ratsvorsitzende soll dabei nach pflichtgemäßem Ermessen handeln. Er darf die GeschO nicht nach parteitaktischen Gesichtspunkten handhaben. Dazu gehört auch der Schutz der Minorität. Es liegt im Ermessen des Vorsitzenden, ob er einen Ordnungsruf erteilen oder das Wort entziehen will. In der Regel ist die Erteilung von Ordnungsrufen und ihre Folgen durch die GeschO geregelt. Der Rat kann z. B. nicht beschließen, ob ein Ordnungsruf zu erteilen ist oder nicht. Das wäre ein Eingriff in die Leitungsgewalt des Ratsvorsitzenden.

Dagegen ermöglicht eine der Kannvorschrift des § 36 Abs. 2 entsprechende Bestimmung der GeschO – die Entscheidung durch Beschluß des Rates (nicht durch die Entscheidung des Vorsitzenden) bei Verstößen der Ratsmitglieder gegen die Ordnung

a) den ganz oder teilweisen Entzug der für *den* Sitzungstag zustehenden Entschädigungen (§§ 30 Abs. 2 in Verbindung mit § 25 GO),

b) den Ausschluß eines Ratsmitgliedes für eine oder mehrere Sitzungen.

Ein solcher Beschluß setzt in jedem Falle einen wiederholten, d. h. wenigstens zweimaligen Verstoß gegen die Ordnung oder Würde der Versammlung voraus (LVG Münster v. 25. 11. 1955 – 3 K – 560/55).

Nur wenn die GeschO eine Bestimmung nach § 36 Abs. 2 über den Sitzungsausschuß enthält, kann der Ratsvorsitzende den *sofortigen* Ausschluß eines Ratsmitgliedes von der Sitzung verhängen und durchführen. Zu beachten ist, daß dieser sofortige Ausschluß vom Rat in der nächsten Sitzung (mit Mehrheit) bestätigt werden muß.

Wenn die GeschO keine Bestimmungen im Sinne des § 36 Abs. 2 und 3 enthält, kann der Ratsvorsitzende keinen Ausschluß vornehmen. Als Ordnungsmittel bleibt ihm nur die Unterbrechung oder Aufhebung der Sitzung.

Maßnahmen des Vorsitzenden bzw. des Rates aus den GeschO-Bestimmungen nach § 36 Abs. 2 und 3 greifen in die Rechtsstellung des Ratsmitgliedes nach außen ein und unterliegen der verwaltungsgerichtlichen Nachprüfung. Die Klage ist gegen den Rat zu richten. Gleiches gilt für die Verhängung von Geldbußen (§§ 21 und 22 GO).

Dagegen unterliegen Ordnungsrufe, Rügen oder Mißbilligungen, weil sie nur wertende Aussprüche und keine rechtlichen Regelungen, sondern interne Angelegenheiten darstellen, nicht der Nachprüfung der Verwaltungsgerichte (Entscheidungsgründe im Urteil des OVG Lüneburg v. 28. 10. 1958 II OVG A/23/56 und 29/56).

§ 37 Niederschrift der Ratsbeschlüsse

(1) *Über die* im Rat gefaßten *Beschlüsse* ist eine *Niederschrift* aufzunehmen. *Diese* wird von dem *Bürgermeister, einem vom Rat zu bestimmenden Ratsmitglied und einem Schriftführer unterzeichnet.*

(2) *Der wesentliche Inhalt der Beschlüsse ist öffentlich bekanntzugeben, soweit nicht im Einzelfall etwas anderes beschlossen wird.*

(3) Soweit *Beschlüsse des Rates nach den geltenden Bestimmungen im Wortlaut öffentlich bekanntzumachen sind, wird die Bekanntmachung vom Bürgermeister oder seinem Stellvertreter unterzeichnet.* Die *Hauptsatzung bestimmt die Form der Bekanntmachung.*

Erste Verwaltungsverordnung zu § 37

1. Da § 37 Abs. 1 Satz 2 GO ausdrücklich betont, daß das die Niederschrift unterzeichnende weitere Ratsmitglied vom Rate bestimmt wird, hinsichtlich des Schriftführers von einer Bestimmung durch den Rat jedoch nichts gesagt wird, ist dieser durch den Gemeindedirektor zu bestimmen.
2. Eine Bekanntgabe des wesentlichen Inhalts der Beschlüsse des Rates (GO § 37 Abs. 2) darf erst erfolgen, nachdem die Niederschrift über die Beschlüsse des Rats unterzeichnet ist; das trifft auch auf die Bekanntmachung der Beschlüsse nach Abs. 3 a. a. O. zu.
3. Die Form der Bekanntmachung von Beschlüssen des Rates, die nach den geltenden Bestimmungen im Wortlaut öffentlich bekanntzumachen sind, überläßt die GO gemäß § 37 Abs. 3 der Entscheidung des Rates, der die Form in der Hauptsatzung festzulegen hat. Ich empfehle den Gemeinden insoweit eine Regelung, nach der die Bekanntmachung wie folgt vorzunehmen ist:

a) in Gemeinden, die ein eigenes amtliches Verkündungsblatt besitzen, in diesem oder einer vom Rate für bestimmte Fälle bezeichneten Tageszeitung;
b) in den übrigen Gemeinden mit 10 000 und mehr Einwohnern in einer vom Rate bestimmten Tageszeitung;

c) in den Gemeinden mit weniger als 10 000 Einwohnern in ortsüblicher Weise. Ortsüblich kann auch Aushang oder Ausschellen sein.

Ich empfehle die gleiche Form der Veröffentlichung auch insoweit, als es sich nicht nur um Beschlüsse des Rates handelt, die im Wortlaut öffentlich bekanntgemacht werden müssen. Ich verweise dieserhalb z. B. auf die §§ 33 Abs. 3 Satz 1, 37 Abs. 2 und 55 Satz 3 GO.

Zu § 37. Dem Rat steht es frei, wen er zum Schriftführer bestellen will. Es kann ein Ratsmitglied sein, es werden aber wohl in der Regel Gemeindebeamte oder Angestellte bestimmt werden. Das wird zweckmäßig in der GeschO geregelt. Der Gemeindedirektor ist nicht mehr Schriftführer des Rates wie § 34 Abt. II der rev. GO bestimmte. Der Hinweis in der 1. VerwaltungsVO, der Gemeindedirektor bestimme den Schriftführer, entbehrt der rechtlichen Grundlage. Es ist auch ohne besonderen gesetzlichen Hinweis allgemeine parlamentarische Übung, daß ein parlamentarisches Kollegium seine Schriftführer wählt.

Nur „Beschlüsse des Rates" müssen protokolliert werden. Das ist als Mindestvorschrift anzusehen.

Wenn Beamte und Angestellte in den Sitzungen des Rats und seiner Ausschüsse als Schriftführer tätig sind, dürfen ihnen für die Tätigkeit keine Sitzungsgelder gewährt werden. Diese Tätigkeit gehört zu den regelmäßigen Dienstgeschäften der Beamten. Auch ist die Zahlung ermäßigter Vergütungen nach § 13 des Reisekostengesetzes nicht zulässig (§ 22 LBG, § 13 Abs. 1 und 2 des Reisekostengesetzes). Diese Auffassung wird in einem Erlaß des Innenministers NW vom 20. 5. 1958 – III – A 2 – 6971 II/57 vertreten.

Für die Bekanntmachung von Haushaltssatzungen ist vorgeschrieben, daß diese die Unterschriften der drei Personen tragen muß, die die Niederschrift des Ratsprotokolls unterzeichnet haben (OVG Münster v. 9. 9. 1955 – III A 738/55).

Für die Veröffentlichung einer Ortssatzung genügt es, wenn die Veröffentlichung nur die Unterschrift des Bürgermeisters trägt (Bescheid OVG Düsseldorf v. 1. 7. 1955 – 11 K 2056/55).

Zur ordnungsgemäßen Veröffentlichung gemeindlicher Steuerordnungen bedarf es auch der Veröffentlichung der Genehmigungsverfügung. Eine dem widersprechende Veröffentlichung schafft kein Ortsrecht (OVG Münster vom 1. 7. 1953 – III A 298/53).

Schlußbekanntmachungen nach § 9 des Kommunalabgabengesetzes (Beitragssatzungen) müssen vom Rat der Gemeinde beschlossen und vom Bürgermeister unterzeichnet sein (OVG Münster v. 23. 3. 1956 – III A 712/55).

Aushang, wenn er durch die Hauptsatzung vorgesehen, bedeutet Aushang und nicht eine rechtlich unerhebliche Offenlegung (OVG Münster v. 21. 4. 54 – III A 977/55).

§ 38 Behandlung der Ratsbeschlüsse durch den Bürgermeister

(1) Der Bürgermeister leitet die Beschlüsse des Rates dem *Gemeindedirektor zu.*

(2) Beschlüsse, die

a) die *Durchführung der Geschäftsordnung,*

b) die *Geltendmachung von Ansprüchen der Gemeinde gegen den Gemeinde*direktor,

c) die *Amtsführung des Gemeindedirektors* betreffen, *führt der Bürgermeister aus.*

Erste Verwaltungsverordnung zu § 38

Zur Vermeidung bürokratischen Leerlaufs wird darauf hingewiesen, daß § 38 Abs. 1 GO nicht bedeutet, die Zuleitung der Beschlüsse des Rates an den Hauptgemeindebeamten müsse eine formelle sein. Die förmliche Zuleitung der Beschlüsse des Rates an den Gemeindedirektor dürfte auch nur in Großstädten Bedeutung haben.

§ 39 Widerspruch und Beanstandung

(1) Der *Bürgermeister kann einem Beschluß* des Rates *spätestens am dritten Tage nach der Beschlußfassung* unter *schriftlicher Begründung widersprechen,* wenn er der Auffassung ist, daß der *Beschluß das Wohl der Gemeinde gefährdet.* Der Widerspruch hat *aufschiebende Wirkung.* Über die Angelegenheit ist in einer *neuen Sitzung des Rates,* die *frühestens am dritten Tage und spätestens zwei Wochen nach dem Widerspruch* stattzufinden hat, *erneut zu beschließen.* Ein *weiterer Widerspruch ist unzulässig.*

(2) *Verletzt ein Beschluß des Rates das geltende Recht, so hat der Gemeindedirektor den Beschluß zu beanstanden.* Die Beanstandung hat *aufschiebende Wirkung.* Sie ist *schriftlich in Form einer begründeten Darlegung dem Rat mitzuteilen. Verbleibt der Rat bei seinem Beschluß,* so hat der Gemeindedirektor unverzüglich die *Entscheidung der Aufsichtsbehörde einzuholen.* Die *aufschiebende Wirkung bleibt bestehen.*

(3) *Verletzt der Beschluß eines Ausschusses, dem eine Angelegenheit zur Entscheidung übertragen ist,* das geltende Recht, so findet *Absatz 2 Satz 1 bis 3 entsprechende Anwendung. Verbleibt der Ausschuß bei seinem Beschluß, so hat der Rat über die Angelegenheit zu beschließen.*

Erste Verwaltungsverordnung zu § 39

1. Der Gemeindedirektor ist gemäß § 39 Abs. 2 Satz 1 und Abs. 3 Satz 1 GO zur Beanstandung gesetzwidriger Beschlüsse des Rates und der Ausschüsse verpflichtet. Er kann hierzu von der Aufsichtsbehörde angehalten werden (GO § 108 Abs. 1 Satz 1). Außerdem kann er bei grobem Verstoß gegen diese Pflicht regreßpflichtig gemacht und dienstordnungsrechtlich zur Verantwortung gezogen werden.
2. § 39 Abs. 3 Satz 2 GO schließt nicht aus, daß auch der Beschluß des Rates vom Gemeindedirektor wegen Gesetzwidrigkeit beanstandet werden muß und das in Abs. 2 a. a. O. vorgesehene Verfahren auslöst.

Zu § 39. Das Widerspruchsrecht des Bürgermeisters (Abs. 1) bei Beschlüssen, die das öffentliche Wohl gefährden, soll dazu dienen, übereilte Beschlüsse des Rats, die nicht das Recht verletzen, zu ändern oder wieder aufzuheben. „Das öffentliche Wohl“ bzw.

das „Wohl der Gemeinde" ist ein unbestimmter Rechtsbegriff. Der Widerspruch ist daher eine Frage des pflichtgemäßen Ermessens des Bürgermeisters und sollte in enger und nicht weiter Auslegung des Begriffs – nur bei Fällen von erheblicher Bedeutung – für die Gemeinde ausgeübt werden.

Dagegen hat der Gemeindedirektor nach Abs. 2 bei Beschlüssen des Rats, die das geltende Recht verletzen, die Beanstandungs„pflicht". Die Beanstandung liegt nicht etwa in seinem Ermessen. Die Beanstandungspflicht schließt nicht nur materielle, sondern auch formelle Verletzungen des geltenden Rechts ein.

Die Pflicht zur Beanstandung eines Ratsbeschlusses besteht für den von der Aufsichtsbehörde dazu angewiesenen Gemeindedirektor auch dann, wenn er der Meinung ist, daß der Ratsbeschluß rechtmäßig ist (OVG Münster v. 22. 2. 1956 – III A 838/55).

Voraussetzungen für die Beanstandungen eines Ratsbeschlusses: Die Beanstandung hat zu erfolgen:

1. wenn die Befugnisse des Rats überschritten werden,
2. wenn ein Beschluß gesetz- oder rechtswidrig ist,
3. wenn der Beschluß die Grundsätze der Wirtschaftlichkeit verletzt (§ 62 GONW) und
4. wenn eine Ausgabe beschlossen wird, für die keine haushaltsmäßige Deckung vorhanden ist.

§ 40 Kontrolle der Verwaltung

(1) Der Rat ist durch den Bürgermeister über alle wichtigen Angelegenheiten der Gemeindeverwaltung zu unterrichten. Der Bürgermeister kann von dem Gemeindedirektor jederzeit Auskunft über alle Gemeindeangelegenheiten verlangen.

(2) Der Rat überwacht die Durchführung seiner Beschlüsse und der Beschlüsse der Ausschüsse sowie den Ablauf der Verwaltungsangelegenheiten. Zu diesem Zweck kann er vom Gemeindedirektor Einsicht in die Akten durch einen von ihm bestimmten Ausschuß oder einzelne von ihm beauftragte Mitglieder verlangen.

(3) In Einzelfällen muß auf Beschluß des Rates oder auf Verlangen von mindestens einem Viertel der Ratsmitglieder auch einem einzelnen, von den Antragstellern zu benennenden Ratsmitglied, Akteneinsicht gewährt werden.

Zu § 40. Der Bürgermeister kann vom Gemeindedirektor jederzeit Auskunft über alle Gemeindeangelegenheiten verlangen. Das schließt auch die Akteneinsicht ein, ohne daß diese besonders erwähnt wird. Sie ist als eine Form dieser Auskunft anzusehen. Die Form, in der die Auskunft zu erteilen ist, bestimmt nicht der zur Auskunft Verpflichtete, sondern der zur Auskunft berechtigte Bürgermeister. Über den Umfang der Informationspflicht siehe auch § 47 Abs. 2 GO. Mit den Auskünften, den Aktenvorlagen gemäß § 40, verletzt der Gemeindedirektor keine Amtsverschwiegenheit. Eine solche besteht für den Gemeindedirektor gegenüber dem Bürgermeister, dem Rat und seinen Organen nicht (bis auf die Durchführungen von Weisungen zur Durchführung der verfassungsmäßigen Ordnung – § 47 Abs. 3). Weitere Vorschriften der Verwaltungskontrolle durch den Rat und seine Organe enthalten § 46 (Planung der Verwaltungsaufgaben) und §§ 98 ff. (Rechnungsprüfung).

Zur Durchführung des Kontrollrechts des Rates kann auch der Rat (Abs. 2) Einsicht in die Akten verlangen. Entweder durch einen Ausschuß, der von ihm bestimmt wird oder durch einzelne von ihm beauftragte Mitglieder.

Die Akteneinsicht nach Abs. 3 geschieht unter dem Gesichtspunkt des Minderheitenschutzes nach Beschluß des Rates oder auf Verlangen von mindestens einem Viertel der Ratsmitglieder bei Aktenvorlage an ein Ratsmitglied. Hier handelt es sich im Gegensatz zu Abs. 1 und 2 um Einzelfälle.

(Siehe auch Erlaß des Innenministers NW an den RP Köln vom 2. 9. 1958 III A 1328–I/58 und Odenbreit in SKV 59, S. 92.)

§ 41 Bildung von Ausschüssen

(1) Der Rat kann Ausschüsse bilden.

(2) *In jeder Gemeinde müssen ein Hauptausschuß, ein Finanzausschuß und ein Rechnungsprüfungsausschuß gebildet werden.* Der Rat kann beschließen, daß die *Aufgaben des Finanzausschusses vom Hauptausschuß* wahrgenommen werden.

(3) Der Rat kann *für die Arbeit der Ausschüsse allgemeine Richtlinien aufstellen. Beschlüsse von Ausschüssen mit Entscheidungsbefugnis* können erst durchgeführt werden, wenn innerhalb einer in der *Geschäftsordnung* zu bestimmenden Frist weder vom Bürgermeister noch *von einem Drittel der Mitglieder des Ausschusses Einspruch eingelegt worden ist.*

Erste Verwaltungverordnung zu § 41

Die Tätigkeit der Ausschüsse ist grundsätzlich eine nicht beschließende. Soweit Ausschüsse an Stelle des Rates Beschlüsse fassen sollen, bedarf es gemäß § 28 Abs. 2 Satz 1 GO einer Übertragung dieser Befugnis durch den Rat. Auf Ziffer 2 zu § 28 wird hingewiesen.

Zweite Verwaltungsverordnung zu § 41

Soweit der *Bürgermeister* oder *ein Drittel der Mitglieder eines Ausschusses* mit Entscheidungsbefugnis innerhalb einer in der Geschäftsordnung zu bestimmenden Frist gegen Beschlüsse des Ausschusses *Einspruch* einlegen, hat der Ausschuß erneut zu beschließen. Es entspricht dem Sinn des § 41 Abs. 3 Satz 2, daß in dem Falle, in welchem der Ausschuß bei seinem Beschluß verbleibt, der Rat entscheidet (siehe auch entsprechende Regelung in § 39 Abs. 3 Satz 2 GO). Nach örtlicher Regelung kann in geeigneten Fällen die Entscheidung auch dem Hauptausschuß überlassen bleiben, In jedem Falle ist auch dem Gemeindedirektor von dem Einspruch unverzüglich Kenntnis zu geben.

Zu § 41. Die Beschlüsse der Ausschüsse des Rats werden wie bisher in der Regel erst wirksam, wenn sie vom Rat genehmigt worden sind. Die Ausschüsse haben sonach grundsätzlich eine beratende, vorbereitende Funktion. Nur insoweit als ihnen Aufgaben nach § 28 Abs. 2 und durch andere Vorschriften der GO zur selbständigen Entscheidung übertragen sind, üben sie beschließende Funktionen aus.

Es ist Pflicht des Rates und seines Vorsitzenden, darauf zu achten, daß die Ausschüsse jederzeit nach den Grundsätzen der Verhältniswahl besetzt sind. Bei der Umbildung von Ausschüssen sind deshalb die Vorschriften des § 35 Abs. 2, letzter Satz, zu beachten. Einem gewählten Ausschußmitglied kann der Sitz im Ausschuß nicht ohne weiteres durch Ratsbeschluß oder durch die Gruppe, die er zugehört oder zugehört hat, entzogen werden. Auch die einfache Auswechselung eines Ausschußmitgliedes oder die Bestimmung eines Ersatzmannes für ein ausgeschiedenes Ausschußmitglied, unter Bestätigung durch Ratsbeschluß, ist nicht statthaft. Das käme einer Mehrheitswahl gleich, die bei der Vorschrift, daß die Grundsätze der Verhältniswahl angewendet werden müssen, nicht zulässig ist. Solche Fälle müssen wie folgt gelöst werden: Der Rat kann auch während der Wahldauer des Rates durch Mehrheitsbeschluß Ausschüsse auflösen und Ausschüsse neubilden. Bei der Neubildung müssen die Grundsätze der Verhältniswahl (§ 35) beachtet werden.

Weitere kraft Gesetzes bei den Gemeinden, kreisfreien Städten und Kreisen zu bildende Ausschüsse besonderer Art

Beschwerdestellen in Wohnungssachen

Nach den Vorschriften des Landeswohnungsgesetzes vom 9. Juni 1954 (GV NW S. 205) sind zur Entscheidung von Beschwerden gegen Entscheidungen der Wohnungsbehörden Beschwerdestellen zu bilden, die mit einem Vorsitzenden und zwei Beisitzern zu besetzen sind, Für den Vorsitzenden und die Beisitzer sind Vertreter zu bestimmen. Der Vorsitzende muß die Befähigung zum Richteramt oder zum höheren Verwaltungsdienst besitzen. Der eine Beisitzer muß Vermieter aus dem Kreis der Grundeigentümer, der andere Mieter sein. Die Mitglieder der Beschwerdestelle werden von der betreffenden Körperschaftsvertretung gewählt, der Vorsitzende und sein Stellvertreter mindestens auf ein Jahr. Während der Dauer des Amtes sind Vorsitzende und Beisitzer zu Ehrenbeamten i. S. des Landesbeamtengesetzes zu ernennen, soweit sie nicht Beamte der Körperschaft sind. Die Wahl der Beisitzer erfolgt auf Grund von Vorschlägen der für den Bezirk zuständigen Organisationen des Zentralverbandes der Haus- und Grundbesitzervereine, des deutschen Mieterbundes und der in der Körperschaft des Bezirks 1954). Das Landeswohnungsgesetz schreibt die Bildung von *Wohnungsausschüssen nicht* vor.

Jugendwohlfahrtsausschuß

Auszug aus dem Gesetz zur Ausführung des Reichsgesetzes für Jugendwohlfahrt vom 23. 10. 1956 (GVNW S. 303):

Erster Abschnitt: Jugendamt

§ 1. Träger, Zusammensetzung, Verfahren

(1) Jede kreisfreie Stadt und jeder Landkreis errichten ein Jugendamt.

(2) Das Jugendamt besteht aus dem Jugendwohlfahrtsausschuß und der Verwaltung des Jugendamtes.

(3) Für Zusammensetzung, Verfassung und Verfahren des Jugendamtes gelten, soweit das Reichsgesetz für Jugendwohlfahrt und dieses Gesetz nichts anderes bestim-

men, die Vorschriften der Gemeindeordnung für das Land Nordrhein-Westfalen (GO) vom 28. Oktober 1952 (GV NW I S. 283) oder der Landkreisordnung für das Land Nordrhein-Westfalen (LKrO) vom 21. Juli 1953) (GV NW I S. 305).

(4) Für das Jugendamt ist eine Satzung zu erlassen.

§ 2. Stimmberechtigte Mitglieder des Jugendwohlfahrtsausschusses

(1) Dem Jugendwohlfahrtsausschuß gehören höchstens 15 stimmberechtigte Mitglieder einschließlich des Vorsitzenden an.

(2) Die stimmberechtigten Mitglieder werden für die Dauer der Wahlzeit der Vertretungskörperschaft von dieser gewählt. Sie üben ihre Tätigkeit nach Ablauf der Wahlzeit bis zum Zusammentreten des neugewählten Jugendwohlfahrtsausschusses aus. Scheidet ein Mitglied vor Ablauf der Wahlzeit aus, so ist ein Ersatzmitglied für den Rest der Wahlzeit auf Vorschlag derjenigen Stelle, die das ausgeschiedene Mitglied vorgeschlagen hatte, zu wählen. Zum stimmberechtigten Mitglied des Jugendwohlfahrtsausschusses kann nur gewählt werden, wer zur Vertretungskörperschaft wählbar ist. Die stimmberechtigten Mitglieder, die auf Vorschlag der Jugendverbände zu wählen sind, müssen das 21. Lebensjahr vollendet haben.

(3) Für jedes stimmberechtigte Mitglied ist ein Stellvertreter zu wählen. Absatz 2 gilt entsprechend.

(4) Den freien Vereinigungen für Jugendwohlfahrt und den Jugendverbänden, die im Bezirk des Jugendamtes in der Jugendwohlfahrtspflege wirken, steht der Anspruch auf zwei Fünftel der Zahl der stimmberechtigten Mitglieder je zur Hälfte zu. Die freien Vereinigungen und die Jugendverbände haben mindestens die doppelte Anzahl der insgesamt auf sie entfallenden Mitglieder und ihrer Stellvertreter vorzuschlagen. Die Vertretungskörperschaft wählt aus den vorgeschlagenen die Mitglieder. Wird kein Vorschlag eingereicht, wählt die Vertretungskörperschaft Personen aus dem Kreise des § 9 a Abs. 1 Buchst. b RJWG.

(5) Der Vorsitzende des Jugendwohlfahrtsausschusses und sein Stellvertreter werden von den stimmberechtigten Mitgliedern des Ausschusses aus den Mitgliedern, die der Vertretungskörperschaft angehören, gewählt.

§ 3. Beratende Mitglieder des Jugendwohlfahrtsausschusses

(1) Als beratende Mitglieder gehören dem Jugendwohlfahrtsausschuß an:

1. der Hauptverwaltungsbeamte oder ein von ihm bestellter Vertreter;
2. der Leiter der Verwaltung des Jugendamtes (Dienststellenleiter) oder sein Vertreter;
3. ein Arzt des Gesundheitsamtes, der vom Hauptverwaltungsbeamten bestellt wird;
4. ein Vormundschaftsrichter oder ein Jugendrichter, der vom Landgerichtspräsidenten bestellt wird;
5. je ein Vertreter der katholischen und der evangelischen Kirche und der jüdischen Kultusgemeinde, falls Gemeinden dieser Bekenntnisse im Bezirk des Jugendamtes bestehen; sie werden von der zuständigen Stelle der Religionsgemeinschaften bestellt.

(2) Für jedes beratende Mitglied des Jugendwohlfahrtsausschusses nach Absatz 1 Nr. 3 bis 5 ist ein Stellvertreter zu bestellen.

(3) Durch die Satzung kann bestimmt werden, daß weitere Männer und Frauen, die in der Jugendwohlfahrt oder Jugenderziehung erfahren oder tätig sind, dem Jugendwohlfahrtsausschuß als beratende Mitglieder angehören.

§ 4. Teilnahme an den Sitzungen des Jugendwohlfahrtsausschusses

An den Sitzungen des Jugendwohlfahrtsausschusses nehmen ein Jugendpfleger, eine Jugendpflegerin und eine Fürsorgerin des Jugendamtes oder der Familienfürsorge teil.

§ 5. Verfahren des Jugendwohlfahrtsausschusses

(1) Die Sitzungen des Jugendwohlfahrtsausschusses sind nicht öffentlich, soweit sie Angelegenheiten der Jugendfürsorge betreffen. Insoweit darf der Inhalt der Beschlüsse auch nicht öffentlich bekanntgemacht werden. Im übrigen gelten die Vorschriften der Gemeindeordnung oder der Landkreisordnung über die Sitzungen der Ausschüsse.

(2) Der Jugendwohlfahrtsausschuß ist beschlußfähig, wenn mindestens die Hälfte der stimmberechtigten Mitglieder anwesend ist und die stimmberechtigten und beratenden Mitglieder ordnungsgemäß geladen worden sind.

§ 6. Unterausschüsse

In der Satzung kann bestimmt werden, daß bei Bedarf für einzelne Aufgaben der Jugendwohlfahrtspflege beratende Unterausschüsse des Jugendwohlfahrtsausschusses aus dessen Mitgliedern gebildet werden können.

§ 7. Widerspruchs-, Beanstandungs- und Aufhebungsrecht

(1) Ist der Vorsitzende der Vertretungskörperschaft oder der Vorsitzende des Jugendwohlfahrtsausschusses der Auffassung, daß ein Beschluß des Ausschusses das Wohl der Gemeinde oder des Kreises gefährdet, so kann er dem Beschluß widersprechen. § 39 Abs. 1 GO und § 31 Abs. 1 LKrO gelten entsprechend. Verbleibt der Jugendwohlfahrtsausschuß bei seinem Beschluß, so hat die Vertretungskörperschaft über die Angelegenheit zu beschließen.

(2) Verletzt ein Beschluß des Jugendwohlfahrtsausschusses das geltende Recht, so hat der Hauptverwaltungsbeamte den Beschluß zu beanstanden; verbleibt der Jugendwohlfahrtsausschuß bei seinem Beschluß, so hat die Vertretungskörperschaft über die Angelegenheit zu beschließen. § 39 Abs. 2 und 3 GO und § 31 Abs. 2 und 3 LKrO finden entsprechende Anwendung.

(3) Für das Beanstandungs- und Aufhebungsrecht der Aufsichtsbehörde gelten § 108 GO und § 46 Abs. 3 LKrO entsprechend.

§ 8. Zulassung von Jugendämtern in kreisangehörigen Gemeinden und in Ämtern

(1) Der Arbeits- und Sozialminister kann auf Antrag von kreisangehörigen Gemeinden oder von Ämtern mit mindestens 20 000 Einwohnern die Errichtung von eigenen Jugendämtern zulassen, falls die sachgemäße Erfüllung der Aufgaben der Jugendämter gesichert, insbesondere eine angemessene Besetzung der Verwaltung des Jugendamtes mit Fachkräften gewährleistet ist. Die Durchführung der Jugendhilfeaufgaben im Kreis darf durch die Errichtung eigener Jugendämter in kreisangehörigen Gemeinden und in Ämtern nicht gefährdet werden.

(2) Die Kreise sind zu den Anträgen zu hören.

(3) Auf die Jugendämter sind die Vorschriften der §§ 1 bis 7 entsprechend anzuwenden. Ein Arzt des Gesundheitsamtes ist vom Hauptverwaltungsbeamten des Landkreises in den Jugendwohlfahrtsausschuß zu entsenden.

Beiräte für Vertriebenen- und Flüchtlingsfragen

(nach der Verordnung über die Bildung der Beiräte für Vertriebenen- und Flüchtlingsfragen im Lande Nordrhein-Westfalen v. 15. 8. 1960 GV NW S. 305).

Es werden gebildet:

a) ein Landesbeirat beim Sozialminister,
b) Bezirksbeiräte bei den Regierugspräsidenten,
c) Kreisbeiräte in den Landkreisen und kreisfreien Städten,
d) die Amts- und Gemeindebeiräte bei den Ämtern und kreisangehörigen Gemeinden (§ 1).

Aufgaben: Die Beiräte sollen die Behörde, bei der sie gebildet sind, in Vertriebenen-Flüchtlingsfragen unterrichten und beraten, die Interessen der Vertriebenen und der Flüchtlinge in der Öffentlichkeit fördern. Dem Beirat können weitere Aufgaben übertragen werden (§ 2). Die Beiräte sind keine Ausschüsse im Sinne der § 41 GO und § 32 LKO. Der Kreisbeirat besteht aus 20 Mitgliedern, gewählt von der Vertretungskörperschaft der Landkreise oder der kreisfreien Städte auf Vorschlag der einschlägigen Organisationen. Drei Mitglieder sollen der Vertretungskörperschaft angehören (§§ 3 und 4). Die Wahl erfolgt für die Zeit der Amtsdauer der Vertretung (§ 8).

Amts- und Gemeindebeiräte
sind zu bilden bei Ämtern und amtsfreien Gemeinden sowie bei amtsangehörigen Gemeinden mit mehr als 10 000 Einwohnern. Der Beirat besteht aus drei Mitgliedern, die einen Obmann wählen. Für jedes Mitglied ist ein Stellvertreter zu benennen. Bei amtsangehörigen Gemeinden mit einer geringeren Einwohnerzahl als 10 000 wird ein Vertrauensmann als Beirat bestellt. Die Amtsdauer entspricht der des Kreisbeirats.

Die Amts- und Gemeindebeiräte werden von der Vertretungskörperschaft des Amtes oder der Gemeinde nach Vorschlag des Kreisbeirats gewählt (§ 10). Weiteres über das Wahlverfahren, die Zusammensetzung und Bildung der Bezirksbeiräte und des Landesbeirates siehe im Text der Verordnung.

Schulausschüsse

Schulverwaltungsgesetz v. 3. 6. 1958 (GVNW S. 241).

§ 12. (1) Die Gemeinden, die Landkreise und die Schulverbände bilden für die von ihnen getragenen Schulen einen oder mehrere Schulausschüsse.

(2) Der Schulausschuß wird nach den Vorschriften der kommunalen Verfassungsgesetze zusammengesetzt. Je ein von der katholischen und der evangelischen Kirche benannter Geistlicher ist als ständiges Mitglied mit beratender Stimme zu berufen. Außerdem können Vertreter der Lehrerschaft zur ständigen Beratung berufen werden.

(3) In Gemeinden und Schulverbänden mit nicht mehr als 25 Lehrerstellen kann von der Bildung eines Schulausschusses abgesehen werden.

(4) Auf Verlangen des Schulausschusses soll der Schulrat an Sitzungen des Schulausschusses teilnehmen.

Über die Berufung, Beförderung und Versetzung an Schulen von Gemeinden und Gemeindeverbänden und die Mitwirkung der Gemeinde- bzw. Kreisorgane siehe § 23 des Schulverwaltungsgesetzes v. 3. 6. 1958 (GVNW S. 241).

Die Durchführung des Verfahrens auf Neuerrichtung und Umwandlung von Schulen mit Bezug auf den weltanschaulichen Charakter gemäß dem III. Abschnitt des Schulgesetzes v. 8. April 1952 (GV NW S. 61) §§ 18–21 und 24–27 siehe den Runderlaß des Kultusministers vom 14. 8. 1952 – II E gen. 0005.372.52 ABl. KM S. 114.

Schulpflegschaften

Die Bestimmungen über die Bildung von Schulpflegschaften befinden sich in der 1. AusfVO zum Schulgesetz vom 31. 7. 1952 GV NW S. 155.

Bildung von Schulbezirken siehe § 9 des Schulverwaltungsgesetzes v. 3. 6. 1958 (GVNW S. 241)

Für jede öffentliche Pflichtschule wird durch Rechtsverordnung ein räumlich abgegrenztes Gebiet als Schulbezirk gebildet. Die Rechtsverordnung erläßt für die öffentlichen Pflichtschulen (Volksschulen und Berufsschulen) des § Abs. 1 der Schulträger (Gemeinde oder Landkreis) nach den für Satzungen geltenden Vorschriften. Die Rechtsverordnungen sind in der für die Verkündung von Verordnungen dieser Art vorgesehenen Weise zu verkünden.

Beschlußausschüsse

In kreisfreien Städten und Gemeinden über 20 000 Einwohnern bestehen neben den gleichen Institutionen in den Landkreisen Beschlußausschüsse nach den Bestimmungen des ersten Vereinfachungsgesetzes v. 23. 7. 1957 GV NW S. 189. Näheres siehe Abschnitt Beschlußverfahren im Anhang.

§ 42 Zusammensetzung der Ausschüsse und ihr Verfahren

(1) Der *Rat regelt* die *Zusammensetzung der Ausschüsse* und *ihre Befugnisse.* Ratsmitglieder, die einem Ausschuß nicht angehören, können an seinen Sitzungen als Zuhörer teilnehmen. Wird in einer Ausschußsitzung ein Antrag beraten, den ein solches Mitglied gestellt hat, so kann es sich an der Beratung beteiligen. Die *Sitzungen der Ausschüsse* sind *in der Regel nicht öffentlich.* Auf die Ausschußmitglieder und das Verfahren in den Ausschüssen finden im übrigen die für den Rat geltenden Bestimmungen entsprechende Anwendung.

(2) Zu Mitgliedern der Ausschüsse, *mit Ausnahme der in § 43 vorgesehenen Ausschüsse, können neben Ratsmitgliedern* auch andere zum Rat wählbare *sachkundige* Bürger bestellt werden. *Ihre Zahl darf die der Ratsmitglieder in den einzelnen Ausschüssen nicht erreichen.*

(3) Den *Vorsitz im Hauptausschuß* führt *der Bürgermeister. Die übrigen Ausschüsse wählen aus ihrer Mitte ein Ratsmitglied zum Vorsitzenden.*

(4) Über die *Beschlüsse der Ausschüsse* ist eine *Niederschrift* aufzunehmen. Diese *ist* dem *Bürgermeister,* den *Ausschußmitgliedern* und *dem Gemeindedirektor* zuzuleiten.

Erste Verwaltungsverordnung zu § 42

§ 42 Abs. 1 Satz 1 GO bezieht sich nicht auf Ausschüsse, hinsichtlich deren Zusammensetzung und deren Befugnisse in Sondergesetzen Bestimmung getroffen ist.

Zweite Verwaltungsverordnung zu § 42

Da gemäß § 42 Abs. 1 Satz 5 GO auf das *Verfahren in den Ausschüssen* die für den Rat geltenden Bestimmungen entsprechende Anwendung finden, ist die nach Abs. 4 Satz 1 a. a. O. aufzunehmende Niederschrift vom Vorsitzenden des Ausschusses, einem vom Ausschuß zu bestimmenden Mitglied des Ausschusses und einem Schriftführer zu unterzeichnen. Hinsichtlich des Mitglieds des Ausschusses sowie des Schriftführers gelten die Bestimmungen der Ziff. 1 der Ersten Verwaltungsverordnung zu § 37 GO entsprechend. Im übrigen sind entsprechend der Vorschrift des Abs. 1 Satz 5 a. a. O. die Ausschußmitglieder, die nicht Mitglied des Rates sind, durch den Vorsitzenden des Ausschusses zu vereidigen.

Zu § 42. Anzahl und Art der Ausschüsse werden, abgesehen von den gesetzlich vorgeschriebenen Ausschüssen (siehe § 41), durch Ratsbeschluß, zweckmäßig in der GeschO, bestimmt, auch die Mitgliederzahl der Ausschüsse. Zuviele Ausschüsse machen den Arbeitsablauf des Rates schwerfällig.

Ausschußsitzungen sind „in der Regel" nicht öffentlich. „Nicht öffentlich" bedeutet nicht „geheim" und nicht „vertraulich". Die Bestimmungen des § 22 (Pflicht zur Verschwiegenheit) sind zu beachten. Ob eine Teilnahme von Pressevertretern Sitzungen zu einer öffentlichen Sitzung machen, ist strittig.

Es steht im Belieben der Ausschüsse, die Öffentlichkeit herzustellen oder eine öffentliche Ausschußsitzung (z. B. bei die Bevölkerung besonders interessierenden Beratungsgegenständen) abzuhalten. Die Öffentlichkeit einer Ausschußsitzung kann nicht durch den Ausschußvorsitzenden, sondern nur durch den Ausschuß mit Mehrheit beschlossen werden. Der Rat kann darüber, ob die Ausschüsse allgemein oder im Einzelfalle öffentlich verhandeln sollen oder können, keinen Beschluß fassen oder Richtlinien (§ 41) aufstellen. Solche Beschlüsse würden die Vorschrift des § 42 Abs. 1 Satz 4 verletzen, der kein dispositives Recht darstellt (OVG Münster v. 22. 4. 1959 – III A 139/59).

Die rev. Gemeindeordnung beschränkte die Ausschüsse auf die Ratsmitglieder (§ 53 I), andere Personen konnten eingeladen werden, hatten aber kein Stimmrecht. In der Praxis wurde anders verfahren. Der Gesetzgeber hat die bestehende Praxis legalisiert, indem er die Möglichkeit vorsieht, daß den Ausschüssen neben den Ratsmitgliedern andere durch den Rat gewählte, wählbare Bürger angehören können. Voraussetzung ist allerdings das Vorhandensein einer gewissen „Sachkunde" für die Arbeiten des in Frage kommenden Ausschusses. Die volle Auswertung dieser Vorschrift ist im Interesse einer möglichst großen Beteiligung der Bürgerschaft an der Selbstverwaltung sehr erwünscht.

Sitzungen verlieren den Charakter der Nichtöffentlichkeit nicht dadurch, daß jedem Ratsmitglied die Niederschrift über jede Ausschußsitzung übersandt wird. (OVG Münster v. 20. 5. 1959 – III A 751/58).

§ 43 Hauptausschuß, Finanzausschuß und Rechnungsprüfungsausschuß

(1) Der *Hauptausschuß* hat die *Arbeiten* aller Ausschüsse *aufeinander abzustimmen. Er entscheidet in den Angelegenheiten, die der Beschlußfassung des Rates unterliegen, falls die Angelegenheit keinen Aufschub duldet. In Fällen äußerster Dringlichkeit kann der Bürgermeister mit einem Ratsmitglied entscheiden.* Diese Entscheidungen des Hauptausschusses und des Bürgermeisters sind dem *Rat* in der nächsten Sitzung zur Genehmigung vorzulegen. Er *kann*

die *Dringlichkeitsentscheidung aufheben,* soweit nicht schon Rechte anderer durch die Ausführung des Beschlusses entstanden sind.

(2) Der *Finanzausschuß bereitet die Haushaltssatzung der Gemeinde vor und trifft die für die Ausführung des Haushaltsplans erforderlichen Entscheidungen, soweit hierfür nicht andere Ausschüsse zuständig sind.*

(3) Der *Rechnungsprüfungsausschuß prüft die Jahresrechnung* der Gemeinde. Er *bedient sich* hierbei *des Rechnungsprüfungsamts,* soweit ein solches besteht.

Zu § 43. Der Hauptausschuß ist die Stelle, die die Arbeiten der Ratsausschüsse auf einen Nenner bringen, Doppelarbeit beseitigen und bei verschiedenen Auffassungen der Ratsausschüsse den Ausgleich bringen soll. Man kann ihn als den „kleinen Rat" bezeichnen. Die Stellung des Hauptausschusses ist gegenüber dem bisherigen Recht insoweit verstärkt worden, als er in Angelegenheiten, „die keinen Aufschub dulden" das Recht der Dringlichkeitsentscheidung hat. Der Bürgermeister darf nur noch bei „äußerster Dringlichkeit" mit einem Ratsmitglied an Stelle des Rates Beschlüsse fassen. Von besonderer Bedeutung ist auch die Mitwirkung des Hauptausschusses bei der „kommunalpolitischen Planung" (§ 46).

Absatz 2 umreißt die Aufgaben des Finanzausschusses. Er hat unbeschadet der Einzelbestimmungen des 4. Abschnittes des Teils VI über den Haushalt (§§ 84—94) die Aufgabe, im letzten die Haushaltssatzung nebst Haushaltsplan und Anlagen für die Verhandlungen im Rat beratungsreif zu machen. Beschlüsse des Finanzausschusses oder der Fachausschüsse über die Ausführung des angenommenen Haushaltsplans sollten sich auf notwendige grundsätzliche Fragen oder besonders wichtige Haushaltsansätze beschränken, da nach § 91 die Ausführung der Haushaltssatzung Aufgabe des Gemeindedirektors ist.

§ 44 Amtszeichen der Ratsmitglieder

Der Rat kann beschließen, daß *der Bürgermeister und die übrigen Ratsmitglieder bei feierlichen Anlässen* ein *Amtszeichen* tragen.

§ 45 Aufwandsentschädigung

Der *Bürgermeister* erhält eine vom Rat festzusetzende *angemessene Aufwandsentschädigung.* Seinem Stellvertreter kann eine Aufwandsentschädigung gewährt werden. § 25 Absatz 3 findet entsprechende Anwendung.

1. VerwVO zu § 45 GO Runderlaß des Innenministers vom 5. 11. 1956 III A 1718/56 MinBl. S. 2160 –

Als Aufwandsentschädigung für den Bürgermeister halte ich für angemessen in Gemeinden:

bis zu		3 000	Einwohnern höchstens	1200	DM	jährlich
von	3 001–	5 000	Einwohnern höchstens	1800	DM	jährlich
von	5 001–	10 000	Einwohnern höchstens	2280	DM	jährlich
von	10 001–	25 000	Einwohnern höchstens	3000	DM	jährlich
von	25 001–	40 000	Einwohnern höchstens	3360	DM	jährlich

von	40 001– 60 000	Einwohnern	höchstens	4200 DM	jährlich
von	60 001–100 000	Einwohnern	höchstens	4800 DM	jährlich
von	100 001–250 000	Einwohnern	höchstens	5400 DM	jährlich
von	250 001–450 000	Einwohnern	höchstens	7800 DM	jährlich
über	450 000	Einwohner	höchstens	8280 DM	jährlich

Für die Ermittlung der Einwohnerzahlen ist § 8 der Verordnung über die Eingruppierung der mit Landesbeamten nicht gleichzubewertenden Beamten der Gemeinden und Gemeindeverbände im Lande Nordrhein-Westfalen vom 5. Juli 1956 (GV NW S. 185) entsprechend anzuwenden.

2. Falls der Rat der Gemeinde gemäß Satz 2 a. a. O. für den Stellvertreter des Bürgermeisters die Gewährung einer Aufwandsentschädigung beschließt, halte ich eine solche von einem Drittel der vorstehend für den Bürgermeister vorgesehenen Aufwandsentschädigung für angemessen. Ich vertrete jedoch die Auffassung, daß dem Stellvertreter des Bürgermeisters eine Aufwandsentschädigung nur in kreisfreien Städten *sowie kreisangehörigen Gemeinden* mit mehr als 40 000 Einwohnern zugebilligt werden sollte. Die Fassung des Satzes 2 a. a. O. schließt die Gewährung von Aufwandsentschädigungen an weitere Stellvertreter aus.
3. Bezieht der Bürgermeister oder sein Stellvertreter aus einer Tätigkeit, die er auf Vorschlag oder Veranlassung des Rats der Gemeinde im Vorstand, Aufsichtsrat, Verwaltungsrat oder in einem sonstigen Organ einer Gesellschaft, Genossenschaft oder eines in einer anderen Rechtsform betriebenen Unternehmens übernommen hat, eine Entschädigung, so wird diese auf die nach den vorstehenden Richtlinien vorgesehene Aufwandsentschädigung angerechnet. Nicht einbegriffen sollen jedoch die Vergütungen nach dieser Verwaltungsverordnung zu § 30 GO sein.

Zu § 45. § 8 der VO v. 5. 7. 1956 lautet: Für die Einreihung in die Besoldungsgruppen und die Bemessung der Aufwandsentschädigung ist die bei der letzten Volkszählung ermittelte, vom Statistischen Landesamt auf den 30. Juni des vorausgehenden Haushaltsjahres fortgeschriebene Zahl der Wohnbevölkerung maßgebend. Liegt diese Einwohnerzahl um mehr als 10 % unter dem Ergebnis der Volkszählung vom 17. 5. 1939, so ist letzteres zugrunde zu legen.

Der Finanzminister hat mit Erlaß vom 18. 3. 1953 – S. 2172 - 912/V B 2 – die Oberfinanzdirektionen in NRW angewiesen, Aufwandsentschädigungen, die sich im Rahmen der Richtlinien halten, ohne Nachprüfung im Einzelfall und ohne Eintragung in die Lohnsteuerkarte als steuerfrei zu belassen.

Während die rev. Gemeindeordnung in § 27 es der Hauptsatzung überließ, ob dem Bürgermeister „Gehalt und Aufwandsentschädigung in angemessener Höhe" gezahlt werden sollte, bestimmt jetzt das Gesetz, daß der „Bürgermeister eine angemessene Aufwandsentschädigung" erhält. Es wird also nur noch Aufwandsentschädigung, nicht Gehalt oder Ehrensold gewährt. Der Rat ist bei der Festsetzung an sich an die hierüber vom Ministerium des Innern zu erlassenden allgemeinen Richtlinien gebunden (§ 25 Abs. 3).

Die „Richtlinien" werden aber in der Praxis leider nicht immer beachtet. Da sie keine Mußvorschriften, sondern Sollvorschriften sind, wird oft über die Beträge hinausgegangen. Die Überschreitung kann nur bei der Beurteilung der Finanzgebahrung der Gemeinde bei Anträgen auf Zuschüsse aus dem Ausgleichsstock Bedeutung haben.

Die Aufwandsentschädigung ist kein Gehalt. Die Aufwandsentschädigung soll also nicht dazu dienen, dem Bürgermeister ein verschleiertes Gehalt zuzuweisen, sondern soll den entstehenden Aufwand decken. Eine Erhöhung der Bezüge der Beamten durch Teuerungszulagen oder ähnliche Maßnahmen (z. B. Weihnachtsbeihilfen) kann auf die Aufwandsentschädigung keine Anwendung finden.

§ 46 Planung der Verwaltungsaufgaben

(1) *Im Rahmen* der vom Rat festgelegten allgemeinen Richtlinien *entscheidet der Hauptausschuß über die Planung der Verwaltungsaufgaben von besonderer Bedeutung. Zu diesem Zweck hat der Gemeindedirektor den Hauptausschuß jeweils über solche Planungsvorhaben* zu unterrichten.

(2) Der *Bürgermeister* kann von dem Gemeinde*direktor jederzeit Auskunft über diese Gemeindeangelegenheiten verlangen.*

Zu § 46. Der Gemeindedirektor hat auf Verlangen dem Bürgermeister über Planung von Verwaltungsaufgaben, denen besondere Bedeutung beizumessen ist, Auskunft zu geben. Mit der Beteiligung des Hauptausschusses an der kommunalpolitischen Planung verfolgt der Gesetzgeber die Absicht, daß die Vorbereitung und Entwicklung größerer kommunalpolitischer Aufgaben, die verständlicherweise in der Regel der Initiative des Gemeindedirektors entspringen, von vornherein von den Vertretern der Bürgerschaft schon im Stadium der Entwicklung gebilligt und getragen werden. Was „Verwaltungsaufgaben von besonderer Bedeutung" sind, wird je nach der Größe der Gemeinden verschieden sein. In den allgemeinen Grundsätzen, nach denen die Verwaltung geführt werden soll, die der Rat nach § 28 Abs. 1a festlegen soll, wird das Nähere zu bestimmen sein.

§ 47 Aufgaben und Stellung des Gemeindedirektors

(1) Der Gemeindedirektor *bereitet die Beschlüsse des Rates vor. Er führt diese Beschlüsse und die Weisungen, welche die Landesregierung bei Pflichtaufgaben (§ 3 Absatz 2) erteilt, unter der Kontrolle des Rates und in Verantwortung ihm gegenüber durch.* Er *entscheidet* ferner in den Angelegenheiten, die ihm vom Rat oder von den Ausschüssen zur Entscheidung übertragen sind.

(2) Der Gemeindedirektor *hat den Bürgermeister über alle wichtigen Gemeindeangelegenheiten zu unterrichten.*

(3) Für die *Durchführung von Weisungen bei Aufgaben zur Sicherung der verfassungsmäßigen Ordnung, die als solche in der Weisung zu bezeichnen sind, ist der Gemeindedirektor zuständig und dienstordnungsrechtlich dem Innenminister verantwortlich.* In diesen Fällen kann der Innenminister die *Zuständigkeit und die Verantwortlichkeit auch anderweitig regeln.*

(4) Der *Gemeindedirektor* führt in kreisangehörigen Städten die Bezeichnung *Stadtdirektor,* in kreisfreien Städten *Oberstadtdirektor.*

Zweite Verwaltungsverordnung zu § 47

1. Nach § 47 Abs. 1 Satz 2 GO ist der *Gemeindedirektor* zur *Durchführung von Weisungen,* welche die Landesregierung bei Pflichtaufgaben im Sinne des § 3 Abs. 2 a. a. O. erteilt, verpflichtet. Hiernach kann er also an einer der Weisung entsprechenden Durchführung nicht durch einen anderweitigen Beschluß des Rates gehindert werden. Da Pflichtaufgaben gemeindliche Aufgaben sind, steht dem Rat anderseits auch insoweit das Kontrollrecht und das Recht zu, den Gemeindedirektor wegen Nichtdurchführung oder nicht entsprechender Durchführung einer ergangenen Weisung zur Verantwortung zu ziehen.
2. § 47 Abs. 3 GO enthält eine Änderung des Dienstordnungsgesetzes. Unter den in § 47 Abs. 3 Satz 1 GO angeführten Voraussetzungen nimmt der Innenminister in dienstordnungsrechtlicher Hinsicht die Befugnisse des Dienstvorgesetzten und der höheren Dienstbehörde im Sinne des § 78 des Dienstordnungsgesetzes wahr. Die §§ 79 bis 83 Abs. 1 des Dienstordnungsgesetzes finden keine Anwendung. Sofern der Innenminister die Zuständigkeit und die Verantwortlichkeit nach § 47 Abs. 3 Satz 2 GO auf einen anderen Gemeindebeamten überträgt, ist auch dieser dienstordnungsrechtlich dem Innenminister unmittelbar verantwortlich. (Anmerkung: Jetzt gelten die Bestimmungen der Disziplinarordnung vom 8. 12. 1953 – siehe auch § 54 GO).
3. *Soweit den Gemeinden bei Aufgaben zur Sicherung der verfassungsmäßigen Ordnung Weisungen oder Unterrichtungen zugehen, die von den zuständigen staatlichen Behörden als geheim bezeichnet worden sind, ist der Gemeindedirektor allen anderen Stellen gegenüber zur Geheimhaltung verpflichtet.*

Zu § 47. Der Gemeindedirektor ist nicht, wie vielfach angenommen wird, reiner Exekutivbeamter des Rates. Er hat nach der Urteilsbegründung in der Entscheidung des Verfassungsgerichtshofes NRW vom 21. 8. 1954 – AZ 3/53 – die Rechtsstellung eines eigenen Organs. Die Urteilsgründe besagen im Auszug: Zu den auf Grund von Artikel 78 LV von der Gemeinde selbst zu wählenden Gemeindeorganen gehört der Gemeindedirektor, weil er nach der in der Gemeindeordnung getroffenen gesetzlichen Regelung als ein Organ der Gemeinde anzusehen ist. – Die Organschaft bezieht sich nicht nur auf die Willensbildung durch die Legislative, sondern ebenso auf das Handeln der Exekutive. – Des weiteren ist zu unterscheiden zwischen mittelbaren und unmittelbaren Organen. – Im Sinne des Begriffs ist nach den Bestimmungen der jetzt geltenden Gemeindeordnung auch der Gemeindedirektor als Organ anzusehen. Sein Wollen und Handeln gilt auch in den von der Gemeindeordnung vorgeschriebenen, unten angeführten Fällen unmittelbar als Wollen und Handeln der Gemeinde. Zwar ist nach der gesetzlichen Regelung das hauptsächlichste Organ der Gemeinde der Rat. Aber neben ihm hat auch der Gemeindedirektor echte gesetzliche Organfunktionen. Er handelt auf Grund der Gesetzesvorschrift nach seinem Willen und führt seine Handlungen nach außen als eigene aus, auch soweit er intern an die Weisungen des Rates gebunden ist.

Die Organqualität entfällt nicht etwa deshalb, weil der Gemeindedirektor an Beschlüsse des Rates gebunden ist und diese weisungsgemäß auszuführen hat.

Folgende Handlungsbefugnisse des Gemeindedirektors, die ihm zu selbstverantwortlichen, eigenständigen Tätigkeit für die Gemeinde übertragen sind und ihn damit zum Organ machen, kommen nach der Gemeindeordnung hauptsächlich in Betracht:

1. Nach § 28 Abs. 3 GO Wahrnehmung der einfachen Geschäfte der Verwaltung,
2. nach § 39 Abs. 2 und 3 GO die Pflicht zur Beanstandung von Beschlüssen des Rats und der Ratsausschüsse,
3. nach § 47 Abs. 1 BO die Vorbereitung und Durchführung der Beschlüsse des Rates,
4. nach § 53 Abs. 1 GO Leitung der Geschäfte der Gemeindeverwaltung,
5. nach § 53 Abs. 2 GO Dienstvorgesetzter der Beamten, Angestellten und Arbeiter der Gemeinde,
6. nach § 54 Abs. 1 GO Anstellung, Beförderung und Entlassung der Angestellten und Arbeiter,
7. nach § 55 die gesetzliche Vertretungsmacht des Rates in Rechts- und Verwaltungsgeschäften, soweit der Rat nicht anders bestimmt,
8. die Durchführung der staatlichen Pflichtaufgaben nach § 3 GO gemäß § 47 Abs. 1 GO und die Aufgaben zur Sicherung der staatlichen Ordnung nach § 47 Abs. 3 GO.

Es genügt die Übertragung einer einzigen organschaftlichen Funktion auf den Gemeindedirektor, um ihn zum Organ der Gemeinde zu machen.

Jedenfalls ist die Fassung des Gesetzes so geworden, daß auch der Gemeindedirektor Organ ist, ein übrigens unvermeidbares Ergebnis, da es auch bei eindeutig betontem gegenteiligen Willen eben tatsächlich nicht möglich ist, einer Körperschaft von Dutzenden von Mitgliedern die alleinige Handlungsbefugnis zuzusprechen, weil das zur Handlungsunfähigkeit führt.

Neben den Geschäften der laufenden Verwaltung, die ihm nach § 28 Abs. 3 zur Ausführung im Namen des Rats übertragen sind, bereitet der Gemeindedirektor die Beschlüsse des Rats vor. Das wird in der Regel in Gestalt von Vorlagen geschehen. Initiativvorlagen von Fraktionen oder Gruppen des Rats oder einzelner Ratsmitglieder werden hierdurch nicht ausgeschlossen. Dem Gemeindedirektor obliegt auch die Ausführung der Ratsbeschlüsse und der Beschlüsse der Ratsausschüsse mit Entscheidungsbefugnis. Zu diesem Zweck muß der Bürgermeister die Ratsbeschlüsse dem Gemeindedirektor zuleiten (§ 38 Abs. 1).

Bei den Amtshandlungen untersteht der Gemeindedirektor, mit Ausnahme der Aufgaben zu § 47 Abs. 3, der Kontrolle des Rats nach § 40. Der Gemeindedirektor hat dem Bürgermeister gegenüber ferner eine besondere Informationspflicht bei „wichtigen" Gemeindeangelegenheiten.

Die rev. GO sprach von Hauptgemeindebeamten, von Hauptverwaltungsbeamten. Diese Begriffe kennt die neue Gemeindeordnung nicht mehr. Es gibt in den Gemeinden den Gemeindedirektor, in Städten den Stadtdirektor und in kreisfreien Städten einen Oberstadtdirektor. In der Praxis, auch in der Gesetzgebung wird das Wort „Hauptgemeindebeamter" als Sammelbegriff für alle Arten von Direktoren noch angewandt, z. B. in der Disziplinarordnung.

Weitere Zuständigkeiten in den kreisfreien Städten und Landkreisen

Erfassungsbehörde im Sinne des § 15 Abs. 3 Satz 2 des Wehrpflichtgesetzes ist die Verwaltungsbehörde i. S. des § 73 und 66 d. Ges. über Ordnungswidrigkeiten.

Musterungsausschuß. Beisitzer im Musterungsausschuß ist der Hauptverwaltungsbeamte oder ein Beauftragter des Hauptverwaltungsbeamten des Landkreises oder der kreisfreien Stadt, in deren Bezirk die Musterung stattfindet (VO zur Ausführung des Wehrpflichtgesetzes v. 11. 9. 1956 – GV NW S. 269).

Das Schulamt als untere Schulaufsichtsbehörde für die Volksschulen, § 18 des Schulverwaltungsgesetzes vom 3. 6. 1958 (GV NW S. 241):

(1) in den kreisfreien Städten und in den Landkreisen werden für die Schulaufsicht über die Volksschulen Schulämter errichtet. Die Zuständigkeit der städtischen Organe zur Wahrnehmung der Aufgaben der kreisfreien Städte als Schulträger für die Volksschulen bleibt unberührt.

(2) Das Schulamt der kreisfreien Städte besteht aus dem Oberstadtdirektor und dem Schulrat. Das Schulamt im Landkreis besteht aus dem Oberkreisdirektor und dem Schulrat.

(5) ...... Die Besetzung von Schulratsstellen erfolgt nach Anhörung der beteiligten Landkreise oder kreisfreien Städte.

(6) Die Personalausgaben für den Schulrat trägt außer im Falle des § 19 Abs. 1 das Land. Die übrigen Kosten der Schulämter tragen die kreisfreien Städte und die Landkreise.

§ 19. (1) Mit der Wahrnehmung der Aufgaben des Schulrats als Mitglied des Schulamtes können schulfachlich vorgebildete Beamte der Gemeinden und Gemeindeverbände beauftragt werden.

§ 48 Teilnahme an Sitzungen

(1) Der *Gemeindedirektor und die Beigeordneten nehmen an den Sitzungen des Rates teil.* Der *Gemeindedirektor ist berechtigt und auf Verlangen von einem Fünftel der Ratsmitglieder verpflichtet, seine Ansicht zu einem Punkt der Tagesordnung vor dem Rat darzulegen.* Auch *Beigeordnete* sind hierzu verpflichtet, falls es der Rat oder der Gemeindedirektor verlangt.

(2) Der *Gemeindedirektor ist berechtigt und auf Verlangen eines Ausschusses verpflichtet, an den Sitzungen der Ausschüsse teilzunehmen.* Im übrigen bestimmt die *Hauptsatzung,* welche weiteren Beamten oder Angestellten zur Teilnahme verpflichtet sind.

Erste Verwaltungsverordnung zu § 48

Nach § 48 Abs. 1 Satz 2 ist nur der Gemeindedirektor auf Verlangen von einem Fünftel der Ratsmitglieder verpflichtet, seine Ansicht zu einem Punkt der Tagesordnung vor dem Rat darzulegen. Die Beigeordneten sind hierzu nach Satz 3 a. a. O. nur verpflichtet, falls es die Mehrheit des Rates oder der Gemeindedirektor verlangt. Im übrigen geht aus der Fassung des Abs. 1 a. a. O. hervor, daß die Beigeordneten zur Darlegung ihrer Ansicht nur berechtigt sind, soweit der Gemeindedirektor zustimmt.

Zu § 48. Gemeindedirektoren, Beigeordnete und andere Sitzungsteilnehmer sind wohl der Leitungs- und Ordnungsgewalt und den geschäftsführenden Anordnungen des Ratsvorsitzenden unterworfen, sie fallen aber nicht unter die Bestimmungen der GeschO. Ihnen kann kein förmlicher Sach- oder Ordnungsruf erteilt werden, es können gegen sie auch keine sonstigen Ordnungsmaßnahmen (Ausschluß von der Sitzung oder Wortentzug) angewandt werden.

Nach § 38 GO ist der Gemeindedirektor berechtigt, für einzelne Angelegenheiten den Ausschluß der Öffentlichkeit in Ratssitzungen „vorzuschlagen".

§ 49 Wahl des Gemeindedirektors und der Beigeordneten

(1) Der *Gemeindedirektor* und *die Beigeordneten,* deren *Zahl durch die Hauptsatzung* festgelegt wird, werden *vom Rat gewählt.* Soweit sie *hauptamtlich tätig* sind, müssen sie die *für ihr Amt erforderlichen fachlichen Voraussetzungen erfüllen und eine ausreichende Erfahrung für dieses Amt nachweisen. In kreisfreien Städten* muß der *Gemeindedirektor oder ein Beigeordneter die Befähigung zum Richteramt oder zum höheren Verwaltungsdienst besitzen.* Die *Stellen* hauptamtlicher Gemeindedirektoren und Beigeordneter sind *auszuschreiben,* bei Wiederwahl kann hiervon abgesehen werden. *Auf die Wahlen findet im Falle der Stimmengleichheit die Bestimmung des § 32 Absatz 2 entsprechende Anwendung.*

(2) *Hauptamtliche Gemeindedirektoren und Beigeordnete werden auf zwölf Jahre,* ehrenamtliche Gemeindedirektoren und Beigeordnete auf die Dauer der Wahlzeit des Rates gewählt. Hauptamtliche Gemeindedirektoren und Beigeordnete sind *verpflichtet, eine erste Wiederwahl anzunehmen.* Lehnt ein hauptamtlicher Gemeindedirektor oder Beigeordneter die Weiterführung des Amtes nach Ablauf der ersten Amtszeit ohne *wichtigen Grund* ab, so verliert er den Anspruch auf sein Ruhegehalt. Ob ein wichtiger Grund vorliegt, entscheidet der Rat. Ein wichtiger Grund liegt vor, wenn die *Anstellungsbedingungen gegenüber denen der ersten Amtszeit verschlechtert werden.* Ehrenamtliche Gemeindedirektoren und Beigeordnete bleiben nach Ablauf der Wahlzeit bis zum Amtsantritt ihrer Nachfolger im Amt.

(3) Der *Gemeindedirektor und die Beigeordneten werden vom Bürgermeister vor ihrem Amtsantritt* in einer Sitzung des Rates *vereidigt* und in ihr Amt eingeführt.

Erste Verwaltungsverordnung zu § 49

1. Die Bestellung von Beigeordneten wird im allgemeinen nur in größeren Gemeinden erforderlich sein. Wenn die Hauptsatzung keine Bestimmung über die Zahl der Beigeordneten enthält, ist die Bestellung von Beigeordneten unzulässig. Das gleiche gilt für die Bestellung über die in der Hauptsatzung festgelegte Zahl hinaus.
2. Es gibt Gemeinden, in denen der hauptamtliche Gemeindedirektor und die hauptamtlichen Beigeordneten nicht die in Satz 2 und 3 a. a. O. vorgeschriebene Qualifikation aufweisen. Obwohl das Erfordernis dieser Qualifikation zwingend vorgeschrieben ist, wird ihr in den erwähnten Fällen erst bei einem Freiwerden entsprechender Stellen Rechnung getragen werden können.

Wenn die Hauptsatzung keine Bestimmung über die Zahl der Beigeordneten enthält, ist die Bestellung von Beigeordneten unzulässig. Gleiches gilt auch für die Bestellung von Beigeordneten über die in der Hauptsatzung festgelegte Zahl hinaus. (Band 1 ber. Min. Bl. Nr. 2020.)

Zu § 49. Die neue Gemeindeordnung kehrt zu dem Begriff des „Beigeordneten" der rheinischen Städteordnung zurück. Der Beigeordnete kann ehrenamtlich oder hauptamtlich tätig sein. Das und die Zahl der Beigeordneten regelt die Hauptsatzung. Das Wort „Beigeordneter" ist als Amtsbezeichnung zu betrachten, als Ausnahme gilt der „Stadtkämmerer", der in kreisfreien Städten als Beigeordneter bestellt werden muß (§ 51 Abs. 2). Die Bestellung von Beigeordneten ist in das Belieben des Rats gestellt. Es genügt auch die Bestellung eines allgemeinen Vertreters (§ 51 Abs. 2).

Gemeindedirektoren und hauptamtliche Beigeordnete „müssen" die „fachlichen Voraussetzungen" erfüllen und „ausreichende Erfahrung" für das Amt „nachweisen". Die Erfüllung dieser Bedingungen ist zwingende Vorschrift. In der Regel wird diese Bedingung nur der Berufsbeamte erfüllen. Der Gesetzgeber will durch diese Vorschrift eine fachliche, sachkundige Erledigung der Verwaltungsgeschäfte sichern.

Ratsbeschlüsse, durch die in Verletzung der beamtenrechtlichen Vorschriften des Landes und der Vorschriften der Gemeindeordnung ungeeignete Gemeindedirektoren gewählt werden (z. B. Handelsvertreter zu Beigeordneten f. d. Schulwesen, Kaufleute zu Beigeordneten für die Stadtwerke und Straßenbahnen) sind gesetzwidrig. Die Auswahl hat nach einer den objektiven Merkmalen der persönlichen und fachlichen Eignung ausgerichteten Personalauslese, dem entscheidenden Merkmal des Berufsbeamtums, zu geschehen. Solche Beschlüsse können von der Aufsichtsbehörde aufgehoben werden. Das gleiche gilt von Ratsbeschlüssen, durch die die vorgenannten Bestimmungen umgangen werden (Urteil des OVG Münster v. 27. 1. 1954 – III A 833/53 und Urteil des BundesverwGerichts vom 18. 11. 1955 – BVerwG II C 180/54 – Solinger Urteil).

Bei Vakanzen besteht Ausschreibungspflicht. Bei Stimmengleichheit im Wahlgang finden die Sondervorschriften über die Wahl des Bürgermeisters (§ 32 Abs. 2) auch auf die Wahl der Gemeindedirektoren und ehrenamtlichen und hauptamtlichen Beigeordneten Anwendung.

Die Wahlzeit der hauptamtlichen Gemeindedirektoren und hauptamtlichen Beigeordneten beträgt 12 Jahre. Das Amt des Gemeindedirektors und der Beigeordneten kann nicht von einem Angestellten oder einem Widerrufsbeamten geführt werden. Unvereinbar mit dem Zeitbeamtenverhältnis ist die Einbeziehung oder Voranstellung einer Probezeit (Runderlaß des Innenministers v. 9. 3. 1953 – III A 429/53). In kreisfreien Städten, Landkreisen und kreisangehörigen Gemeinden und Ämtern mit mehr als 50 000 Einwohnern und in gemeindlichen Zweckverbänden können durch Satzung (Genehmigung durch den Regierungspräsidenten) Beamte des höheren Dienstes in leitender Stellung des Bau-Gesundheitswesens der Versorgungs- und Verkehrsbetriebe, für Leiter von kulturellen Einrichtungen, Verwaltungs- und Sparkassenschulen als Zeitbeamte auf 12 Jahre angestellt werden. Das gilt auch für Landkreise mit mehr als 100 000 Einwohnern für einen Beamten des höheren nichttechnischen Verwaltungsdienstes. – Gilt ab 1. 1. 1961. – VO v. 28. 11. 1960 GV NW S. 433. Die GO NW kennt auch keine vorzeitige Abberufung oder eine Entziehung des Vertrauens. Ein Eingriff in das Zeitbeamtenverhältnis – Suspendierung, Amtsentzug – kann nur im Wege des Disziplinarverfahrens geschehen (siehe Anm. zu § 54). Bei Zeitbeamten gilt auch die Altersgrenze, das 65. Lebensjahr (§ 50 LBG). Die Weiterführung des Amtes im Ehrenbeamtenverhältnis ist verboten (§ 185 LBG).

Ein zum hauptamtlichen Gemeindedirektor oder Beigeordneten gewählter Bewerber hat dann einen Rechtsanspruch auf Ernennung, wenn ihm die Wahl durch den Gemeindedirektor mitgeteilt worden ist, er die Wahl angenommen hat und keine wirksame Beanstandung der Wahl vorliegt (Urteil des OVG v. 20. 3. 1958 VIII A 761/57).

Ehrenamtlich tätigen Gemeindedirektoren ist eine Urkunde über die Berufung in das Beamtenverhältnis als Ehrenbeamter auszuhändigen (§ 7 LBG). Sie „können" nach Vollendung des 65. Lebensjahres verabschiedet werden. Sie sind zu verabschieden, wenn sie dienstunfähig i. S. des LBG sind. Ehrenamtliche Beigeordnete werden auf die Wahldauer des Rates gewählt.

Gemeindedirektoren und Beigeordnete bedürfen keiner Bestätigung durch die Aufsichtsbehörde. Über die Befähigung zum höheren Verwaltungsdienst siehe § 27 LBG.

Verordnung über die Eingruppierung der mit Landesbeamten nicht gleichzubewertenden Beamten der Gemeinden und Gemeindeverbände im Lande Nordrhein-Westfalen v. 5. 7. 1956 GV NW S. 185 mit Änderungen der VO v. 30. 6. 1960 GV NW S. 203

(Auszug)

Erster Abschnitt

PERSÖNLICHER GELTUNGSBEREICH

§ 1

Für die Eingruppierung der in dieser Verordnung aufgeführten, mit Landesbeamten nicht gleichzubewertenden Beamten der Gemeinden und Gemeindeverbände gelten die folgenden Richtlinien.

Zweiter Abschnitt

LEITENDE BEAMTE DER GEMEINDEN, ÄMTER UND LANDKREISE

A. Eingruppierung

§ 2

Es dürfen eingruppiert werden:

1. Gemeinde- und Amtsdirektoren
   in Gemeinden oder Ämtern mit einer Einwohnerzahl

bis	3 000			in Besoldungsgruppe A 10 / A 11
von	3 001	–	5 000	in Besoldungsgruppe A 11 / A 12
von	5 001	–	10 000	in Besoldungsgruppe A 12 / A 13
von	10 001	–	20 000	in Besoldungsgruppe A 13 / A 14
von	20 001	–	40 000	in Besoldungsgruppe A 15 / A 16
von	40 001	–	60 000	in Besoldungsgruppe B 2 / B 3
von	60 001	–	100 000	in Besoldungsgruppe B 3 / B 4
von	100 001	–	250 000	in Besoldungsgruppe B 4 / B 5
von	250 001	–	450 000	in Besoldungsgruppe B 6 / B 7
von über	450 000			in Besoldungsgruppe B 8 / B 9

2. Erste Beigeordnete als allgemeine Vertreter
in Gemeinden oder Ämtern mit einer Einwohnerzahl

bis	10 000		in Besoldungsgruppe A 11
von	10 001	– 20 000	in Besoldungsgruppe A 13
von	20 001	– 40 000	in Besoldungsgruppe A 14
von	40 001	– 60 000	in Besoldungsgruppe A 15 / A 16
von	60 001	– 100 000	in Besoldungsgruppe A 16 / B 2
von	100 001	– 250 000	in Besoldungsgruppe B 2 / B 3
von	250 001	– 450 000	in Besoldungsgruppe B 3 / B 4
von über	450 000		in Besoldungsgruppe B 5

3. Sonstige Beigeordnete
in Gemeinden oder Ämtern mit einer Einwohnerzahl

von 10 001 bis 20 000 in Besoldungsgruppe A 11,

von über 20 000 jeweils eine Gruppe unter der des Ersten Beigeordneten (Nr. 2). Die Eingruppierung des Kämmerers kann in Gemeinden und Ämtern mit mehr als 60 000 Einwohnern der des Ersten Beigeordneten angeglichen werden.

§ 4

(1) Die Einweisung in die Höchstgruppe soll im allgemeinen auf Fälle beschränkt bleiben, in denen die Gemeinde, das Amt oder der Landkreis der oberen Grenze der Größengruppe nahesteht.

(2) Die in §§ 2 und 3 genannten Beamten können im Falle ihrer Wiederberufung nach zwölfjähriger Amtszeit für ihre Person die Bezüge der nächsthöheren für Beamte der allgemeinen Verwaltung in Frage kommenden Besoldungsgruppe erhalten. Sind diese Beamten nach früherem Recht auf Lebenszeit gewählt worden, so gilt das gleiche, wenn nach 12jähriger Amtstätigkeit ihr Beamtenverhältnis auf Lebenszeit auf Antrag beendet wird und sie in demselben Amt auf Zeit wiedergewählt werden.

B. Aufwandsentschädigungen

§ 5

(1) Hauptamtliche Gemeindedirektoren erhalten eine Aufwandsentschädigung, die in Gemeinden mit einer Einwohnerzahl

bis	3 000		65,– DM monatlich
von	3 001	– 5 000	80,– DM monatlich
von	5 001	– 10 000	110,– DM monatlich
von	10 001	– 20 000	170,– DM monatlich
von	20 001	– 40 000	250,– DM monatlich
von	40 001	– 60 000	270,– DM monatlich
von	60 001	– 100 000	290,– DM monatlich
von	100 001	– 250 000	340,– DM monatlich
von	250 001	– 450 000	390,– DM monatlich
von über	450 000		430,– DM monatlich

nicht übersteigen darf.

(2) Für Amtsdirektoren gilt Absatz 1 entsprechend.

§ 6

Dem Ersten Beigeordneten kann eine Aufwandsentschädigung bis zu 50 v. H., den Beigeordneten in Gemeinden über 100 000 Einwohnern bis zu 25 v. H. der jeweiligen Sätze in § 5 gewährt werden.

C. *Maßgebende Bevölkerungszahl*

§ 8

Für die Einreihung in die Besoldungsgruppen und die Bemessung der Aufwandsentschädigung ist die bei der letzten Volkszählung ermittelte, vom statistischen Landesamt auf den 30. Juni des vorausgehenden Haushaltsjahres fortgeschriebene Zahl der Wohnbevölkerung maßgebend. Liegt diese Einwohnerzahl um mehr als 10 v. H. unter dem Ergebnis der Volkszählung vom 17. Mai 1939, so ist letzteres zugrunde zu legen.

Versieht ein hauptamtlicher Amtsdirektor gleichzeitig das Amt eines hauptamtlichen Gemeindedirektors einer amtsfreien Gemeinde, so ist von der Summe der Einwohnerzahlen der beteiligten Gebietskörperschaften auszugehen. Entsprechend ist zu verfahren, wenn ein hauptamtlicher Gemeindedirektor gleichzeitig das Amt eines Gemeindedirektor einer amtfreien anderen Gemeinde innehat.

Siebenter Abschnitt

Allgemeine und Schlußvorschriften

§ 20

(1) Die in dieser Verordnung jeweils zugelassenen Besoldungsgruppen dürfen ohne Genehmigung nicht überschritten werden.

(2) Der Regierungspräsident darf in Ausnahmefällen Eingruppierungen in die nächsthöhere für Beamte der allgemeinen Verwaltung in Frage kommende Besoldungsgruppe genehmigen. Darüber hinausgehende Eingruppierungen bedürfen der Genehmigung des Innenministers.

(3) Die Ausnahmegenehmigungen sind auf Einzelfälle zu beschränken. Sie kommen im allgemeinen nur in Betracht,

a) wenn die Entwicklung in Gemeinden oder Gemeindeverbänden zwangsläufig zu einer wesentlichen Ausweitung der Aufgaben und des Umfangs der Verwaltung oder der Betriebe und Einrichtungen geführt hat, so daß eine Eingruppierung auf der Grundlage dieser Verordnung eine augenfällige Härte bedeutet,
b) bei Gemeinden und Gemeindeverbänden, denen aus ihrer Lage an der Bundesgrenze besonders bedeutsame Aufgaben erwachsen sind, und
c) bei Gemeinden, denen als Verwaltungsmittelpunkt oder aus ähnlichen Gründen eine weit über den Rahmen sonstiger vergleichbarer Gemeinden hinausgehende Bedeutung zukommt.

(4) Die Absätze 1 bis 3 gelten für die Aufwandsentschädigung entsprechend.

§ 21

(1) Aufwandsentschädigungen nach dieser Verordnung sind an die Stelle gebunden und nicht ruhegehaltfähig.

(2) Den in den §§ 5 bis 7, 10, 13, 14 und 18 nicht genannten, in dieser Verordnung aufgeführten Beamten darf eine Aufwandsentschädigung nicht gewährt werden.

Absatz 4 bleibt unberührt.

(3) Die Aufwandsentschädigung entfällt

a) in Höhe von 66²/₃ v. H. wenn der Beamte ununterbrochen länger als sechs Monate seine Dienstaufgaben nicht wahrnimmt, für die über sechs Monate hinausgehende Zeit,

b) in voller Höhe bei einem Verbot der Führung der Dienstgeschäfte oder bei vorläufiger Dienstenthebung mit Ablauf des Monats, in dem dem Beamten das Verbot der Führung der Dienstgeschäfte oder die vorläufige Dienstgeschäfte mitgeteilt wird.

(4) Beamten, denen vertretungsweise die Verwaltung eines mit einer Aufwandsentschädigung ausgestatteten Amtes übertragen wird, kann eine Aufwandsentschädigung gewährt werden, wenn die Amtsstelle frei ist oder der Stelleninhaber aus den in Absatz 3 genannten Gründen eine Aufwandsentschädigung nicht oder nicht in voller Höhe erhält. Die Aufwandsentschädigung darf, wenn der Stelleninhaber nach Abs. 3 Buchst. a 33¹/₃ v. H. der Aufwandsentschädigung weiter erhält, nur bis zur Höhe von 66²/₃ v. H., in den übrigen Fällen bis zur vollen Höhe der für das Amt vorgesehenen Aufwandsentschädigung gewährt werden. Erhält der Beamte, dem vertretungsweise die Verwaltung eines mit einer Aufwandsentschädigung ausgestatteten Amtes übertragen wird, bereits eine Aufwandsentschädigung, so darf die Aufwandsentschädigung insgesamt die nach Satz 2 zulässige Höchstgrenze nicht übersteigen.

§ 22

(1) Diese Verordnung tritt mit Wirkung vom 1. Juni 1954, hinsichtlich der Aufwandsentschädigungen mit Wirkung vom 1. April 1956 in Kraft.

(2) Diejenigen Beamten, die am 1. Juni 1954 in zulässiger Weise höher als nach dieser Verordnung vorgesehen eingruppiert waren, behalten die Bezüge für ihre Person auch bei Wiederwahl in dasselbe Amt. Das gleiche gilt für die zwischen dem 1. Juni 1954 und dem Tag der Verkündung dieser Verordnung gewählten Oberkreisdirektoren, deren Stelle am 1. Juni 1954 höher als nach dieser Verordnung vorgesehen eingruppiert war.

Die Versorgung der hauptamtlichen Bürgermeister und Beigeordneten und der sonstigen Beamten auf Zeit ist günstiger als die der Lebenszeitbeamten. Nach § 125 LBG ist die ruhegehaltsfähige Dienstzeit für diese Gruppe zunächst nach den allgemeinen Vorschriften des § 125 Abs. 1 zu berechnen. Sie erhalten aber nach Abs. 2 nach 12- und mehrjähriger Amtszeit mindestens 62 v. H., nach 24jähriger Amtszeit 75 % ihrer ruhegehaltsfähigen Bezüge.

§ 50 Gründe der Ausschließung vom Amt

Gemeindedirektoren und Beigeordnete dürfen miteinander nicht verehelicht oder bis zum dritten Grade verwandt oder bis zum zweiten Grade verschwägert sein. Dasselbe gilt *auch* für *Beigeordnete untereinander*. Entsteht die Ehe oder Schwägerschaft im Laufe der Amtszeit, so hat einer der Beteiligten auszuscheiden. Ist einer der Beteiligten hauptamtlicher Gemeindedirektor, so scheidet der andere aus. Ist einer der Beteiligten hauptamtlich, der andere ehrenamtlich tätig, so scheidet dieser aus. Im übrigen scheidet, wenn sich die Beteiligten nicht einigen, der an Lebensalter jüngere aus. Die Aufsichtsbehörde kann Ausnahmen zulassen.

Erste Verwaltungsverordnung zu § 50

§ 50 spricht in Satz 3 ff. von Fällen, in denen beteiligte Beamte aus ihrer Stellung auszuscheiden haben. Die Ausscheidung solcher Beamten aus ihrer Stellung ist keine solche im Sinne des Beamtenrechts.

Zu § 50. Durch Art. III des Gesetzes zur Änderung des Gesetzes über die Gemeindewahlen im Lande Nordrhein-Westfalen (Gemeindewahlgesetz) sowie einiger Bestimmungen des kommunalen Verfassungsrechts ist der frühere Absatz 1 des § 50 (Ausschluß von Dienstkräften der Gemeinde usw.) gestrichen. Nähere Bestimmungen hierüber enthält jetzt das Kommunalwahlgesetz.

§ 51 Vertretung im Amt

(1) *Der Rat* bestellt *einen Beigeordneten zum allgemeinen Vertreter des Gemeindedirektors.* Die *übrigen Beigeordneten* sind zur allgemeinen Vertretung des Gemeindedirektors nur berufen, wenn der zur allgemeinen Vertretung bestellte Beigeordnete verhindert ist. *Die Reihenfolge bestimmt der Rat.* Ist ein Beigeordneter nicht vorhanden, so bestellt der Rat den allgemeinen Vertreter.

(2) *Die Beigeordneten vertreten den Gemeindedirektor in ihrem Arbeitsgebiet. Der Gemeindedirektor kann die Bearbeitung einzelner Angelegenheiten selbst übernehmen. In kreisfreien Städten muß ein Beigeordneter als Stadtkämmerer bestellt werden.*

(3) Der Gemeindedirektor kann *andere Beamte und Angestellte* mit der *auftragsweisen Erledigung* bestimmter Angelegenheiten betrauen. Er kann diese Befugnis auf Beigeordnete für deren Arbeitsgebiet übertragen.

Zu § 51. Wie in der rev. GO (§ 34 III) ist die Pflicht zur Anstellung eines Kämmerers auf kreisfreie Städte beschränkt. Er muß Beigeordneteneigenschaft haben. Die Beigeordneten zeichnen: „In Vertretung" des Gemeindedirektors, andere Beamte oder Angestellte: „Im Auftrage".

Der Gemeindedirektor ist der dem Rat allein verantwortliche Verwaltungsleiter. Die Beigeordneten sind ihm unterstellt. Daran ändert auch die Tatsache nichts, daß der Rat den allgemeinen Stellvertreter des Gemeindedirektors, die Reihenfolge der allgemeinen Vertretung (§ 51 Abs. 1) bestimmt und der Rat in die Verteilung der Geschäfte durch Festlegung der Geschäftskreise der Beigeordneten eingreifen „kann" (§ 51), was er nur in besonderen Ausnahmefällen tun sollte.

§ 52 Beratung mit den Beigeordneten

Der *Gemeindedirektor ist verpflichtet,* zur Erhaltung der *Einheitlichkeit der Verwaltungsführung regelmäßig gemeinsame Beratungen mit den Beigeordneten abzuhalten. Bei Meinungsverschiedenheiten entscheidet der Gemeindedirektor. Die Beigeordneten sind berechtigt, ihre abweichenden Meinungen in Angelegenheiten ihres Geschäftsbereichs dem Hauptausschuß vorzutragen.*

Zu § 52. Das Gesetz legt dem Gemeindedirektor die Verpflichtung zur regelmäßigen Abhaltung von Beigeordnetenkonferenzen auf und macht damit eine Übung, die früher bereits in den rheinischen Großstädten mit Bürgermeistersverfassung bestand, zur gesetzlichen Vorschrift.

Grundsätzlich hat der Gemeindedirektor darüber zu bestimmen, wie die Verwaltung geführt werden soll. Die Beigeordneten können aber bei abweichender Auffassung Angelegenheiten ihres Geschäftsbereichs dem Hauptausschuß vortragen.

Der Rat einer Gemeinde ist nicht befugt, anstelle des Gemeindedirektors Beamte innerhalb der Gemeinde zu versetzen oder ihnen einen bestimmten Geschäftskreis zuzuweisen (Ausnahme von der Allzuständigkeit des Rates). In dieser Beziehung gelten § 28 Abs. 2 oder Abs. 3 nicht als lex spezialis. Der Gemeindedirektor hat die volle alleinige Verantwortung für das Funktionieren und die Einheitlichkeit der Verwaltung. Sten. Berichte des Landtags 2. WP S. 1804, 1808, 2231 – (Erlaß des Innenministers v. 23. I. 1956 III A 51/56).

§ 53 Geschäftsverteilung und Dienstaufsicht

(1) *Der Gemeindedirektor leitet und verteilt die Geschäfte. Der Rat kann den Geschäftskreis der Beigeordneten festlegen.*

(2) Der *Rat* ist *Dienstvorgesetzter des Gemeindedirektors; dieser ist Dienstvorgesetzter der Beamten, Angestellten und Arbeiter.*

Zu § 53. Das Dienstvorgesetztenverhältnis des Rats gegenüber dem Gemeindedirektor ist kein Subordinationsverhältnis (Unterordnungsverhältnis) wie bei den übrigen Beamten (§ 66 LBG).

§ 54 Beamte, Angestellte und Arbeiter

(1) Die *Beamten, Angestellten und Arbeiter der Gemeinde müssen die für ihren Arbeitsbereich erforderlichen fachlichen Voraussetzungen erfüllen, insbesondere die Ablegung der vorgeschriebenen Prüfungen nachweisen. Die Beamten der Gemeinde werden* auf Grund *eines Ratsbeschlusses ernannt, befördert und entlassen.* Die *Angestellten und Arbeiter* werden *vom Gemeindedirektor* angestellt, befördert und entlassen. Die *Hauptsatzung kann eine andere Regelung treffen. Bei der Anstellung ist der Stellenplan einzuhalten.*

(2) Die nach geltendem Recht *auszustellenden Urkunden für Beamte bedürfen der Unterzeichnung durch den Bürgermeister oder seinen Stellvertreter und durch ein weiteres Ratsmitglied. Anstellungsverträge* und sonstige schriftliche Erklärungen zur Regelung der Rechtsverhältnisse von *Angestellten und Arbeitern* bedürfen der Unterzeichnung durch den *Gemeindedirektor* oder seinen Stellvertreter *und einen weiteren vertretungsberechtigten Beamten oder Angestellten.* Die *Hauptsatzung* kann eine andere Regelung treffen.

Erste Verwaltungsverordnung zu § 54

§ 54 Abs. 1 Satz 4 bezieht sich auch auf Satz 2 a. a. O. Desgleichen bezieht sich Abs. 2 Satz 3 auch auf Satz 1 a. a. O.

Zweite Verwaltungsverordnung zu § 54

Da der Stellvertreter des Bürgermeisters immer Ratsmitglied und der Stellvertreter des Gemeindedirektors immer vertretungsberechtigter Beamter oder

Angestellter ist, ist unzweifelhaft, daß die dort genannten Schriftstücke auch vom Bürgermeister und seinem Stellvertreter bzw. vom Gemeindedirektor und seinem Stellvertreter unterzeichnet werden dürfen. Das gleiche trifft auf § 56 Abs. 1 und 2 zu.

Zu § 54. Noch stärker als in § 49 Abs. 1 wird bei den Beamten, Angestellten und Arbeitern vom Gesetzgeber verlangt, daß diese die erforderlichen fachlichen Voraussetzungen erfüllen und die vorgeschriebenen Prüfungen nachweisen müssen. Das zu § 49 Gesagte gilt entsprechend.

Die Anstellung der Beamten, ihre Beförderung und Entlassung geschieht durch Beschluß des Rates.

Dem Gemeindedirektor obliegt die Anstellung bzw. Einstellung, Beförderung und Entlassung der Angestellten und Arbeiter.

Die Hauptsatzung kann eine andere Regelung treffen.

Rat und Gemeindedirektor sind hinsichtlich der Anstellung und Beförderung an den Stellenplan gebunden (§ 7 GemHVO).

Für die Gemeindebeamten enthält die GO nur in § 28 Abs. 1 f den Hinweis, daß ihre Rechtsverhältnisse durch das *allgemeine Beamtenrecht* geregelt werden. Für sie gilt das Landesbeamtenrecht, das im *Landesbeamtengesetz vom 15. Juni 1954* GV NW S. 237 gegeben ist. Diese Regelung ist kein Eingriff in die Personalhoheit der Gemeinden. Es verstößt die Beamtengesetzgebung des Landes nicht gegen den durch Art. 28 GG geschützten Wesensgehalt der Selbstverwaltung, wenn der Staat sich Rechtsentscheidungen über Angelegenheiten der Kommunalbeamten in gewissem Umfang vorbehält. Unter Beachtung dieser landesrechtlichen Vorschriften haben die Gemeinden das Recht, die Gemeindebeamten auszuwählen, anzustellen, zu befördern und zu entlassen (Beschl. d. BuVerfGer. v. 29. 4. 1958 – 2 BvL 25/56) und Urteil des VerfGer. NW v. 7. 1. 1956 VGH 6/55).

Erst wenn der Ratsbeschluß über eine Beamtenernennung in einer formgerechten Urkunde niedergelegt und die Urkunde dem Beamten übergeben ist, ist die Ernennung zum Beamten perfekt. Das besagt auch § 54 Abs. 1 Anstellung usw. „auf Grund" eines Ratsbeschlusses, nicht „durch" einen Ratsbeschluß (Urteil LVG Gelsenkirchen vom 3. 5. 1957 – 1 K 228/56).

Die *Laufbahnrichtlinien* sind zu beachten. Es gilt die Verordnung über die Laufbahnen der Beamten im Lande Nordrhein-Westfalen (Laufbahnverordnung) v. 3. 6. 1958 GV NW S. 269, die am 1. Juli 1959 in Kraft getreten ist, auch für die Beamten der Gemeinden und Gemeindeverbände. Ein Laufbahnwechsel ist nur zulässig, wenn der Beamte die Befähigung für die neue Laufbahn besitzt. In der VO sind die Bestimmungen für den einfachen, mittleren, gehobenen und höheren Dienst gegeben. Besondere Vorschriften für die Beamten der Gemeinden und Gemeindeverbände siehe a. a. O., §§ 40–49. Die VO regelt auch, wie die Aufstiegsbeamten zu behandeln sind. Sie haben in der Aufstiegsstelle eine Einführungszeit von mindestens zwei Jahren durchzumachen und eine Aufstiegsprüfung abzulegen.

Die Befugnisse der Personalvertretungen

Personalvertretungsgesetz für das Land Nordrhein-Westfalen (Landespersonalvertretungsgesetz) v. 28 Mai 1958 GV NW S. 209.

Vorschriften über die Beteiligung des Personalrats:

Dienststelle und Personalrat haben darüber zu wachen, daß alle in der Dienststelle tätigen Personen nach Recht und Billigkeit behandelt werden (§ 55).

Personalsachen sind an sich nur zwischen dem Leiter der Dienststelle (Gemeindeleiter = Hauptgemeindebeamter) zu erörtern, und zwar rechtzeitig und eingehend.

Der Personalrat einer Gemeinde, eines Gemeindeverbandes ... kann innerhalb von drei Tagen nach Zugang der Mitteilung der Dienststelle die Entscheidung des obersten Organs oder des von ihm bestimmten Ausschusses beantragen. Das Organ oder der Ausschuß entscheidet endgültig. Organ ist der Rat der Gemeinde (§ 60 Abs. 5).

Dasselbe Recht hat der Leiter der Dienststelle, wenn keine Einigung mit dem Personalrat zu erzielen ist (§ 62). Dienstvereinbarungen sind nur im Rahmen des Personalvertretungsgesetzes zulässig (§ 62). Es besteht kein Recht zur Teilnahme von Vertretern des Personalrats an den Sitzungen der Gemeindevertretung oder deren Ausschüsse. Die früheren auf Grund des Kontrollratsgesetzes Nr. 22 getroffenen Betriebsvereinbarungen haben ihre Wirksamkeit verloren. Die Befugnisse des Personalrats sind in den §§ 68–71 LPVG erschöpfend geregelt. Die Mitwirkung des Personalrats bei der Aufstellung des Stellenplans ist in diesen Bestimmungen nicht vorgesehen und kann deshalb auch nicht Gegenstand einer Betriebsvereinbarung sein (Erlaß des Innenministers v. 17. 11. 1958 – III A 2–2399/58).

Zu beteiligen (von der Dienststelle) ist der Personalrat

a) in sozialen Angelegenheiten (§§ 64/65)
b) an Personalangelegenheiten (§ 69).
   (1) der Personalrat hat *mitzubestimmen*
      a) in Personalangelegenheiten der Beamten bei
         1. Einstellung, Anstellung und Beförderung;
         2. vorzeitiger Versetzung in den Ruhestand, sofern der Beamte es beantragt;
         3. Entlassung von Beamten auf Probe oder auf Widerruf;
         4. Versagung der Genehmigung zur Übernahme einer Nebenbeschäftigung;
         5. Anordnungen, welche die Freiheit in der Wahl der Wohnung beschränken;
      b) in Personalangelegenheiten der Angestellten und Arbeiter:
         1. Einstellung und Höhergruppierung;
         2. Rückgruppierung;
         3. Weiterbeschäftigung über die Altersgrenze hinaus;
         4. Versagung der Genehmigung zur Übernahme einer Nebenbeschäftigung;
         5. Anordnungen, welche die Freiheit in der Wahl der Wohnung beschränken.
   (2) Fristlose Entlassungen bedürfen nicht der Bestätigung durch die Personalvertretung. In diesen Fällen ist der Personalrat zu verständigen.

Verhandlungspartner der Personalvertretung ist der Dienststellenleiter (§§ 8 und 61 LPVG). Das LPVG sieht eine Beteiligung an den Sitzungen des Rates bzw. des Ausschusses nicht vor. Auch die Gemeindeverordnung kennt keine solche Beteiligung. Ein Beschluß eines Rates, Mitglieder des Personalrates mitbestimmend zu den Sitzungen hinzuzuziehen, verletzt das geltende Recht und wäre vom Gemeindedirektor gemäß § 39 Abs. 2 GO zu beanstanden. Wenn in Ausnahmefällen bei mangelnder Einigung zwischen Dienststelle und Personalrat Vertreter des Personalrats vom Rats- oder Ausschußvorsitzer eingeladen werden, ihre Auffassung vorzutragen, so kann darin

– wenn daraus keine Regel gemacht wird – keine Rechtsverletzung erblickt werden (NWR-InnenministerErlaß vom 8. 6. 1959).

Politische Betätigung

Der *Beamte* hat bei politischer Betätigung diejenige Mäßigung und Zurückhaltung zu wahren, die sich aus seiner Stellung gegenüber der Gesamtheit und aus der Rücksicht auf die Pflichten seines Amtes ergeben (§ 64 des Landesbeamtengesetzes).

Der *Angestellte.* Das Grundrecht der freien Meinungsäußerung umfaßt auch das Recht zu aktiver politischer Betätigung im Rahmen der demokratischen Grundordnung. Insbesondere für Angestellte des öffentlichen Dienstes ist dieses Recht eingeschränkt durch die im Arbeitsverhältnis begründete Pflicht, bei politischen Äußerungen maßvoll und zurückhaltend zu sein. Eine Verletzung dieser Pflicht kann eine Kündigung rechtfertigen (BAG, Urt. v. 23. 2. 1959 – 3 AZR 583/57).

Nebentätigkeit der Beamten

Von der Nebentätigkeit der Beamten handelt § 76 des Landesbeamtengesetzes. Der Beamte bedarf der *vorherigen* Genehmigung, wenn er eine Nebenbeschäftigung gegen Vergütung übernehmen, eine gewerbliche Tätigkeit ausüben oder in einem gewerblichen Betrieb mitarbeiten oder einen freien Beruf ausüben will. Weiter bedarf der Beamte der Genehmigung zum Eintritt in den Vorstand, Aufsichtsrat, Verwaltungsrat oder in ein sonstiges Organ einer Gesellschaft, einer Genossenschaft oder eines in einer anderen Rechtsform betriebenen Unternehmens, sowie zur Übernahme einer Treuhänderschaft.

Die Genehmigung darf nur versagt werden, wenn zu besorgen ist, daß die Nebentätigkeit die dienstlichen Leistungen, die Unparteilichkeit oder die Unbefangenheit des Beamten oder andere dienstliche Interessen beeinträchtigen würde. Eine erteilte Genehmigung muß widerrufen werden, wenn obige Tatbestände nachträglich eintreten. Zuständig zur Erteilung der Genehmigung ist die oberste Dienstbehörde. Das ist bei den Gemeinden und Gemeindeverbänden der Rat bzw. der Kreistag. Nach Abs. 3 des § 76 kann die Befugnis auf den Gemeindedirektor bzw. Oberkreisdirektor ganz oder teilweise übertragen werden.

Bei Angestellten ist die Frage der Nebentätigkeit in der Regel durch die Tarifverträge geregelt. In Fällen des Mißbrauchs käme hier eine Kündigung in Frage.

Besoldung

Die Gemeindebeamten sind durch das *Besoldungsgesetz für das Land Nordrhein-Westfalen* v. 8. 11. 1960 (GV NW S. 357) den Landesbeamten besoldungsrechtlich gleichgestellt.

§ (1) Dienstbezüge erhalten nach diesem Gesetz 1. Beamte ... der Gemeinden, der Gemeindeverbände und der sonstigen der Aufsicht des Landes unterstehenden Körperschaften, Anstalten und Stiftungen des öffentlichen Rechts.

Kap. III § 29. (1) Soweit die mit Landesbeamten vergleichbaren Beamten der Gemeinden, Gemeindeverbände und sonstigen der Aufsicht des Landes unterstehenden Körperschaften des öffentlichen Rechts in den Besoldungsgruppen der Besoldungsordnungen A, B und H nicht aufgeführt sind, sind sie nach den für die Landesbeamten geltenden Vorschriften und Bestimmungen in die Besoldungsgruppen der Besoldungsordnung einzureihen.

(2) Der Innenminister oder der zuständige Fachminister wird ermächtigt, im Einvernehmen mit dem Finanzminister durch Rechtsverordnung Richtlinien

a) für die Eingruppierung der mit Landesbeamten nicht vergleichbaren Beamten nach den für die Landesbeamten geltenden Grundsätzen,

b) für die Gewährung von Dienstaufwandsentschädigungen

zu erlassen und dabei Höchstgrenzen festzulegen.

§ 30. (1) Die Gemeinden, die Gemeindeverbände und die sonstigen der Aufsicht des Landes unterstehenden Körperschaften, Anstalten und Stiftungen des öffentlichen Rechts sind verpflichtet, auch die übrigen Bezüge ihrer Beamten nach den für die Landesbeamten geltenden Vorschriften zu regeln.

Beihilfen

Zu den Dienstbezügen gehören auch die Beihilfen, die den Beamten (und Angestellten) nach den jeweils geltenden Bestimmungen in Krankheits-, Geburts- und Todesfällen sowie bei wirtschaftlicher Notlage gewährt werden. Auf erstere hat der Beamte einen Rechtsanspruch. Grundsätzlich entscheidet der Gemeindedirektor über Beihilfenanträge. Über eigene Beihilfenanträge des Gemeindedirektors wird sein Stellvertreter zu entscheiden haben.

Zulagen nur im landesüblichen Rahmen.

Zur Durchführung der Angleichungsbestimmungen des Landesbesoldungsgesetzes hat der Innenminister mit Grundsatzerlaß vom 19. 9. 1958 – III A 2–2093/58 folgendes verfügt:

Andere als in den §§ 10 und 21 aufgeführten Zulagen und Zuwendungen, die nicht gesetzlich geregelt sind, dürfen nur gewährt werden, soweit der Haushaltplan dafür Mittel zur Verfügung stellt. Das gibt aber den Gemeinden nicht die Möglichkeit, andere Zulagen und Zuwendungen in beliebiger Art und Höhe in den Haushaltplan einzusetzen. Nach § 31 BesAG sind die Gemeinden verpflichtet, auch die übrigen Geldbezüge ihrer Beamten nach den für die Landesbeamten geltenden Vorschriften zu regeln. Daher bestehen gegen die Gewährung von Zulagen und Zuwendungen (z. B. soziale Leistungen, Erholungsfürsorge) der Gemeinden *nur dann* keine Bedenken, wenn dadurch unter Prüfung des Einzelfalles kein besoldungsmäßiger Effekt damit verbunden ist. Eine andere Handhabung würde die im Besoldungsanpassungsgesetz normierte Einheit der Besoldung der Landes- und der Gemeindebamten durchbrechen. Die Gemeinden dürfen danach nur Weihnachtszuwendungen an ihre Beamten zahlen, wenn anderseits auch das Land seinen Beamten eine Weihnachtszuwendung gewährt (auch der Höhe nach).

Versorgungskassen

In NW besteht nur für die Ämter und die Landgemeinden ein Beitrittszwang zu den nach § 5 Abs. 1 lit. d, 4 der Landschaftsverbandsordnung vom 12. 5. 1953 gebildeten Versorgungskassen (Entscheidung der VerfGerichtshofes des Landes NW v. 7. 7. 1956 VGH 5/55).

131er Recht

Die Personalhoheit der Gemeinden ist durch das Gesetz zur Regelung der Rechtsverhältnisse der unter 131 GG fallenden Personen zwar empfindlich verkürzt worden, Gemeinden sind danach zur Unterbringung der 131er verpflichtet.

Entscheidungen nach § 12 Abs. 1 Buchstabe b des Änderungs- und Anpassungsgesetzes in den Fällen der §§ 7, 19, 23 und 31 des Regelungsgesetzes trifft nicht der Rat der Gemeinde, sondern die oberste Aufsichtsbehörde.

Das *Disziplinarrecht*

ist in der Disziplinarordnung für Beamte und Richter v. 8. 12. 1953 (GV NW S. 416) mit Änderungen vom 15. 6. 1954 (GV NW S. 237) und vom 23. 7. 1957 (GV NW S. 189) geregelt.

Auszug:

§ 32 Abs. 1 c und d. (1) Einleitungsbehörden sind:

c) für die Hauptverwaltungsbeamten der Gemeinden und Gemeindeverbände, für die Beamten ehrenamtlich verwalteter Gemeinden und Ämter, die Kreisausschußmitglieder, die Mitglieder der Beschlußausschüsse, sowie die ehrenamtlichen Mitglieder des Sparkassenrates als Dienstvorgesetzte, die Aufsichtsbehörden, als nächsthöherer Dienstvorgesetzter die obere Aufsichtsbehörde und als weiterer nächsthöherer Vorgesetzter die oberste Aufsichtsbehörde;

d) für die übrigen Beamten der Gemeinden und der Gemeindeverbände der Hauptverwaltungsbeamte.

§ 116. (1) Der Hauptverwaltungsbeamte einer Gemeinde oder eines Gemeindeverbandes kann gegen die ihm nachgeordneten Beamten Warnungen, Verweise und Geldstrafen verhängen. Die Aufsichtsbehörde kann die gleichen Disziplinarstrafen gegen den Hauptverwaltungsbeamten verhängen.

(2) Es gelten

1. gegenüber den Hauptverwaltungsbeamten der Gemeinden und Gemeindeverbände, den Beamten ehrenamtlich verwalteter Gemeinden und Ämter, den Kreisausschußmitgliedern, den Mitgliedern der Beschlußausschüsse sowie den ehrenamtlichen Mitgliedern des Sparkassenrates als Dienstvorgesetzte die Aufsichtsbehörde, als nächsthöherer Dienstvorgesetzter die obere Aufsichtsbehörde und als weiterer nächsthöherer Dienstvorgesetzter die oberste Dienstaufsichtsbehörde;
2. gegenüber den übrigen Beamten der Gemeinden und Gemeindeverbände als nächsthöherer Dienstvorgesetzter die Aufsichtsbehörde und als weiterer nächsthöherer Dienstvorgesetzter die obere Aufsichtsbehörde;
3. gegenüber allen anderen Beamten der Gemeinden und Gemeindeverbände, sowie gegenüber ihren Ruhestandsbeamten als höherer Dienstvorgesetzter die obere Aufsichtsbehörde und als oberste Dienstbehörde die oberste Aufsichtsbehörde.

§ 117

(1) Unterläßt es der nach § 32 Abs. 1 Buchstabe d für die Einleitung des förmlichen Disziplinarverfahrens zuständige Hauptverwaltungsbeamte, das förmliche Disziplinarverfahren einzuleiten, obwohl die Vertretungskörperschaft der Gemeinde oder des Gemeindeverbandes die Einleitung eines solchen Verfahrens beantragt hat, so legt der Hauptverwaltungsbeamte den Antrag der Aufsichtsbehörde vor. Gegen einen ablehnenden Bescheid kann die Vertretungskörperschaft die Entscheidung der örtlich zuständigen Disziplinarkammer anrufen. Diese entscheidet endgültig.

(2) Unterläßt es die nach § 32 Abs. 1 Buchstabe d zuständige Aufsichtsbehörde, das förmliche Disziplinarverfahren einzuleiten, obwohl die Vertretungskörperschaft der Gemeinde oder des Gemeindeverbandes die Einleitung eines solchen Verfahrens beantragt hat, so kann die Vertretungskörperschaft die obere Aufsichtsbehörde und gegen deren ablehnenden Bescheid die Entscheidung der örtlich zuständigen Disziplinarkammer anrufen (Abs. 1 Satz 3 gilt entsprechend).

§ 118

(1) Unterläßt es der Hauptverwaltungsbeamte einer Gemeinde oder eines Gemeindeverbandes, gegen ein ihm nachgeordneten Beamten disziplinarisch vorzugehen, obwohl dieser eines Dienstvergehens dringend verdächtigt ist, so kann die Aufsichtsbehörde die Zuständigkeit an sich ziehen.

(2) Das gleiche gilt, wenn die Aufsichtsbehörde eines disziplinarische Maßnahme des Hauptverwaltungsbeamten für ungeeignet hält.

§ 119

Auf die Beamten der gemeindlichen Zweckverbände und der sonstigen Körperschaften und Anstalten des öffentlichen Rechts finden die Vorschriften der §§ 116 bis 118 entsprechende Anwendung.

§ 55 Gesetzliche Vertretung

Der Rat ist der gesetzliche Vertreter der Gemeinde in *Rechts- und Verwaltungsgeschäften.* Diese *Vertretung gilt als auf den Gemeindedirektor übertragen,* soweit nicht der Rat für einen bestimmten Kreis von Geschäften oder für einen Einzelfall etwas anderes bestimmt. Beschlüsse, die einen bestimmten Kreis von Geschäften betreffen, sind *öffentlich bekanntzumachen.*

§ 56 Abgabe von Erklärungen

(1) Andere als die in § 54 Absatz 2 genannten *Erklärungen, durch welche die Gemeinde verpflichtet werden soll, sind im Auftrage des Rates abzugeben und bedürfen der Schriftform.* Sie sind *durch den Gemeindedirektor oder seinen Stellvertreter und einen vertretungsberechtigten Beamten oder Angestellten zu unterzeichnen.*

(2) *Der Rat der Gemeinde kann im Einzelfall beschließen, daß die in Absatz 1 genannten Erklärungen vom Bürgermeister oder seinem Stellvertreter und einem weiteren Ratsmitglied zu unterzeichnen sind. Dem Erklärungsgegner ist dieser Beschluß mitzuteilen.*

(3) *Die Vorschriften der Absätze 1 und 2 gelten nicht für einfache Geschäfte* der laufenden Verwaltung.

(4) Geschäfte, die ein für das Geschäft oder den Kreis von Geschäften ausdrücklich *Bevollmächtigter* abschließt, bedürfen nicht der Form der Absätze 1 und 2, wenn die Vollmacht in der Form dieser Absätze erteilt ist.

(5) Erklärungen, die nicht den *Formvorschriften dieses Gesetzes entsprechen, binden die Gemeinde nicht.*

Zu §§ 55 und 56. Die Paragraphen behandeln *die Stellung der Gemeinde im Rechtsverkehr.* Zwar ist der Rat der gesetzliche Vertreter der Gemeinde. Die gesetzliche Vertretung gilt aber – als Regel – durch Gesetz auf den Gemeindedirektor übertragen. Der Bürgermeister als Ratsvorsitzer oder Ratsmitglieder wirken in der Regel im Rechtsverkehr nicht mit. Die §§ 55 und 56 stehen mit der Vorschrift des § 27 Abs. 2, nach der der Bürgermeister den Rat nach außen vertritt (Repräsentation) nur dann im Zusammenhang, wenn der Rat beschließt (§ 55 Satz 2, zweiter Halbsatz) in Rechts- und Verwaltungssachen sich selbst zu vertreten (öffentliche Bekanntmachung) oder Erklärungen (§ 56 Abs. 2) abzugeben (Mitteilung des Beschlusses an den Erklärungsgegner).

Die Formvorschriften müssen genau beachtet werden (siehe die Vorschrift des § 56 Abs. 5, daß nicht den Formvorschriften entsprechende Erklärungen die Gemeinde nicht binden). Beim Tätigwerden nach §§ 55, 56 muß der Gemeindedirektor bestehende Ratsbeschlüsse oder Beschlüsse beschließender Ausschüsse beachten. Es empfiehlt sich ein Hinweis auf vorliegende Beschlüsse. Zur Anstrengung und zur Aufnahme von Rechtsstreitigkeiten (Zivilprozesse und Klagen im Verwaltungsstreitverfahren) ist gem. § 28 Abs. 1 lit. t ein Ratsbeschluß erforderlich (ausgenommen bei den einfachen Geschäften der laufenden Verwaltung).

Die Vorschriften der §§ 55, 56 umfassen alle Vorgänge im rechtsgeschäftlichen Verkehr „in Rechts- und Verwaltungssachen". Bei den zwingend in der Schriftform abzugebenden Erklärungen unterscheidet man Verpflichtungsgeschäfte (in denen die Gemeinde eine Verpflichtung übernimmt) und Verfügungsgeschäfte (das sind bürgerlichrechtliche oder öffentlich-rechtliche Erklärungen, in denen die Gemeinde eine Verfügung trifft, z. B. Verfügungen über das Gemeindevermögen). Verfügungsgeschäfte sind oft an aufsichtsbehördliche Genehmigungen gebunden – beschränkte Rechtsgeschäfte – (z. B. §§ 65, 66, 80). Rechtsgeschäfte, die ohne die etwa erforderliche Genehmigung der Aufsichtsbehörde abgeschlossen werden, sind auch, wenn die Formvorschriften beachtet werden, nichtig.

Man wird verlangen können, daß sich der Bürger oder der Dritte über die Zulässigkeit und formale Ordnungsmäßigkeit der Vertretungsbefugnis vergewissert. Das ist besonders für den Raum des bürgerlichen Rechts von Bedeutung. Im öffentlichen Recht bieten die verwaltungsgerichtlichen Generalklauseln einen gewissen Schutz (siehe auch Peters, Handbuch der kom. Wissenschaft, Bd. 1, S. 224 ff., S. 375/76, und Berkenhoff, in „Die Gemeinde" 1954, S. 153 ff. und S. 176 ff.).

Die Gemeinde ist Behörde und besitzt als solche im Verwaltungsstreitverfahren Partei- und Prozeßfähigkeit (Urteil des OVG Münster v. 20. 6. 1951).

Ungültigkeit der Wahl einer kommunalen Vertretungskörperschaft hat keinen Einfluß auf die Rechtsbeständigkeit und Verbindlichkeit der von ihr gefaßten Beschlüsse (Beschluß des BuVerfGer v. 11. 11. 1953 1 BVG 44/53).

Urkundsbeamter

Nach Art. 12 § 2 Art. 27 Abs. 1 des AusfGes. zum BGB können von dem Vorstand einer Behörde – auch einer Gemeindebehörde – Beamte der Behörde (Urkundsbeamte) – neben den Notaren und Gerichten – bestimmt werden, in Verträgen die Übertragung von Grundstücken zu beurkunden, wenn die betreffende Behörde einer der Beteiligten ist.

Es ist zulässig, daß ein Ratsmitglied – auch ein Bürgermeister – in seinem Beruf als Notar die Beurkundung von Rechtsgeschäften übernimmt, an denen die Gemeinde beteiligt ist. Hierin ist keine Interessenkollision im Sinne der §§ 23 und 24 GO NW zu erblicken (Erlaß des Innenministers v. 4. 4. 1955 – III A I 5946/55).

2. Abschnitt: Sonderbestimmungen

a) Sonderbestimmungen für amtsfreie Gemeinden unter 3 000 Einwohnern

§ 57 Gemeindedirektor und Beigeordnete

(1) *Gemeindedirektor und Beigeordnete* sind in Gemeinden unter 3000 Einwohnern *im Ehrenamt tätig.* In der *Hauptsatzung* kann bei besonders schwierigen Verwaltungsverhältnissen in der Gemeinde die *Einrichtung* der Stelle *eines hauptamtlichen Gemeindedirektors* vorgesehen und dessen Vertretung geregelt werden.

(2) Sofern die Stelle eines hauptamtlichen Gemeindedirektors nicht eingerichtet ist, werden die *Aufgaben des Gemeindedirektors vom Bürgermeister wahrgenommen.*

Zu § 57. Die Regel ist die Wahrnehmung der Aufgaben des Gemeindedirektors durch den Bürgermeister in Personalunion für die jeweilige Amtsdauer des Gemeinderates. § 57 läßt die Einstellung von Dienstkräften in den amtsfreien Gemeinden zu.

§ 58 Bildung von Ausschüssen

Die Bildung von *Ausschüssen gemäß § 43 ist dem Ermessen des Rates überlassen.*

Zu § 58. Es handelt sich um die Bildung der sog. Pflichtausschüsse: Hauptausschuß, Finanzausschuß, Rechnungsprüfungsausschuß.

b) Sonderbestimmungen für amtsangehörige Gemeinden

§ 59 Wahlzeit des Bürgermeisters

Die *Wahlzeit des Bürgermeisters und seines Stellvertreters deckt* sich, abweichend von der Vorschrift des § 32 Absatz 1, Satz 3, *mit der Wahlzeit des Rates.*

§ 60 Gemeindedirektor, hauptamtliche Stellen und Ausschüsse

(2) Die Einrichtung *hauptamtlicher Stellen* in der allgemeinen *Verwaltung* der *amtsangehörigen Gemeinden ist nur mit Genehmigung der Aufsichtsbehörde* gestattet.

(3) § 58 gilt entsprechend.

Zu § 60. § 60 Abs. 1 ist durch Urteil des VGH des Landes NW vom 21. 8. 1954 VGH 3/53 aufgehoben worden. Damit entfällt auch die erste VerwaltungsVO zu § 60. Die Vorschrift des § 60 Abs. 1, nach der der Amtsdirektor in den amtsangehörigen Gemeinden kraft Gesetzes die Geschäfte des Gemeindedirektors wahrzunehmen hat, verstößt gegen den Art. 78 Abs. 1 der Landesverfassung. Auch die amtsangehörigen Gemeinden können nur durch „ihre gewählten Organe" verwaltet werden. Die amtsangehörigen Gemeinden sind in ihrer Entscheidung frei, wem sie das Amt des Gemeindedirektors übertragen wollen. Der Erlaß des Innenministers vom 28. 8. 1954 – III A 2920/54 empfiehlt, den Amtsdirektor als ehrenamtlichen Gemeindedirektor (auf die Wahldauer des Rates) zu wählen. Der Rat kann aber auch andere Personen, z. B. den Bürgermeister, wählen (auf die Amtsdauer des Gemeinderates).

Die Einrichtung hauptamtlicher Stellen – Beamten- und Angestelltenstellen – bedarf aber der Genehmigung der Aufsichtsbehörde, darunter würde auch die Einrichtung einer hauptamtlichen Gemeindedirektorstelle fallen.

§ 61 Haushaltssatzung, Verpflichtungserklärungen und Kassenanordnungen

(1) Die *Haushaltssatzung* und die *Haushaltsrechnung* werden *von dem Bürgermeister und dem Amtsdirektor gemeinsam aufgestellt.*

(2) *Erklärungen,* durch die eine amtsangehörige Gemeinde verpflichtet werden soll, *bedürfen der Schriftform. Sie sind von dem Bürgermeister und dem Amtsdirektor, im Falle des § 60 Absatz 2 vom Bürgermeister und dem Gemeindedirektor, zu unterzeichnen.*

(3) Das *Kassenanordnungsrecht* wird vom *Bürgermeister* gemeinsam *mit dem Amtsdirektor, im Falle des § 60 Absatz 2* vom Bürgermeister gemeinsam mit dem Gemeindedirektor, wahrgenommen. Die *Hauptsatzung* kann eine *abweichende Regelung* treffen.

Zu § 61. Unbeschadet der Entscheidung des VGH zu § 60 Abs. 1 bleiben die funktionellen Beziehungen zum Amtsdirektor (Mitwirkung bei der Aufstellung der Haushaltsatzung und der Haushaltrechnung, bei Kassenanordnungen und bei der Abgabe von Verpflichtungserklärungen) bestehen.

Sechster Teil

GEMEINDEWIRTSCHAFT

1. Abschnitt: Gemeindevermögen

§ 62 Verwaltung, Unterhaltung und Ersatz des Gemeindevermögens

(1) Das *Gemeindevermögen* ist *pfleglich* und *wirtschaftlich* zu verwalten und in seinem Bestand zu erhalten. Mit möglichst wenig Kosten soll es den bestmöglichen Ertrag bringen.

(2) Das Gemeindevermögen *ist aus Mitteln des ordentlichen Haushalts zu* unterhalten.

(3) Für Vermögensgegenstände, die nach Alter, Verbrauch oder sonstiger Wertminderung jeweils ersetzt oder nach wachsendem Bedarf erweitert werden

müssen, sind die Mittel zur Ersatzbeschaffung oder Erweiterung aus Mitteln des ordentlichen Haushalts anzusammeln *(Erneuerungs- und Erweiterungsrücklagen).*

Zu Teil VI. Gemeindewirtschaft. Die neue Gemeindeordnung für das Land Nordrhein-Westfalen hat im Teil VI die für die Verwaltung des Gemeindevermögens, die wirtschaftliche Betätigung der Gemeinden, das Schuldenwesen, die Vorschriften über den Haushalt, das Kassen-, Rechnungs- und Prüfungswesen, in der deutschen Gemeindeordnung vom Jahre 1935 und in der rev. Gemeindeordnung enthaltenen grundsätzlichen Vorschriften im wesentlichen beibehalten.

§ 63 Erwerb von Vermögen

(1) Die Gemeinde soll *Vermögensgegenstände nur erwerben, soweit sie zur Erfüllung ihrer Aufgaben erforderlich sind oder in absehbarer Zeit erforderlich werden.*

(2) Die Gemeinde darf Vermögensgegenstände *gegen Entgelt regelmäßig nur aus Mitteln des ordentlichen Haushalts, aus Vermögensbeständen oder aus Rücklagen erwerben,* die sie für diesen Zweck aus Mitteln des ordentlichen Haushalts angesammelt hat. Darlehen zum Erwerb von Vermögensgegenständen soll sie nur aufnehmen, wenn es sich um einen nicht voraussehbaren außerordentlichen Bedarf handelt, oder wenn sie aus sonstigen zwingenden Gründen Rücklagen nicht ansammeln konnte.

§ 64 Veräußerung von Vermögen

(1) Die Gemeinde *darf Vermögensgegenstände,* die sie für ihre Aufgaben in absehbarer Zeit nicht braucht, *veräußern.*

(2) Die Gemeinde bedarf der *Genehmigung der Aufsichtsbehörde,* wenn sie
a) über Vermögensgegenstände aller Art *unentgeltlich* verfügen,
b) Grundstücke und grundstücksgleiche Rechte *verkaufen oder tauschen,*
c) über Sachen, die einen besonderen *wissenschaftlichen, geschichtlichen oder künstlerischen Wert haben,* insbesondere Archive oder Teile solcher, entgeltlich verfügen oder solche Sachen wesentlich verändern will.

(3) Der Innenminister stellt *durch Rechtsverordnung Rechtsgeschäfte* nach den Absätzen 2 a und b *von der Genehmigungspflicht* frei, wenn sie ihrer Natur nach *regelmäßig wiederkehren* oder wenn *bestimmte* Wertgrenzen *oder Grundstücksgrößen nicht überstiegen werden.*

Vierte Durchführungsverordnung zu § 64

Auf Grund der §§ 64 Abs. 3 und 105 in Verbindung mit § 119 Abs. 1 der Gemeindeordnung wird im Einvernehmen mit dem Ausschuß des Landtages zur Beratung der Gemeinde-, Amts- und Kreisordnung verordnet:

§ 1

(1) Ohne Rücksicht auf die Höhe des Wertes sind Rechtsgeschäfte, die den Verkauf oder Tausch von Grundstücken oder grundstücksgleichen Rechten zum Gegenstand haben, genehmigungsfrei, wenn sie abgeschlossen werden:

1. im Zusammenhang mit der Festsetzung von Straßen- und Baufluchtlinien nach den hierüber bestehenden Vorschriften;
2. aus Anlaß des Baues, der Unterhaltung und Verbesserung von Straßen und Plätzen, Schienen- und Wasserläufen (Anlage, Veränderung, Verlegung, Erweiterung und Unterhaltung dieser Anlagen; Schaffung von Baustoff- und Abräumlagerplätzen);
3. im Zusammenhang mit Fluß- und Bachregulierungen;
4. zur Wiederveräußerung von Grundstücken, die von der Gemeinde erworben worden sind, um eine ihr zustehende oder von ihr verwaltete Hypothek zu erhalten;
5. zur Vorbereitung oder Vermeidung der in § 14 des Gesetzes über Maßnahmen zum Aufbau in den Gemeinden (Aufbaugesetz vom 29. April 1950 (GV NW S. 78) in der Fassung vom 29. April 1952 (GV NW S. 75) genannten Verfahren, jetzt Bundesbaugesetz;
6. zur Förderung der Errichtung von Wohnstätten und der dazu gehörenden Gemeinschaftseinrichtungen, zur Versorgung mit Gartenland und zur Durchführung der Aufschließungsarbeiten.

(2) Ohne Rücksicht auf den Zweck ist der Abschluß von Rechtsgeschäften, die den Verkauf oder Tausch von Grundstücken oder grundstücksgleichen Rechten zum Gegenstand haben, genehmigungsfrei, wenn der Wert

1. In Gemeinden mit nicht mehr als 3000 Einwohnern	10 000 DM,
2. in Gemeinden mit mehr als 3000 bis zu 10 000 Einwohnern	20 000 DM,
3. in Gemeinden mit mehr als 10 000 bis zu 30 000 Einw.	30 000 DM,
4. in Gemeinden mit mehr als 30 000 bis zu 50 000 Einw.	60 000 DM,
5. in Gemeinden mit mehr als 50 000 bis zu 100 000 Einw.	100 000 DM,
6. in Gemeinden mit mehr als 100 000 bis zu 250 000 Einw.	200 000 DM,
7. in Gemeinden mit mehr als 250 000 Einw.	500 000 DM

nicht übersteigt. Als Wert ist der Veräußerungspreis, mindestens jedoch der Einheitswert zugrunde zu legen.

Vor Abschluß dieser Rechtsgeschäfte ist der Aufsichtsbehörde Anzeige zu erstatten, wenn der Wert des Grundstücks

1. in Gemeinden mit nicht mehr als 3000 Einwohnern	5 000 DM,
2. in Gemeinden mit mehr als 3000 bis zu 10 000 Einw.	10 000 DM,
3. in Gemeinden mit mehr als 10 000 bis zu 30 000 Einw.	15 000 DM,
4. in Gemeinden mit mehr als 30 000 bis zu 50 000 Einw.	30 000 DM,
5. in Gemeinden mit mehr als 50 000 bis zu 100 000 Einw.	50 000 DM,
6. in Gemeinden mit mehr als 100 000 bis zu 250 000 Einw.	100 000 DM,
7. in Gemeinden mit mehr als 250 000 Einw.	250 000DM

übersteigt.

Als Wert ist der Veräußerungspreis, mindestens jedoch der Einheitswert zugrunde zu legen.

(3) Dem Antrag auf eine grundbuchamtliche Eintragung ist eine Erklärung der Gemeinde beizufügen, daß der Abschluß des Rechtsgeschäfts nach diesen Vorschriften genehmigungsfrei ist oder daß die erforderliche Anzeige an die Aufsichtsbehörde erstattet wurde. In der Erklärung ist auf die in Betracht kommende Vorschrift ausdrücklich Bezug zu nehmen.

Dritte Verwaltungsverordnung zu § 64

1. Die Genehmigung zur unentgeltlichen Verfügung über Vermögensgegenstände aller Art soll nur in den Ausnahmefällen erteilt werden, in denen ein besonderer Grund die Abgabe des Vermögensgegenstandes rechtfertigt. Ein solcher Grund kann insbesondere dann vorliegen, wenn durch die unentgeltliche Verfügung eine Aufgabe, die sonst von der Gemeinde erfüllt werden müßte, gefördert wird oder wenn der Vermögensgegenstand für die Erfüllung der Aufgaben der Gemeinde nicht benötigt wird und durch seine Verwaltung und Unterhaltung Kosten verursacht werden, die im Verhältnis zu seinem Wert besonders hoch sind.
2. Soweit eine Genehmigung für den Verkauf oder Tausch von Grundstücken oder grundstücksgleichen Rechten nach der Vierten Verordnung zur Durchführung der Gemeindeordnung vom 15. Januar 1953 (GV NW S. 110 — 4. DVO) noch erforderlich ist, soll sie nur versagt werden, wenn das beabsichtigte Rechtsgeschäft das Vermögen der Gemeinde in seinem Verkehrswert mindert, ohne daß zwingende Gründe den Verkauf oder Tausch rechtfertigen.
3. Vor der Genehmigung der Veräußerung von Sachen mit besonderem wissenschaftlichen, geschichtlichen oder künstlerischen Wert (Abs. 2 c) haben die Aufsichtsbehörden sich der gutachtlichen Mitwirkung der sachverständigen Organe der Denkmalpflege (Konservator, Archivpfleger, Vertrauensmann für Bodenaltertümer, Museumspfleger, Landesbeauftragter für Natur- und Landschaftsschutz) zu bedienen.

Hinsichtlich der Genehmigungspflicht ist zu beachten, daß

a) der besondere wissenschaftliche, geschichtliche oder künstlerische Wert eines Gegenstandes nicht von seinem Sach- oder Geldwert abhängt,
b) der Begriff der „wesentlichen Veränderung" nicht allein durch den äußeren Umfang der Veränderung bestimmt wird,
c) über Gegenstände von besonderem wissenschaftlichen, geschichtlichen oder künstlerischen Wert ohne Genehmigung der Aufsichtsbehörde verfügt werden kann, wenn sie eigens zu diesem Zweck aus Haushaltsmitteln beschafft wurden.

§ 65 Verwendung der Erlöse aus Vermögensveräußerungen

(1) *Der Erlös aus der Veräußerung von Vermögensgegenständen ist dem Vermögen zur Erhaltung seines Wertes zuzuführen. Er kann zur Verminderung*

des Darlehensbedarfs des außerordentlichen Haushaltsplanes verwendet werden, wenn mit dem Veräußerungserlös *wieder Vermögen geschaffen oder erworben wird.*

(2) *Ausnahmsweise* darf ein *Veräußerungserlös* mit *Genehmigung der Aufsichtsbehörde* verwendet werden.

1. *zur außerordentlichen Tilgung von Darlehen,* wenn sich die sofortige Verminderung des Schuldenstandes als unabweisbar nötig oder zweckmäßig erweist,
2. *zur Deckung von Fehlbeträgen aus Vorjahren im ordentlichen und* außerordentlichen Haushaltsplan, wenn bei sparsamster Wirtschaftsführung und nach Ausschöpfung aller Einnahmemöglichkeiten der Ausgleich des Haushaltsplanes anders nicht erreicht werden kann.

Dritte Verwaltungsverordnung zu § 65

1. Werden Vermögenserlöse zur Verminderung des Darlehensbedarfs im außerordentlichen Haushaltsplan verwendet, so sind sie im außerordentlichen Haushaltsplan auf der Einnahmeseite zu veranschlagen.
2. Da die ordentliche Tilgung von Darlehen zu den laufenden, im ordentlichen Haushaltsplan zu veranschlagenden Ausgaben gehört, dürfen Veräußerungserlöse nicht zur ordentlichen Darlehenstilgung verwendet werden. Die Genehmigung zur außerordentlichen Tilgung von Darlehen soll nur dann erteilt werden, wenn die Verminderung des Schuldenstandes zur Entlastung oder zum Ausgleich des ordentlichen Haushalts dringend erforderlich ist oder wenn besonders ungünstige Darlehensbedingungen den gemeindlichen Haushalt unverhältnismäßig hoch belasten.
3. Die Genehmigung zur Verwendung eines Veräußerungserlöses zur Deckung von Fehlbeträgen aus Vorjahren im ordentlichen oder außerordentlichen Haushaltsplan kann unter der Voraussetzung, daß der Haushaltsausgleich anders nicht möglich ist, insoweit erteilt werden, als der Fehlbetrag auf die Verwendung von allgemeinen Deckungsmitteln für vermögensbildende Ausgaben (Erweiterungen, Neubauten und Anschaffung von beweglichen Vermögensgegenständen) zurückzuführen ist. Ist der Fehlbetrag durch die laufende Verwaltungstätigkeit entstanden, so ist seine Abdeckung durch Veräußerungserlöse nur zu genehmigen, wenn der Haushaltsplan des Jahres, in dem die Abdeckung des Fehlbetrages zu veranschlagen ist, auch bei Beschränkung der Ausgaben auf das für die Aufrechterhaltung der laufenden Verwaltung notwendige Maß und bei Ausschöpfung aller Einnahmemöglichkeiten nicht ausgeglichen werden kann.

§ 66 Gemeindegliedervermögen

(1) Für die Nutzung des Gemeindevermögens, dessen Ertrag nach bisherigem Recht nicht der Gemeinde, sondern sonstigen Berechtigten zusteht *(Gemeinde-*

gliedervermögen), bleiben die bisherigen Vorschriften und Gewohnheiten unberührt.

(2) Gemeindegliedervermögen darf nicht in Privatvermögen der Nutzungsberechtigten umgewandelt werden. *Es kann mit Genehmigung der Aufsichtsbehörde in freies Gemeindevermögen umgewandelt werden.* Den bisher Berechtigten ist ein Einkaufsgeld zurückzuzahlen, durch welches sie das Recht zur Teilnahme an der Nutzung des Gemeindegliedervermögens erworben haben. Soweit nach den bisher geltenden rechtlichen Vorschriften Nutzungsrechte am Gemeindegliedervermögen den Berechtigten gegen ihren Willen nicht entzogen oder geschmälert werden dürfen, muß von der Gemeinde bei der Umwandlung eine *angemessene Entschädigung* gezahlt werden.

(3) *Gemeindevermögen darf nicht in Gemeindegliedervermögen umgewandelt werden.*

Zu § 66. Gemeindegliedervermögen ist zweckgebundenes Sondervermögen der Gemeinde; zu unterscheiden von dem vielfach noch vorhandenen Interessentenvermögen, deren Besitzer eine Gemeinschaft darstellen, auf die das bürgerliche Recht Anwendung findet.

Für die Verwaltung von im Rezeß eines Auseinandersetzungsverfahrens geschaffenen gemeinschaftlichen Angelegenheiten (Interessentenschaften) gibt das Gesetz vom 9. 4. 1956 besondere Anweisungen. Die Verwaltung des Interessentenvermögens ist zu einer Gemeindeangelegenheit erklärt, ohne daß der Rechtsstatus der Interessentengemeinschaft durch das Gesetz berührt wird. Auf die Verwaltung finden die Vorschriften über die Gemeindewirtschaft, die Gemeindeaufsicht und das Rechtsmittelverfahren entsprechende Anwendung. Die Festsetzungen über die Verwaltung und Unterhaltung der gemeinschaftlichen Anlagen (z. B. Wege, insbesondere Wirtschaftswege, Brücken, Gewässer, Gräben, Weiden u. ä.) haben die Wirkungen von Gemeindesatzungen, die aber der Genehmigung der Aufsichtsbehörde bedürfen. Es handelt sich um eine nicht weisungsgebundene Pflichtaufgabe. Vertreten wird die Gemeinschaft durch den Gemeindedirektor. Die Verfügung über gemeinschaftliche Vermögensgegenstände setzt einen Ratsbeschluß voraus. Die Gemeinde hat dafür zu sorgen, daß die Anlagen von den dazu Verpflichteten ordnungsgemäß unterhalten werden. Die Gemeinde kann bei Umlage der vollen Kosten auf die Verpflichteten im Verfahren nach § 9 KomAbgGes. die Unterhaltung selbst durchführen.

§ 67 Örtliche Stiftungen

(1) Die Gemeinde *verwaltet die örtlichen Stiftungen* nach den Vorschriften dieses Gesetzes, soweit nicht durch Gesetz oder Stifter anders bestimmt ist. Das Stiftungsvermögen ist von dem übrigen Gemeindevermögen getrennt zu halten und so anzulegen, daß es für seinen Verwendungszweck greifbar ist.

(2) Ist die Erfüllung des Stiftungszwecks unmöglich geworden oder gefährdet die Stiftung das Gemeinwohl, so sind die Vorschriften des § 87 des Bürgerlichen Gesetzbuches anzuwenden. Haben sich die Verhältnisse in anderer Weise wesentlich geändert, so finden die Vorschriften des Gesetzes vom 10. Juli 1924

(GS S. 575) Anwendung. Die Umwandlung des Stiftungszwecks, die Zusammenlegung und die Aufhebung der Stiftung stehen der Gemeinde zu; sie bedürfen der *Genehmigung der Aufsichtsbehörde.*

Dritte Verwaltungsverordnung zu § 67

1. Die Vorschrift des § 67 gilt sowohl für selbständige als auch für unselbständige (fiduziarische) Stiftungen. Als örtliche Stiftungen sind dabei nur solche zu betrachten, deren Zweck im Rahmen der örtlichen gemeindlichen Aufgaben liegt.
2. Die Genehmigung der Aufsichtsbehörde zur Umwandlung des Stiftungszwecks, zur Zusammenlegung oder Aufhebung von Stiftungen ist nur zu erteilen, wenn die Voraussetzungen des § 87 BGB oder des Gesetzes vom 10. Juli 1924 – Gesetzsamml. S. 575 – erfüllt sind. Bei der Zusammenlegung von Stiftungen und der Umwandlung des Stiftungszwecks ist anzustreben, daß die Erträge des Stiftungsvermögens dem Personenkreis, dem sie nach dem Willen des Stifters zukommen sollten, erhalten bleiben oder daß der Ablegung von Stiftungen wird in erster Linie geboten sein, wenn das Stiftungsvermögen durch Kriegsereignisse, Kriegsfolgen oder durch die Umstellung der Währung am 21. Juni 1948 in seinem Wert so gemindert wurde, daß es zur Erfüllung des Stiftungszweckes nicht mehr ausreicht. Ist kein Stifdaß es zur Erfüllung des Stiftungszweck nicht mehr ausreicht. Ist kein Stiftungsvermögen mehr vorhanden und der Ersatz verlorengegangenen Vermögens in absehbarer Zeit nicht zu erwarten, oder ist das Stiftungsvermögen so gering, daß seine Verwaltung im Vergleich zu seinem Ertrage unverhältnismäßig hohe Aufwendungen verursacht, so kann die Genehmigung zur Aufhebung der Stiftung erteilt werden.

Die kriegsbedingten Vorschriften sind in Fortfall gekommen. (Band 1 ber. Min. Bl. Nr. 2020.)

Zu § 67. Für Stiftungen mit eigener Rechtspersönlichkeit bestimmen §§ 87, 88 BGB: Ist die Erfüllung des Stiftungszwecks unmöglich geworden oder gefährdet sie das Gemeindewohl, so kann die zuständige Behörde der Stiftung eine andere Zweckbestimmung geben oder sie aufheben. Bei der Umwandlung des Zweckes ist die Absicht des Stifters tunlichst zu berücksichtigen, insbesondere dafür Sorge zu tragen, daß die Erträge des Stiftungsvermögens dem Personenkreis, dem sie zustatten kommen sollten, im Sinne des Stifters tunlichst erhalten bleiben. Die Behörde kann die Verfassung der Stiftung ändern sowie die Umwandlung der Stiftung ändern, soweit die Umwandlung des Zweckes es erfordert. Vor der Umwandlung des Zweckes und der Änderung der Verfassung soll der Vorstand gehört werden.

Mit dem Erlöschen der Stiftung fällt das Vermögen an die in der Verfassung bestimmten Personen. Die Vorschriften der §§ 46–53 finden entsprechende Anwendung.

Preuß. Gesetz vom 10. 7. 1924 (GS S. 575):

§ 1: Stiftungen können durch Beschluß ihrer Vorstände mit Genehmigung der staatlichen Aufsichtsbehörde zusammengelegt, aufgehoben oder in ihren Zwecken geändert werden, wenn es wegen wesentlicher Veränderung der Verhältnisse angezeigt erscheint.

Die Absicht des Stifters ist tunlichst zu berücksichtigen. In dem Beschluß kann ein Anfallberechtigter bestimmt werden.

§ 68 Gemeindewaldungen

Für die Bewirtschaftung von *Gemeindewaldungen* gilt das bisherige *Recht*.

Zu § 68. Für die *Gemeindewaldungen* gilt in NRW das *Gesetz zum Schutz des Waldes* v. 31. 3. 1950 (GV NW S. 63), die *Waldschutzverordnung* v. 28. 11. 1950 (GV NW S. 195), die *Waldwirtschaftsverordnung* v. 28. 11. 1950 (GV NW S. 199) und die Verfahrensordnung für die Bildung von Waldgenossenschaften vom 19. 7. 1951 (GV NW S. 91).

Das Gesetz zum Schutze des Waldes und seine drei Durchführungsverordnungen regeln die Wiederaufforstung, die Ödlandaufforstung, die Umwandlung von Wald, geben Bestimmungen über den Zusammenschluß und die Erzeugungssteigerung, über die sog. geschützten Forsten und Vorschriften gegen Übernutzungen.

Zuständige Forstbehörden sind: die oberste Forstbehörde: Minister für Ernährung, Landwirtschaft und Forsten, höhere Forstbehörde: der Regierungspräsident, untere Forstbehörde: das staatliche Forstamt.

Bei den Forstbehörden sind Forstbeiräte gebildet, zu denen auch Vertreter der Körperschafts-(Gemeinde-)waldungen gehören.

Nach der Waldwirtschaftsverordnung kann die untere Forstbehörde nach Weisung der höheren Forstbehörde anordnen, daß forstliche Fachkräfte in der nötigen Anzahl bestellt werden (§ 3).

Die Aufstellung von Betriebsplänen und die Betriebsaufsicht wird geregelt und es werden Bestimmungen über forstwirtschaftliche Zusammenschlüsse (Waldwirtschaftsgemeinschaften, Forstverbände und Waldgenossenschaften) getroffen. Die 3. DVO handelt von der Verfahrensordnung für die Bildung von Waldgenossenschaften.

Jagdwesen. Grundlagen: Bundesjagdgesetz v. 29. 11. 1952 (BGBl. S. 780) und Landesjagdgesetz v. 31. 3. 1953 (GV NW S. 229), nebst 1. DVO v. 1. 4. 1953 mit Änderung v. 18. 7. 1955 – Jagdscheingebühren – (GV NW S. 797 bzw. GV NW 1955 S. 167), 2. DVO vom 29. 4. 1953 (GV NW S. 265) – Wildschäden –, 3. DVO v. 16. 6. 1954 (GV NW S. 269) – Eigenjagdbezirke, Abschlußpläne –, 4. DVO v. 14. 11. 1955 (GV NW 56 S. 97) – Schonzeitverordnung.

Für die gemeinschaftlichen Jagdbezirke sind Jagdgenossenschaften gebildet, die die Jagd verpachten. Den Mitgliedern der Jagdgenossenschaften (Grundbesitzern) fließen die Jagdpachtgelder anteilig zu.

Die Jagdgenossenschaft ist eine Körperschaft des öffentlichen Rechts und muß eine Satzung haben. Der Jagdvorstand besteht aus einem Vorsitzenden und zwei Beisitzern. Gemeindevorstand im Sinne des § 9 des Reichsjagdgesetzes ist der Rat der Gemeinde.

Jagdpachtverträge sind der unteren Jagdbehörde anzuzeigen. Jagdbehörden sind: oberste Jagdbehörde: Minister für Ernährung, Landwirtschaft und Forsten, obere Jagdbehörde: das Landesjagdamt beim Regierungspräsidenten in Köln, untere Jagdbehörde: die Organe in den Landkreisen und kreisfreien Städten, die für die Erledigung der staatlichen Angelegenheiten zuständig sind (Oberstadtdirektor, Oberkreisdirektor). Sie führen die Bezeichnung Kreisjagdamt. Den Jagdbehörden sind in allen drei Instanzen Jagdbeiräte beigegeben (bei der obersten und oberen Jagdbehörde der Landesjagdrat, bei der unteren Jagdbehörde der Kreisjagdrat).

2. Abschnitt: Wirtschaftliche Betätigung der Gemeinden

§ 69 Errichtung und Erweiterung wirtschaftlicher Unternehmen

(1) Die Gemeinde darf *wirtschaftliche Unternehmen errichten, übernehmen* oder *wesentlich erweitern,* wenn

1. ein *dringender öffentlicher Zweck* das Unternehmen erfordert *und dieser Zweck durch andere Unternehmen nicht besser und wirtschaftlicher erfüllt werden kann* und
2. das Unternehmen nach Art und Umfang in einem angemessenen Verhältnis zu der Leistungsfähigkeit der Gemeinde und zur voraussichtlichen Belastung steht.

(2) *Als wirtschaftliche Unternehmen* im Sinne dieses Abschnitts *gelten nicht*

1. *Unternehmen, zu denen die Gemeinde gesetzlich verpflichtet ist,*
2. *Einrichtungen des Unterrichts-, Erziehungs- und Bildungswesens, der körperlichen Ertüchtigung* der *Kranken-, Gesundheits- und Wohlfahrtspflege* und *öffentliche Einrichtungen ähnlicher Art.*

Auch diese Unternehmen und Einrichtungen sind, soweit es mit ihrem gemeinnützigen Zweck vereinbar ist, *nach wirtschaftlichen Gesichtspunkten zu verwalten und können entsprechend den Vorschriften über die Eigenbetriebe geführt werden.*

(3) *Bankunternehmen darf die Gemeinde nicht errichten.*

(4) Für das *öffentliche Sparkassenwesen* verbleibt es bei den besonderen *Vorschriften.*

Zu § 69. Die wirtschaftliche Betätigung der Gemeinden ist gegenüber der bisherigen gesetzlichen Regelung insofern enger begrenzt worden, als die Errichtung, die Übernahme, die „wesentliche" Erweiterung von wirtschaftlichen Gemeindeunternehmen nur dann zulässig ist, wenn ein „dringender" öffentlicher Zweck es erfordert. Bisher genügte es, wenn „der öffentliche Zweck das Unternehmen rechtfertigte" (§ 67 der rev. GO). Diese Einschränkung der wirtschaftlichen Betätigung der Gemeinden, die aber die Existenzberechtigung der anerkannten kommunalen Versorgungs- und Verkehrswirtschaft grundsätzlich bejaht, wird auch in einer Entschließung des NRW-Landtags vom 8. 7. 1952 (Drucksache Nr. 615), die mit den Stimmen aller Parteien – mit Ausnahme der KPD – Annahme fand, deutlich:

Um die teilweise stark ausgeweitete wirtschaftliche Betätigung der öffentlichen Hand auf das im öffentlichen Interesse notwendige Maß zu beschränken, wird die Landesregierung ersucht,

1. bei Gemeinden und Gemeindeverbänden des Landes Nordrhein-Westfalen auf die Beachtung der §§ 67 ff. DGO hinzuwirken und auf eine Abstellung nachgewiesener Verstöße zu drängen,

2. allgemein den Landesbehörden und allen ihnen nachgeordneten Dienststellen jede handwerkliche, industrielle und Handelstätigkeit sowie Dienstleistungen jeder Art zu untersagen, es sei denn, daß der öffentliche Zweck eine solche Tätigkeit rechtfertigt und diese nicht besser und wirtschaftlicher durch andere Unternehmen erfüllt werden kann.

Erlaß des NRW Innenministers
vom 23. 6. 1953 (NWMinBl. S. 1047)

Das Recht der wirtschaftlichen Betätigung der Gemeinden ist durch die §§ 69 ff. der Gemeindeordnung vom 21./28. Oktober 1952 neu geregelt worden. Diese Vorschriften der Gemeindeordnung schließen sich zwar denen der rev. Gemeindeordnung an, enthalten jedoch einige Neuerungen, die mir im Zusammenhang mit dem Beschlusse des Landtags vom 8. Juli 1952 (Drucks. Nr. 615) zu folgenden Hinweisen Anlaß geben:

1. Sachliche Voraussetzungen für die Errichtung, die Übernahme und die wesentliche Erweiterung wirtschaftlicher Unternehmen.

   Nach § 67 der rev. DGV durfte die Gemeinde wirtschaftliche Unternehmen nur errichten oder wesentlich erweitern, wenn

a) der öffentliche Zweck das Unternehmen rechtfertigte,
b) das Unternehmen nach Art und Umfang in einem angemessenen Verhältnis zu der Leistungsfähigkeit der Gemeinde und zum voraussichtlichen Bedarf stand,
c) der Zweck nicht besser und wirtschaftlicher durch einen anderen erfüllt wurde oder erfüllt werden konnte.

Nach § 69 der neuen GO ist demgegenüber auch die *Übernahme,* also insbesondere der Erwerb bestehender wirtschaftlicher Unternehmen, erfaßt. Des weiteren ist nunmehr Voraussetzung der Errichtung, der Übernahme und der wesentlichen Erweiterung eines wirtschaftlichen Unternehmens, daß ein *dringender* öffentlicher Zweck das Unternehmen rechtfertigt.

Diese Gegenüberstellung zeigt, daß die neue Gemeindeordnung strengere Anforderungen an die wirtschaftliche Betätigung der Gemeinden stellt als die rev. Gemeindeordnung, und daß deshalb sowohl die Gemeinden als auch die Aufsichtsbehörden (§ 70) an die Errichtung, die Übernahme und die wesentliche Erweiterung wirtschaftlicher Unternehmen einen strengeren Maßstab anlegen müssen als bisher. Dabei ist es selbstverständlich nicht der Sinn der neuen Vorschriften, die wirtschaftliche Betätigung der Gemeinden in dem Bereich einzuengen, in dem sie allgemeine Anerkennung gefunden hat. Das gilt vor allem für das Gebiet der Versorgung mit Strom, Gas und Wasser und für den Bereich der Verkehrsbetriebe. Außerhalb dieser Tätigkeitsgebiete, also insbesondere im Bereich des Handwerks, gebieten jedoch die Vorschriften der neuen Gemeindeordnung stärkere Zurückhaltung als bisher. Insoweit sind künftig folgende Richtlinien zu beachten:

a) Die Übernahme einer wirtschaftlichen Betätigung in diesem Bereich wird keinesfalls durch einen dringenden öffentlichen Zweck gerechtfertigt, wenn das einzige Ziel dieser Betätigung das der Gewinnerzielung ist.
b) Grundsätzlich sollen verwaltungs- oder betriebseigene Kräfte keine Leistungen und Lieferungen für Dritte übernehmen, selbst wenn erst dadurch die Wirtschaftlichkeit einer Betätigung erreicht wird.

In größeren Verwaltungen und öffentlichen Einrichtungen kann nach den gegebenen Verhältnissen ein Bedürfnis für die Beschäftigung handwerklich vorgebildeter Kräfte für die Vornahme laufender Instandsetzungen geringeren Umfanges anerkannt werden. Die Gemeinden sollten sich jedoch hierbei möglichst Beschränkung auferlegen und im Einzelfall prüfen, ob derartige Arbeiten nicht zweckmäßiger und wirtschaftlicher von der privaten Wirtschaft ausgeführt werden können.

c) Wo in wirtschaftlichen Unternehmen Neben- oder Hilfsbetriebe nach den Betriebserfordernissen eingerichtet werden müssen, wie z. B. bei Versorgungs- und Verkehrsbetrieben, haben sich auch diese Neben- oder Hilfsbetriebe auf ihre eigentlichen Aufgaben zu beschränken und dürfen nicht darüber hinaus mit der privaten Wirtschaft in Wettbewerb treten. Die wirtschaftlichen Unternehmen sollten größere Neuanlagen, die üblicherweise von der Privatwirtschaft ausgeführt werden, nicht in eigener Regie durchführen.

2. Bestehende wirtschaftliche Unternehmen.
Die Vorschrift des § 69 GO beschränkt sich auf die Errichtung, die Übernahme und die wesentliche Erweiterung wirtschaftlicher Unternehmen. Sie erfaßt also nicht die zur Zeit bereits bestehenden Betriebe. Trotzdem sollten die Gemeinden insoweit in eigener Verantwortung prüfen, ob die bestehenden Betriebe nach den Vorschriften der §§ 69 ff. GO in der kommunalen Hand verbleiben müssen. Ihre Aufrechterhaltung führt erfahrungsgemäß immer wieder zu Angriffen auch auf den berechtigten Bereich kommunaler Wirtschaftsbetätigung, so daß es dem wohlverstandenen Interesse der gemeindlichen Selbstverwaltung entspricht, diese Angriffspunkte von sich aus zu beseitigen. Kommt eine Gemeinde zu dem Ergebnis, daß im einzelnen Falle auf die wirtschaftliche Betätigung verzichtet werden kann, so braucht das Betriebsvermögen nicht unbedingt veräußert zu werden; in manchen Fällen wird es genügen, den Betrieb zu angemessenen Bedingungen zu verpachten. Auf diesem Wege läßt sich oft auch das Beschäftigungsproblem für die bisher in dem kommunalen Betrieb tätigen Arbeitnehmer befriedigend lösen.

3. Formelle Voraussetzungen.
Nach § 70 GO hat die Gemeinde, wenn sie wirtschaftliche Unternehmen errichten, übernehmen oder wesentlich erweitern will, der Aufsichtsbehörde rechtzeitig, mindestens 6 Wochen vor Beginn der Vergebung der Arbeiten oder vor Abschluß des Übernahmevertrages, darüber zu berichten. Aus dem Bericht muß zu ersehen sein, ob die gesetzlichen Voraussetzungen erfüllt sind und ob die Deckung der Kosten tatsächlich und rechtlich gesichert ist. Dabei sind in der Regel entsprechende Kalkulationen und Kostenvergleiche vorzulegen, in denen die Selbstkosten für die Leistungen des wirtschaftlichen Unternehmens nach betriebswirtschaftlichen Grundsätzen ermittelt sind. Abschreibungen, anteilige Betriebs- und Verwaltungskosten, soziale Leistungen

und die Miete für genutzte Räume dürfen deshalb nicht unberücksichtigt bleiben. Bei der Beurteilung dieser Kalkulationen und Kostenvergleiche ist ferner zu berücksichtigen, daß durch eine wirtschaftliche Betätigung der öffentlichen Hand die Steuerleistungen der privaten Wirtschaft vermindert werden.

4. Rechtlich selbständige wirtschaftliche Unternehmen.
Soweit die Gemeinden an wirtschaftlichen Unternehmen (§ 71 GO) beteiligt sind, werden ihre Vertreter in diesen Unternehmen innerhalb ihrer rechtlichen Einflußmöglichkeiten darauf hinzuwirken haben, daß auch die Neben- und Hilfsbetriebe dieser Unternehmen die vorstehend entwickelten Grundsätze beachten.

Den Aufsichtsbehörden wird aufgegeben, die Innehaltung der gesetzlichen Vorschriften im gemeindlichen Bereich zu beobachten und auf die Abstellung nachgewiesener Verstöße hinzuwirken. In Zweifelsfällen von erheblicher Bedeutung bitte ich, mich zu unterrichten.

Anmerkung zu § 69 Abs. 4: Das neue Sparkassenrecht.

Gesetz über die Sparkassen sowie über die Girozentralen und Sparkassen- und Giroverbände (Sparkassengesetz) vom 7. 1. 1958 (GV NW S. 5).

Auszug.

§ 1. Gemeinden oder Gemeindeverbände können Sparkassen errichten. Sie bedürfen zu ihrer Errichtung oder Auflösung der Genehmigung des Ministers für Wirtschaft und Verkehr. Die Genehmigung ist im Einvernehmen mit dem Innenminister zu erteilen. (Anm.: auch Ämter und Zweckverbände können Sparkassen errichten.)

§ 2. Die von Gemeinden oder Gemeindeverbänden errichteten Sparkassen sind rechtsfähige Anstalten des öffentlichen Rechts. (Anm.: Die Sparkassen gehören zu den juristischen Personen des öffentlichen Rechts. Sie sind rechtsfähig, prozeßfähig, parteifähig und deliktsfähig.)

§ 5. (1) Die *Satzung* der Sparkasse trifft die näheren Bestimmungen über die Aufgaben und Befugnisse ihrer Organe. Sie enthält weiter Vorschriften über die Geschäfte der Sparkasse, insbesondere über die sichere Anlage der Sparkassenbestände sowie der Liquidität.

(2) Die Satzung ist von der Vertretungskörperschaft des Gewährsträgers zu erlassen.

(3) Der Minister für Wirtschaft und Verkehr erläßt im Einvernehmen mit dem Innenminister eine *Mustersatzung*. Abweichungen von der Mustersatzung bedürfen der Genehmigung des Regierungspräsidenten. (Anm. Näheres siehe: Die Mustersatzung für Sparkassen in NRW v. 1. 4. 1958 [GV NW S. 764]. Die Mustersatzung hat nicht den Charakter einer Rechtsnorm.)

§ 6. Für die Verbindlichkeiten haftet die Gemeinde oder der Gemeindeverband als Gewährsträger unbeschränkt. Die Gläubiger können den Gewährsträger nur in Anspruch nehmen, soweit sie aus dem Vermögen der Sparkasse nicht befriedigt werden.

§ 7. (1) Die *Vertretungskörperschaft* wählt die ehrenamtlichen Mitglieder des Sparkassenrates.

(2) Sie beschließt über a) die Errichtung der Sparkasse; b) die Auflösung der Sparkasse; c)die Vereinigung der Sparkasse mit einer benachbarten Sparkasse; d) den Er-

laß oder die Änderung der Sparkassensatzung; e) den Stellenplan der Sparkasse auf Vorschlag des Sparkassenrates; f) die Bestellung der Vorstandsmitglieder und des Vorsitzenden auf Vorschlag des Sparkassenrates; g) die Genehmigung zur Errichtung von Verwaltungsgebäuden; h) die Entlastung der Sparkassenorgane; i) die Verwendung der Überschüsse. Vor Beschlußfassung zu b), c) und d) ist der Sparkassenrat zu hören.

§ 8. *Organe der Sparkasse* sind: der Sparkassenrat, der Kreditausschuß, der Vorstand.

§ 9. (1) Der *Sparkassenrat besteht aus:*

a) dem Vorsitzenden und
b) mindestens vier, höchstens zehn weiteren sachkundigen ehrenamtlichen Mitgliedern.

(2) Die Mitglieder des Vorstandes nehmen an den Sitzungen des Sparkassenrates mit beratender Stimme teil.

§ 10. *Vorsitz.*

(1) Die Vertretungskörperschaft des Gewährsträgers wählt eines ihrer Mitglieder oder den Hauptverwaltungsbeamten zum Vorsitzenden des Sparkassenrates ...

(2) Ist der Vorsitzende des Sparkassenrates ein Mitglied der Vertretungskörperschaft, so wählt diese aus den Mitgliedern des Sparkassenrates einen ersten und zweiten Stellvertreter des Vorsitzenden ...

(3) Ist der Hauptverwaltungsbeamte Vorsitzender des Sparkassenrates, so wird er im Falle seiner Behinderung durch seinen allgemeinen Vertreter im Hauptamt vertreten. In kreisfreien Städten kann der Hauptverwaltungsbeamte einen Beigeordneten mit seiner Stellvertretung beauftragen ...

(4) Ist ein Mitglied der Vertretungskörperschaft Vorsitzender des Sparkassenrates, so nimmt der Hauptverwaltungsbeamte an den Sitzungen des Sparkassenrats teil. Er ist berechtigt und auf Verlangen verpflichtet, seine Ansicht zu einem Punkt der Tagesordnung vor dem Sparkassenrat darzulegen. Abs. 3 Satz 1 und 2 gelten entsprechend ... (Anm.: Nach § 16 hat der Hauptverwaltungsbeamte die Pflicht, Beschlüsse des Sparkassenrates, die das Recht verletzen, zu beanstanden).

§ 11. (1) Die *ehrenamtlichen Mitglieder des Sparkassenrates* werden von der Vertretungskörperschaft des Gewährsträgers für die Dauer der Wahlzeit der Vertretungskörperschaft aus dem Kreise der in die Vertretungskörperschaft wählbaren, sachkundigen Bürger nach den Grundsätzen der Verhältniswahl gewählt. Für jedes ehrenamtliche Mitglied ist ein Stellvertreter zu wählen ... Von den ehrenamtlichen Mitgliedern des Sparkassenrates dürfen höchstens zwei Drittel der Vertretungskörperschaft des Gewährsträgers angehören.

(2) Scheidet ein ehrenamtliches Mitglied vor Ablauf der Wahlzeit aus, so tritt an seine Stelle ein Ersatzmitglied, das von der Gruppe der Vertretungskörperschaft benannt wird, die das ausgeschiedene Mitglied zur Wahl vorgeschlagen hat. Benennt diese Gruppe den bisherigen Stellvertreter, so ist in gleicher Weise ein neuer Stellvertreter zu bestimmen.

§ 12. *Dem Sparkassenrat dürfen nicht angehören:*

a) Dienstkräfte des Gewährsverbandes oder der Sparkasse (§ 10 bleibt unberührt);
b) Personen, die Inhaber, persönlich haftende Gesellschafter, Kommanditisten, Vorstands-, Verwaltungsrats-, Aufsichtsratsmitglieder, Leiter, Beamte, Angestellte oder Arbeiter von Unternehmen sind, die gewerbsmäßige Bankgeschäfte betreiben oder vermitteln. Das gilt nicht für die Mitgliedschaft in Verwaltungs- oder Aufsichtsräten der öffentlich-rechtlichen Kreditinstitute.

(2) Dem Sparkassenrat dürfen ferner solche Personen nicht angehören, über deren Vermögen während der letzten zehn Jahre das Konkurs- oder Vergleichsverfahren eröffnet worden ist, oder die während dieser Zeit den Offenbarungseid geleistet oder die Versicherung zur Abwendung des Offenbarungseides abgegeben haben.

(3) Tritt der Tatbestand nach Abs. 1 oder 2 während der Amtsdauer ein, so scheidet das Mitglied aus dem Sparkassenorgan aus.

§ 15. *Aufgaben des Sparkassenrates:* Bestimmung der Richtlinien für die Geschäftspolitik, Erlaß der Geschäftsanweisungen für den Kreditausschuß und den Vorstand. Überwachung der Geschäftsführung. Der Sparkassenrat beschließt (auf Vorschlag des Vorstandes) a) über Erwerb, Veräußerung und Belastung von Grundstücken (ausgenommen bei Erwerb in der Zwangsversteigerung); b) die Aufnahme von Darlehen. Der Sparkassenrat ist beschlußfähig, wenn der Vorsitzende und die Hälfte der weiteren Mitglieder anwesend sind. Beschlüsse werden mit Stimmenmehrheit gefaßt. Bei Stimmengleichheit gilt der Antrag als abgelehnt.

§ 16. Der Hauptverwaltungsbeamte hat die Pflicht (in gleicher Weise wie in der GO) Beschlüsse des Sparkassenrates, die das Recht verletzen, zu beanstanden.

§ 17. *Kreditausschuß.* Der Kreditausschuß besteht aus a) dem Vorsitzenden, b) ehrenamtlichen Mitgliedern, deren Zahl um eine höher ist als die der Vorstandsmitglieder, c) den Mitgliedern des Vorstandes.

Vorsitzender ist der *Hauptverwaltungsbeamte* des Gewährsträgers. Die ehrenamtlichen Mitglieder werden vom Sparkassenrat aus seiner Mitte für die Dauer der Wahlzeit der Vertretungskörperschaft nach den Grundsätzen der Verhältniswahl gewählt.

§ 18. *Aufgaben des Kreditausschusses.* Er beschließt über Anträge, für deren Entscheidung er nach der Satzung zuständig ist, oder die ihm zur Entscheidung vom Vorstand vorgelegt werden. (Anm.: Beschlußfähigkeit wie beim Sparkassenrat. Hauptgemeindebamter – Vorsitzender – hat Beanstandungspflicht bei rechtsverletzenden Beschlüssen.)

§ 19. *Vorstand.*

(1) Der Vorstand besteht aus einer oder mehreren Personen. Die Bestellung von mehr als zwei Vorstandsmitgliedern bedarf der Genehmigung des Regierungspräsidenten.

(2) Die Mitglieder des Vorstandes werden als Beamte des Gewährsträgers der Sparkasse auf Lebenszeit oder auf die Zeit von 12 Jahren auf Vorschlag des Sparkassenrates hauptamtlich angestellt. Sie bedürfen der Bestätigung des Regierungspräsidenten.

Wenn der Vorstand aus mehreren Mitgliedern besteht, so ist eines seiner Mitglieder von der Vertretungskörperschaft zum Vorsitzenden des Vorstandes zu bestellen.

§ 20. *Aufgaben des Vorstandes*

(1) Der Vorstand ist eine öffentliche Behörde. Er vertritt die Sparkasse gerichtlich und außergerichtlich.

(2) Der Vorstand führt die laufenden Geschäfte der Sparkasse selbständig nach Maßgabe der Gesetze und im Rahmen der Richtlinien für die Geschäftspolitik.

§ 25. *Dienstkräfte*

(1) Die bei der Sparkasse tätigen Beamten, Angestellten und Arbeiter sind mit Ausnahme der Vorstandsmitglieder Dienstkräfte der Sparkasse.

(2) Beamte werden auf Vorschlag des Vorstandes vom Sparkassenrat ernannt, befördert und entlassen. Angestellte werden auf Vorschlag des Vorstandes vom Sparkassenrat, Arbeiter vom Vorstand angestellt, höhergruppiert und entlassen. Bei Angestell-

ten kann der Sparkassenrat in der Geschäftsanweisung seine Befugnisse auf den Vorstand ganz oder teilweise übertragen.

§ 32. *Verwendung von Überschüssen*

(1) Die Sparkassen können von ihren bei der Rechnungslegung sich ergebenden Überschüssen zu öffentlichen, mit dem gemeinnützigen Charakter der Sparkassen in Einklang stehenden Zwecken des Gewährsträgers verwenden:

a) $^1/_{10}$, wenn die Sicherheitsrücklage 3 v. H., aber noch nicht 5 v. H. der gesamten Einlagen,

b) $^1/_4$, wenn die Sicherheitsrücklage 5 v. H., aber noch nicht $7^1/_2$ v. H.,

c) $^1/_2$, wenn die Sicherheitsrücklage $7^1/_2$ v. H., aber noch nicht 10 v. H.,

d) $^3/_4$, wenn die Sicherheitsrücklage 10 v. H. oder mehr

ihrer gesamten Rücklagen beträgt.

(2) Die Sparkasse kann Überschüsse, die nicht der Sicherungsrücklage zugeführt werden müssen, mit Genehmigung des Gewährsträgers den in Abs. 1 genannten Zwecken unmittelbar zuführen.

§§ 33–35 enthalten Vorschriften über die *Sparkassenaufsicht.* Aufsichtsbehörde ist der Regierungspräsident. Oberste Aufsichtsbehörde ist der Minister für Wirtschaft und Verkehr (im Einvernehmen mit dem Innenminister). Die Befugnisse der Kommunalaufsichtsbehörden bleiben unberührt.

Von der Sparkassenaufsicht zu genehmigende Sparkassengeschäfte sind:

a) Aufnahme langfristiger nicht zweckgebundener Darlehen;

b) die Gewährung von Darlehen an den eigenen Gewährsverband.

Zuständig für die Genehmigung: Regierungspräsident.

Die kommunalen Sparkassen unterstehen ferner der

Bankenaufsicht

nach dem Gesetz über das Kreditwesen (i. d. Fassung der Bekanntmachung v. 25. 9. 1939 (RGBl. S. 1955) und der ÄnderungsVO v. 23. 7. 1940 (RGBl. S. 1047).

Danach sind die Sparkassen und ihr Betrieb erlaubnispflichtig. Der Geschäftsbetrieb kann unter bestimmten Voraussetzungen untersagt werden. U. a.: Anzeigepflicht bei Wechsel des Geschäftsleiters, Meldepflicht von Krediten in bestimmter Höhe, Vorschriften über die Gewährung von Krediten an Mitglieder des Aufsichtsrates, Geschäftsleiter, Beamte und Angestellte, Schutz der Bezeichnung „Sparkasse“, Mindestreserven und Einreichungspflicht für Bilanzen.

Zu § 69. Die Besoldung der leitenden Beamten der kommunalen Sparkassen ist durch VO v. 5. 7. 1956 (VB NW S. 1956 mit Änderungen der VO v. 30. 6. 1960 GO NW S. 203) festgesetzt.

LEITENDE BEAMTE DER KOMMUNALEN SPARKASSEN

A. Eingruppierung

§ 11

(1) Der Vorstand oder, sofern der Vorstand aus mehreren Mitgliedern besteht, der Vorsitzende des Vorstandes darf eingruppiert werden bei einem Einlagenbestand

bis		2 Millionen DM	in Besoldungsgruppe A 10
von über	2 –	6 Millionen DM	in Besoldungsgruppe A 11
von über	6 –	10 Millionen DM	in Besoldungsgruppe A 12
von über	10 –	20 Millionen DM	in Besoldungsgruppe A 13

von über 20 –	30 Millionen DM	in Besoldungsgruppe	A 14
von über 30 –	50 Millionen DM	in Besoldungsgruppe	A 15
von über 50 –	75 Millionen DM	in Besoldungsgruppe	A 16
von über 75 –	150 Millionen DM	in Besoldungsgruppe	B 2
von über 150 –	250 Millionen DM	in Besoldungsgruppe	B 3
von über 250	Millionen DM	in Besoldungsgruppe	B 4

Die Eingruppierung muß jedoch mindestens eine der für Beamte der allgemeinen Verwaltung in Frage kommenden Besoldungsgruppen unter der des Hauptverwaltungsbeamten des Gewährsträgers bleiben, bei Zweckverbandssparkassen tritt an die Stelle des Hauptverwaltungsbeamten des Gewährsverbandes der in die höchste Besoldungsgruppe eingruppierte Hauptverwaltungsbeamte der Zweckverbandsmitglieder.

(2) Maßgebend ist der Einlagenbestand am 30. Juni 1958.

§ 12. Die Eingruppierung der übrigen Mitglieder des Vorstandes muß mindestens eine der für Beamte der allgemeinen Verwaltung in Frage kommenden Besoldungsgruppen unter der des Vorsitzenden des Vorstandes bleiben.

B. Aufwandsentschädigungen

§ 13

Der Vorstand oder, sofern der Vorstand aus mehreren Mitgliedern besteht, der Vorsitzende des Vorstandes erhält eine Aufwandsentschädigung, die bei einem Einlagenbestand

bis	2 Millionen DM	40,– DM monatlich
von über 2 –	10 Millionen DM	60,– DM monatlich
von über 10 –	30 Millionen DM	80,– DM monatlich
von über 30 –	75 Millionen DM	100,– DM monatlich
von über 75 –	150 Millionen DM	120,– DM monatlich
von über 150 –	250 Millionen DM	140,– DM monatlich
von über 250	Millionen DM	160,– DM monatlich

nicht übersteigen darf.

§ 11 Abs. 2 gilt entsprechend.

Den übrigen Mitgliedern des Vorstandes oder, wenn der Vorstand nur aus einer Person besteht, dem zur Vertretung bestellten Beamten kann eine Aufwandsentschädigung bis zu 50 v. H. der Sätze in § 13 zugebilligt werden. Das gleiche gilt für die Leiter von Hauptzweigstellen; maßgebend ist dabei der Einlagenbestand dieser Zweigstellen.

Allgemeine Vorschriften der VO sind in der Anmerkung zu § 49 GO abgedruckt.

Nach der VO v. 28. 11. 1960 (GV NW S. 429) kann den Sparkassenbeamten eine widerrufliche, nicht ruhegehaltsfähige Zulage in Höhe von höchstens einem Zwölftel der Dienstbezüge gewährt werden.

Außerdem sind Jubiläumszuwendungen bei 25 und mehr Dienstjahren zulässig, höchstens 250 DM. Die VO gilt ab 1. Juli 1960.

§ 70 Anzeigepflicht

Wenn die Gemeinde wirtschaftliche Unternehmen errichten, übernehmen oder wesentlich erweitern will, so hat sie der *Aufsichtsbehörde rechtzeitig, mindestens sechs Wochen vor Beginn oder Vergebung der Arbeiten oder vor Abschluß des Übernahmevertrages*, darüber *zu berichten*. Aus dem Bericht muß zu ersehen sein, ob die gesetzlichen Voraussetzungen erfüllt sind und ob die Deckung der Kosten tatsächlich und rechtlich gesichert ist.

§ 71 Beteiligung an wirtschaftlichen Unternehmen

(1) Die Gemeinde darf sich *an einem wirtschaftlichen Unternehmen nur beteiligen, wenn die Voraussetzungen des § 69 vorliegen* und wenn für die Beteiligung eine Form gewählt wird, die die *Haftung der Gemeinde auf einen bestimmten Betrag begrenzt*. § 70 gilt entsprechend.

(2) *In Gemeinden unter 5000 Einwohnern* kann die *Aufsichtsbehörde* unter den Voraussetzungen des § 69 in begründeten Fällen *Beteiligungen an landwirtschaftlichen Kreditgenossenschaften* zulassen, bei denen die Haftung nicht begrenzt ist.

(3) Absatz 1 gilt entsprechend, wenn ein Unternehmen, an dem Gemeinden oder Gemeindeverbände mit mehr als fünfzig vom Hundert beteiligt sind, sich an einem anderen Unternehmen beteiligen will.

(4) Die *Beteiligung der Gemeinde an einem Zweckverband bleibt hiervon unberührt.*

Dritte Verwaltungsverordnung zu § 71

Die Beteiligung einer Gemeinde unter 5000 Einwohnern an einer ländlichen Kreditgenossenschaft mit nicht begrenzter Haftung darf nur in begründeten Fällen zugelassen werden. Ein begründeter Fall liegt vor, wenn der Gemeinde durch die Beteiligung die Aufnahme langfristiger Kredite ermöglicht wird und auf anderem Wege Kredite nicht beschafft werden können. Vor Zulassung der Beteiligung hat sich die Aufsichtsbehörde über die wirtschaftlichen Verhältnisse der Genossenschaft und die Art ihrer Geschäftsführung zu unterrichten. Solange noch keine hinreichenden Erfahrungen über die Beteiligung von Gemeinden an landwirtschaftlichen Kreditgenossenschaften bestehen, hat die Aufsichtsbehörde sich durch den Regierungspräsidenten beraten zu lassen, bevor sie die Zulassung ausspricht.

§ 72 Vertretung der Gemeinde in Organen wirtschaftlicher Unternehmen

(1) *Die Vertreter der Gemeinde* in wirtschaftlichen Unternehmen der Gemeinde, die eigene Rechtspersönlichkeit besitzen (Eigengesellschaften) und in wirtschaftlichen Unternehmen, an denen die Gemeinde beteiligt ist, *werden vom Rat bestellt*. Sie sind *an die Beschlüsse des Rates und seiner Ausschüsse gebunden. Sie haben ihr Amt in den Organen dieser Unternehmen auf Beschluß des Rates jederzeit niederzulegen.*

(2) Absatz 1 gilt entsprechend, wenn der Gemeinde das *Recht eingeräumt* ist, *Mitglieder des Vorstandes, des Aufsichtsrates oder* eines ähnlichen Organs von wirtschaftlichen Unternehmen *zu bestellen.*

(3) *Werden die von der Gemeinde bestellten Personen* aus dieser Tätigkeit *haftbar gemacht, so hat ihnen die Gemeinde den Schaden zu ersetzen,* es sei denn, daß sie ihn vorsätzlich oder grobfahrlässig herbeigeführt haben. *Auch in diesem Falle* ist die *Gemeinde schadenersatzpflichtig, wenn die* von der Gemeinde bestellten *Personen nach Weisung des Rats und seiner Ausschüsse gehandelt haben.*

Zu § 72. Nach § 70 der rev. GO war, wenn kein gegenteiliger Beschluß des Rats vorlag, der Bürgermeister der geborene Vertreter der Gemeinde in Organen von wirtschaftlichen Unternehmungen, an denen die Gemeinde beteiligt ist. Jetzt bestellt der Rat die Vertreter. Der Bürgermeister ist in diesem Falle nicht mehr kraft Amts Vertreter der Gemeinde.

Die Vertreter sind wie bisher an die Weisungen des Rats gebunden. Der Rat hat ungeachtet zivil- oder handelsrechtlicher Vorschriften über die Amtsdauer das Abberufungsrecht.

§ 73 Aufnahme von Krediten durch Gesellschaften

(1) *Vertreter der Gemeinde in dem Vorstand, dem Aufsichtsrat* oder einem sonstigen Organ *einer Gesellschaft, an der Gemeinden* oder Gemeindeverbände *mit mehr als fünfundsiebzig vom Hundert beteiligt* sind, dürfen der *Aufnahme von Darlehen und Kassenkrediten nur mit Genehmigung der Aufsichtsbehörde* zustimmen.

(2) Sind mehrere Gemeinden oder Gemeindeverbände beteiligt, die verschiedenen Aufsichtsbehörden unterstehen, so hat die nächsthöhere gemeinsame Aufsichtsbehörde für alle Beteiligten die Aufsichtsbehörde zu bestellen.

Vierte Durchführungsverordnung zu § 73

§ 2

(1) Vertreter der Gemeinde in dem Vorstand, dem Aufsichtsrat oder einem sonstigen Organ einer Wohnungsbaugesellschaft oder Wohnungsbaugenossenschaft, an der Gemeinden oder Gemeindeverbände mit mehr als 75 v. H. beteiligt sind, bedürfen bei ihrer Zustimmung zur Aufnahme von Darlehen keiner Genehmigung der Aufsichtsbehörde, wenn die Darlehen aus öffentlichen Mitteln gewährt werden.

(2) Die Zustimmung ist der nach § 73 der Gemeindeordnung zuständigen Aufsichtsbehörde vorher anzuzeigen.

§ 74 Rechtsgrundlagen der Eigenbetriebe

Die *Wirtschaftsführung der gemeindlichen Unternehmen* ohne Rechtspersönlichkeit (Eigenbetriebe) *wird durch die Eigenbetriebsverordnung* und durch die *Betriebssatzung* geregelt.

§ 75 Wirtschaftsführung der Eigenbetriebe

(1) In den Angelegenheiten des Eigenbetriebes *ist der Werksleitung ausreichende Selbständigkeit der Entschließung einzuräumen.* Die *Zuständigkeiten des Rates sollen soweit wie möglich dem Werksausschuß übertragen werden.*

(2) Wirtschaftsführung, Vermögensverwaltung und Rechnungslegung jedes Eigenbetriebes sind so einzurichten, daß sie eine besondere Betrachtung der Verwaltung und des Ergebnisses ermöglichen.

Dritte Verwaltungsverordnung zu § 75

Aus der Fassung des § 75 ergibt sich, daß die Gemeinden mit Eigenbetrieben zur Bildung eines Werksausschusses verpflichtet sind.

Hinsichtlich der Bildung eines Werksausschusses wird auf § 5 EigVO vom 22. 12. 53 (GS NW S. 181) verwiesen. (Band 1 ber. Min. Bl. Nr. 2020.)

Zu § 75. Alle Entscheidungen, die nicht zu dem Ausschließlichkeitskatalog des § 28 Abs. 1 gehören, „soll" der Rat dem Werksausschuß übertragen. Absicht des Gesetzgebers ist, die Verwaltung der kommunalen Betriebe soweit wie möglich im Interesse ihrer Wirtschaftlichkeit zu verselbständigen.

§ 76 Ertrag der wirtschaftlichen Unternehmen

(1) Wirtschaftliche Unternehmen *sollen einen Ertrag für den Haushalt der Gemeinden abwerfen,* soweit das mit der Erfüllung des dringenden öffentlichen Zwecks in Einklang zu bringen ist.

(2) Der *Jahresgewinn* der wirtschaftlichen Unternehmen als Unterschied der Erträge und Aufwendungen soll so hoch sein, *daß außer* den für die technische und wirtschaftliche Fortentwicklung des Unternehmens *notwendigen Erweiterungs- und sonstigen offenen Rücklagen mindestens eine marktübliche Verzinsung des Eigenkapitals erwirtschaftet wird.*

§ 77 Verbot des Mißbrauchs wirtschaftlicher Machtstellung

Bei Unternehmen, für die kein Wettbewerb gleichartiger Unternehmen besteht, darf der Anschluß und die Belieferung nicht davon abhängig gemacht werden, *daß auch andere Leistungen oder Lieferungen abgenommen* werden.

Zu § 77. Kein Monopolmißbrauch ist z. B. die Forderung von Baukostenzuschüssen oder Mindestabnahmen seitens der kommunalen Versorgungsbetriebe bei Erweiterung von Anlagen, die ohne derartige Leistungen unrentabel wären.

3. Abschnitt: Schulden

§ 78 Aufnahme und Genehmigung des Gesamtbetrages der Darlehen

(1) Die Gemeinde darf *Darlehen* (Anleihen, Schuldscheindarlehen, sonstige Kredite *mit Ausnahme von Kassenkrediten) nur im außerordentlichen Haushaltsplan* aufnehmen. Der Gesamtbetrag der Darlehen, die zur Bestreitung von

Ausgaben des außerordentlichen Haushaltsplanes dienen sollen, bedarf im Rahmen der Haushaltssatzung der *Genehmigung der Aufsichtsbehörde.* Sie wird vorbehaltlich der Genehmigung zur Aufnahme der einzelnen Darlehen (§ 80) ausgesprochen; sie ist zu versagen, soweit sich schon in diesem Zeitpunkt erkennen läßt, daß die Voraussetzungen für die Aufnahme der einzelnen Darlehen offenbar nicht vorliegen.

(2) Darlehensermächtigungen im außerordentlichen Haushaltsplan erlöschen unbeschadet der Vorschriften des § 80 mit Ablauf des Rechnungsjahres.

Dritte Verwaltungsverordnung zu § 78

1. Als Darlehen im Sinne des § 78 gilt jede Kreditaufnahme mit Ausnahme der Aufnahme von Kassenkrediten (§ 83).
2. Die Verlängerung eines von der Gemeinde aufgenommenen Kredits gilt nicht als Aufnahme eines Darlehens im Sinne des § 78, und zwar auch dann nicht, wenn sie durch Vereinbarung zwischen dem Gläubiger und dem Schuldner zustande kommt. Nicht berührt wird hierdurch die Genehmigung nach § 80 zu der in einer solchen Darlehensverlängerung liegenden Änderung der Darlehensbedingungen.
3. Für die Genehmigungspflicht bei Schuldübernahmen gelten folgende Grundsätze:

a) Tritt eine Gemeinde gem. §§ 414, 415 BGB durch Schuldübernahme in eine bestehende Darlehensschuld ein, so handelt es sich um eine Darlehensaufnahme im Sinne des § 78.

b) Beim Erwerb von Grundstücken durch Gemeinden ist zu unterscheiden:

aa) Erwirbt eine Gemeinde im Wege der Zwangsversteigerung ein Grundstück, das mit einer Hypothek belastet ist, die nach § 53 ZVG bestehen bleibt, so übernimmt sie damit, falls der Vollstreckungsschuldner zugleich persönlich haftet, kraft Gesetzes in Höhe der bestehenbleibenden Hypothek die persönliche Haftung des Schuldners durch den Zuschlag. Eine rechtsgeschäftliche Darlehensaufnahme liegt in diesem Falle nicht vor, es bedarf deshalb keiner Genehmigung nach §§ 78 und 80. Das gleiche gilt für eine Schuldübernahme nach § 53 Abs. 2 ZVG.

bb) Trifft eine Gemeinde bei Erwerb eines Grundstücks im Wege der Zwangsversteigerung mit dem Gläubiger einer Hypothek, die nicht bestehen bleibt, eine Vereinbarung über das Bestehenbleiben der Hypothek, so liegt neben der dinglichen Wirkung dieser Vereinbarung zugleich eine Schuldübernahme im Sinne des § 414 BGB vor; das gilt auch dann, wenn die Gemeinde bei freihändigem Erwerb eines Grundstücks durch Vertrag mit dem Veräußerer eine Schuld des Veräußerers übernimmt, für die eine Hypothek an dem Grundstück besteht. In beiden Fällen finden die Vorschriften der §§ 78 und 80 Anwendung.

4. Vor der Genehmigung des Gesamtbetrages der Darlehen, die zur Bestreitung von Ausgaben des außerordentlichen Haushalts dienen sollen, hat die Aufsichtbehörde zu prüfen, ob die Voraussetzungen für Darlehensaufnahmen nach § 79 vorliegen. Hierzu gehört, daß die Verzinsung und Tilgung der Darlehen gesichert ist.
Daneben ist zu untersuchen, ob die Gemeinde in den kommenden Jahren ohne eine Gefährdung ihres Haushaltsausgleichs die laufenden Verwaltungs- und Unterhaltungskosten für die Einrichtungen übernehmen kann, die mit dem in der Haushaltssatzung vorgesehenen Darlehensbetrag finanziert werden sollen. Durch Darlehensaufnahmen darf der Gesamtschuldenstand der Gemeinde sich der Grenze der als tragbar anzusehenden Verschuldung nur soweit nähern, daß für die Aufnahme von Darlehen für etwaige bereits in der Planung befindliche unaufschiebbare kommunale Maßnahmen ein angemessener Raum bleibt.

Zu § 78. Verfahren bei der Aufnahme von Darlehen nach GO NW (Reihenfolge zwingend!)
äußere Darlehen:
1. Aufnahme in den außerordentlichen Haushalt (§ 78 GO, § 1 Abs. 3 Ziff. 1 GemHVO),
2. Globalgenehmigung (§ 78 GO),
3. Ratsbeschluß (§ 28 q GO),
4. Einzelgenehmigung (§ 80 GO),
5. Darlehnsvertrag (§§ 607 ff. BGB);

innere Darlehen:
1. Aufnahme in den außerordentlichen Haushalt (§ 1 Abs. 3 Ziff. 5 GemHVO),
2. ./·
3. Ratsbeschluß (§ 28 I GO),
4. grundsätzlich genehmigungsfrei, nur bei Inanspruchnahme von mehr als 25 vH von Rücklagen genehmigungspflichtig (§ 15 Abs. 2 RücklVO),
5. (pro-forma Schuldschein; nicht erforderlich, aber zweckmäßig). – (Nach Giere in Staats- und kom. Verwaltung, S. 269/58).

§ 79 Voraussetzungen für Darlehensaufnahmen

(1) Die Gemeinde darf *Darlehen nur zur Bestreitung außerordentlichen und unabweisbaren Bedarfs* und nur insoweit aufnehmen, als sie zu einer anderweitigen Deckung nicht in der Lage ist. Kann der Aufwand für Verzinsung und Tilgung voraussichtlich nicht durch Mehreinnahmen oder durch Ausgabenersparnisse, die sich aus der Verwendung der Darlehensmittel ergeben, dauernd ausgeglichen werden, so muß die Gemeinde nachweisen, daß *die Verzinsungs- und Tilgungsverpflichtungen mit ihrer dauernden Leistungsfähigkeit im Einklang* stehen.

(2) Die Gemeinde darf ein Darlehen, das sie bis zur Fälligkeit aus Mitteln des ordentlichen Haushalts nicht zurückzahlen kann, nur aufnehmen

1. als *Vorwegnahme eines langfristigen Darlehens,* dessen Eingang *rechtlich* und *tatsächlich gesichert ist, oder*

2. als *Vorgriff auf einen Veräußerungserlös* aus Gemeindevermögen, der zur Abdeckung des Darlehens ausreicht, wenn der rechtzeitige Eingang des Veräußerungserlöses *rechtlich und tatsächlich gesichert ist,* oder
3. als *Vorgriff auf einen Zuschuß,* der von einem leistungsfähigen Anderen *verbindlich zugesagt* worden ist.

Dritte Verwaltungsverordnung zu § 79

1. Darlehen dürfen nur für Zwecke aufgenommen werden, die im Rahmen der gemeindlichen Aufgaben liegen. Die Aufnahme von Darlehen zur Weitergabe an andere für außerhalb des gemeindlichen Aufgabenbereichs liegende Zwecke, insbesondere an private Wirtschaftsbetriebe, ist unzulässig, da die Vermittlung solcher Kredite nicht Aufgabe der Gemeinde ist.
2. Darlehen dürfen nur zur Deckung eines unabweisbaren gegenwärtigen Bedarfs aufgenommen werden.
3. Eine besonders sorgsame Prüfung ist bei mittelfristigen Darlehen geboten. Soweit die Kreditmarktlage zur Aufnahme solcher Darlehen zwingt, ist Vorsorge zu treffen, daß die rechtzeitige Tilgung des Darlehens sichergestellt wird.

Zu § 79 GO. Die *Verschuldungsgrenze.* Ob der Schuldendienst noch dauernd getragen werden kann, ergibt sich aus der Relation des Schuldendienstes (Zinsen und Tilgung) zu den ordentlichen Einnahmen. Das ist bei der öffentlichen Hand der einzige Maßstab zur Messung der Schuldenhöhe. Bei den Einnahmen müssen die durchlaufenden Gelder außer Betracht bleiben. Eine Gemeinde mit einer durchschnittlichen Finanzkraft kann sich einen Schuldendienst von höchstens 8 v. H. der ordentlichen Einnahmen leisten. Bei einer besonders finanzkräftigen Gemeinde liegt die Verschuldungsgrenze äußerstens bei 10 v. H. der Einnahmen.

§ 80 Einzelgenehmigung für die Darlehensaufnahme

(1) Die *Gemeinde bedarf zur Aufnahme von Darlehen, deren Gesamtbetrag nach § 78 genehmigt* worden ist, der *Genehmigung der Aufsichtsbehörde.* Sie bedarf ferner der *Genehmigung zur Übernahme von Bürgschaften,* von *Verpflichtungen aus Gewährverträgen* und zur *Bestellung anderer Sicherheiten.* Genehmigungspflichtig sind auch solche Rechtsgeschäfte, die den genannten wirtschaftlich gleichkommen.

(2) Eine Genehmigung ist *nicht erforderlich,* für die *im Rahmen der laufenden Verwaltung* abzuschließenden, *ihrer Natur nach regelmäßig wiederkehrenden Geschäfte,* es sei denn, daß es sich unmittelbar oder mittelbar um *Verpflichtungen gegenüber Ausländern* oder um *Verpflichtungen in einer anderen als der deutschen Währung* handelt. *Die Aufnahme von Darlehen ist in jedem Falle genehmigungspflichtig.*

Dritte Verwaltungsverordnung zu § 80

1. Fehlt die in § 80 Abs. 1 vorgesehene Genehmigung, so ist nach § 104 Abs. 1 das Rechtsgeschäft nichtig.

2. Genehmigungspflichtig sind:

a) die Aufnahme von Darlehen;
genehmigungspflichtig ist außer der Aufnahme von Darlehen auch jede spätere Änderung der Darlehensbedingungen (z. B. Verzinsung, Tilgung, Laufzeit des Darlehens usw.), die im Wege eines Rechtsgeschäfts zustande kommt, es sei denn, daß es sich um eine Ermäßigung der Zinsbedingungen handelt. Letztere ist nach § 3 Abs. 3 der 4. DVO von der Genehmigung freigestellt.

b) die Übernahme von Bürgschaften, Verpflichtungen aus Gewährsverträgen und die Bestellung anderer Sicherheiten.
Bei der Übernahme von Bürgschaften für Unternehmen, an denen mehrere Gemeinden (Gemeindeverbände) oder auch andere beteiligt sind, wird die Bürgschaft in der Regel nach dem Beteiligungsverhältnis aufzuteilen sein. Die Übernahme von Bürgschaften zugunsten sonstiger privater Wirtschaftsbetriebe gehört nicht zum Aufgabenkreis der Gemeinden und Gemeindeverbände.
Die Verpflichtung aus einem Gewährvertrage bezieht sich nicht auf die Erfüllung der Verbindlichkeit des Hauptschuldners; ihr Gegenstand ist vielmehr die sachliche Haftung für einen bestimmten Erfolg oder für ein bestimmtes Verhalten des Schuldners, die Übernahme einer Gefahr oder eines Schadens, die aus dem Schuldverhältnis mit einem Dritten entstehen können.
Unter „anderen Sicherheiten" ist die Übernahme von Garantien, die nicht Bürgschaften oder Gewährverträge sind, zu verstehen, und zwar das Eingehen einer solchen Verpflichtung für Dritte, nicht auch zur Sicherung eines eigenen Darlehens der Gemeinde (vgl. hierzu § 81). Praktische Beispiele für andere Sicherheiten sind Wechselbürgschaften und Ausbietungsgarantien. Die Einschränkung des Umfanges einer Bürgschaft, einer Gewährverpflichtung oder einer anderen Sicherheit ist nach § 3 Abs. 3 der 4. DVO genehmigungsfrei.

c) Rechtsgeschäfte, die einem der in § 80 Abs. 1 bezeichneten Rechtsgeschäfte wirtschaftlich gleichkommen. Hierbei handelt es sich z. B. um
   aa) Vereinbarungen über die Verlängerung der Zahlungsfrist für Lieferungen und Leistungen an die Gemeinde, soweit sie über die übliche Frist für die Erfüllung der sich aus der laufenden Verwaltung ergebenden Verpflichtungen hinausgehen und nicht unter die Bestimmungen des § 80 Abs. 2 fallen;
   bb) Restkaufgelder, vor allen Dingen dann, wenn das Restkaufgeld seiner Höhe nach den überwiegenden Teil des Kaufpreises ausmacht, und wenn für das Restkaufgeld Zins- und Tilgungsbeträge entrichtet werden, die dem Schuldendienst bei einer Darlehensaufnahme gleichgestellt sind.

3. Unter den Begriff der Geschäfte der laufenden Verwaltung im Sinne des § 80 Abs. 2 fallen regelmäßig die unter Stundung des Kaufpreises vorge-

nommenen Beschaffungen zur Erfüllung der laufenden Verwaltungsgeschäfte. Hierunter fällt ferner die Übernahme von Bürgschaften und sonstigen Verpflichtungen zugunsten Dritter, insbesondere auch der in Privatrechtsform betriebenen Werke und Anstalten, soweit es sich um regelmäßig wiederkehrende Geschäfte handelt.

Typische Beispiele für derartige Geschäfte sind die Beschaffung von Heizmaterial und Bürobedarf jeder Art sowie des laufenden Bedarfs für Straßenunterhaltung, den Betrieb von Krankenhäusern und Heil- und Pflegeanstalten sowie die Bürgschaft oder sonstige Sicherheit für die Beschaffung von Kohlen zum Betrieb von Gas- und Elektrizitätswerken.

4. In den Anträgen auf Genehmigung nach § 80 sind stets die tatsächlichen Verhältnisse unter Beifügung der vertraglichen Abmachungen (Darlehensvertrag usw.) und ihre finanziellen Auswirkungen darzustellen.
5. Bei der Genehmigung ist zu prüfen, ob die Rückzahlungsverpflichtungen angemessen und für die Gemeinde tragbar sind. Weiter ist zu untersuchen, ob die Zins- und Tilgungsverpflichtungen und die Kosten, die mit der laufenden Verwaltung und Unterhaltung der im Wege der Darlehensaufnahme finanzierten Einrichtung verbunden sind, den künftigen Haushaltsausgleich der Gemeinde gefährden.

Vierte Durchführungsverordnung zu § 80

§ 3

(1) Genehmigungsfrei ist

1. die Übernahme der persönlichen Schuld aus Hypotheken beim Erwerb von Grundstücken, wenn die Schuld die Wertgrenzen des § 1 Abs. 2 Satz 1 nicht übersteigt,
2. die Übernahme der persönlichen Schuld für ausgebotene Vorhypotheken bei der Ansteigerung von Grundstücken, die mit Wohnungsbauhypotheken aus öffentlichen Mitteln beliehen sind.

(2) Die Schuldübernahme ist der Aufsichtsbehörde vorher anzuzeigen.

(3) Die Ermäßigung der Zinsbedingungen eines Darlehens sowie die Einschränkung des Umfanges einer Bürgschaft, einer Gewährverpflichtung oder einer anderen Sicherheit, zu denen eine Genehmigung nach § 80 der Gemeindeordnung erteilt ist, bedürfen keiner Genehmigung. Entschließungen dieser Art sind der Aufsichtsbehörde vorher anzuzeigen.

§ 81 Sicherung von Darlehen

Die Gemeinde darf zur Sicherung des Darlehensgebers keine besonderen Sicherheiten bestellen, soweit nicht die Bestellung von Sicherheiten der Verkehrsübung entspricht. Die Aufsichtsbehörde kann weitere Ausnahmen zulassen.

Dritte Verwaltungsverordnung zu § 81

Während die frühere Regelung die Bestellung von Sicherheiten an die Genehmigung der Aufsichtsbehörde band, sind nunmehr diese Sicherheiten genehmigungsfrei, soweit ihre Gestellung der Verkehrsübung entspricht. Der Verkehrsübung entspricht eine Sicherheitsleistung dann, wenn sie im Geschäftsverkehr, unter Berücksichtigung der besonderen Stellung der Gemeinden im Kreditgeschäft, üblich ist. Hiernach kann die Bestellung von Sicherheiten bei der Errichtung von Wohnhäusern sowie anderen Gebäuden, die für den geordneten Gang der Verwaltung entbehrlich sind, als der Verkehrsübung entsprechend angesehen werden, wenn die Sicherheit an den Grundstücken bestellt wird, deren Baukosten aus den betreffenden Darlehnsmitteln bezahlt werden sollen. Die Aufsichtsbehörde kann in besonders begründeten Einzelfällen auch die Belastung von Grundstücken für ein Darlehen zulassen, das für andere Zwecke verwendet werden soll, wenn diese Grundstücke für den geordneten Gang der Verwaltung entbehrlich sind.

Zu § 81. Der Verkehrsübung entspricht z. B. die Bestellung von Sicherheiten durch Eintragung von Hypotheken bei Wohnungsbauten.

§ 82 Darlehenstilgung

(1) Die Gemeinde hat für jedes Darlehen einen *Tilgungsplan* aufzustellen.

(2) Die Höhe der *Tilgungsleistungen hat sich nach den finanziellen und wirtschaftlichen Interessen der Gemeinde zu richten.* In dem Tilgungsplan muß mindestens die Tilgung in Höhe der Rückzahlungsbedingungen des Darlehnsvertrages vorgesehen werden. Darlehen zur Befriedigung wiederkehrender Bedürfnisse sind bis zur Wiederkehr des Bedürfnisses zu tilgen. Die Tilgungsbeträge sind allgemein um so höher zu bemessen, je geringer der unmittelbare wirtschaftliche Nutzen des Darlehenszweckes ist.

(3) Für Darlehen, die mit dem Gesamtbetrag fällig werden, oder für die der Tilgungsplan eine von den Rückzahlungsbedingungen abweichende Tilgung vorsieht, sind die Tilgungsbeträge planmäßig anzusammeln und bereitzuhalten (gesetzliche Tilgungsrücklage).

§ 83 Kassenkredite

(1) Zur rechtzeitigen *Leistung der ordentlichen Ausgaben* darf die Gemeinde *Kassenkredite* aufnehmen. Diese Kassenkredite dürfen nur *in der Höhe des in der Haushaltssatzung festgesetzten* und *von der Aufsichtsbehörde genehmigten Höchstbetrages* aufgenommen werden. Die Genehmigung darf nur in Ausnahmefällen für einen höheren Betrag als *ein Sechstel des haushaltsmäßigen ordentlichen Einnahmesolls erteilt werden. Kassenkredite,* die im Zeitpunkt einer neuen Genehmigung *nicht zurückgezahlt* sind, *müssen* bei der neuen Genehmigung *eingerechnet werden.* Die Genehmigung zur Aufnahme weiterer Kassenkredite erlischt, unbeschadet der Vorschrift des § 89, mit Ablauf des Rechnungsjahres.

(2) Die Aufnahme von *Kassenkrediten* ist *nur* zu genehmigen, *wenn der Bedarf nicht aus der Betriebsmittelrücklage,* zu deren Ansammlung jede Gemeinde verpflichtet ist, *oder aus anderen Mitteln gedeckt werden kann.*

(3) *Kassenkredite sind aus ordentlichen Einnahmen bis zum Abschluß des laufenden Rechnungsjahres oder,* wenn dies *nicht möglich ist, innerhalb von neun Monaten nach Einräumung des Kredits zurückzuzahlen.*

4. Abschnitt: Haushalt

§ 84 Haushaltssatzung und Rechnungsjahr

(1) Die *Haushaltssatzung* bildet die Grundlage für die Verwaltung aller Einnahmen und Ausgaben.

(2) Das Rechnungsjahr der Gemeinde deckt sich mit dem Rechnungsjahr des Landes. Es wird nach dem Kalenderjahr benannt, in dem es beginnt.

Zu § 84. Das Rechnungsjahr deckt sich mit dem Kalenderjahr.

§ 85 Inhalt der Haushaltssatzung

Für jedes Rechnungsjahr hat die Gemeinde eine Haushaltssatzung zu erlassen Sie enthält die Festsetzung

1. des Haushaltsplanes,
2. der Steuersätze für die Gemeindesteuern, die für jedes Rechnungsjahr neu festzusetzen sind,
3. des Höchstbetrages der Kassenkredite,
4. des Gesamtbetrages der Darlehen, die zur Bestreitung von Ausgaben des außerordentlichen Haushaltsplanes bestimmt sind.

Zu §§ 85 und 87. Einnahmen und Steuern. Aus dem Kommunalabgabengesetz vom 14. 7. 1893 GesS. S. 152) mit Änderungen.

§ 1. Die Gemeinden sind berechtigt, zur Deckung ihrer Ausgaben und Bedürfnisse nach Maßgabe der Bestimmungen dieses Gesetzes Gebühren und Beiträge, indirekte und direkte Steuern zu erheben sowie Naturaldienste zu fordern.

§ 2. Die Gemeinden dürfen von der Befugnis, Steuern zu erheben, nur insoweit Gebrauch machen, als die sonstigen Einnahmen, insbesondere aus Gebühren und Beiträgen und vom Staate oder weiteren Kommunalverbänden überwiesenen Mittel zur Deckung ihrer Ausgaben nicht ausreichen ... Durch direkte Steuern darf nur der Bedarf aufgebracht werden, welcher nach Abzug des Aufkommens der indirekten Steuern von dem gesamten Steuerbedarf verbleibt.

§ 4. Benutzungsgebühren (1) ...

(2) Die Erhebung von Gebühren hat zu erfolgen, wenn die Veranstaltung einzelnen Gemeindeangehörigen oder Klassen von solchen vorzugsweise zum Vorteil gereicht und soweit die Ausgleichung nicht durch Beiträge (§ 9) oder eine Mehr- oder Minderbelastung (§ 20) erfolgt. Die Gebührensätze sind in der Regel so zu bemessen, daß die Verwaltungs- und Unterhaltungskosten der Veranstaltung einschließlich der Ausgaben für die Verzinsung und Tilgung des aufgewendeten Kapitals gedeckt werden.

§ 6 *Verwaltungsgebühren*

(1) Die Gemeinden, Amtsbezirke, Ämter sind berechtigt, für die Genehmigung von Neubauten, Umbauten und anderen baulichen Herstellungen sowie die ordnungs- und feuerpolizeiliche Beaufsichtigung von Messen, Märkten, von Musikaufführungen, Sachausstellungen, theatralischen Vorstellungen und sonstigen Lustbarkeiten Gebühren zu erheben. Die Erhebung von Lustbarkeitssteuern schließt die Erhebung von Gebühren für die Beaufsichtigung der Lustbarkeit nicht aus.

(2) Die im Abs. 1 genannten Verbände dürfen, soweit nicht Gebührenfreiheit gesetzlich angeordnet ist, für einzelne Handlungen ihrer Organe für eine Tätigkeit, die im wesentlichen im Interesse Einzelner erfolgen, Verwaltungsgebühren erheben. Gebührenfrei sind Handlungen, bei denen ein öffentliches Interesse vorliegt und der mündliche Verkehr. In den zu erlassenden Gebührenordnungen müssen die einzelnen Handlungen, für deren Vornahme eine Gebühr erhoben werden soll, nach Art und Inhalt der Tätigkeit bezeichnet werden.

(3) Die Gebühren sollen so bemessen werden, daß deren Aufkommen die Kosten des bezüglichen Verwaltungszweiges nicht übersteigt.

(Anm. Neben Gebühren für Auftragsangelegenheiten nach staatlichen Gebührenverordnungen oder Gesetzen dürfen kommunale Gebühren nicht erhoben werden.)

§ 9. *Beiträge*

(1) Die Gemeinden können behufs Deckung der Kosten für Herstellung und Unterhaltung von Veranstaltungen, welche durch das öffentliche Interesse erfordert werden, von denjenigen Grundeigentümern und Gewerbetreibenden, denen hierdurch besondere wirtschaftliche Vorteile erwachsen, Beiträge zu den Kosten der Veranstaltungen erheben. Die Beiträge sind nach den Vorteilen zu bemessen.

(2) Beiträge müssen in der Regel erhoben werden, wenn andernfalls die Kosten einschl. der Ausgaben für die Verzinsung und Tilgung des aufgewendeten Kapitals durch Steuern aufzubringen sein würden.

(3) Der Plan der Veranstaltung ist neben einem Nachweis der Kosten offenzulegen. Der Beschluß der Gemeinde wegen Erhebung von Beiträgen ist unter der Angabe, wo und während welcher Zeit Plan nebst Kostennachweis zur Einsicht offenliegen, in ortsüblicher Weise mit dem Bemerken bekanntzumachen daß Einwendungen gegen den Beschluß binnen einer bestimmt zu bezeichnenden Frist von mindestens vier Wochen bei ... der Gemeinde anzubringen sind. Handelt es sich um eine Veranstaltung, welche nur einzelne Grundbesitzer und Gewerbetreibende betrifft, so genügt an Stelle der Bekanntmachung eine Mitteilung an die Beteiligten.

Anm. Ein Verstoß gegen diese zwingenden Vorschriften der Offenlegung macht den Beschluß über die Beitragserhebung ungültig.

Hand- und Spanndienste (Naturaldienste) nach § 68 KAG sind nur beschränkt zulässig. Sie sind in solchen Landgemeinden rechtens, in denen die Erwerbspersonen in ihrer Mehrzahl in der Landwirtschaft tätig sind (BVerwG. Urteil vom 9. 11. 1955 – BVerwG. V C 228/54).

Realsteuerhebesätze. (VO v. 9. 12. 1952 GV NW 1953, S. 103.) *Höchstsätze.* Die Festsetzung der Realsteuerhebesätze bedarf der Genehmigung, wenn die in der Tabelle A angegebenen Steuersätze überschritten werden oder das in der Tabelle B angegebene Koppelungsverhältnis nicht gewahrt ist.

A.

Gemeindegröße	*Grundsteuer A*	*Grundsteuer B*	*Gewerbesteuer-Ertrag ohne Lohnsummensteuer*	*Gewerbesteuer-Ertrag mit Lohnsummensteuer*	*Lohnsummensteuer*
bis zu 2000 E.	110 %	180 %	250 %	200 %	800 %
von 2000 bis 25 000 E.	110 %	200 %	275 %	220 %	880 %
von mehr als 25 000 E.	120 %	250 %	300 %	240 %	960 %

B.

Gemeindegröße	*Grundsteuer A*	*Grundsteuer B*	*Gewerbesteuer-Ertrag ohne*	*Gewerbesteuer-Ertrag mit*	*Lohnsummensteuer*
bis zu 2000 E.	2	3	4	3	12
von 2000 bis 25 000	2	3,5	5	4	16
mehr als 25 000 E.	2	4	5	4	16

Zuständig für die Erteilung der Genehmigung ist der Regierungspräsident (auch für Abweichungen vom Koppelungsverhältnis), der Innenminister (im Einvernehmen mit Finanzminister, Wirtschaftsminister und Landwirtschaftsminister) bestimmt Voraussetzungen, unter denen Genehmigung für Überschreitung der Höchstsätze erteilt wird.

Lohnsummensteuer (VO v. 9. 12. 1952 GV NW 1953 S. 103). Die Erhebung der Lohnsummensteuer bedarf besonderer Genehmigung. Zuständig ist der Regierungspräsident. Siehe auch die Vorschriften des Gewerbesteuergesetzes vom 30. April 1952 (BGBl. S. 270).

Gewerbesteuerausgleich zwischen Betriebsgemeinden und Wohngemeinden. Gesetz v. 5. 4. 1955 (GV NW S. 56) und 1. DfVO vom 4. 2. 1955 (GV NW S. 195).

Als an die Wohngemeinde zu zahlender Ausgleichsbetrag ist je Arbeitnehmer die Hälfte des Betrages zu zahlen, der sich ergibt, wenn das gesamte Aufkommen der Betriebsgemeinde an Gewerbesteuer im vergangenen Jahr durch die Zahl aller Arbeitnehmer geteilt wird, die am Stichtag (Tag der Ausstellung der Lohnsteuerkarten) in der Betriebsgemeinde in einem gewerbesteuerpflichtigen Betrieb beschäftigt waren, höchstens jedoch je Arbeitnehmer 100 DM. Weitere Berechnungsart siehe § 7 des Gesetzes.

Einwirkung der Rücklagenverordnung auf die Steuerhoheit der Gemeinden – Rücklagenverordnung vom 5. 5. 1936 (RGBl. S. 435).

§ 12 der RücklVO.

Solange eine Gemeinde die in den §§ 2 und 3 vorgesehenen Mindestbeträge nicht angesammelt hat, darf sie ihre Steuern, Gebühren (Entgelte) und Beträge nicht senken, soweit sich die Verpflichtungen zur Senkung nicht aus sondergesetzlichen Vorschriften oder auf Grund sonstiger rechtlicher Verpflichtungen ergeben. Die Aufsichtsbehörde kann Ausnahmen zulassen, wenn die Steuern, Gebühren und Beträge übermäßig angespannt sind.

Aus der Ausführungsanweisung: Wir haben das Vertrauen, daß die . . . von sich aus alles tun werden, um die Grundsätze der RücklVO in ihren Gemeinden in die Tat umzusetzen und dadurch endgültig die notwendige finanzielle Grundlage für eine echte Selbstverwaltung zu schaffen. Die freiwillige Einordnung in diese Finanzpolitik, die wir von den ... erwarten, wird ein Eingreifen der Aufsichtsbehörden so lange erübrigen, als sich nicht in Einzelfällen ergibt, daß gegen die in der VO vorgezeichnete grundsätzliche Linie verstoßen worden ist. Insbesondere weisen wir darauf hin, daß die VO keine Handhabe dazu geben soll, die verantwortliche Entscheidung der... weiter einzuschränken, als es unter dem letztgenannten Gesichtspunkte etwa erforderlich werden sollte. Die Anweisung vom Jahre 1936 wendet sich an die Bürgermeister. Heute tritt an ihre Stelle in NRW der Rat der Gemeinde bzw. der Gemeindedirektor.

Weitere Bestimmungen aus der Rücklagenverordnung: Die gesetzlichen Rücklagen-Mindestsätze.

Die *Betriebsmittelrücklage* (§ 2 der RücklVO).

In der Betriebsmittelrücklage sind Mittel mindestens bis zu der Höhe anzusammeln, daß aus ihr ein vorübergehender Kassenbedarf in Höhe eines Zwanzigstels des haushaltsmäßigen, ordentlichen Einnahmesolls, abzüglich des Einnahmesolls der Elektrizitäts-, Gas- und Wasserwerke und der Verkehrsunternehmungen, ihrer Ablieferungen oder der Gewinnanteile aus diesen Werken und Unternehmen nach dem Durchschnitt der letzten fünf Jahre gedeckt werden. Die Rücklage darf ein Sechstel dieses Einnahmesolls nicht überschreiten.

Die allgemeine Ausgleichrücklage (§ 3 der RücklVO).

In der allgemeinen Ausgleichsrücklage sind Mittel mindestens bis zur Höhe eines Zwanzigstels des Aufkommens an Steuern und Steuerüberweisungen nach dem Durchschnitt der jeweils letzten fünf Jahre anzusammeln. Die Rücklage darf ein Fünftel dieses Aufkommens nicht übersteigen.

Bürgschaftssicherungsrücklage (§ 5 RücklVO).

Die Höhe der in der Bürgschaftsrücklage anzusammelnden Beträge richtet sich nach der von der Gemeinde übernommenen Gefahr. In der Rücklage sollen mindestens Beträge bis zur Höhe eines Zwanzigstels des Gesamtbetrages der Bürgschaften oder sonstigen Verpflichtungen angesammelt werden. Weitergehende Vorschriften bleiben unberührt.

Die Veranschlagung der erforderlichen Beträge zur Ansammlung von Rücklagen nach § 1 Satz 1 und 2 sowie die Zuführung der zu veranschlagenden Beträge zu diesen Rücklagen sind eine gesetzliche Pflicht der Gemeinde, soweit nicht ausdrücklich Ausnahmen zugelassen sind (§ 9d RücklVO).

Ev. Aussetzung der Rücklagenansammlung (§ 10 d. RücklVO).

(1) Die Veranschlagung der erforderlichen Beträge zur Ansammlung von Rücklagen nach § 1 Satz 2 und 3, mit Ausnahme der Tilgungsrücklage..., ist vorübergehend auszusetzen, wenn und soweit bei Berücksichtigung der sonstigen Ausgaben, deren Abweisung im allgemeinen Interesse oder nach der besonderen Lage der Gemeinde nicht vertretbar ist, der Haushaltsausgleich gestört würde und der Ausgleich in anderer Weise nicht herbeigeführt werden kann.

(2) Wird die Veranschlagung vorübergehend ausgesetzt, so ist dies unter Angabe der nicht veranschlagten Beträge in den Erläuterungen zum Haushaltsplan anzugeben. Bei Besserung der Finanzlage ist die Gemeinde verpflichtet, die nicht veranschlagten Beträge den Rücklagen entweder im Laufe des Rechnungsjahres oder aus dem Überschuß des Rechnungsjahres zuzuführen und, soweit dies nicht möglich ist, erhöhte Beträge im Haushalt des nächsten Jahres zu veranschlagen.

§ 86 Aufstellung und Offenlegung der Haushaltssatzung

(1) *Der Kämmerer oder der sonst für das Finanzwesen zuständige Beamte stellt den Entwurf der Haushaltssatzung auf* und legt ihn *dem Gemeindedirektor zur Feststellung* vor.

(2) Der *Gemeindedirektor leitet den von ihm festgestellten Entwurf der Haushaltssatzung dem Rat zu. Soweit* er von dem ihm vorgelegten Entwurf *abweicht,* hat der Gemeindedirektor *dem Rat eine Stellungnahme des Kämmerers oder des sonst für das Finanzwesen zuständigen Beamten* mitvorzulegen.

(3) *Der Entwurf der Haushaltssatzung ist samt Anlagen nach vorheriger öffentlicher Bekanntgabe eine Woche lang öffentlich auszulegen. Über Einwendungen, die von Bürgern gegen die Haushaltssatzung und ihre Anlagen erhoben werden, beschließt der Rat in öffentlicher Sitzung.*

(4) Die *Haushaltssatzung wird vom Rat in öffentlicher Sitzung beraten und beschlossen.* Sie soll *vorher in den zuständigen Ausschüssen des Rates eingehend behandelt werden. In der Beratung des Rates kann der Kämmerer seine abweichende Auffassung vertreten.*

(5) *Die* vom Rat beschlossene *Haushaltssatzung mit dem Haushaltsplan* und den vorgeschriebenen Anlagen ist der *Aufsichtsbehörde spätestens einen Monat vor Beginn des Rechnungsjahres vorzulegen.*

Dritte Verwaltungsverordnung zu § 86

1. Die vom Rat beschlossene Haushaltssatzung mit dem Haushaltsplan und den vorgeschriebenen Anlagen ist der Aufsichtsbehörde auch dann vorzulegen, wenn sie keine genehmigungspflichtigen Teile enthält.
   Der dem Rat zugehende Entwurf des Haushaltsplans muß ausgeglichen sein (§ 87).
2. In amtsangehörigen Gemeinden ist die Aufstellung des Entwurfs der Haushaltssatzung gemeinsame Aufgabe des Bürgermeisters und des Amtsdirektors (§ 61 Abs. 1). Sie können sich hierbei des Amtskämmerers oder des sonst für das Finanzwesen des Amtes zuständigen Beamten bedienen; der Amtskämmerer nimmt damit nicht die Stelle des Gemeindekämmerers gem. § 86 Abs. 1 ein. Er hat deshalb auch nicht das Recht, in der Beratung der Haushaltssatzung der Gemeinde seine abweichende Auffassung gegenüber dem vom Gemeindedirektor und Gemeindebürgermeister vorgelegten Entwurf der Haushaltssatzung zu vertreten.

Zu §§ 86, 91, 93, 97. Die Rechtsstellung des Kämmerers ist gegenüber dem früheren Recht geändert. Soweit ein Kämmerer bestellt ist, in Stadtkreisen muß er mit Beigeordneteneigenschaft als Zeitbeamter bestellt werden, hat er den Entwurf der Haushaltssatzung aufzustellen (Abs. 1 des § 86). Er hat weiter die Berechtigung gem. § 93 die Zustimmung zu überplanmäßigen und außerplanmäßigen Ausgaben zu erteilen, von welcher Zustimmung dem Rat „unverzüglich" Kenntnis zu geben ist, und nach § 97 die Rechnung aufzustellen. Abgesehen davon, daß der Kämmerer berechtigt ist, nach § 86

Abs. 4 eine etwaige von der Stellungnahme des Gemeindedirektors abweichende Meinung bei der Beratung der Haushaltssatzung im Rat zu vertreten, hat er keine weiteren gesetzlichen Funktionen. Er hat nicht mehr die der Stellung eines Finanzministers ähnliche Funktion, wie sie ihm die rev. GO in § 89 – „der Kämmerer hat die Verwaltung nach der Haushaltssatzung zu führen" – zuwies. Nach der neuen Gemeindeordnung hat der Gemeindedirektor (§ 91) als der dem Rat allein verantwortliche Verwaltungsleiter „die Verwaltung nach der Haushaltssatzung zu führen". Der Kämmerer hat die Stellung eines „Finanzdezernenten". Sein Aufgabengebiet bestimmt, abgesehen von den ihm gesetzlich zustehenden Rechten und Pflichten im Rahmen der Geschäftsverteilung (§ 53) der Gemeindedirektor, soweit sich der Rat nicht bei der Geschäftsverteilung der Arbeitsgebiete der Beigeordneten einschaltet.

Ist kein Kämmerer vorhanden, was nunmehr in kreisangehörigen Gemeinden die Regel sein wird, ist – lediglich für den Entwurf der Haushaltssatzung ein „zuständiger Beamter" vom Rat zu bestimmen. Auch dieser „Beamte" hat das Recht – wie der Kämmerer – dem Rat seine abweichende Stellungnahme zu dem vom Gemeindedirektor festgestellten Entwurf der Haushaltssatzung vorzulegen. Er kann aber seine abweichende Auffassung nicht im Rat vertreten – auch gibt nicht er, sondern der Gemeindedirektor die Zustimmung zu überplanmäßigen und außerplanmäßigen Ausgaben (§ 93). Der „für das Finanzwesen zuständige Beamte" stellt auch die Rechnung auf (§ 97). Gleichgültig, ob ein Kämmerer vorhanden oder nur ein „für das Finanzwesen zuständiger Beamter" – der Gemeindedirektor „stellt" den Entwurf der Haushaltssatzung „fest". In kreisangehörigen Gemeinden, die die Stelle eine Kämmerers schaffen oder beibehalten wollen, braucht der Kämmerer keine Beigeordneteneigenschaft zu besitzen und demnach kein Wahlbeamter zu sein.

Während bisher nach § 86 III der rev. GO nach Genehmigung durch die Aufsichtsbehörde der genehmigte Haushaltsplan eine Woche lang öffentlich auszulegen war, bestimmt § 86 Abs. 3 der neuen Gemeindeordnung, daß der Entwurf der Haushaltssatzung samt Anlagen eine Woche lang öffentlich auszulegen ist. Dem Bürger, nicht dem Einwohner, ist das Recht gegeben, „Einwendungen" gegen den Inhalt der Haushaltssatzung und der Anlagen (Haushaltsplan, Stellenplan usw.) zu erheben. Einwendungen werden schriftlich oder zu Protokoll anzubringen sein. Einwendungsberechtigt sind nicht nur einzelne Bürger, sondern auch Gruppen und Vereinigungen von Bürgern. Mit dieser Vorschrift ist z. B. die Möglichkeit gegeben, sich gegen überhöhte Realsteuersätze zu wenden, gegen Planungen Stellung zu nehmen, die Personalpolitik der Verwaltung (Stellenplan) zu kritisieren. Der Rat muß über diese Einwendungen in öffentlicher Sitzung beschließen. Der Gesetzgeber hat hier der Bürgerschaft einen Weg geöffnet, bei den Fragen der Haushaltswirtschaft zu Worte zu kommen. Sie sollte von diesem Recht gesunder, sachlicher Kritik regen Gebrauch machen.

Der kommunale Ausgleichsstock zur Abdeckung von Fehlbeträgen

Auszug aus den Richtlinien des Innenministers

1. Aus dem kommunalen Ausgleichsstock können auf Antrag Bedarfszuschüsse zur vollen oder teilweisen Abdeckung von Rechnungsfehlbeträgen an die Gemeinden und die Landkreise gezahlt werden. Zum Ausgleich von Härten, die sich bei der Durchführung des Finanzausgleichs ergeben, können nur dann Zuschüsse gewährt werden, wenn hierdurch ein Fehlbetrag entstanden ist.

2. Grundlage für die Bemessung der Zuschüsse ist der Sollabschluß des Rechnungsjahres. In ihm müssen alle Einnahmen und Ausgaben unter Beachtung der für die Rechnungsabgrenzung geltenden Vorschriften erfaßt sein. Der Restebildung und der Bereinigung der Einnahmereste ist besondere Aufmerksamkeit zu widmen.
3. Bedarfszuschüsse können nur zur Aufrechterhaltung der laufenden Verwaltung gewährt werden. Sparsamste Wirtschaftsführung und Beschränkung der Ausgaben auf das zur Erfüllung der Verpflichtungen der Gemeinden oder Landkreise unbedingt notwendige Maß sind Voraussetzung der Abdeckung eines Fehlbetrages aus Landesmitteln. Freiwillige Ausgaben können grundsätzlich nicht berücksichtigt werden. Nur in besonderen Ausnahmefällen, z. B. wenn die finanzielle Notlage der Gemeinde eine Folge der Kriegszerstörungen ist, können freiwillige Aufwendungen anerkannt werden, soweit sie billigerweise von der Gemeinde geleistet werden müssen und sich in einem der Finanzlage der Gemeinde entsprechenden Rahmen halten.
4. Voraussetzung für die Zahlung eines Bedarfszuschusses zur Abdeckung von Rechnungsfehlbeträgen ist die volle Ausschöpfung aller eigenen Einnahmequellen. Dazu gehört, daß in den Gemeinden die Realsteuern mindestens mit den Sätzen nach der Tabelle A der Verordnung über die Genehmigungspflicht der Realsteuerhebesätze vom 9. 12. 1952 (GV NW 1953 S. 103) erhoben werden. Von dem Fehlbetrag sind die Beträge abzusetzen, die bei einer vollen Ausschöpfung aller Einnahmequellen erreicht werden können. Hiervon kann im Einzelfall nur dann abgesehen werden, wenn die Ausschöpfung einer bisher nicht erschlossenen Einnahmequelle, wie dies gelegentlich der Fall sein kann, mit einem den Ertrag und die zu erwartende Entlastung des Haushalts nicht zu rechtfertigenden Verwaltungsaufwand verbunden wäre.

   Bei den Realsteuern ist in den Fällen, in denen der Hebesatz des abgelaufenen Jahres unter den Sätzen der VO über die Genehmigungspflicht der Realsteuerhebesätze vom 9. 12. 1952 (GV NW 1953 S. 103) liegt, der Unterschied zwischen dem nach diesen Sätzen errechneten Sollaufkommen und dem bei Erhebung der Höchstsätze erzielbaren Aufkommen vom Fehlbetrag abzusetzen. Überschreiten die Hebesätze die Höchstsätze, so ist von den tatsächlichen Einnahmen auszugehen. Liegen die Hebesätze bei genehmigter Abweichung vom Koppelungsverhältnis zum Teil über und zum Teil unter den Höchsthebesätzen, so kann die bei den unter dem Höchstsatz liegenden Hebesätzen erzielbare und vom Jahresfehlbetrag abzusetzende Mehreinnahme um die Mehreinnahmen gekürzt werden, die sich durch die Überschreitung der Höchsthebesätze bei den anderen Steuerarten ergeben.

   Haben die Gemeinden Steuervergünstigung gewährt, so können die sich hieraus ergebenden Steuerausfälle nur dann berücksichtigt werden, wenn die Steuervergünstigung nach den einschlägigen gesetzlichen Vorschriften zulässig und sachlich geboten war. Ausfälle, die sich aus dem Abschluß unzulässiger Steuervereinbarungen ergeben, können in keinem Falle berücksichtigt werden.
5. Entstehen einer Gemeinde durch Maßnahmen der auf deutschem Boden stationierten fremden Streitkräfte besondere Ausgaben oder Einnahmeausfälle bei der Gewerbesteuer, so können diese Belastungen auch dann als beihilfefähig anerkannt werden, wenn sie nicht zu einem nach den Grundsätzen dieser Richtlinien beihilfefähigen Fehlbetrag führen, die Mehrbelastung aber zu einer nicht zumutbaren Einengung notwendiger Ausgaben der Gemeinden geführt hat.

6. Wenn bei einer finanziell gesunden Gemeinde in einem Rechnungsjahre durch außergewöhnliche Umstände ein Fehlbetrag entsteht, etwa dadurch, daß eine größere Steuerzahlung ausbleibt oder daß Gewerbesteuerrückzahlungen in großem Umfange zu leisten sind, so ist von der Zahlung eines Zuschusses abzusehen, wenn damit gerechnet werden kann, daß die Gemeinde in den kommenden Rechnungsjahren den Fehlbetrag aus eigener Kraft abdecken kann.
7. Ein Zuschuß aus dem Ausgleichsstock kann zur Deckung von Fehlbeträgen nur dann bewilligt werden, wenn die Gemeinde vorher alle Möglichkeiten erschöpft hat, den Fehlbetrag aus eigener Kraft abzudecken. Zur Ermäßigung oder Beseitigung des Fehlbetrages sind insbesondere folgende Maßnahmen durchzuführen:

a) Inanspruchnahme von Rücklagen, die nicht durch Gesetz für bestimmte Zwecke gebunden sind.
In Ausnahmefällen kann auf die Inanspruchnahme verzichtet werden, wenn die Rücklage zur Durchführung einer zwingenden, im Interesse des kommunalen Lebens nicht mehr aufschiebbaren Aufgabe angesammelt worden ist.

b) Inanspruchnahme des allgemeinen Kapitalvermögens.

c) Verwendung von Vermögenserlösen im Rahmen des § 65 GO.

d) Verwendung der noch verfügbaren Überschüsse aus Vorjahren.

e) Absetzung von Haushaltsresten aus Vorjahren, die in absehbarer Zeit nicht verwirklicht werden können. Durch ihre endgültige Absetzung läßt sich das Abschlußergebnis entsprechend verbessern.
Von der Verwendung der zu a) bis c) genannten Bestände kann abgesehen werden, wenn und soweit die Mittel im Haushaltsplan des laufenden Jahres für bestimmte unaufschiebbare Maßnahmen vorgesehen sind. Der Verkauf von beweglichem oder unbeweglichem Vermögen zur Deckung von Fehlbeträgen soll nur gefordert werden, wenn die Vermögensminderung zumutbar ist.

8. Die Landkreise müssen ihre Umlagen so festsetzen, daß sie zusammen mit den übrigen Einnahmen zur Deckung der Ausgaben ausreichen. Die Höhe der Umlagen wird durch die Finanzkraft der kreisangehörigen Gemeinden begrenzt. Von der Festsetzung von Mindest- und Durchschnittssätzen für die Kreisumlagen wird mit Rücksicht hierauf und im Hinblick auf die unterschiedliche Aufgabenverteilung in den einzelnen Kreisen abgesehen. Die Zahlung eines Zuschusses aus dem Ausgleichsstock an Landkreise muß auf die Fälle beschränkt werden, in denen sich unter Anwendung der übrigen für die Gemeinden geltenden Bestimmungen ein anerkennungsfähiger Fehlbetrag ergeben würde und die Umlagekraft der kreisangehörigen Gemeinden bis zur äußersten tragbaren Grenze ausgeschöpft ist.
9. Bevor über die Anträge auf Bewilligung von Zuschüssen aus dem kommunalen Ausgleichsstock entschieden wird, sind die Unterlagen durch die Gemeindeprüfungsämter auf ihre Richtigkeit und Vollständigkeit zu überprüfen. Aus dem Prüfungsbericht muß zu ersehen sein, ob die Gemeinde alles getan hat, um ihre Einnahmen vollständig zu erfassen und ob sie bei der Leistung von Ausgaben nach den bestehenden Vorschriften und den Grundsätzen der Sparsamkeit verfahren hat.
10. Ergeben sich bei der überörtlichen Prüfung der Jahresrechnung, zu deren Ausgleich ein Zuschuß aus dem Ausgleichsstock gezahlt worden ist, Feststellungen, die zu einem niedrigeren Zuschuß geführt hätten, wenn sie bei der Bemessung des Zuschusses schon bekannt gewesen wären, so ist der Zuschuß neu festzusetzen und der Unterschiedsbetrag zurückzufordern. Die Zurückzahlung des Betrages kann bei einem etwaigen

Antrag auf Zahlung eines Zuschusses für das Rechnungsjahr, in dem die Rückzahlung geleistet wurde, nicht als zuschußfähige Ausgabe anerkannt werden.

11. Um eine gleichmäßige Verteilung der zur Verfügung stehenden Mittel sicherzustellen, wird über die Anträge auf Bewilligung des Zuschusses aus dem Ausgleichsstock erst entschieden, sobald die Höhe der insgesamt abzudeckenden Fehlbeträge bekannt ist.
12. Vorschüsse auf Bedarfszuschüsse werden nicht gezahlt. In besonders gelagerten Ausnahmefällen ist die Entscheidung des Innen- und Finanzministers einzuholen.

Besondere Voraussetzungen sind außerdem:

Personalausgaben werden nur in der nach den Gesetzen und Tarifverträgen zulässigen Höhe anerkannt.

Ausgleichsbeträge nach §§ 14 und 17 des Gesetzes zur Ausführung des Art. 131 GG sind nicht beihilfefähig.

Fürsorgeausgaben werden nur im Rahmen der vom Land empfohlenen Fürsorgerichtsätze anerkannt.

§ 87 Haushaltsplan

(1) Der Haushaltsplan muß alle voraussehbaren Einnahmen und Ausgaben des kommenden Rechnungsjahres enthalten.

(2) *Der Rat ist verpflichtet, darauf zu achten, daß der Haushaltsplan*

1. *die Mittel bereitstellt, die erforderlich sind, um die der Gemeinde durch Gesetz übertragenen Aufgaben ausreichend zu erfüllen,*
2. *unter Berücksichtigung etwaiger Fehlbeträge* aus Vorjahren *ausgeglichen ist.*

(3) Die Gemeinde soll unter Beachtung der gesetzlichen Vorschriften in eigener Verantwortung darauf achten, daß bei den Ansätzen des Haushaltplanes die *Grundsätze der Wirtschaftlichkeit und Sparsamkeit* gewahrt werden.

(4) Im Haushaltsplan sind *Mittel für die Bildung von Rücklagen* nach den darüber erlassenen Vorschriften zu *veranschlagen.* Die Veranschlagung darf, soweit nicht gesetzlich etwas anderes bestimmt ist, *nur unterbleiben, wenn* sonst der *Ausgleich des Haushaltsplanes gefährdet* würde.

(5) *Die Gemeinde kann Steuern und Abgaben nach den gesetzlichen Vorschriften erheben,* soweit die sonstigen Einnahmen zur Deckung der Ausgaben nicht ausreichen.

Dritte Verwaltungsverordnung zu § 87

Die Einbeziehung der Fehlbeträge aus Vorjahren in den Haushaltsplan richtet sich nach den Bestimmungen des § 23 der Gemeindehaushaltsverordnung.

Die Beteiligung der Gemeinden an den Schullasten.

Auszug aus dem Gesetz über die Finanzierung der öffentlichen Schulen v. 3. 6. 1958 (GV NW S. 246).

Die Personalausgaben für Lehrer an Schulen, deren Träger eine Gemeinde oder ein Gemeindeverband ist, werden wie folgt getragen:

a) das Land trägt die Personalausgaben für die Lehrer, die zur Deckung des normalen Unterrichtsbedarfs erforderlich sind;

b) die Schulträger erstatten dem Lande
  1. bei den Volks- und Berufsschulen 25 v. H.,
  2. bei allen übrigen Schulen 40 v. H.
  dieser Personalausgaben;
c) die Personalausgaben für Lehrer, die über den normalen Unterrichtsbedarf hinaus Unterricht erteilen, trägt der Schulträger. Er trägt auch die Personalausgaben für die nicht als Lehrer im Schuldienst tätigen Beamten und anderen Bediensteten der Schule (§ 3).

Über die Feststellung des normalen Unterrichtsbedarfs und der Ermittlung der Mehrstellen siehe § 4 und § 7.

Schullastenausgleich in den Schulverbänden § 9.

Die Gewährung von Ergänzungszuschüssen § 10.

Der Ausgleich für Gastschüler ist in § 11 geregelt.

Die Bestimmungen über die Finanzierung des Schulbaus werden unbeschadet der Durchführung des Schulbauprogramms im Rahmen des kommunalen Finanzausgleichs (Zweckzuschüsse) in § 12 geregelt.

§ 88 Genehmigung und Bekanntgabe der Haushaltssatzung

(1) Die *Haushaltssatzung* bedarf der *Genehmigung der Aufsichtsbehörde* für
1. die *Höhe der Steuersätze* nach den geltenden Vorschriften,
2. den *Höchstbetrag der Kassenkredite,*
3. den *Darlehensbetrag* im außerordentlichen Haushaltsplan.

Im übrigen bedarf die Haushaltssatzung keiner Genehmigung, auch dann nicht, wenn sie rückwirkende Kraft erhält.

(2) Die *Haushaltssatzung* ist *nach Genehmigung öffentlich bekanntzumachen.*

(3) Der *Haushaltsplan* ist *gleichzeitig mit der Bekanntmachung der Haushaltssatzung eine Woche lang öffentlich auszulegen.*

Dritte Verwaltungsverordnung zu § 88

1. Für die öffentliche Bekanntmachung der Haushaltssatzung gelten die Ausführungen der Ziffer 4 der Ersten Verwaltungsverordnung zu § 4 GO.
2. § 86 Abs. 5 schreibt vor, daß die vom Rat beschlossene Haushaltssatzung mit dem Haushaltsplan und den vorgeschriebenen Anlagen der Aufsichtsbehörde spätestens einen Monat vor Beginn des Rechnungsjahres vorzulegen ist.

   Sollte der Haushaltsplan aus zwingenden Gründen erst nach Beginn des Rechnungsjahres festgesetzt werden, so ergibt sich aus dem Wesen der Haushaltssatzung als einer Jahressatzung, daß sie unbeschadet des Zeitpunktes der Festsetzung mit dem 1. April des Rechnungsjahres in Kraft tritt.

Es wird klargestellt, daß die Haushaltssatzung jeweils mit Beginn des Rechnungsjahres in Kraft tritt. (Band 1 ber. Min. Bl. Nr. 2020.)

Zu § 88. Bekanntgabe der Satzung. Das auf Grund des § 49 der Verordnung zur Aufstellung und Ausführung von Haushaltsplänen von dem zuständigen Minister herausgegebene Muster für die Bekanntmachung der Haushaltssatzung (Runderlaß

v. 26. 1. 1954 MinBl. NRW Sp. 203, 217 schreibt vor, daß die Bekanntmachung der Haushaltssatzung im Unterschied zu den Vorschriften über die Satzungen (§ 4 GO) von den drei Personen unterschrieben werden muß, die die Niederschrift des Rates unterzeichnet haben (siehe auch OVG Münster v. 9. 9. 1955 III A 738/55).

§ 89 Übergangswirtschaft

(1) *Ist die Haushaltssatzung bei Beginn des Rechnungsjahres noch nicht öffentlich bekanntgemacht,* so darf die Gemeinde

1. nur die Ausgaben leisten, die bei sparsamster Verwaltung notwendig sind, um
a) die bestehenden Gemeindeeinrichtungen in geordnetem Gang zu halten und die gesetzlichen Aufgaben und rechtlichen Verpflichtungen der Gemeinde zu erfüllen;
b) Bauten, Beschaffungen und sonstige Leistungen fortzusetzen, für die durch den Haushaltsplan eines Vorjahres bereits Beträge festgesetzt worden sind, die haushaltsrechtlich noch verausgabt werden können;
2. die feststehenden Einnahmen und die für ein Rechnungsjahr festzusetzenden Steuern und Abgaben nach den Sätzen des Vorjahres forterheben, soweit gesetzlich nichts anderes bestimmt ist. Zahlungen, die der Pflichtige hiernach geleistet hat, sind auf die nach der Haushaltssatzung für das neue Rechnungsjahr zu erhebenden Beträge anzurechnen;
3. im Rahmen der Genehmigungen des Vorjahres noch nicht in Anspruch genommene Kassenkredite aufnehmen;
4. im Rahmen der Ansätze des außerordentlichen Haushaltsplanes des Vorjahres noch nicht in Anspruch genommene Darlehen aufnehmen.

§ 90 Nachtragssatzung

(1) Die *Haushaltssatzung kann nur durch Nachtragssatzung geändert werden, die spätestens bis zum Ablauf des Rechnungsjahres* zu beschließen ist.

(2) Die Gemeinde ist zum *Erlaß einer Nachtragssatzung verpflichtet,* wenn sich am Laufe des Rechnungsjahres zeigt, daß

1. der im Haushaltsplan vorgesehene *Ausgleich der Einnahmen und Ausgaben* auch bei Ausnutzung jeder Sparmöglichkeit *nur durch eine Änderung der Haushaltssatzung erreicht werden* kann,
2. *über- oder außerplanmäßige Ausgaben in erheblichem Umfange* geleistet werden müssen; § 93 Absatz 2 bleibt unberührt.

Dritte Verwaltungsverordnung zu § 90

Durch die Nachtragssatzung werden die Haushaltssatzung und der Haushaltsplan ergänzt, berichtigt oder geändert. Aus ihrem Wesen als Satzung ergibt sich, daß sie nach den gleichen formellen Vorschriften zustande kommt wie die Haushaltssatzung selbst. Die Vorschriften der §§ 86 und 88 finden entsprechende Anwendung. Um eine ausreichende Beratung der Nachtragssatzung und des Nachtragshaushaltsplanes durch den Rat zu ermöglichen, ist es notwendig, den Entwurf so rechtzeitig aufzustellen, daß für seine öffentliche Bekanntgabe und Auslegung sowie die Beratung und Beschlußfassung bis zum Ablauf des Rechnungsjahres, d. h. bis zum 31. März, hinreichend Zeit bleibt.

Zu § 90. Die zwingenden Voraussetzungen für eine Nachtragssatzung sind nur dann gegeben, wenn der Haushaltsausgleich wirklich gefährdet ist. Das ist der Fall, wenn die Einnahmen hinter den Etatansätzen zurückbleiben,

wenn die vom Rat bewilligten unvorhersehbaren und unabweisbaren Mehrausgaben in erheblichem Umfange ungedeckt sind, wenn beim außerordentlichen Haushalt Mehrausgaben geleistet werden sollen, die nicht aus Rücklagen gedeckt werden können (§ 93 Abs. 2).

Haushaltsverbesserungen (Mehreinnahmen und Minderausgaben) sind kein Grund zur Aufstellung einer Nachtragssatzung. Nur im Falle einer Steuersenkung bedarf es einer Nachtragssatzung.

Mehreinnahmen gegenüber den Haushaltsansätzen, z. B. Verbesserungen des Steueraufkommens, sollen zur Entlastung des nächsten Jahres verwendet werden: Verstärkung der Rücklagen oder zusätzliche Schuldentilgung.

§ 91 Ausführung der Haushaltssatzung

Der Gemeindedirektor hat vorbehaltlich der Bestimmung des § 43 Absatz 2 *die Verwaltung nach der Haushaltssatzung zu führen.*

§ 92 Verwendung der Haushaltsmittel

(1) Für den rechtzeitigen und vollständigen Eingang der Einnahmen ist zu sorgen. Die Haushaltsmittel dürfen nur insoweit und nicht eher in Anspruch genommen werden, als es eine wirtschaftliche und sparsame Verwaltung erfordert. Das gleiche gilt für die Aufnahme von Darlehen und Kassenkrediten.

(2) *Vorhaben, deren Kosten ganz oder teilweise aus Mitteln des außerordentlichen Haushaltsplanes zu decken sind, dürfen erst in Angriff genommen werden, wenn die dafür vorgesehenen Einnahmen eingegangen sind oder* wenn der rechtzeitige *Eingang rechtlich und tatsächlich gesichert ist.*

Dritte Verwaltungsverordnung zu § 92

Vorhaben, die aus der Aufnahme von Darlehen ganz oder teilweise finanziert werden sollen, dürfen erst in Angriff genommen werden, wenn die für den speziellen Zweck im außerordentlichen Haushaltsplan vorgesehenen Darlehen eingegangen sind. Es ist nach den Bestimmungen des § 83 Abs. 1 nicht möglich, Ausgaben, die aus außerordentlichen Einnahmen gedeckt werden sollen, durch die Aufnahme von Kassenkrediten vorzufinanzieren. Der rechtzeitige Eingang ist rechtlich und tatsächlich gesichert, wenn nach den getroffenen vertraglichen Abreden und den etwa erteilten Genehmigungen unter Berücksichtigung der Leistungsfähigkeit des Vertragsgegners feststeht, daß die Einnahme rechtzeitig, d. h. bis zu dem Zeitpunkt, zu dem sie benötigt wird, eingeht.

§ 93 Haushaltsüberschreitungen

(1) *Überplanmäßige und außerplanmäßige Ausgaben, die zum ordentlichen Haushaltsplan* gehören, dürfen *nur nach vorheriger Zustimmung des Rates* geleistet werden. *In Fällen, die keinen Aufschub dulden oder bei unerheblichen über- oder außerplanmäßigen Ausgaben kann der Kämmerer, wenn ein solcher nicht bestellt ist, der Gemeindedirektor, die Zustimmung zur Leistung* dieser Ausgaben erteilen, soweit der Rat keine andere Regelung trifft. *Dem Rat ist* hiervon *unverzüglich mit dem Antrag auf Genehmigung Kenntnis zu geben. Die Zustimmung* zur Leistung über- oder außerplanmäßiger Ausgaben darf *nur bei unabweisbarem Bedürfnis erteilt werden.* Gleichzeitig ist über die Deckung dieser Ausgaben zu entscheiden.

(2) Überplanmäßige und außerplanmäßige Ausgaben, die zum *außerordentlichen Haushaltsplan gehören, dürfen nur nach Änderung der Haushaltssatzung geleistet werden.* Können die Ausgaben aus Rücklagen gedeckt werden, so gilt Absatz 1 entsprechend.

(3) Die Vorschriften der Absätze 1 und 2 finden *entsprechende Anwendung auf Anordnungen, durch die Verbindlichkeiten der Gemeinde entstehen können,* für die ausreichende Mittel im Haushaltsplan nicht vorgesehen sind.

§ 94 Haftung

(1) *Leistet ein Beamter oder Angestellter der Gemeinde* ohne die nach § 93 erforderliche Zustimmung *eine überplanmäßige oder außerplanmäßige Ausgabe* oder trifft er ohne die Zustimmung eine *Anordnung*, durch die Verbindlichkeiten der Gemeinde entstehen können, *für die Mittel im Haushaltsplan nicht vorgesehen* sind, *so ist er der Gemeinde zum Schadenersatz verpflichtet*, es sei denn, daß er zur Abwendung einer nicht voraussehbaren dringenden Gefahr für die Gemeinde sofort handeln mußte, hierbei nicht über das durch die Notlage gebotene Maß hinausgegangen ist und *unverzüglich Anzeige* mit dem Antrag auf Genehmigung erstattet hat. Das gleiche gilt, wenn er ohne vorherige rechtzeitige Anzeige beim Gemeindedirektor oder Kämmerer eine Zahlung leistet oder eine Anordnung trifft, obwohl er erkennt oder erkennen muß, daß durch die Zahlung oder Anordnung später der Haushaltsplan überschritten werden muß.

(2) Absatz 1 findet *entsprechende Anwendung,* wenn der *Gemeindedirektor oder der Kämmerer* Ausgaben nach § 93 Absatz 1 und 2 leistet oder Anordnungen nach § 93 Absatz 3 trifft *und der Rat die erforderliche Genehmigung nicht erteilt.*

5. Abschnitt: Kassen-, Rechnungs- und Prüfungswesen

§ 95 Gemeindekasse

(1) *Alle Kassengeschäfte der Gemeinde sind von der Gemeindekasse zu erledigen.*

(2) Die Aufsichtsbehörde kann in *Gemeinden mit weniger als dreitausend Einwohnern die Führung der Kassengeschäfte einer benachbarten Gemeinde oder einem Gemeindeverband übertragen,* die über ausreichende Kasseneinrichtungen verfügen. Sie kann ferner solche *Gemeinden zu einem Kassen- und Rechnungsverband* zusammenschließen.

(3) Die *Vorschriften der Amtsordnung bleiben unberührt.*

Dritte Verwaltungsverordnung zu § 95

Die Kassengeschäfte amtsangehöriger Gemeinden werden durch das Amt wahrgenommen. Amstfreie Gemeinden von weniger als 3000 Einwohnern sollen in der Regel nur dann eine eigene Gemeindekasse einrichten, wenn anzunehmen ist, daß die Kassensicherheit und die ordnungsmäßige Erledigung der Kassen-, Buchungs- und Rechnungsgeschäfte gewährleistet sind. Ist diese Gewähr nicht gegeben, so ist die Führung der Kassengeschäfte derjenigen hauptamtlich geführten Amts- oder Gemeindekasse zu übertragen, die sowohl durch ihre Kasseneinrichtungen als auch durch die räumliche Lage zu der Gemeinde hierfür am besten geeignet ist. Sollen die Kassengeschäfte mehrerer Gemeinden einer hierfür geeigneten Kasse übertragen werden, so ist dafür zu sorgen, daß durch die Übertragung die Abwicklung der Geschäfte der in Anspruch genommenen Kasse nicht gefährdet wird. Ist diese Gewähr nicht gegeben, oder ist in einer für die Einwohner zumutbaren Entfernung keine geeignete Kasse vorhanden, der die Führung der Kassengeschäfte mehrerer Gemeinden mit weniger als 3000 Einwohnern übertragen werden kann, so ist ein Kassen- und Rechnungsverband zu bilden. Der Verband hat die Aufgabe, für die angeschlossenen Gemeinden die Einnahmen einzuziehen und die Ausgaben zu leisten, die Bücher zu führen, die Kassenrechnung zu legen und das Verwahrgelaß zu verwalten. Die durch die Übertragung der Kassengeschäfte der geschäftsführenden Kasse entstehenden Kosten und die Kosten der Kassen- und Rechnungsverbände sind von den angeschlossenen Gemeinden zu erstatten.

Zu § 95 und 96 GO. Für das Kassen- und Rechnungswesen ist eine *Verordnung über das Kassen- und Rechnungswesen der Gemeinden* für das Land Nordrhein-Westfalen vom 1. 3. 1955 (GV NW S. 29) erlassen worden. Dazu ist eine Ausführungsverordnung – Gemeinsamer Runderlaß des Innenministers – III B 5/31 – 1348/55 u. d. Finanzministers I Tgb. 20148/I/56 v. 2. 1. 1956 (MBl. NW 1956 S. 397) ergangen.

Die Verordnung gilt für alle Gemeinden unabhängig von der Zahl ihrer Einwohner. Sie gilt ferner für die Ämter, die Landkreise und für die Landschaftsverbände.

Der Kassenverwalter soll hauptamtlich, ehrenamtlich oder nebenamtlich als Beamter angestellt werden. Stellvertreter kann auch ein Angestellter der Gemeinde sein. Die anordnungsberechtigten Beamten und Angestellten sowie die Leiter und Prüfer des Rechnungsprüfungsamtes können nicht gleichzeitig Kassenverwalter oder stellvertretende Kassenverwalter sein (§ 1). Die Kassenverwalter und ihre Stellvertreter müssen die notwendige Zuverlässigkeit und Eignung besitzen (hauptamtliche Kassenverwalter:

fachliche Voraussetzung und Ablegung der vorgeschriebenen Prüfungen Bedingung). Ihre wirtschaftlichen Verhältnisse müssen geordnet sein (§ 2).

Zur Deckung von Kassenfehlbeträgen ist den die Kassierergeschäfte wahrnehmenden Beamten eine jährliche Verlustentschädigung (Fehlgeld) zu gewähren. (Näheres auch über Höhe der Verlustentschädigung § 5 und Ausführungserlaß zu § 5.)

Ist die Gemeindekasse mit mehreren Beamten oder Angestellten besetzt, so sind die Buchhalter- und Kassierergeschäfte von verschiedenen Personen wahrzunehmen. Buchhalter und Kassierer dürfen sich nur in Ausnahmefällen vertreten (§ 6).

§ 7 bringt den Grundsatz strenger Trennung der Anordnungsgeschäfte (Einnahme- und Ausgabenordnung) und der Kassengeschäfte.

Der Gemeindedirektor ist Kassenaufsichtsbeamter. Er hat sich laufend über den Zustand der Gemeindekasse zu unterrichten, die regelmäßigen und unvermuteten Kassenprüfungen innerhalb der Gemeinde vorzunehmen. Der Gemeindedirektor kann die Aufsicht über die Geschäftsführung der Gemeindekasse einem Beigeordneten oder einem sonstigen Gemeindebeamten (Kassenaufsichtsbeamter) übertragen. Ist ein Kämmerer bestellt, ist dieser Kassenaufsichtbeamter. Die Kassenaufsichtsbeamten können sich für die laufende Überwachung der Gemeindekasse und bei Kassenprüfungen des Rechnungsprüfungsamtes bedienen.

§ 96 Kassenverwalter

(1) In jeder Gemeinde mit eigener Kassenführung ist *ein besonderer Kassenverwalter und ein Stellvertreter* zu bestellen.

(2) Der Kassenverwalter und sein Stellvertreter können hauptamtlich oder ehrenamtlich angestellt werden. Die *anweisungsberechtigten Gemeindebeamten* sowie *der Leiter und die Prüfer des Rechnungsprüfungsamtes können nicht gleichzeitig die Stellung eines Kassenverwalters oder seines Stellvertreters innehaben.*

(3) Der Kassenverwalter und sein Stellvertreter dürfen mit dem Gemeindedirektor, dem Kämmerer oder dem sonst für das Finanzwesen zuständigen Beamten sowie dem Leiter und den Prüfern des Rechnungsprüfungsamtes nicht bis zum dritten Grade verwandt oder bis zum zweiten Grade verschwägert oder durch Ehe verbunden sein.

(4) Der *Kassenverwalter und* sein *Stellvertreter sind nicht befugt, Zahlungen anzuordnen.*

§ 97 Rechnungslegung

(1) Die *Rechnung wird von dem Kämmerer oder dem sonst für das Finanzwesen zuständigen Beamten aufgestellt.* Der *Gemeindedirektor hat im ersten Vierteljahr des neuen Rechnungsjahres* über die Einnahmen und Ausgaben des abgelaufenen Rechnungsjahres *Rechnung zu legen.*

(2) Die Rechnungslegung umfaßt die *Haushaltsrechnung und die Vermögensrechnung.*

(3) Die Haushaltsrechnung muß nachweisen,

a) ob die Anordnungsbeträge sich innerhalb der Ansätze des Haushaltsplanes unter Berücksichtigung etwaiger späterer Änderungen und der aus dem Vorjahr übertragenen Haushaltsausgabereste halten,

b) wieweit die Anordnungsbeträge eingezogen oder geleistet sowie welche Beträge in Rest verblieben und demzufolge als Kassenreste in das nächste Jahr zu übernehmen sind.

c) welche Haushaltsausgabereste in das nächste Jahr zu übernehmen sind,

d) welcher Überschuß oder Fehlbetrag sich am Ende des Rechnungsjahres ergibt.

(4) Die Vermögensrechnung muß den Bestand des Vermögens und der Schulden zu Beginn des abgelaufenen Rechnungsjahres, die Veränderungen und den Stand am Ende des abgelaufenen Rechnungsjahres nachweisen.

Dritte Verwaltungsverordnung zu § 97

1. Mit der Aufstellung der Jahresrechnung bereitet der Kämmerer die Rechnungslegung durch den Gemeindedirektor vor. Bei amtsangehörigen Gemeinden sind der Amtsdirektor und der Bürgermeister gemeinsam für die Aufstellung der Rechnung zuständig. Sie können sich hierbei des Amtskämmerers oder des sonst für das Finanzwesen zuständigen Beamten des Amtes bedienen.
2. Über die Erfassung, Verwaltung und Fortschreibung des Vermögens bestehen noch keine endgültigen Vorschriften.

Zu § 97. Die Aufstellung der Rechnung ist Aufgabe des Kämmerers oder des für das Finanzwesen zuständigen Beamten, aber der Gemeindedirektor legt Rechnung gegenüber dem Rat.

§ 98 Prüfung der Rechnung

(1) Der *Gemeindedirektor legt die Rechnung dem Rat zur Beratung und Beschlußfassung vor.*

(2) Der *Rechnungsprüfungsausschuß prüft die Rechnung* mit allen Unterlagen daraufhin, ob

a) der Haushaltsplan eingehalten ist,

b) die einzelnen Rechnungsbeträge sachlich und rechnerisch vorschriftsmäßig begründet und belegt sind,

c) bei den Einnahmen und Ausgaben nach den geltenden Vorschriften verfahren ist,

d) die Vermögensrechnung richtig geführt ist.

(3) Ergibt die Prüfung der Rechnung *Unstimmigkeiten, so hat der Gemeindedirektor die erforderliche Aufklärung beizubringen.*

(4) Das *Ergebnis der Prüfung* ist in einem *Schlußbericht* zusammenzufassen.

(5) In Gemeinden, in denen ein Rechnungsprüfungsamt besteht, *bedient sich der Rechnungsprüfungsausschuß* zur Durchführung der Arbeiten nach den Absätzen 2 bis 4 *des Rechnungsprüfungsamts.*

Dritte Verwaltungsverordnung zu § 98

Stimmt in Gemeinden mit Rechnungsprüfungsämtern der Schlußbericht, der vom Rechnungsprüfungsausschuß vorzulegen ist, nicht mit der Auffassung des

Rechnungsprüfungsamtes überein, so ist die abweichende Auffassung des Rechnungsprüfungsamtes dem Rat zur Kenntnis zu bringen.

§ 99 Entlastung

(1) *Der Rat entscheidet über die Entlastung bis spätestens zum 31. Dezember des Jahres,* in dem das abgeschlossene Rechnungsjahr endet.

(2) *Der Rat spricht die Entlastung entweder vorbehaltlos oder mit Einschränkungen aus.* Verweigert der Rat die Entlastung, so hat er dafür die Gründe anzugeben und die Verantwortung festzustellen. Die Feststellung der Verantwortung kann in einem späteren Beschluß erfolgen.

(3) *Der Gemeindedirektor hat die Rechnung* zusammen *mit dem Beschluß des Rates* über die Entlastung *und dem Bericht des Rechnungsprüfungsausschusses unverzüglich der Aufsichtsbehörde* vorzulegen.

Dritte Verwaltungsverordnung zu § 99

Die Festlegung des Zeitpunktes für die Entscheidung über die Entlastung auf den 31. Dezember des Jahres, in dem das abgeschlossene Rechnungsjahr endet, macht es erforderlich, daß die Jahresrechnung fristgerecht bis zum 30. Juni gefertigt und die Prüfung rechtzeitig durchgeführt wird, damit dem Rat hinreichend Zeit für die Beratung über die Rechnung und das Prüfungsergebnis bleibt.

Zu § 99. Nachdem durch Gesetz das Rechnungsjahr gleich dem Kalenderjahr ist, ändern sich die Termine entsprechend.

§ 100 Rechnungsprüfungsamt

Kreisfreie Städte müssen ein Rechnungsprüfungsamt einrichten, andere Gemeinden können es einrichten, wenn ein Bedürfnis hierfür besteht und die Kosten im angemessenen Verhältnis zum Umfang der Verwaltung stehen.

§ 101 Leiter und Prüfer des Rechnungsprüfungsamtes

(1) *Das Rechnungsprüfungsamt ist dem Rat unmittelbar verantwortlich und in seiner sachlichen Tätigkeit ihm unmittelbar unterstellt.* Der Gemeindedirektor kann innerhalb seines Amtsbereichs *unter Mitteilung an den Ratsvorsitzenden* dem Rechnungsprüfungsamt Aufträge zu Prüfungen erteilen.

(2) *Der Rat bestellt den Leiter und die Prüfer des Rechnungsprüfungsamts und beruft sie ab. Der Leiter und die Prüfer* können nicht Mitglieder des Rates sein und *dürfen eine andere Stellung in der Gemeinde nur innehaben, wenn dies mit ihren Prüfungsaufgaben vereinbar ist.*

(3) Der *Leiter des Rechnungsprüfungsamts muß Beamter sein* und darf mit dem Bürgermeister, dem Gemeindedirektor, dem Kämmerer sowie dem Kassenverwalter und seinem Stellvertreter weder bis zum dritten Grade verwandt, noch bis zum zweiten Grade verschwägert oder durch Ehe verbunden sein.

(4) *Der Leiter und die Prüfer* des Rechnungsprüfungsamts *dürfen Zahlungen* durch die Gemeinde *weder anordnen noch ausführen.*

Dritte Verwaltungsverordnung zu § 101

Das Rechnungsprüfungsamt ist unbeschadet seiner unmittelbaren Verantwortlichkeit gegenüber dem Rat in der Beurteilung der Prüfungsvorgänge nur dem Gesetz unterworfen.

Zu § 101. Der Rat bestellt Leiter und Prüfer des Rechnungsprüfungsamtes, gleichgültig, ob die Prüfer im Beamten- oder Angestelltenverhältnis stehen. Das Rechnungsprüfungsamt und seine Dienstkräfte sind „sachlich" dem Rat unmittelbar unterstellt. Die Dienstkräfte des Amtes unterliegen als Bedienstete der Aufsicht des Gemeindedirektors als Dienstvorgesetzter.

Zunächst hat das Rechnungsprüfungsamt die ihm gesetzlich und vom Rat übertragenen Prüfungsaufgaben zu erfüllen. Diese Aufgaben haben den Vorrang. Der Gemeindedirektor kann dem Amt – ohne die eigentlichen Aufgaben des Amtes (§ 102) zu gefährden – zusätzliche Prüfungsaufträge erteilen, muß aber dem Ratsvorsitzenden davon Mitteilung machen.

Das Rechnungsprüfungsamt ist trotz seiner unmittelbaren sachlichen Unterstellung unter den Rat der Gemeinde organisatorisch und in der Geschäftsführung in die übrige Verwaltung der Gemeinde eingegliedert. Gegen die Bezeichnung des Amtes im Schriftverkehr: Stadt X – Rechnungsprüfungsamt – ist nichts einzuwenden.

§ 102 Aufgaben des Rechnungsprüfungsamts

(1) Das Rechnungsprüfungsamt hat folgende Aufgaben:

1. die *Prüfung der Rechnung* (§ 98),
2. die *laufende Prüfung der Kassenvorgänge und Belege zur Vorbereitung der Prüfung der Jahresrechnung,*
3. die *dauernde Überwachung der Kassen der Gemeinde und ihrer Eigenbetriebe* sowie *die Vornahme der regelmäßigen und unvermuteten Kassenprüfungen.*

(2) *Der Rat kann* dem Rechnungsprüfungsamt *weitere Aufgaben übertragen,* insbesondere

1. die Prüfung der Vorräte und Vermögensbestände,
2. die Prüfung jeder Anordnung vor ihrer Zuleitung an die Kasse,
3. die Prüfung von Vergebungen,
4. die Prüfung der Verwaltung auf Sauberkeit, Zweckmäßigkeit und Wirtschaftlichkeit,
5. Die Prüfung der Wirtschaftsführung der Eigenbetriebe, die Prüfung der Betätigung der Gemeinde als Gesellschafter oder Aktionär in Unternehmen mit eigener Rechtspersönlichkeit und die Kassen-, Buch- und Betriebsführung, die sich die Gemeinde bei einer Beteiligung, bei der Hingabe eines Darlehens oder sonst vorbehalten hat.

§ 103 Überörtliche Prüfung

(1) Die überörtliche Prüfung des Haushalts-, Kassen- und Rechnungswesens der Gemeinden erstreckt sich darauf, *ob*

a) bei der Haushalts- und Wirtschaftsführung der Gemeinden *die Gesetze und die zur Erfüllung von Aufgaben ergangenen Weisungen (§ 3 Absatz 2) eingehalten worden sind,*

b) die zweckgebundenen Staatszuschüsse bestimmungsgemäß verwendet worden sind.

(2) *Fragen, bei denen das Gesetz die Entscheidung dem eigenen Ermessen der Gemeinden überläßt, insbesondere Fragen der Zweckmäßigkeit und Wirtschaftlichkeit der Verwaltung, unterliegen nicht der überörtlichen Prüfung.*

(3) Die *Prüfung der Wirtschaftsbetriebe* der Gemeinden richtet sich nach den *besonderen gesetzlichen Vorschriften.*

Dritte Verwaltungsverordnung zu § 103

1. Nach § 103 Abs. 1 a erstreckt sich die Prüfung des Haushalts-, Kassen- und Rechnungswesens der Gemeinden darauf, ob bei der Haushalts- und Wirtschaftsführung der Gemeinden die Gesetze und die zur Erfüllung von Aufgaben ergangenen Weisungen eingehalten worden sind. Prüfungsziel ist insbesondere die Feststellung, ob die Vorschriften des VI. Teiles (Gemeindewirtschaft) der GO und der übrigen für die gemeindliche Haushalts-, Wirtschafts- und Kassenführung maßgebenden Bestimmungen der Gemeindeordnung und anderer Gesetze und Rechtsverordnungen beachtet worden sind. Dazu gehören die auf Grund des § 115 GO bis zum Erlaß neuer Vorschriften in Kraft bleibenden sowie die entsprechend § 119 GO erlassenen Verordnungen, ferner Gesetze und Verordnungen, z. B. besoldungs- und steuerrechtlicher Art, die auf die Haushaltsführung zurückwirken. Fragen des Ermessens und der Organisation sind nicht Gegenstand der überörtlichen Prüfung; das gleiche gilt für Fragen der Wirtschaftlichkeit. Die Gemeindeprüfungsämter haben in voller Eigenverantwortlichkeit zu entscheiden, inwieweit die Prüfungsergebenisse der örtlichen Prüfung berücksichtigt werden können. Bei Aufgaben, die entsprechend § 3 Abs. 2 den Gemeinden zur Erfüllung nach Weisung übertragen sind, ist die Befolgung der Weisungen zu prüfen.
2. Die überörtlichen Prüfungen können jeweils für längere Zeiträume als ein Jahr zusammengefaßt werden. Da aber die Prüfungen zeitnahe durchgeführt werden müssen, wenn sie für die Gemeinde selbst und für die Aufsichtsbehörde von Wert sein sollen, werden die Prüfungen in Abständen von nicht mehr als zwei bis drei Jahren stattzufinden haben.
3. Nach § 103 Abs. 1 b erstreckt sich die überörtliche Prüfung auch darauf, ob die zweckgebundenen Staatszuschüsse bestimmungsgemäß verwendet worden sind. Da auf Grund des Art. 86 der Verfassung für das Land Nordrhein-Westfalen der Landesrechnungshof die oberste Prüfungsbehörde für alle zweckgebundenen Landesmittel ist, trägt er die Verantwortung für die Prüfung dieser Mittel; er bedient sich hierbei der Gemeindeprüfungsämter.

4, Die bisherigen Bestimmungen des Preußischen Gemeindefinanzgesetzes über die Organisation des überörtlichen Prüfungswesens (§§ 122 bis 125 und 127 Gemeindefinanzgesetz) finden in sinngemäßer Anpassung an die Gemeindeordnung weiterhin Anwendung.

Die überörtlichen Prüfungen müssen zeitnah durchgeführt werden, wenn sie für die Gemeinden selbst und für die Aufsichtsbehörden von Wert sein sollen. Ausnahmsweise können es Gründe eines zweckmäßigen Einsatzes der Prüfungsorgane rechtfertigen, wenn die überörtlichen Prüfungen für zwei, höchstens jedoch für drei Rechnungsjahre zusammengefaßt werden. (Band 1 ber. Min. Bl. Nr. 2020.)

Zu § 103. Die überörtliche Prüfung – vorgeschrieben durch das preußische Gemeindefinanzgesetz – hat eine erhebliche Einschränkung erfahren. Sie ist auf die Prüfung der Gesetzmäßigkeit der Haushalts- und Wirtschaftsführung der Gemeinden und auf die Nachprüfung, ob die zur Erfüllung von Pflichtaufgaben ergangenen Weisungen eingehalten sind, beschränkt. Daneben soll die bestimmungsgemäße Verwendung von Staatszuschüssen nachgeprüft werden. Zweckmäßigkeit und Wirtschaftlichkeit der Verwaltung unterliegen nicht mehr der überörtlichen Prüfung. Dafür müssen in gewissen Zeitabständen die Gemeinden bzw. die Räte selbst besorgt sein (kommunale Prüfungsverbände).

§ 104 Nichtige Rechtsgeschäfte

Rechtsgeschäfte, die ohne die nach den Vorschriften dieses Gesetzes erforderliche Genehmigung der Aufsichtsbehörde abgeschlossen werden oder gegen die Vorschriften der §§ 77 oder 81 verstoßen, sind nichtig.

Die Nichtigkeit des genehmigungspflichtigen Rechtsgeschäfts tritt erst ein, wenn die Genehmigung versagt wird: bis dahin ist das Rechtsgeschäft schwebend wirksam. (Band 1 ber. Min. Bl. Nr. 2020.) VerwVO

§ 105 Befreiung von der Genehmigungspflicht

Der Innenminister wird ermächtigt, durch Rechtsverordnung *Rechtsgeschäfte,* die nach den *Vorschriften der Abschnitte 1 bis 5 der Genehmigung* der Aufsichtsbehörde bedürfen, *von der Genehmigung allgemein freizustellen und stattdessen die vorherige Anzeige an die Aufsichtsbehörde vorzuschreiben.*

Zu § 105. Befreiung von der Genehmigungspflicht ist in erheblichem Umfange durch die Vierte DurchführungsVO vom 15. Jan. 1953 (GV NW S. 110) erteilt worden. Näheres siehe bei den §§ 64, 73 und 80 GO.

Siebter Teil

AUFSICHT

§ 106 Allgemeine Aufsicht und Sonderaufsicht

(1) *Die Aufsicht über die Gemeinden übt der Innenminister aus. Er kann seine Aufsichtsbefugnis allgemein übertragen. Die Aufsicht erstreckt sich darauf, daß die Gemeinden im Einklang mit den Gesetzen verwaltet werden (allgemeine Aufsicht).*

(2) Soweit die Gemeinden ihre *Aufgaben nach Weisung erfüllen* (§ 3 Absatz 2), richtet sich die Aufsicht *nach den hierüber erlassenen Gesetzen (Sonderaufsicht).*

Zu § 106. § 106 legt nochmals in Verbindung mit § 9 und Art 78 Abs. 4 der Landesverfassung die Grenzen der Aufsicht über die Gemeinden fest. Die nachfolgenden Paragraphen des Teils VII geben an, welcher Mittel sich die Aufsicht bedienen kann, um die Gesetzmäßigkeit und Ordnungsmäßigkeit in der Verwaltung der Gemeinden durchzusetzen.

„Die Aufsicht“ übt der Innenminister aus. Er kann seine Aufsichtsbefugnis „allgemein“ übertragen, so bestimmt das Gesetz mit Rücksicht auf kommende Änderungen in der Verwaltungsorganisation des Landes (Verwaltungsreform). Anderweitige gesetzliche Regelungen haben den Vorrang. Die Übertragung geschieht im Wege der Verordnung. Diese trägt den Charakter einer Rechtsverordnung im Sinne des Art. 70 der Landesverfassung. Nach § 117 ist hierzu das Einvernehmen mit dem zuständigen Ausschuß des Landtages notwendig. Nach der 1. Durchführungsverordnung vom 10. Nov. 1952 ist die Aufsicht über die kreisfreien Städte dem Regierungspräsidenten in 1. Instanz übertragen. In 2. Instanz übt sie der Innenminister aus.

Seit Inkrafttreten der LKO (1. 10. 1953) ist nach § 48 a. a. O. durch Gesetz der Oberkreisdirektor Aufsichtsbehörde (allgemeine und Sonderaufsicht) über die kreisangehörigen Gemeinden und Ämter – auch über die kreisangehörigen Städte (siehe den Text der LKO). Bei gewissen Entscheidungen bedarf der Oberkreisdirektor der Zustimmung des Kreisausschusses (in den Fällen der §§ 4 (1), 15, 19, 26 (1 u. 3), 50 (2), 60 (2), 64 (2), 65 (2), 66 (2), 67 (2), 71 (2), 95 (2), 114 (GO). Der Regierungspräsident ist in Aufsichtssachen 2. Instanz. Oberste Aufsichtsbehörde ist der Innenminister.

Neben den allgemeinen Aufsichtsmitteln behielt sich die Aufsichtsbehörde in alter Übung die Einwirkung auf zahlreiche Verwaltungsakte der Gemeinden vor, indem sie diese der Genehmigung oder der Zustimmung unterwirft. Das ist auch in der neuen Gemeindeordnung in erheblichem Umfange geschehen.

Die Gemeindeordnung schreibt besondere Genehmigung vor in:

§ 4 rückwirkende Kraft der Satzungen.
§ 10 (1) Änderung der Gemeindenamen durch die Landesregierung.
§ 10 (2) Verleihung der Stadtrechte durch die Landesregierung.
§ 11 Genehmigung des Innenministers bei Dienstsiegeln, Wappen und Flaggen.
§ 15 Gebietsänderungsverträge.
§ 16 (2) Änderungen des Gemeindegebietes von geringerer Bedeutung durch Innenminister.

§ 19 Satzungen über Anschluß und Benutzungszwang Aufsichtsbehörde.
§ 26 Verleihung des Ehrenbürgerrechts an Ausländer, Entziehung des Ehrenbürgerrechts und von Ehrenbezeichnungen.
§ 31 (3) Einberufung des Rats durch die Aufsichtsbehörde.
§ 39 (2) Entscheidung der Aufsichtsbehörde bei Aufrechterhaltung ungesetzlicher Ratsbeschlüsse.
§ 50 Ausnahme von dem Verwandtschaftsverbot bei Gemeindedirektor und Beigeordneten.
§ 60 Einrichtung hauptamtlicher Stellen in amtsangehörigen Gemeinden.
§ 64 Veräußerung von Gemeindevermögen.
§ 65 (2) Verwendung von Veräußerungserlösen zu Tilgungszwecken und Fehlbeträgen.
§ 66 Änderung von Gemeindegliedervermögen.
§ 67 Umwandlungen von Stiftungen.
§ 70 (71) Anzeigepflicht bei Errichtung usw. von wirtschaftlichen Unternehmungen und Beteiligungen an ihnen.
§ 78 und 80 Darlehensaufnahmen.
§ 81 Bestellung besonderer Sicherheiten.
§ 83 Genehmigung von Kassenkrediten.
§ 86 Vorlage von Haushaltssatzung und Haushaltsplan.
§ 88 Genehmigung der Haushaltssatzung.
§ 95 Übertragung von Kassengeschäften – Gemeindeverband in Gemeinden mit weniger als 3000 Einwohnern.
§ 99 Vorlage des Entlastungsbeschlusses der Gemeinderechnung.
§ 104 Nichtigkeit der ohne aufsichtsbehördliche Genehmigung abgeschlossenen Rechtsgeschäfte.
§ 105 Umwandlung der Genehmigungspflicht in Anzeigepflicht.

Umfang der Aufsicht

Die Gemeindeaufsichtsbehörde kann Maßnahmen der Gemeinden, wenn sie sich mit Angelegenheiten außerhalb ihres gesetzlichen Wirkungskreises befassen und dabei einen Einbruch in andere, z. B. Bundeskompetenzen vornehmen, beanstanden. Bei bundesunfreundlichem Verhalten sind sie dazu verpflichtet (Bundesverfassungsgericht, Urteil v. 30. 7. 1958 2 B v F 3/58, 16/58). Siehe auch Anmerkung zu § 4 GO.

Die Kommunalaufsicht erstreckt sich nach § 106 Abs. 1 GO auch auf das Verfahren, in dem die gemeindliche Vertretungskörperschaft ihre Willensentscheidung trifft. Sie ist nicht etwa nur auf den in § 2 und 3 GO umrissenen sachlichen Wirkungskreis der Gemeinden beschränkt. Die Begriffe „Verwaltung“ und „Verwalten“ beinhalten nicht nur nach außen hin in Erscheinung tretende Verwaltungsakte, sondern weitergehend sämtliche Tätigkeiten der Gemeinwesen, die sich auf öffentliche Angelegenheiten beziehen, auch auf Verfahren, in denen eine Sachentscheidung vorbereitet und die etwa hierzu erforderliche interne Willensentscheidung eines Kollegialorgans getroffen wird. Die staatliche Kommunalaufsicht soll neben dem Individualrechtsschutz die allgemeine Gesetzmäßigkeit der Kommunalverwaltung gerantieren. – Dazu gehört auch die Sorge um ein Mindestmaß an Minderheitenschutz im Verfahren zur Herbeiführung einer Willensbildung durch die Vertretungskörperschaft. – Die Aufsichtsbehörde kann grundsätzlich bei Verletzung von wichtigen Verfahrensregeln der GO mit Kommunalaufsichtsanordnungen eingreifen, wenn die Rechte der Ratsmitglieder aus § 30 GO verletzt sind.

Die Kommunalaufsicht nach den §§ 106 ff erstreckt sich grundsätzlich auch auf das Verfahren, in dem der Rat der Gemeinde seine Willensentscheidung trifft (Urteil LVG Münster b. 7. 11. 1958 3 K 257/58).

§ 107 Unterrichtungsrecht

Die Aufsichtsbehörde *kann sich jederzeit über die Angelegenheiten der Gemeinde unterrichten.*

Zweite Verwaltungsordnung zu § 107

1. Das *Unterrichtsrecht der Aufsichtsbehörde* erstreckt sich auf alle die Gemeind betreffenden Vorgänge. Hierbei ist es der Aufsichtsbehörde freigestellt, ob sie an Ort und Stelle prüfen und besichtigen, mündliche und schriftliche Berichte anfordern sowie Akten und sonstige Unterlagen einsehen will. Es ist selbstverständlich, daß die Aufsichtsbehörde bei Anforderungen an die Gemeinde nach § 107 GO stets der einfachsten Möglichkeit der Unterrichtung den Vorzug zu geben hat.
2. Dem Unterrichtsrecht der Aufsichtsbehörde entspricht eine Unterrichtungspflicht der Gemeinde.

Zu § 107. Der Begriff „unterrichten" ist nicht eng auszulegen. Dazu gehört die Befragung, die Besichtigung, die Beobachtung, die Prüfung an Ort und Stelle, Einfordern von mündlichen und schriftlichen Berichten, die Einsicht von Akten und Unterlagen.

§ 108 Beanstandungs- und Aufhebungsrecht

(1) *Die Aufsichtsbehörde* kann den *Gemeindedirektor anweisen, Beschlüsse des Rates und der Ausschüsse, die das geltende Recht verletzen, zu beanstanden* (§ 39 Absatz 2 und 3). *Sie kann solche Beschlüsse nach vorheriger Beanstandung durch den Gemeindedirektor und nochmaliger Beratung im Rat oder Ausschuß aufheben.*

(2) *Die Aufsichtsbehörde kann Anordnungen des Gemeindedirektors, die das geltende Recht verletzen, beim Rat beanstanden. Die Beanstandung ist schriftlich in Form einer begründeten Darlegung dem Rat mitzuteilen. Sie hat aufschiebende Wirkung. Billigt der Rat die Anordnung* des Gemeindedirektors, so *kann die Aufsichtsbehörde die Anordnung aufheben.*

Zweite Verwaltungsverordnung zu § 108

1. Eine unmittelbare *Aufhebung gesetzwidriger Beschlüsse* durch die Aufsichtsbehörde gibt es nach der neuen GO nicht mehr. Die Aufhebung eines gesetzwidrigen Beschlusses des Rates oder eines Ausschusses setzt vielmehr immer eine vorherige Beanstandung durch den Gemeindedirektor und eine nochmalige Beratung im Rat oder Ausschuß voraus. Auch in den Fällen, in denen die Beanstandung auf Veranlassung der Aufsichtsbehörde ausgesprochen wird, hat sie aufschiebende Wirkung gemäß § 39 Abs. 2 Satz 2.

2. Vor der Beanstandung von Anordnungen des Gemeindedirektors, die das geltende Recht verletzen, empfiehlt sich regelmäßig zunächst eine Einwirkung auf den Gemeindedirektor selbst.

Zu § 108. Die Maßnahmen der Aufsichtsbehörde werden dem Rat gegenüber zunächst mittelbar durch den Gemeindedirektor wirksam, der zu beanstanden hat. Dabei ist nach § 39 Abs. 2 und 3 zu verfahren. Wird der verfolgte Zweck nicht erfüllt, kann die Gemeindeaufsicht den beanstandeten Beschluß unmittelbar aufheben. Kommt jedoch der Gemeindedirektor der Anweisung zur Beanstandung eines Beschlusses nicht nach, so kann die Aufsichtsbehörde selbst den Beschluß beanstanden (OVG Münster, Urteil vom 8. August 1956 – III A 98/56 – Amtl. Sammlung Bd. 11 S. 201).

Auch „Anordnungen" des Gemeindedirektors unterliegen der Beanstandung und evtl. Aufhebung durch die Gemeindeaufsicht, wenn sie das geltende Recht verletzten. Anordnungen sind alle Verwaltungsakte und Handlungen, die der Gemeindedirektor in eigener oder übertragener Zuständigkeit in seinem Geschäftsbereich (§ 28 Abs. 2 und § 47) vornimmt.

§ 109 Anordnungsrecht und Ersatzvornahme

(1) *Erfüllt die Gemeinde die ihr nach dem Gesetz obliegenden Pflichten oder Aufgaben nicht,* so kann die *Aufsichtsbehörde anordnen,* daß *sie innerhalb einer bestimmten Frist das Erforderliche veranlaßt.*

(2) *Kommt die Gemeinde der Anordnung der Aufsichtsbehörde nicht innerhalb der bestimmten Frist nach,* so kann die *Aufsichtsbehörde* die *Anordnung an Stelle und auf Kosten der Gemeinde selbst durchführen oder die* Durchführung *einem anderen übertragen.*

Zweite Verwaltungsverordnung zu § 109

1. Zu den *Pflichten oder Aufgaben der Gemeinde im Sinne des § 109 Abs. 1 GO* gehören alle auf einer gültigen Rechtsnorm beruhenden oder von ihr ausgehenden öffentlich-rechtlichen Verpflichtungen. Nicht hierunter fallen die rein bürgerlich-rechtlichen Verpflichtungen der Gemeinden, deren Durchsetzung das Gesetz dem ordentlichen Rechtsweg überläßt.
2. Die Aufsichtsbehörden haben hinsichtlich des Abs. 1 a. a. O. folgende Grundsätze zu beachten:

a) Die Verfügung der Aufsichtsbehörde muß die der Gemeinde obliegende Pflicht oder Aufgabe genau bezeichnen.

b) Die der Gemeinde zu stellende Frist muß ausreichend sein. Der Gemeinde ist aufzugeben, in jedem Falle unmittelbar nach Ablauf der Frist zu berichten.

c) Die Verfügung muß auf die Vorschrift des § 109 GO und besonders auf das Recht der Ersatzvornahme nach Abs. 2 a. a. O. Bezug nehmen. Sie muß nach der rechtlichen und tatsächlichen Seite hin ausreichend begründet sein. Die Verfügung ist zuzustellen.

3. Die Aufsichtsbehörde ist bei der Ersatzvornahme befugt, jede hierzu erforderliche rechterhebliche Erklärung für die Gemeinde abzugeben sowie jedes Recht der Gemeinde auf dem Gebiete des öffentlichen wie des privaten Rechts mit voller Rechtswirksamkeit für die Gemeinde und für Dritte auszuüben.

Zu § 109. Die Aufsichtsbehörde ist berechtigt, an Stelle der Gemeinde zu handeln, um einen vom Gesetz gewollten Zustand herbeizuführen. Sie ist danach auch berechtigt, an Stelle des Gemeindedirektors zu handeln, wenn dieser sich weigert, eine ihm gesetzlich obliegende Pflicht (z. B. Beanstandung eines Ratsbeschlusses) zu erfüllen. (Urteil des OVG Münster v. 22. 1956 – III A 838/55.)

Eine aufsichtsbehördliche Verfügung braucht nicht die Androhung einer Ersatzvornahme nach § 109 Satz 2 zu enthalten.

Eine aufsichtsbehördliche Verfügung nach § 109 Abs. 1 kann in besonderen Fällen auch ohne gleichzeitige Androhung einer Ersatzvornahme gem. § 109 Abs. 2 erlassen werden. (Urteil des LVG Münster v. 7. 11. 1958 3 K 257/1958.)

§ 110 Bestellung eines Beauftragten

Wenn und solange die Befugnisse der Aufsichtsbehörde nach den *§§ 107 bis 109 nicht ausreichen, kann der Innenminister einen Beauftragten bestellen, der alle oder einzelne Aufgaben der Gemeinde auf ihre Kosten wahrnimmt. Der Beauftragte hat die Stellung eines Organs der Gemeinde.*

Zu § 110. Die Bestimmungen der Mil.-Reg.-VO Nr. 141 Art. VII (3) vom 5. 5. 1948 sahen für die Bestellung eines Beauftragten eine Frist von höchstens 3 Monaten vor. Diese Bestimmung ist nicht übernommen worden. Die Gemeindeaufsichtsbehörde setzt den Beauftragten für die Zeitdauer ein, die nach ihrem pflichtgemäßen Ermessen notwendig ist, um den gesetzlichen Zustand wiederherzustellen.

Die Entscheidung, ob und mit welchem Aufgabenkreis ein Beauftragter bestellt werden soll und wer als Beauftragter zu bestellen ist, steht im pflichtgemäßen Ermessen der Aufsichtsbehörde. Mit Klagen können Maßnahmen der Aufsichtsbehörde nicht erzwungen werden. (Urteil des OVG Münster v. 18. 2. 1953 – III B 861/52.)

§ 111 Auflösung des Rates

Der *Innenminister* kann *durch Beschluß der Landesregierung ermächtigt werden, einen Rat aufzulösen, wenn er dauernd beschlußunfähig ist oder wenn* eine *ordnungsmäßige Erledigung der Gemeindeaufgaben aus anderen Gründen nicht gesichert ist. Innerhalb von drei Monaten* nach Bekanntgabe der Auflösung *ist eine Neuwahl durchzuführen.*

Zu § 111. Die Verfügung des Innenministers über die Auflösung eines Rats muß durch einen Ermächtigungsbeschluß der Landesregierung gedeckt sein. Die Auflösungsgründe gehen über die sonst für die Ausübung der Gemeindeaufsicht maßgebliche Sicherung der Gesetzmäßigkeit der Selbstverwaltung hinaus. Nicht nur dauernde Beschlußunfähigkeit kann zur Auflösung führen, sondern allgemein die Gefährdung der „ordnungsmäßigen Erledigung der Gemeindeaufgaben aus anderen Gründen".

§ 112 Anfechtung von Aufsichtsmaßnahmen

Maßnahmen der Aufsichtsbehörde können unmittelbar mit der Klage im Verwaltungsstreitverfahren angefochten werden.

Zweite Verwaltungsverordnung zu § 112

Da § 112 GO eine *unmittelbare Anfechtung durch Klage* vorsieht, kommt ein Einspruch als Klagevoraussetzung nicht in Betracht (siehe § 44 Abs. 1 Satz 1 der Verordnung Nr. 165 über die Verwaltungsgerichtsbarkeit in der Britischen Zone – Amtsblatt der Mil.-Reg. Deutschland, Brit. Kontrollgebiet, 1948, Nr. 24 S. 799 –).

Zu § 112. Bei der Anfechtung von Aufsichtsmaßnahmen fällt die vor Einreichung der Verwaltungsklage vorgesehene Beschwerde fort. Es kann sofort Klage im Verwaltungsstreitverfahren erhoben werden. Nicht nur der Rat kann klagen. Auch Fraktionen, Gruppen und einzelne Ratsmitglieder, wenn sie betroffen bzw. beteiligt sind, haben Aktivlegitimation und können klagen.

Maßnahmen der Aufsichtsbehörde i. S. des § 112 sind alle Entscheidungen, die der Aufsichtsbehörde nach den Bestimmungen der GO vorbehalten sind, auch solche, die lediglich die Ablehnung eines Antrags, einer nachgesuchten Genehmigung darstellen (Urteil des LVG Münster v. 29. 4. 1955).

Bei Klagen gegen die Gemeindeaufsichtsbehörde für die kreisangehörigen Gemeinden und Ämter ist richtiger Beklagter nicht „die Kreisverwaltung", sondern „Der Oberkreisdirektor als untere staatliche Verwaltungsbehörde" (Urteil des OVG Münster v. 14. 3. 1956 – III A 146/55).

An die Stelle der MRVO Nr. 165 ist die Verwaltungsgerichtsordnung mit den gleichen Vorschriften getreten.

§ 113 Verbot von Eingriffen anderer Stellen

Andere Behörden und Stellen als die allgemeinen Aufsichtsbehörden *sind zu Eingriffen* in die *Gemeindeverwaltung nach* den §§ 107 ff. *nicht befugt.*

Zweite Verwaltungsverordnung zu § 113.

Soweit *andere Behörden* als die allgemeinen Aufsichtsbehörden (siehe GO § 106 Abs. 1 und 2 sowie die Erste Durchführungsverordnung zur GO vom 10. November 1952 – GV NW S. 296 –) den *Gemeinden Weisungen* erteilen dürfen (GO § 106 Abs. 2), haben sie sich wegen der Durchführung dieser Weisungen in Ermangelung sondergesetzlicher Regelung *stets* an *die zuständige allgemeine Aufsichtsbehörde* zu wenden, die alsdann darüber befindet, welche Maßnahmen gegen die Gemeinde einzuleiten sind.

Zu § 113. Z. B. die Sonderverwaltungen: Arbeitsamt, Finanzamt, Schulverwaltung, Kulturbauamt usw.

§ 114 Zwangsvollstreckung

(1) *Zur Einleitung der Zwangsvollstreckung gegen die Gemeinden wegen einer Geldforderung* bedarf der Gläubiger einer *Zulassungsverfügung der Aufsichtsbehörde,* es sei denn, daß es sich um die Verfolgung dinglicher Rechte handelt. *In der Verfügung* hat die Aufsichtsbehörde *die Vermögensgegenstände zu bestimmen,* in welche die Zwangsvollstreckung zugelassen wird, und über *den Zeitpunkt* zu befinden, in dem sie stattfinden soll. Die *Zwangsvollstreckung* wird *nach den Vorschriften der Zivilprozeßordnung durchgeführt.*

(2) *Ein Konkursverfahren über das Vermögen der Gemeinde findet nicht statt.*

(3) Die Bestimmung des *§ 109 bleibt unberührt.*

Zweite Verwaltungsverordnung zu § 114.

(1) § 114 GO gilt nur in Fällen der *Zwangsvollstreckung* wegen einer Geldforderung, nicht auch in Fällen der Zwangsvollstreckung zur Herausgabe von Sachen und zur Erwirkung von Handlungen oder Unterlassungen. Auch bei Zwangsvollstreckungen wegen Geldforderungen bestehen zwei Einschränkungen:

a) Soweit es sich um die Verfolgung dinglicher Rechte handelt, finden ausschließlich und ohne jede Einschränkung die Vorschriften der Zivilprozeßordnung Anwendung.

b) Soweit es sich um Geldforderungen handelt, die im Verwaltungszwangsverfahren beizutreiben sind, gilt § 114, wie sich aus Abb. 1 letzter Satz ergibt, gleichfalls nicht.

(2) Voraussetzung einer Zwangsvollstreckung ist ihre Zulassung durch die Aufsichtsbehörde. Die Zulassungsverfügung ist an sich keine Maßnahme der Zwangsvollstreckung. Sie eröffnet nur hinsichtlich der Gegenstände, in die vollstreckt werden darf, und hinsichtlich des Zeitpunktes, zu dem die Vollstreckung zulässig ist, den Weg der Zwangsvollstreckung. Die Zwangsvollstreckung selbst vollzieht sich alsdann innerhalb des durch die Zulassungsverfügung bestimmten Rahmens ausschließlich nach den Vorschriften der ZPO.

Es ist Sache des Gläubigers, die Zulassungsverfügung bei der Aufsichtsbehörde zu beantragen; dabei hat er gleichzeitig die Vermögensgegenstände zu bezeichnen, in die er vollstrecken will.

(3) Die Zulassungsverfügung bestimmt die Vermögensgegenstände, in die die Zwangsvollstreckung zugelassen wird und legt den Zeitpunkt fest, in dem sie stattfindet.

a) Die Aufsichtsbehörden werden angewiesen, eine Zwangsvollstreckung in solche Vermögensgegenstände nicht zuzulassen, die durch Satzung oder Stiftungsakt zweckgebunden oder für den geordneten Gang der Verwaltung oder die Versorgung der Bevölkerung unentbehrlich sind.

b) Hinsichtlich des Zeitpunktes hat die Aufsichtsbehörde sowohl die Interessen des Gläubigers als auch die besonderen Bedürfnisse der Gemeinde zu beachten. Sie kann dabei, wenn mehrere Anträge vorliegen, auch eine anteilige Vollstreckung zulassen.

(4) Wenn das für die Zwangsvollstreckung greifbare Vermögen einer Gemeinde nicht ausreicht, um die Anträge einer Mehrheit von Gläubigern zu befriedigen, so hat die Aufsichtsbehörde durch entsprechende Gestaltung der Zulassungsverfügung für eine möglichst gleichmäßige anteilige Befriedigung aller Gläubiger zu sorgen.

Zu § 114. Die Aufsichtsbehörde kann nicht nach ihrem Ermessen befinden, ob die Zwangsvollstreckung überhaupt zuzulassen sei. Im Abs. 1 ist im Gegenteil bestimmt, daß die Zwangsvollstreckung nach den Bestimmungen der Zivilprozeßordnung durchgeführt werden soll und überläßt die Entscheidung über Einwendungen, die gegen den

Titel selbst oder die Geltendmachung der Forderung erhoben werden, dem zuständigen Gericht. Auch Differenzen über die Höhe der vollstreckbaren Forderung dürfen die Aufsichtsbehörde, will sie nicht den Gläubiger in seinen Rechten verletzen, nicht von einer zweckdienlichen Auswahl der für die zur Vollstreckung zuzulassenden Gegenstände und an dem Erlaß der Zulassungsverfügung abhalten (Beschluß des OVG Münster v. 20. 10. 1954 – III B 401/54).

Achter Teil

ÜBERGANGS- UND SCHLUSSVORSCHRIFTEN

§ 115 Weitergeltende Vorschriften

Bis zum Erlaß neuer Vorschriften bleiben in Kraft:

a) Die Rücklagenverordnung vom 5. Mai 1936 (RGBl I S. 435),
b) . . . . .
c) . . . . .
d) . . . . .

Diese Verordnungen sind so anzuwenden, daß sie hinsichtlich der Aufteilung der Zuständigkeiten den Grundsätzen dieses Gesetzes entsprechen.

Zu § 115. Zu, b) c), d) jetzt: Verordnung über die Aufstellung und Ausführung des Haushaltsplans (GemHVO) vom 26. 1. 1954 (GV NW S. 59); Verordnung über das Kassen- und Rechnungswesen (KuRVO) v. 1. 3. 1955 (GV NW 1955 S. 29); Eigenbetriebsverordnung (EigVO) vom 22. 12. 1953 (GV NW 1953 S. 435).

§ 116 Auftragsangelegenheiten

Bis zum Erlaß neuer Vorschriften sind die den Gemeinden zur Erfüllung nach Weisung übertragenen staatlichen Angelegenheiten (Auftragsangelegenheiten) *nach den bisherigen Vorschriften durchzuführen.*

Zweite Verwaltungsverordnung zu § 116

Durch die Vorschrift des § 116 GO wird die des § 47 Abs. 1 Satz 2 und die des § 47 Abs. 3 nicht berührt.

Zu § 116. Die Bezeichnung „Auftragsangelegenheiten“ oder „staatliche Auftragsangelegenheiten“ wird in den nach Erlaß der GO ergangenen Gesetzen nicht mehr angewandt. Man spricht von „Pflichtaufgaben“ und „Pflichtaufgaben nach Weisung“ (siehe auch § 3 GO und § 2 LKrO).

Nähere Vorschriften über diesen Aufgabenkreis finden wir im Gesetz über den Aufbau und die Befugnisse der Ordnungsbehörden vom 16. 10. 1956 (GV NW S. 289, Berichtigungen GV NW 57 S. 6) und im Ersten Gesetz zur Neuordnung und Vereinfachung der Verwaltung (1. Verwaltungsvereinfachungsgesetz) v. 23. 7. 1957 (GV NW S. 189).

§ 117 Außer Kraft tretende Vorschriften

Es treten außer Kraft

a) die *Revidierte Deutsche Gemeindeordnung* in der Fassung der Anlage zu der Verordnung Nr. 21 der Britischen Militärregierung vom 1. April 1946 (Mil RegABl Nr. 7 S. 127) und der dazu ergangenen Änderungs- und Ergänzungsgesetze,

b) das *Gesetz über die Regelung verschiedener Punkte des Gemeindeverfassungsrechts vom 27. Dezember 1927* (GS S. 211) mit seinen Änderungen,

c) *§ 2 des Gesetzes über die Amtsdauer der Bürgermeister und Landräte und die Wahl der leitenden Gemeindebeamten vom 9. Dezember 1947 (GV NW 1948 S. 37)* und *das Gesetz über die Anwendung des Gesetzes vom 9. Dezember 1947 auf leitende Gemeindebeamte vom 27. Juli 1948 (GV NW S. 245) bezüglich der Hauptverwaltungsbeamten und sonstigen leitenden Gemeindebeamten (Stadträte), die von gewählten Vertretungskörperschaften in ihr Amt berufen oder in ihrem Amt bestätigt worden sind,*

d) sonstige im Widerspruch zu den Vorschriften dieses Gesetzes stehende landesrechtliche Vorschriften.

Zweite Verwaltungsverordnung zu § 116

Von den Vorschriften der §§ 2 und 3 des Gesetzes über die Amtsdauer der Bürgermeister und Landräte und die Wahl der leitenden Gemeindebeamten vom 9. Dezember 1947 (GV NW 1948 S. 37) sowie des § 1 des hierzu ergangenen Ergänzungsgesetzes vom 27. Juli 1948 (GV NW S. 245) wurden ursprünglich, was die Gemeinden betrifft, sowohl alle Gemeindedirektoren als auch alle sonstigen sogenannten Wahlbeamten der Gemeinden (Stadträte bzw. Beigeordnete) erfaßt. Gemäß § 117 Buchst. c) GO sind diese Vorschriften nunmehr insoweit außer Kraft gesetzt, als die Gemeindedirektoren und die sonstigen gemeindlichen Wahlbeamten von gewählten Räten in ihr Amt berufen oder in ihrem Amt bestätigt worden sind. Soweit Gemeindedirektoren und sonstige gemeindliche Wahlbeamte nicht von gewählten Räten gewählt oder in ihrem Amt bestätigt worden sind, bleiben die erwähnten Vorschriften also bestehen. Demnach haben die betreffenden Räte über das Verbleiben dieser Gemeindedirektoren (Stadtdirektoren bzw. Oberstadtdirektoren) und sonstigen gemeindlichen Wahlbeamten (Stadträte bzw. Beigeordnete) bis spätestens 9. Februar 1953 Beschluß zu fassen.

§ 118 Amts- und Kreisvertretung

Für die Amts- und Kreisverfassung gelten nach Inkrafttreten dieses Gesetzes die Grundsätze der Revidierten Deutschen Gemeindeordnung vom 1. April 1946 und die hierzu ergangenen Abänderungsgesetze bis zu einer neuen gesetzlichen Regelung im bisherigen Umfang weiter.

Zu § 118. Die Vorschriften des § 118 sind durch Inkrafttreten der Amtsordnung und der Landkreisordnung überholt.

§ 119 Durchführung des Gesetzes

(1) Der *Innenminister* erläßt die zur Durchführung dieses Gesetzes erforderlichen *Rechtsverordnungen im Einvernehmen mit dem zuständigen Ausschuß des Landtags.* Er erläßt die erforderlichen Verwaltungsverordnungen.

(2) Der Innenminister bedarf hierbei des *Einvernehmens des Finanzministers,* soweit es sich um *Vorschriften über die Wirtschaftsführung der Gemeinden handelt,* namentlich über

a) die Verwaltung und Nachweisung des Gemeindevermögens,
b) die Wirtschaftsführung der Eigenbetriebe,
c) die Ansammlung und Verwendung von Rücklagen,
d) die Aufstellung und Ausführung des Haushaltsplanes,
e) das Kassen- und Rechnungswesen,
f) das Rechnungsprüfungswesen.

§ 120 Inkrafttreten

Das Gesetz tritt am 10. November 1952 in Kraft.

Landesregierung des Landes
Nordrhein-Westfalen

AMTSORDNUNG

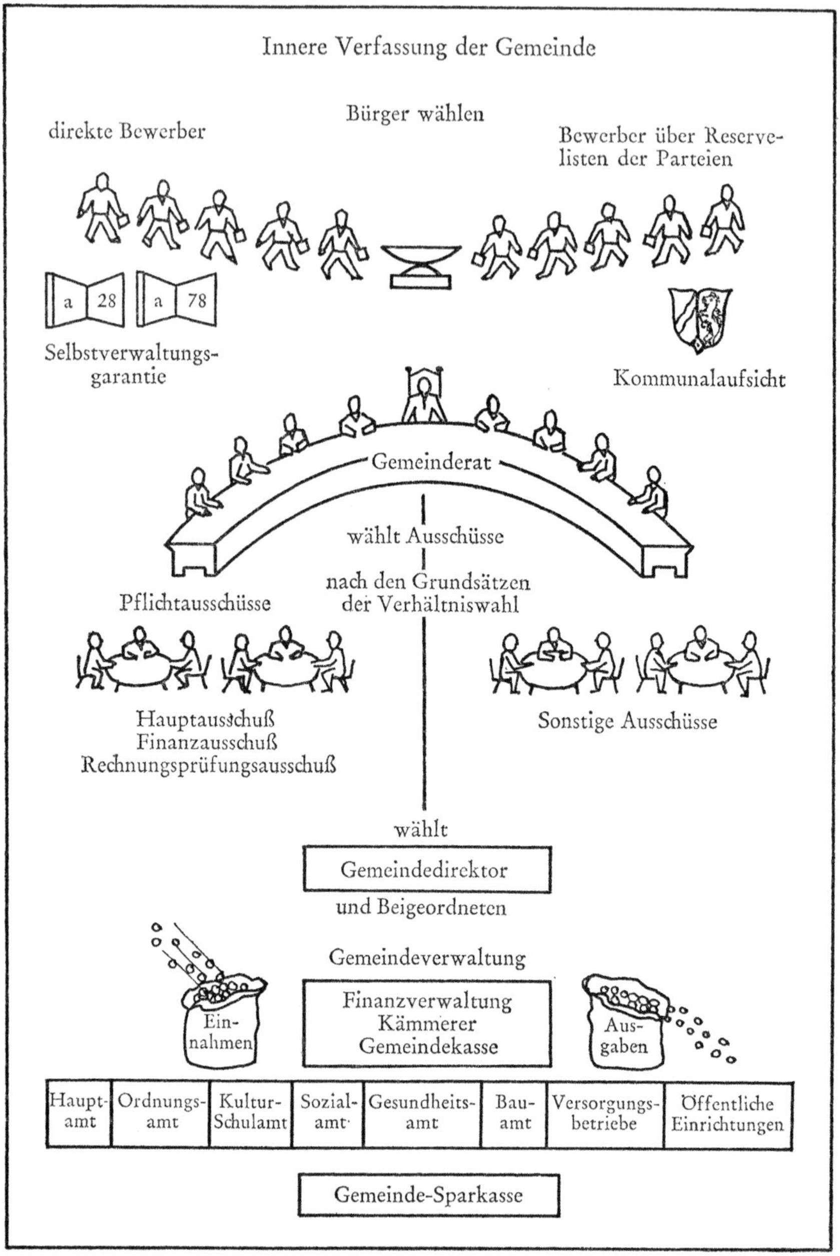
Innere Verfassung der Gemeinde
direkte Bewerber
Bürger wählen
Bewerber über Reservelisten der Parteien
a 28
a 78
Selbstverwaltungsgarantie
Kommunalaufsicht
Gemeinderat
wählt Ausschüsse
nach den Grundsätzen der Verhältniswahl
Pflichtausschüsse
Hauptausschuß
Finanzausschuß
Rechnungsprüfungsausschuß
Sonstige Ausschüsse
wählt
Gemeindedirektor
und Beigeordneten
Gemeindeverwaltung
Einnahmen
Finanzverwaltung
Kämmerer
Gemeindekasse
Ausgaben
Hauptamt
Ordnungsamt
Kultur-Schulamt
Sozialamt
Gesundheitsamt
Bauamt
Versorgungsbetriebe
Öffentliche Einrichtungen
Gemeinde-Sparkasse

Amtsordnung
für das Land Nordrhein-Westfalen

Vom 10. März 1953 (GV NW S. 218)

Der Landtag hat das folgende Gesetz beschlossen, das hiermit verkündet wird:

§ 1 Wesen

(1) Ämter im Sinne dieses Gesetzes sind *Verbände mehrerer aneinander grenzender Gemeinden* und gemeindefreier Grundstücke *desselben Kreises.* Sie haben die *Rechtsstellung von Gebietskörperschaften.*

(2) Die Ämter verwalten ihr Gebiet zum Besten ihrer Einwohner und der amtsangehörigen Gemeinden *nach den Grundsätzen gemeindlicher Selbstverwaltung.*

Zu § 1. Die Einrichtung des Amtes als Zwischenstufe zwischen Gemeinde und Landkreis finden wir, abgesehen von Schleswig-Holstein, nur in Westdeutschland, im Rheinland und in Westfalen sowie in den ehemaligen Teilen der preußischen Rheinprovinz. Ihren Ursprung haben die Ämter in dem Mairiesystem der Franzosenzeit im Westen zu Beginn des 19. Jahrhunderts. Die preußische Monarchie hat die Ämter, im Rheinland Bürgermeistereien genannt, als kommunale Verwaltungsform übernommen, die preußische republikanische Regierung hat sie beibehalten, und die Ämter haben auch das Nazi-Regime überdauert. Die Amtsordnung für das Land NRW hat in Weiterentwicklung der Militärregierungsgesetzgebung unter Einordnung in das in NRW geltende Kommunalrecht die bürgerschaftliche Selbstverwaltung, die Ratsverfassung zur Grundlage. Die Amtsvertretung ist gleichbedeutend mit dem Rat der Gemeinde, der Amtsdirektor hat die Rechtsstellung des Gemeindedirektors. Im Lande Rheinland-Pfalz hat man die frühere Amts- bzw. Bürgermeisterverfassung beibehalten – echte Bürgermeisterverfassung. Vertretung und Verwaltung unter Vorsitz und Leitung des Bügermeisters.

Die Einrichtung der Ämter bezweckt die Hebung der Verwaltungskraft in den ländlichen Gebieten, in denen die Gemeinden die heute vermehrten und komplizierter gewordenen Aufgaben nicht erfüllen können.

Der Gesetzgeber hat dem Amt die Rechtsstellung einer Gebietskörperschaft gegeben, die „nach den Grundsätzen der gemeindlichen Selbstverwaltung“ zu verwalten ist. Im Landesteil Westfalen ist die Einrichtung des Amtes stärker verbreitet als im Rheinland, hier sind amtsfreie Gemeinden in größerer Zahl vorhanden. In den Landkreisen des Landes NRW wohnt etwa die Hälfte der Bevölkerung in amtsangehörigen Gemeinden, Ämtern, die Hälfte in amtsfreien Gemeinden und kreisangehörigen Städten. In vielen Fällen sind auch kreisangehörige Städte, eine Zentrale des Amtsverbandes bildend, eingeamtet. Es gibt in NRW 299 Ämter mit 1906 amtsangehörigen Gemeinden. Die Amtsordnung gilt für die zur Zeit des Inkrafttretens des Gesetzes vorhandenen Ämter. Es ist nicht daran gedacht, die zwischen Gemeinde und Landkreis eingeschaltete Zwischenstufe des Amtes allgemein einzuführen, vielmehr gelten für die Bildung neuer Ämter sinngemäß die erschwerenden Bestimmungen des § 14 (1) GO, nach denen Gebietsänderungen nur aus Gründen des übergemeindlichen Interesses stattfinden sollen, wobei der Wille der betroffenen Bevölkerung berücksichtigt werden muß.

§ 2 Anwendung der Gemeindeordnung

(1) Für die Ämter *gelten, soweit nicht nachstehend eine andere Regelung getroffen ist, die Vorschriften der Gemeindeordnung* für das Land Nordrhein-Westfalen vom 21. Oktober 1952 (GV NW S. 269) in der Fassung der Bekanntmachung der Landesregierung vom 28. Oktober 1952 (GV NW S. 283) *und die dazu erlassenen Rechtsverordnungen entsprechend.*

(2) *Der Vorsitz in der Amtsvertretung sowie ihre Vertretung* nach außen *liegen bei dem von der Amtsvertretung aus ihrer Mitte gewählten Amtsbürgermeister.*

Verwaltungsverordnung zu § 2

1. Die zur Gemeindeordnung für das Land Nordrhein-Westfalen (GO) vom 21. Oktober 1952 (GV NW S. 269) in der Fassung der Bekanntmachung der Landesregierung vom 28. Oktober 1952 (GV NW S. 283) erlassenen Verwaltungsverordnungen gelten, soweit sie mit der Amtsordnung vereinbar sind, auch für die Ämter. Die entsprechende Anwendung der Vorschriften der GO, der Durchführungsverordnungen und der Verwaltungsverordnungen hierzu wird durch besonderen Runderlaß geklärt werden.
2. Die bei Inkrafttreten der Amtsordnung im Amt befindlichen Amtsbürgermeister und ihre Stellvertreter bleiben im Amt. Ihre Amtszeit errechnet sich von dem Zeitpunkt ihrer Wahl nach den allgemeinen Kommunalwahlen vom 9. November 1952 an.

Zu § 2. Die Wahlzeit des Amtsbürgermeisters beträgt 2 Jahre (vom Zeitpunkt ihrer Wahl nach den Kommunalwahlen 1952).

Siehe auch besonders die §§ 59–61 der Gemeindeordnung (Sonderbestimmungen für amtsangehörige Gemeinden).

§ 3 Aufgaben

(1) Die Ämter sind *Träger der öffentlichen Verwaltung zur Wahrnehmung der Pflichtaufgaben, die den Gemeinden durch Gesetz zur Erfüllung nach Weisung übertragen sind, soweit nicht im Einzelfalle etwas anderes bestimmt ist.* Mit Zustimmung der Aufsichtsbehörde können *amtsangehörige Gemeinden mit einem hauptamtlichen Gemeindedirektor* (§ 60 Abs. 2 der Gemeindeordnung) diese *Pflichtaufgaben selbst wahrnehmen.*

(2) *Mit Einwilligung einer Gemeinde kann das Amt Aufgaben dieser Gemeinde übernehmen.* Das *Recht der Gemeinden,* für bestimmte Angelegenheiten *Zweckverbände zu bilden* oder öffentlich-rechtliche Vereinbarungen zu treffen *bleiben unberührt.*

Verwaltungsverordnung zu § 3

1. Für die Zustimmung nach § 3 Abs. 1 Satz 2 der Amtsordnung sind die unter Ziff. 2 der Ersten Verordnung zur Durchführung der GO vom 10. November 1952 (GV NW S. 296) genannten Aufsichtsbehörden zuständig. Unter der

Voraussetzung des § 3 Abs. 1 Satz 2 a. a. O. können die Gemeinden auch einzelne Pflichtaufgaben wahrnehmen.

2. Bei der Bedeutung der Übertragung gemeindlicher Aufgaben auf das Amt kann die Einwilligung der Gemeinde nach § 3 Abs. 2 Satz 1 nur durch den Rat erteilt werden. Daß die Übernahme auf das Amt nur durch die Amtsvertretung beschlossen werden kann, ergibt sich aus der entsprechenden Anwendung des § 28 Abs. 1 Satz 2 Buchst. u) GO.

Zu § 3. Der Aufgabenkreis der Ämter ist zunächst auf die Wahrnehmung der „Pflichtaufgaben zur Erfüllung nach Weisung" beschränkt, d. h. der Auftragsangelegenheiten i. S. des § 116 GO. Es handelt sich also um Aufgaben der Gemeinden, die den Ämtern übertragen sind. Hier kommt die kommunalpolitische Bezogenheit der Ämter auf ihre Gemeinden zum Ausdruck. (Gutachten des interministeriellen Ausschusses für Verfassungsfragen – Landtagsvorlage Nr. 880 Min. dI. v. 26. 4. 1960 I B 1/20. 12. 10.) Das Amt hat in Abkehr von dem früheren Rechtszustand keine Kompetenz-Kompetenz; es kann demnach keine Selbstverwaltungsaufgaben der amtsangehörigen Gemeinden an sich ziehen, es sei denn, die amtsangehörige Gemeinde wünscht dies. Insoweit bleibt auch das kommunale Eigenleben der kommunalen Ortsstufe erhalten. Nur Pflichtaufgaben zur Erfüllung nach Weisung fallen in die gesetzliche Zuständigkeit des Amtes. Sonstige gesetzliche „Pflichtaufgaben", z. B. das Volksschulwesen, bleiben Aufgabe der amtsangehörigen Gemeinden. Die Genehmigung zur Anstellung eines hauptamtlichen Gemeindedirektors seitens der Aufsichtsbehörde (Oberkreisdirektor) ist nach § 48 Abs. 1 Buchst. m LKrO an die Zustimmung des Kreisausschusses gebunden.

Siehe auch Anmerkungen zu den §§ 3 und 4 GO NW.

§ 4 Name und Sitz

(1) *Ämter führen* außer ihrem Namen *keine zusätzliche Bezeichnung. Sie führen keine Flagge.*

(2) *Die Amtsvertretung bestimmt den Sitz der Amtsverwaltung mit einer Mehrheit von zwei Dritteln der Amtsvertreter.*

Verwaltungsverordnung zu § 4

1. Die Vorschrift des § 4 Abs. 2 der Amtsordnung bedeutet nicht, daß die Amtsvertretungen nach Inkrafttreten der Amtsordnung in jedem Falle einen Beschluß über den Sitz der Amtsverwaltung fassen müßten. Ein solcher Beschluß kommt vielmehr nur bei Verlegung des Sitzes der Amtsverwaltung oder nach Neubildung eines Amtes in Betracht.
2. Bei der Abstimmung der Amtsvertretung ist, Beschlußfähigkeit vorausgesetzt, für die Berechnung der erforderlichen Zweidrittel-Mehrheit die Anzahl der anwesenden Amtsvertreter zugrunde zu legen.
3. Über einen Beschluß, nach welchem der Sitz der Amtsverwaltung verlegt oder im Falle der Neubildung eines Amtes erstmalig bestimmt wird, ist der Aufsichtsbehörde unter Angabe des Zeitpunktes rechtzeitig zu berichten.
4. In den Fällen, in denen das Amt nach dem Sitz der Amtsverwaltung benannt ist, bedeutet die Verlegung des Sitzes der Amtsverwaltung nicht, daß das

Amt nunmehr ohne weiteres nach dem neuen Sitz der Amtsverwaltung benannt wird. In diesen Fällen gilt für die Änderung des Namens des Amtes vielmehr die Vorschrift des § 10 Abs. 1 Satz 2 GO in Verbindung mit § 2 Abs. 1 der Amtsordnung. Das gleiche gilt für die Bestimmung des Namens.

Zu § 4. Die Ämter können ein Wappen führen oder annehmen. Sie müssen ein Dienstsiegel führen. Siehe § 11 GO, der entsprechende Anwendung findet. Die Amtsvertretung ist hinsichtlich der Bestimmung des Amtssitzes an eine Genehmigung der Aufsichtsbehörde nicht gebunden.

§ 5 Gebiet und Gebietsänderung

(1) *Das Amtsgebiet besteht aus der Gesamtheit der nach geltendem Recht zum Amt gehörenden Gemeinden, gemeindefreien Grundstücken und Gutsbezirken. Kreisangehörige Gemeinden,* gemeindefreie Grundstücke und Gutsbezirke, *die einem Amt nicht angehören, können in ein Amt eingegliedert werden.*

(2) Die *Änderung von Amtsgrenzen wird von der Aufsichtsbehörde ausgesprochen, wenn die beteiligten Gemeinden und Ämter* mit der Grenzänderung *einverstanden sind. Erhebt eine der beteiligten Gemeinden oder ein beteiligtes Amt Widerspruch, so entscheidet die Landesregierung. Das gleiche* gilt für die *Neubildung und Auflösung von Ämtern;* § 14 Abs. 2 und 3 der Gemeindeordnung findet keine Anwendung.

(3) Die Änderung von Gemeindegrenzen, die zugleich Amtsgrenzen sind, bewirkt ohne weiteres die Änderung der Amtsgrenzen. Handelt es sich um den Zusammenschluß von Gemeinden oder Gemeindeteilen, die mehreren Ämtern angehören, zu einer neuen Gemeinde, so ist von der Stelle, die die Änderung der Grenzen ausspricht, zugleich zu bestimmen, ob die neue Gemeinde amtsfrei sein oder welchem Amt sie angehören soll.

Verwaltungsverordnung zu § 5.

1. Die Eingliederung kreisangehöriger Gemeinden, gemeindefreier Grundstücke und Gutsbezirke, die einem Amt nicht angehören, in ein Amt ist gemäß § 1 Abs. 1 der Amtsordnung nur möglich, wenn die Gemeinden, gemeindefreien Grundstücke und Gutsbezirke mit diesem Amt oder mit Gemeinden, gemeindefreien Grundstücken und Gutsbezirken, die gleichzeitig eingegliedert werden sollen, aneinandergrenzen.
2. Beteiligte Gemeinden im Sinne des § 5 Abs. 2 der Amtsordnung sind die unmittelbar beteiligten Gemeinden.

Zu § 5. Das Verfahren ist auch anzuwenden, wenn eine amtsangehörige Gemeinde das Ausscheiden aus dem Amtsverbande begehrt, um amtsfrei zu werden.

Im Gegensatz zu Gebietsänderungen von Gemeinden, die nach § 16 durch Gesetz erfolgen, wird die Gebietsänderung bei Zustimmung der Beteiligten von der Aufsichtsbehörde, dem Oberkreisdirektor, ausgesprochen, der nach § 48 Abs. 1 n LKrO die Zustimmung des Kreisausschusses einholen muß. Bei Nichteinigung unter den Beteiligten entscheidet die Landesregierung. Beide Entscheidungen sind Verwaltungsakte, die im

Verwaltungsstreitverfahren angefochten werden können. Die Vertretungen der beteiligten Ämter und Gemeinden entscheiden über die Grenzänderung mit einfacher Mehrheit, da Abs. 2 und 3 des § 14 GO um das Verfahren zu vereinfachen, nicht anwendbar sind. Es findet keine Volksbefragung statt.

Die Grundsätze des § 14 GO haben aber auch im Bereich der Amtsordnung Gültigkeit (dringende Gründe des übergemeindlichen öffentlichen Interesses) – Urteil des LVG Münster v. 29. 4. 1955 – 3 K 160/154.

§ 6 Ehrenamt und ehrenamtliche Tätigkeit

(1) Einwohner und Bürger der amtsangehörigen Gemeinden sind zur Übernahme und Ausübung von Ehrenämtern in der Verwaltung des Amtes und zur ehrenamtlichen Mitwirkung bei der Durchführung einzelner Angelegenheiten des Amtes unter gleichen Voraussetzungen und mit den gleichen Folgen verpflichtet wie in der Gemeinde, in der sie Einwohner oder Bürger sind.

(2) Die *Bestimmungen der Gemeindeordnung über das Ehrenbürgerrecht und die Verleihung einer Ehrenbezeichnung gelten für die Ämter nicht.*

Zu § 6. Siehe auch Anmerkungen zu den §§ 20–25 GO NW.

§ 7 Verwaltung

Die Stelle des Amtsdirektors wird hauptamtlich, die Stellen *der Amtsbeigeordneten* werden *ehrenamtlich verwaltet. Durch Satzung kann etwas anderes bestimmt werden.*

Zu § 7. Auch die Amtsordnung verlangt für die Stelle des Amtsdirektors hauptamtliche Tätigkeit, fachliche Vorbildung und ausreichende Erfahrung i. S. des § 49 GO. Von diesem Grundsatz sollte man, auch wenn die Amtssatzung etwas anderes, also ehrenamtliche Verwaltung zuläßt, im Interesse der sachgemäßen Erledigung der Dienstgeschäfte, nicht abgehen. Für hauptamtliche Amtsdirektoren und hauptamtliche Amtsbeigeordnete beträgt die Wahlzeit 12 Jahre (Probezeit unzulässig).

Die *Besoldung der Amtsdirektoren* richtet sich nach der Verordnung über die Eingruppierung der mit den Landesbeamten nicht gleichzubewertenden Beamten der Gemeinden und Gemeindeverbände v. 5. 7. 1956 GV NW S. 185 (siehe Näheres unter den Anmerkungen zu § 49 GO.

§ 60 Abs. 1 der Gemeindeordnung, in dem bestimmt war, daß in amtsangehörigen Gemeinden die Aufgaben des Gemeindedirektors vom Amtsdirektor wahrgenommen werden, ist durch Urteil des Verfassungsgerichtshofs NRW vom 21. 8. 1954 – AZ 3/53 aufgehoben worden. Der Erlaß des Innenministers vom 28. 8. 1954 (MBl. Sp. 1665) empfiehlt den Amtsdirektor zum ehrenamtlichen Gemeindedirektor zu wählen. Der Amtsdirektor darf die Aufgaben des Gemeindedirektors nur ausüben, wenn er zum Gemeindedirektor förmlich gewählt ist (OVG Münster v. 8. 8. 1956 – III A 624/56).

Der Amtsdirektor ist nicht mehr kraft Gesetzes zugleich Gemeindedirektor in den amtsangehörigen Gemeinden (Entscheidung des VGH NW vom 21. 8. 1954 – AZ 3/53). Siehe auch Anmerkungen zu § 60 GO NW und über die Mitwirkung des Amtsdirektors in Angelegenheiten der amtsangehörigen Gemeinden, Anmerkung § 61 GO NW.

§ 7a Wahl der Amtsvertretung

(1) Die Mitglieder der Amtsvertretung werden von den Vertretungen der amtsangehörigen Gemeinden innerhalb von sechs Wochen nach den allgemeinen Gemeindewahlen gewählt. Wählbar zur Amtsvertretung sind alle Mitglieder der Vertretungen der amtsangehörigen Gemeinden.

(2) Die Zahl der von den Gemeindevertretungen aus ihrer Mitte zu wählenden Amtsvertreter beträgt in Gemeinden mit einer Bevölkerungszahl

von	1 000	und weniger	1 Vertreter,
über	1 000	aber nicht über 3 000	2 Vertreter,
über	3 000		3 Vertreter.

Ist die so ermittelte Gesamtzahl der Vertreter eines Amtes kleiner als in Ämtern mit einer Bevölkerungszahl

von	3 000	und weniger	12 Vertreter,
über	3 000	aber nicht über 10 000	18 Vertreter,
über	10 000	aber nicht über 20 000	24 Vertreter,
über	20 000	aber nicht über 40 000	30 Vertreter,
über	40 000		36 Vertreter,

so gilt die größere Zahl. Von dieser entfällt auf jede Gemeinde mindestens ein Vertreter. Die Zahl der weiteren auf jede Gemeinde entfallenden Vertreter wird nach dem Verhältnis der Bevölkerungszahlen im Höchstzahlenverfahren d'Hondt errechnet.

(3) Ist nur ein Vertreter zu wählen, so ist gewählt, wer die meisten Stimmen erhalten hat. Bei Stimmengleichheit entscheidet das vom Vorsitzenden der Gemeindevertretung zu ziehende Los. Sind mehrere Vertreter zu wählen, so findet eine Listenwahl nach Verhältniswahlgrundsätzen unter Anwendung des d'Hondtschen Höchstzahlenverfahrens statt. Über die Zuteilung des letzten Sitzes entscheidet bei gleicher Höchstzahl das vom Vorsitzenden der Gemeindevertretung zu ziehende Los. Entfallen hiernach auf eine Liste mehr Sitze als die vorschlagende Gruppe Vertreter in der Gemeindevertretung hat, so kann sie die Liste durch Bewerber aus den für die Gemeindewahl zugelassenen Reservelisten ergänzen.

(4) Soweit es zur verhältnismäßigen Verteilung der Sitze unter Zugrundelegung des von den Parteien bei den letzten allgemeinen Gemeindewahlen erzielten Simmenergebnisse erforderlich ist, werden weitere Vertreter aus den Reservelisten berufen. Hierzu zählen die für die Wahl der Vertretungen der amtsangehörigen Gemeinden bei den letzten allgemeinen Wahlen abgegebenen Stimmen gleichzeitig für die Wahl der Amtsvertretung. Die für jede politische Partei und für jede Wählergruppe in den amtsangehörigen Gemeinden abgegebenen Stimmen werden zusammengezählt. Zuvor werden in Gemeinden mit einer Einwohnerzahl von 3000 und weniger die für jede politische Partei und

Wählergruppe abgegebenen gültigen Stimmen durch drei geteilt. Die politischen Parteien und Wählergruppen, die mindestens 5 v. H. der nach Satz 3 und 4 zusammenzuzählenden Stimmen errungen haben, nehmen an dem Verhältnisausgleich nach Satz 1 teil. Es wird sodann nach dem d'Hondtschen Höchstzahlenverfahren errechnet, wieviel Sitze jeder der politischen Parteien und Wählergruppen insgesamt zustehen. Hierzu werden die Stimmenzahlen solange durch 1, 2, 3, 4 usw. geteilt, bis auf jeden der nach Absatz 3 errungenen Sitze eine Höchstzahl entfällt. Die hiernach den Parteien und Wählergruppen noch zustehenden Sitze werden aus den Reservelisten zugeteilt.

(5) Die Reserveliste ist von der für das Gebiet des Amtes zuständigen Leitung der politischen Partei oder Wählergruppe bis spätestens vier Wochen nach den allgemeinen Gemeindewahlen dem Wahlleiter einzureichen. Absatz 1 Satz 2 findet Anwendung. Reicht die Zahl der Vertreter einer politischen Partei oder Wählergruppe in den Vertretungen der amtsangehörigen Gemeinden nicht aus, um die ihr nach Abs. 4 Satz 7 noch zustehenden Sitze zu besetzen, so können insoweit Bewerber aus den für die Gemeindewahlen zugelassenen Reservelisten benannt werden. Die Reserveliste kann im Laufe der Wahlperiode ergänzt werden. Scheidet ein Mitglied aus der Amtsvertretung aus, so wird der Nachfolger aus der Reserveliste derjenigen Partei oder Wählergruppe bestimmt, für die der ausgeschiedene Vertreter aufgestellt war. War der ausgeschiedene Vertreter der einzige Vertreter einer Gemeinde, so wird der nächste Bewerber aus dieser Gemeinde von der Reserveliste der betreffenden Partei oder Wählergruppe bestimmt. Ist ein solcher Bewerber nicht vorhanden, so muß die Reserveliste ergänzt werden. Ist dies nicht möglich, so bleibt der Sitz unbesetzt. Der Wahlleiter stellt den Nachfolger fest und macht dies öffentlich bekannt.

(6) In Gemeinden, in denen die Gemeindeversammlung die Gemeindevertretung bildet (§ 52 des Kommunalwahlgesetzes), wird der der Gemeinde nach Absatz 2 zustehende Vertreter durch die Gemeindeversammlung aus ihrer Mitte gewählt. Diese Gemeinden bleiben bei dem Verhältnisausgleich nach Absatz 4 außer Betracht.

(7) Auf die Annahme der Wahl der in die Amtsvertretung gewählten Vertreter finden die Vorschriften des Kommunalwahlgesetzes sinngemäß Anwendung. Lehnt ein Vertreter die Wahl ab, so gelten die Vorschriften des Abs. 5 über die Ersatzbestimmung entsprechend.

(8) Die Amtsvertretung wählt einen Wahlausschuß; auf die Bildung und das Verfahren des Wahlausschusses finden die Vorschriften des Kommunalwahlgesetzes entsprechende Anwendung. Der Wahlausschuß prüft die Ordnungsmäßigkeit der Wahl in den Gemeindevertretungen (Absatz 3), teilt die Sitze der aus den Reservelisten zu wählenden Amtsvertreter (Absatz 4) zu und stellt das Wahlergebnis fest. Wahlleiter ist der Amtsdirektor, der für die ordnungsmäßige Vorbereitung und Durchführung der Wahl der Amtsvertretung verantwortlich ist, soweit nicht der Wahlausschuß zuständig ist.

Zu § 7a. Der § 7a ist durch das Gesetz zur Änderung des Kommunalwahlgesetzes und der Amtsordnung in die Amtsordnung eingefügt worden.

Nach den durch die Urteile des BVG vom 12. 7. 1960, 2. 11. 1960 und 15. 11. 1960 aufgestellten Grundsätzen der Chancengleichheit bei Wahlen sind die Wählergruppen neben den politischen Parteien entsprechend berücksichtigt worden.

Schon bei Beratung der Amtsordnung im Jahre 1953 war es schwer, für die Amtsvertretung einen geeigneten Wahlmodus zu finden. Schon damals war die Meinung vertreten, daß die Amtsvertretungen nicht wie nach 1918 durch unmittelbare Wahl gebildet, sondern die amtsangehörigen Gemeinden ihre Vertreter in die Amtsvertretung entsenden sollten. Kompromiß war die in § 14 des Kommunalwahlgesetzes in der Fassung der Bekanntmachung vom 12. 6. 1954 (GS NW S. 226) eingeführte „Kandidaturkoppelung"-Bewerber zur Amtsvertretung mußten gleichzeitig Bewerber zum Gemeinderat sein (Landtagsdrucksache 1411.2 Wahlperiode). Entsprechend der Regierungsvorlage (Landtagsdrucksache Nr. 194.4 Wahlperiode) hat sich nun der Gesetzgeber für die Einführung der mittelbaren Wahl zur Amtsvertretung entschieden, die Bestimmungen über die Wahlen zur Amtsvertretung aus dem Kommunalwahlgesetz herausgenommen und in die Amtsordnung eingebaut. Die Vorschriften des Kommunalwahlgesetzes gelten nur ergänzend.

Die mittelbare Wahl ist rechtlich zulässig. Die Landesverfassung verlangt in Art. 78 für die mit Recht der Selbstverwaltung als Gebietskörperschaften ausgestatteten „Gemeinden und Gemeindeverbände" „gewählte Organe". Die Ämter sind nach § 1 der Amtsordnung „Gebietskörperschaften". Die Amtsvertretung ist als „gewähltes Organ" anzusehen. Bei der Wahl der Amtsvertretung muß die bei der Wahl in den amtsangehörigen Gemeinden zum Ausdruck gekommene Willensbildung für alle Wahlakte maßgebend sein. Art. 78 erstrebt eine Bindung zwischen dem innerhalb der Gebietskörperschaft auf demokratischer Grundlage gebildeten politischen Willen und der Bestellung der für die Verwaltung dieser Gebietskörperschaft maßgebenden Organe. Die Wahl braucht keine unmittelbare zu sein. Im Art. 78 Abs. 1 der Landesverfassung ist die Frage der Mittelbarkeit oder Unmittelbarkeit nicht ausdrücklich angesprochen. Das hätte aber geschehen müssen, wenn der Landesgesetzgeber in einer so wichtigen Frage über die Vorschrift des Art. 28 Abs. 1 GG („Kreise" und „Gemeinden" müssen eine aus allgemeinen, unmittelbaren, freien, gleichen und geheimen Wahlen hervorgegangene Vertretung haben) hätte hinausgehen wollen.

Der Wahlvorgang für die Amtsvertretung vollzieht sich in 2 Stufen. In der 1. Stufe wählen die amtsangehörigen Gemeindevertreter aus ihrer Mitte die „direkten" Amtsvertreter. In der 2. Stufe werden – falls dies nötig ist – zu diesen direkt gewählten Gemeindevertretern weitere amtsangehörige Gemeindevertreter hinzugewählt. Mit diesem Verhältnisausgleich folgt der Gesetzgeber dem Vorbild des § 7a – Bildung der Landschaftsversammlung (GS NW S. 226/54).

Es handelt sich hierbei nicht um eine selbständige 2. Wahl, sondern um den lediglich aus wahltechnischen Gründen vorgenommenen 2. Wahlakt eines einheitlichen Wahlvorgangs (siehe Gutachten des interministeriellen Ausschusses für Verfassungsfragen – oben).

Der Verhältnisausgleich nach Abs. 4 und 5 tritt ein, wenn sich auf Grund der Gesamtergebnisse der Gemeindewahlen im Amt andere Kräfteverhältnisse ergeben, als dies bei der Sitzzahl der durch die unmittelbare Wahl aus den Gemeinderäten (Abb. 2) der Fall ist.

Beim Verhältnisausgleich sind die Ergebnisse der Gemeindewahlen für die politischen Parteien und Wählergruppen im gesamten Amt zusammenzuzählen, wobei zu beachten ist, daß in den Gemeinden von 3000 und weniger Einwohnern zunächst die Zahl der für die politischen Parteien abgegebenen Stimmen durch 3 zu teilen ist. Die 5%-Klausel hat auch bei dem Verhältnisausgleich Geltung.

In die von den politischen Parteien und den Wählergruppen für den Verhältnisausgleich einzureichenden Reservelisten – die sich auf das ganze Amt erstrecken – dürfen nur gewählte Gemeindevertreter aufgenommen werden, es sei denn, daß die Zahl der Vertreter der politischen Partei in den amtsangehörigen Gemeinden nicht ausreicht. In diesem Fall können auch Bewerber aus den für die Gemeindewahlen zugelassenen Reservelisten benannt werden. Wer für die Aufstellung und die Erklärung zur Reserveliste zuständig ist, bestimmt in der Regel die Satzung der politischen Partei bzw. der Wählergruppe oder die örtlich oder bezirklich zuständige Parteileitung bzw. der Wählergruppe.

Verlängerung der Wahlperiode 1956–1960 bis 1961; Verkürzung der Wahlperiode 1960–1964 (April 1961 bis Sept. 1964) gemäß Gesetz vom 20. 12. 1960 (GVNW S. 448).

§ 8 Kassengeschäfte, Rechnungsprüfungsamt, Gebühren, Beiträge und Amtsumlage

(1) Die *Verwaltung der Kassengeschäfte der amtsangehörigen Gemeinden ist Aufgabe des Amtes.*

(2) *Richten Ämter ein Rechnungsprüfungsamt ein, so nimmt dieses die ihm übertragenen Aufgaben auch für die amtsangehörigen Gemeinden wahr.*

(3) Die Ämter haben *das Recht, Gebühren und Beiträge im Rahmen des Abgabenrechts zu erheben.* Decken die Einnahmen eines Amtes seinen Bedarf nicht, so ist nach den hierfür geltenden Vorschriften von den amtsangehörigen Gemeinden, gemeindefreien Grundstücken und Gutsbezirken *eine Umlage zu erheben (Amtsumlage).*

Verwaltungsverordnung zu § 8

1. Die Kassen der amtsangehörigen Gemeinden sind neben der Amtskasse buchmäßig voneinander getrennt zu führen.
2. Für die Erhebung von Gebühren und Beiträgen gilt das Abgabenrecht der Gemeinden, für die Erhebung der Amtsumlage das Umlagenrecht der Landkreise.

Zu § 8. Die Ämter dürfen keine direkten oder indirekten Steuern erheben, wohl haben sie das Recht zur Erhebung von Gebühren (Verwaltungs- und Benutzungsgebühren) und von Beiträgen i. S. des Kom.-Abg.-Ges. v. 14. 7. 93 nebst Änderungen. Das Amts-Umlagerecht gründet sich auf § 10 des Kreis- und Prov.-Abgabengesetzes und § 20 ff. des Fin.-Ausgleichsgesetzes. Nimmt das Amt gem. § 3 eine gemeindliche Selbstverwaltungsaufgabe wahr, während andere Gemeinden diese Aufgaben selbst wahrnehmen, oder hat eine Gemeinde die Wahrnehmung von Pflichtaufgaben an Stelle des Amts (§ 3) übernommen, so soll dies bei der Amtsumlage durch Mehr- oder Minderbelastung berücksichtigt werden.

§ 9 Verwaltungsgemeinschaften

Verwaltungsgemeinschaften von amtsfreien Gemeinden untereinander oder mit Ämtern oder von Ämtern untereinander sind nur innerhalb des gleichen Landkreises zulässig. Sie werden durch Vereinbarung der Beteiligten mit Genehmigung der Aufsichtsbehörde gebildet (§ 13 des Zweckverbandgesetzes vom 7. Juni 1939 – RGBl S. 979 –).

Bestehende Verwaltungsgemeinschaften bleiben von den Vorschriften des Satzes 2 *unberührt.*

Verwaltungsverordnung zu § 9

1. entfällt.
2. Die Aufsichtsbehörden werden darauf hingewiesen, daß sich die Vorschriften des § 9 auch auf die gemeinsame Verwaltung amtsfreier Gemeinden beziehen.

Zu § 9. In der Fassung des Abänderungsbeschlusses des Landtags v. 27. 7. 53, Abänderungsgesetz v. 11. 8. 1953 (GV NRW S. 334).

Vorhandene Verwaltungsgemeinschaften sollen in der bisherigen Form bestehen bleiben. Verwaltungsgemeinschaften haben sich als kostenmäßig günstigere Verwaltungsform bewährt. Deshalb hat der Gesetzgeber neben dem Amtsverband auch weiterhin die Möglichkeit der Bildung von Verwaltungsgemeinschaften zugelassen. In NRW bestanden bei Erlaß des Gesetzes 20 Verwaltungsgemeinschaften.

§ 10 Durchführungsbestimmungen

Der Innenminister erläßt im Einvernehmen mit dem zuständigen Ausschuß des Landtags die zur Durchführung der §§ 5, 8 und 9 erforderlichen Rechtsverordnungen. Er erläßt die erforderlichen Verwaltungsverordnungen.

§ 11 Inkrafttreten

Das Gesetz tritt am Tage nach seiner Verkündung in Kraft*).

Zur gleichen Zeit tritt die Amtsordnung vom 8. Oktober 1934 (Gesetzsamml. S. 393) in der Fassung der Verordnung vom 13. Juli 1935 (MBliV. S. 893) außer Kraft.

Düsseldorf, den 10. März 1953.

Die Landesregierung
des Landes Nordrhein-Westfalen

* Verkündet im GV NW Bl. 21 am 21. März 1953.

LANDKREISORDNUNG

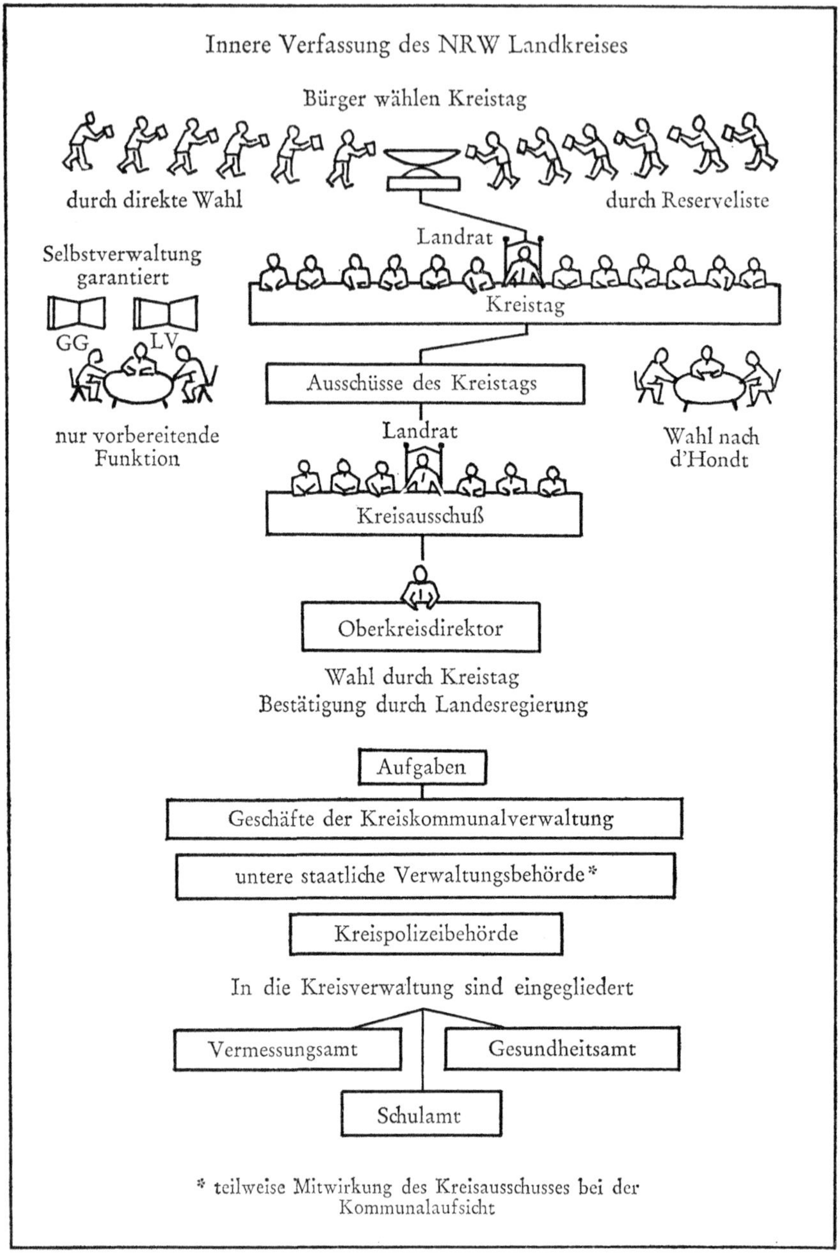
Innere Verfassung des NRW Landkreises
Bürger wählen Kreistag
durch direkte Wahl
durch Reserveliste
Landrat
Selbstverwaltung garantiert
GG
LV
Kreistag
Ausschüsse des Kreistags
nur vorbereitende Funktion
Wahl nach d'Hondt
Landrat
Kreisausschuß
Oberkreisdirektor
Wahl durch Kreistag
Bestätigung durch Landesregierung
Aufgaben
Geschäfte der Kreiskommunalverwaltung
untere staatliche Verwaltungsbehörde*
Kreispolizeibehörde
In die Kreisverwaltung sind eingegliedert
Vermessungsamt
Gesundheitsamt
Schulamt
* teilweise Mitwirkung des Kreisausschusses bei der Kommunalaufsicht

Landkreisordnung
für das Land Nordrhein-Westfalen

Vom 21. Juli 1953
(GV NW 1953 S. 305)

Der Landtag hat das folgende Gesetz beschlossen, das hiermit verkündet wird:

Erster Teil

WESEN DER LANDKREISE

(1) Die Landkreise verwalten ihr Gebiet *zum Besten der kreisangehörigen Gemeinden und ihrer Einwohner nach den Grundsätzen der gemeindlichen Selbstverwaltung.*

(2) Die Landkreise sind *Gemeindeverbände und Gebietskörperschaften.*

(3) Das Gebiet des Landkreises bildet zugleich den *Bezirk der unteren staatlichen Verwaltungsbehörde.*

Zweiter Teil

SELBSTVERWALTUNG DER LANDKREISE

1. Abschnitt: Grundlagen der Landkreisverfassung

§ 2 Wirkungsbereich

(1) Die Landkreise sind, soweit die Gesetze nicht ausdrücklich etwas anderes bestimmen, *ausschließliche und eigenverantwortliche Träger der öffentlichen Verwaltung zur Wahrnehmung der auf ihr Gebiet begrenzten überörtlichen Angelegenheiten. Die Wahrnehmung örtlicher Aufgaben durch die Gemeinden bleibt unberührt. Mehrere Gemeinden können überörtliche,* auf ihre Gebiete begrenzte *Aufgaben durch Zweckverbände oder im Wege öffentlich-rechtlicher Vereinbarungen* durchführen.

(2) Die Landkreise nehmen *ferner* die *Aufgaben wahr, die ihnen auf Grund gesetzlicher Vorschriften übertragen sind. Neue Pflichtaufgaben* können den Landkreisen *nur durch Gesetz* auferlegt werden. *Sie können zur Erfüllung nach Weisung übertragen werden; das Gesetz bestimmt* den *Umfang des Weisungsrechts. Bei* der *Übertragung neuer Aufgaben ist* gleichzeitig die *Aufbringung der Mittel zu regeln. Eingriffe in die Rechte der Landkreise sind nur durch Gesetz zulässig.*

(3) *Rechtsverordnungen* zur Durchführung von Gesetzen nach Abs. 2 *bedürfen der Zustimmung des zuständigen Landtagsausschusses* und, soweit nicht die

Landesregierung oder der Innenminister sie erlassen, der Zustimmung des Innenministers.

Erste Verwaltungsverordnung zu § 2

1. Nach § 2 GO sind die Gemeinden in ihrem Gebiet grundsätzlich ausschließliche und eigenverantwortliche Träger der öffentlichen Verwaltung und somit für die Erledigung aller örtlichen Verwaltungsaufgaben zuständig. Demgegenüber regelt § 2 LKrO die Wahrnehmung der auf das Kreisgebiet begrenzten überörtlichen Angelegenheiten. Die Erledigung dieser Angelegenheiten kann sich danach in zwei Formen vollziehen:

a) Grundsätzlich ist der Landkreis für die Wahrnehmung dieser Angelegenheiten zuständig. Diese Zuständigkeit wird stets dann Platz zu greifen haben, wenn es sich um Angelegenheiten handelt, die für das gesamte Kreisgebiet oder für einen größeren Teil des Kreisgebiets erfüllt werden müssen.

b) Daneben können auch mehrere Gemeinden überörtliche, auf ihre Gebiete begrenzte Aufgaben durch Zweckverbände oder im Wege öffentlich-rechtlicher Vereinbarungen durchführen. Voraussetzung für eine derartige Aufgabenerfüllung ist, daß die Aufgabe in den Gebieten dieser Gemeinden ihre Grundlage findet.

2. Die LKrO hat das Institut der Kompetenz-Kompetenz (vgl. §§ 43 bis 50 des Einführungsgesetzes zu dem Gesetz über die kommunale Neugliederung des rheinisch-westfälischen Industriegebiets vom 29. Juli 1929 – Gesetzsamml. S. 137 –) nicht übernommen. Die Abgrenzung zwischen den verschiedenen Aufgabenträgern im Landkreis hat sich demgemäß künftig in Zweifelsfällen durch eine entsprechende Abstimmung untereinander zu vollziehen. Läßt sich eine derartige Übereinstimmung nicht erzielen, so wird den beteiligten Landkreisen, Ämtern und Gemeinden empfohlen, die Vermittlung der Aufsichtsbehörde herbeizuführen.

3. *Die Vorschrift des Absatzes 1 gibt keine Veranlassung, den derzeitigen Stand der Aufgabenverteilung zwischen Landkreisen, Ämtern und Gemeinden grundlegenden Änderungen zu unterziehen.*

4. Im Rahmen ihrer gesetzlichen Zuständigkeit ist es, soweit die Gesetze nicht ausdrücklich etwas anderes bestimmen, der Entschließung der Landkreise überlassen, welche Einrichtungen und Vorkehrungen sie nach Maßgabe des Bedürfnisses im Landkreis und der Leistungsfähigkeit der kreisangehörigen Gemeinden und der Abgabepflichtigen (§ 7) treffen. Die durch die LKrO den Landkreisen übertragene Selbstverwaltung enthält jedoch für sie die gesetzliche Pflicht, jedenfalls die Einrichtungen und Vorkehrungen zu treffen, die einen geordneten Gang der Verwaltung und eine hinreichende Erfüllung ihrer Aufgaben sichern.

Zu § 1. Die Landkreisordnung ist, wie die Bezeichnung sagt, für die Landkreise erlassen; sie gilt nicht für die kreisfreien Städte (bisher als Stadtkreise bezeichnet). Der

Landkreis ist als solcher Gemeindeverband für die in ihm belegenen kreisangehörigen Gemeinden und zugleich die kommunale Körperschaft zur Wahrnehmung überörtlicher Aufgaben der Selbstverwaltung. Er ist weder Zweckverband, noch stellt er eine Kreisgroßgemeinde dar. Der Landkreis ist endlich staatlicher Verwaltungsbezirk innerhalb der Verwaltungsorganisation des Landes.

Zu § 2. Als „überörtliche" Angelegenheiten kommen nur Selbstverwaltungsaufgaben in Frage, z. B. Einrichtungen und Anstalten i. S. des § 16 LKrO und eine wirtschaftliche Betätigung der Kreise im Sinne des § 42 LKrO. Es ist zu unterscheiden zwischen: 1. Freiwillige Aufgaben, 2. Pflichtaufgaben, 3. Pflichtaufgaben zur Erfüllung nach Weisung, 4. Staatliche Aufgaben. Zu 1. und 2. besteht kein Weisungsrecht, nur Rechtsaufsicht. Zu 3. ist ein beschränktes Weisungsrecht gegeben. Das Gesetz bestimmt den Umfang des Weisungsrechts. Für die Ausführung der Weisungen ist der Oberkreisdirektor zuständig.

Wegen der Beschränkung der Wirksamkeit des Kreises auf das Kreisgebiet, soweit dem Kreis nicht Auftragsangelegenheiten vom Staat zugewiesen werden – siehe zu 2. und 3. – vergleiche Anmerkung zu § 2 GO.

§ 3 Satzungen

(1) Die Landkreise können ihre Angelegenheiten durch *Satzungen* regeln, soweit die Gesetze nicht etwas anderes bestimmen. *Satzungen bedürfen der Genehmigung der Aufsichtsbehörde*, soweit sie sich *rückwirkende Kraft* beilegen *oder* eine *Genehmigung gesetzlich vorgeschrieben* ist.

(2) Jeder Landkreis hat eine *Hauptsatzung* zu erlassen. In ihr ist mindestens zu ordnen, was nach den Vorschriften dieses Gesetzes der Hauptsatzung vorbehalten ist. Die *Hauptsatzung und ihre Änderung* können nur mit der *Mehrheit der gesetzlichen Anzahl der Kreistagsmitglieder* beschlossen werden.

(3) Die *Landkreise können* die auf Grund gesetzlicher Ermächtigung in ihren Satzungen ausgesprochenen *Verpflichtungen im Zwangswege durchsetzen.* [Die Satzungen können ferner vorsehen, daß bei Weigerung der Verpflichteten Handlungen an ihrer Stelle und auf ihre Kosten vorgenommen werden.] Zwangsgeld und Kosten der *Ersatzvornahme* werden im *Verwaltungszwangsverfahren* beigetrieben.

(4) Satzungen sind öffentlich bekanntzumachen. Sie treten, wenn kein anderer Zeitpunkt bestimmt ist, mit dem Tage nach der Bekanntmachung in Kraft.

Erste Verwaltungsverordnung zu § 3

1. Da zu den Angelegenheiten der Landkreise auch die Pflichtaufgaben nach § 2 Abs. 2 zählen, können die Landkreise auch diese durch Satzungen regeln. Solche Satzungen dürfen zu Weisungen nach § 2 Abs. 2 nicht in Widerspruch stehen.
2. Zum Erlaß einer Hauptsatzung sind die Landkreise gemäß Abs. 2 Satz 1 verpflichtet. Die Hauptsatzungen müssen bis spätestens 30. Juni 1954 in Kraft treten (Abs. 4).

3. Hinsichtlich des Inhalts der Hauptsatzung ist zu beachten, daß bestimmte Angelegenheiten in ihr geregelt werden *müssen* und andere Angelegenheiten in ihr geregelt werden *können.*

   Soweit eine Regelung in der Hauptsatzung zwingend vorgeschrieben ist, handelt es sich einerseits um Angelegenheiten, die in der Hauptsatzung in jedem Fall geregelt werden müssen, und andererseits um solche, deren Regelung in der Hauptsatzung nur bei Vorliegen einer bestimmten Voraussetzung erforderlich wird.

   Angelegenheiten, die in der Hauptsatzung in jedem Falle geregelt werden *müssen,* sind

   die Genehmigung von Verträgen des Landkreises mit Kreistags- und Ausschußmitgliedern, mit dem Oberkreisdirektor und mit den leitenden Dienstkräften des Landkreises nach § 20 Abs. 1 Buchst. r und

   die Form der Bekanntmachung nach § 29 Abs. 3.

   Angelegenheiten, deren Regelung in der Hauptsatzung *nur bei Vorliegen einer bestimmten Voraussetzung* erforderlich wird, sind

   die Anstellung, Beförderung und Entlassung von Angestellten und Arbeitern, soweit hierbei von § 41 Abs. 2 Satz 3 erster Halbsatz abgewichen werden soll, und

   die Unterzeichnung von Anstellungsverträgen und sonstigen schriftlichen Erklärungen zur Regelung der Rechtsverhältnisse von Angestellten und Arbeitern, soweit hierbei von § 41 Abs. 3 Satz 2 erster Halbsatz abgewichen werden soll.

   Als Angelegenheit, die in der Hauptsatzung geregelt werden *kann,* bezeichnet die LKrO lediglich die Form der Unterrichtung der Öffentlichkeit über bedeutsame Beratungsgegenstände des Kreistages (§ 25 Abs. 3). Darüber hinaus ist es den Landkreisen jedoch unbenommen, auch andere Angelegenheiten in der Hauptsatzung zu regeln. Als solche kommen z. B. in Betracht die Bezeichnung von Entscheidungen, die sich der Kreistag nach § 20 Abs. 1 Satz 1 vorbehält,

   die Festlegung der Zahl der Mitglieder des Kreisausschusses (§ 35 Abs. 1),

   die Bestimmung von Einzelheiten über die Bildung von Ausschüssen (§ 32) und

   die Festsetzung der Aufwandsentschädigung für den Landrat und gegebenenfalls seinen Stellvertreter (§ 33).

   Diese Angelegenheiten können statt dessen auch durch Kreistagsbeschluß geregelt werden.

4. Satzungen werden im vollen Wortlaut bekanntgemacht. Eine Bekanntmachung, die lediglich auf eine erlassene Satzung hinweist oder etwa zum Ausdruck bringt, die Satzung könne im Kreishaus eingesehen werden, entspricht Abs. 4 nicht.

Zu § 3. Anstelle des Satzes 2 des Absatzes 3 sind die Vorschriften des Verwaltungsvollstreckungsgesetzes vom 23. 7. 1957 (GV NW S. 216), insbesondere die §§ 56, 58, 60 und 67 getreten. Siehe den Text unter den Anmerkungen zu § 3 GO.

Weitere Vorschriften über die Bekanntmachung und die Veröffentlichung von Satzungen im Regierungsamtsblättern finden sich in den Ministerialerlassen vom 4. 6. 1954 (MBl. NW S. 956) und 19. 8. 1954 (MBl. NW S. 1653).

§ 4 Kreisgebiet

Das Gebiet jedes Landkreises soll so bemessen sein, daß die Leistungsfähigkeit des Landkreises zur Erfüllung seiner Aufgaben gesichert ist.

§ 5 Einwohner

Einwohner des Landkreises sind die *Einwohner der kreisangehörigen Gemeinden.*

§ 6 Verwaltung

Die *Verwaltung* des Landkreises liegt bei dem *Kreistag,* dem *Kreisausschuß* und dem *Oberkreisdirektor.*

Zu § 6. Die Landkreisordnung weicht von der Ratsverfassung der NW GO und AO in wesentlichen Punkten ab. Für die Aufgaben der Selbstverwaltung einschl. der Pflichtaufgaben nach Weisung gelten die Vorschriften der GO sinngemäß. Der Kreistag ist das übergeordnete Beschluß- und Kontrollorgan. Zwischen dem Kreistag und dem Kreisausschuß ist eine Trennung der Zuständigkeiten vorgenommen worden (siehe §§ 20 und 34 LKrO). Der Kreisausschuß ist zu einem Verwaltungsorgan geworden, das auch staatliche Funktionen wahrnimmt. Der Oberkreisdirektor ist in seiner Rechtstellung wesentlich gestärkt. Er hat die Kommunalaufsicht, ist untere staatliche Verwaltungsbehörde und Kreispolizeibehörde mit eigener Zuständigkeit. Eine reine Trennung zwischen Legislative (Beschlußfassung – Willensbildung) und Exekutive (Verwaltung und Ausführung) und die Führung des Verwaltungsorgans (Kreisausschuß) durch den leitenden Beamten des Kreises (OKD) sowie die Amtsbezeichnung Landrat für diesen hat sich nicht erreichen lassen. Im Verwaltungsorgan (Kreisausschuß) führt der ehrenamtliche Landrat den Vorsitz.

§ 7 Wirtschaftsführung

Die Landkreise haben ihr Vermögen und ihre Einkünfte so zu verwalten, daß die Kreisfinanzen gesund bleiben. *Auf die wirtschaftlichen Kräfte der kreisangehörigen Gemeinden und der Abgabepflichtigen ist Rücksicht zu nehmen.*

§ 8 Aufsicht

Die *Aufsicht* des Landes *schützt die Landkreise in ihren Rechten* und *sichert die Erfüllung ihrer Pflichten.*

2. Abschnitt: Name, Sitz und Wahrzeichen

§ 9 Name und Sitz

(1) Die *Landkreise führen ihre bisherigen Namen.* Die *Landesregierung kann nach Anhörung des Landkreises den Kreisnamen ändern* und den *Namen eines neugebildeten Landkreises bestimmen.*

(2) Der *Kreistag bestimmt den Sitz der Kreisverwaltung;* der *Beschluß* bedarf *der Genehmigung der Landesregierung.*

Erste Verwaltungsverordnung zu § 9

1. Eine Änderung des Namens eines Landkreises liegt vor
a) bei Änderung des Eigennamens des Landkreises,
b) bei Änderung der Schreibweise des Eigennamens und
c) bei Feststellung einer zweifelhaft gewordenen Schreibweise.
Die Änderung des Namens eines Landkreises muß stets gesondert ausgesprochen werden. Dies gilt auch dann, wenn der Name einer Gemeinde, nach dem der Kreisname gebildet ist, geändert wird.
2. Die Änderung des Namens eines Landkreises sowie der Name eines neugebildeten Landkreises sind im Ministerialblatt für das Land Nordrhein-Westfalen bekanntzumachen. Die Änderung des Namens eines Landkreises sowie der Name eines neugebildeten Landkreises werden durch das Innenministerium dem Statistischen Landesamt, der zuständigen Oberpostdirektion und der zuständigen Bundesbahndirektion mitgeteilt.
3. Auch die Änderung des Sitzes der Kreisverwaltung sowie die Bestimmung des Sitzes der Verwaltung eines neuen Landkreises sind nach Erteilung der Genehmigung der Landesregierung im Ministerialblatt bekanntzumachen.

§ 10 Siegel, Wappen und Flaggen

(1) Die Landkreise führen Dienstsiegel.

(2) Die *Landkreise führen ihre bisherigen Wappen und Flaggen.*

(3) Die *Änderung und* die *Einführung* von *Dienstsiegeln, Wappen und Flaggen* bedürfen der *Genehmigung der oberen Aufsichtsbehörde.*

Erste Verwaltungsverordnung zu § 10.

1. Nach Abs. 1 ist jeder Landkreis zur Führung eines Dienstsiegels verpflichtet. Wegen der Form des Dienstsiegels verbleibt es bei den bisherigen Bestimmungen.
2. Für die Verleihung und Änderung von Wappen ist folgendes zu beachten:
a) Die Wappen der Landkreise dürfen in ihrer äußeren Form und Anlage nicht gegen solche Regeln der Wappenkunde verstoßen, die auf historischen, künstlerischen und praktischen Gesichtspunkten beruhen (Bedeutung, Einfachheit, Klarheit, Übersichtlichkeit). Das schließt jedoch nicht aus, daß an Stelle alter Symbole auch solche Formen und Bilder verwendet werden, die der mo-

dernen Umwelt entlehnt, gemeinverständlich und für den betreffenden Landkreis charakteristisch sind. Das Wappen des Bundes, des Landes oder von sonstigen Gemeindeverbänden darf im Kreiswappen nicht verwendet werden.

b) Den Landkreisen wird empfohlen, sich vor der Aufstellung neuer oder der Änderung bestehender Wappen mit dem zuständigen Staatsarchiv in Verbindung zu setzen. Dieses wird auf Wunsch den Landkreisen geeignete Künstler namhaft machen, die die Aufstellung einwandfreier Entwürfe gewährleisten.

c) Vor Verleihung oder Änderung eines Kreiswappens ist in jedem Falle dem zuständigen Staatsarchiv Gelegenheit zur Stellungnahme zu geben. Die Stellungnahme wird durch die Aufsichtsbehörde eingeholt. Nach Verleihung des Wappens werden dem zuständigen Staatsarchiv durch den Innenminister zwei farbige Abbildungen übersandt.

3. Soweit Landkreise das Recht der Wappenführung besitzen, sind sie ohne weiteres berechtigt, ihr Wappen auch im Dienstsiegel zu führen. Soweit Landkreise das Recht zur Wappenführung nicht besitzen, können sie als Dienstsiegel das kleine Landessiegel in abgewandelter Form nach § 5 der VO über die Führung des Landeswappens vom 16. Mai 1956 (GV NW S. 163) verwenden.

4. Eine eigene Flagge soll einem Landkreis nur verliehen werden, wenn er das Recht zur Wappenführung besitzt. In diesen Fällen kann eine Kreisflagge in Farben verliehen werden, die den Wappenfarben entsprechen.

3. Abschnitt: Gebiet der Landkreise

§ 11 Gebietsbestand

Das Gebiet des Landkreises besteht aus der Gesamtheit der nach geltendem Recht zum Landkreise gehörenden Gemeinden, gemeindefreien Grundstücke und Gutsbezirke.

§ 12 Gebietsänderung

(1) Aus *dringenden Gründen des öffentlichen Wohles* können *Grenzen eines Landkreises* durch Eingliederung oder Ausgliederung von Gemeinden, gemeindefreien Grundstücken und Gutsbezirken *geändert, Landkreise aufgelöst oder neugebildet werden.*

(2) Das *Verfahren* zur Änderung des Gebiets eines Landkreises *wird durch Antrag einer unmittelbar beteiligten Gebietskörperschaft an die Aufsichtsbehörde des Landkreises eingeleitet.* Werden durch die beantragte Gebietsänderung die Grenzen von Landkreisen verschiedener Regierungsbezirke berührt, so ist der Antrag an die obere Aufsichtsbehörde zu richten. Das *Ver-*

fahren kann auch durch die Aufsichtsbehörde oder die obere Aufsichtsbehörde eingeleitet werden.

(3) *Vor einer Änderung* des Gebiets eines Landkreises *sind die unmittelbar beteiligten Gebietskörperschaften zu hören. Ihr Wille muß bei den Maßnahmen nach Abs. 1 berücksichtigt werden.*

(4) Die Änderung der Grenzen von Landkreisen bewirkt ohne weiteres die Änderung der Grenzen der Landschaftsverbände.

Erste Verwaltungsverordnung zu § 12

1. Die Vorschrift des § 12 bezieht sich sowohl auf Gebietsänderungen im Verhältnis von Landkreis zu Landkreis als auch auf das Ausscheiden kreisangehöriger Städte aus dem Landkreis. Dabei bleibt die Vorschrift des § 14 Abs. 5 GO, derzufolge die Änderung von Gemeindegrenzen ohne weiteres auch die Änderung der Landkreisgrenzen nach sich zieht, unberührt. Dies gilt auch dann, wenn z. B. eine kreisangehörige Gemeinde ganz oder teilweise in eine kreisfreie Stadt eingegliedert wird.
2. Abs. 1 stellt klar, daß für die Änderung von Kreisgrenzen sowie die Auflösung und Neubildung von Landkreisen entscheidend ist, ob die Maßnahme aus dringenden Gründen des öffentlichen Wohles geboten erscheint. Wenn der Gesetzgeber in Abs. 3 Satz 2 verlangt, daß bei derartigen Maßnahmen der Wille der unmittelbar beteiligten Gebietskörperschaften berücksichtigt werden muß, so liegt darin keine Bindung nach der Richtung, daß die Grenzänderungen nicht auch gegen den Willen der unmittelbar beteiligten Gebietskörperschaften durchgeführt werden können. *Es wird jedoch bei beabsichtigtem Abweichen vom Willen der beteiligten Gebietskörperschaften stets besonders sorgfältig zu prüfen sein, ob nicht an Stelle der Gebietsänderung andere Wege gegeben sind, die unter den Gesichtspunkten des öffentlichen Wohles eine gleichbefriedigende Regelung ermöglichen.* Die Aufsichtsbehörden haben zu dieser Frage in ihren Berichten Stellung zu nehmen.
3. *Unmittelbar beteiligte Gebietskörperschaften* im Sinne des Abs. 2 Satz 1 und Abs. 3 *sind die unmittelbar betroffenen Gemeinden, Ämter und Landkreise.*

Zu § 12. Für Entscheidungen über Gebietsänderungen der Landkreise sind im Gegensatz zu den Vorschriften der GO (§ 14 ff.) keine qualifizierten Mehrheiten der Vertretungen erforderlich. Auch findet keine Befragung der wahlberechtigten Bürger der betroffenen Gebietsteile statt. § 14 Abs. 2–4 GO finden wie bei Änderungen der Grenzen des Amtes keine Anwendung. Das Gebietsänderungsverfahren kann „von Amtswegen" durch die Aufsichtsbehörden eingeleitet werden.

Siehe auch Anmerkungen zu § 14 ff. GO VN.

§ 13 Gebietsänderungsverträge

Die Landkreise treffen, soweit erforderlich, über die Änderung ihres Gebiets Vereinbarungen (Gebietsänderungsverträge). Derartige Verträge bedürfen der

Genehmigung der Aufsichtsbehörde. Kommt ein Gebietsänderungsvertrag nicht zustande, so bestimmt die Aufsichtsbehörde die Einzelheiten der Gebietsänderung.

Erste Verwaltungsverordnung zu § 13

1. § 13 geht davon aus, daß die Landkreise sich über die aus Anlaß der Gebietsänderung notwendigen Regelungen einigen sollen. Die Vereinbarungen bedürfen der Genehmigung der Aufsichtsbehörde. Wird die Genehmigung versagt oder nur unter Auflagen erteilt, so bedarf es gegebenenfalls weiterer Verhandlungen zwischen den beteiligten Landkreisen und einer erneuten Beschlußfassung der beteiligten Kreistage. Finden auch die erneuten Beschlüsse nicht die Genehmigung der Aufsichtsbehörde, so hat diese zu prüfen, ob sie von sich aus die Einzelheiten der Gebietsänderung bestimmen will. Dieser Weg ist auch dann zu beschreiten, wenn die Kreistage der beteiligten Landkreise den Abschluß des Gebietsänderungsvertrags überhaupt ablehnen. Auch in diesen Fällen soll die Aufsichtsbehörde jedoch mit den beteiligten Landkreisen über den Inhalt der von ihr in Aussicht genommenen Regelung vor ihrer Festlegung verhandeln.
2. In die Gebietsänderungsverträge oder die Bestimmungen, die über die Einzelheiten der Gebietsänderung durch die Aufsichtsbehörde getroffen werden, ist in dem erforderlichen Ausmaß eine Regelung über die Rechtsnachfolge, die Auseinandersetzung, das Kreisrecht und die sonstige Überleitung aufzunehmen:

a) Einer Regelung der Rechtsnachfolge bedarf es dann nicht, wenn sie sich ohne weiteres aus der Rechtsnatur der geplanten Gebietsänderung ergibt. Sollen z. B. mehrere Landkreise zu einem neuen Landkreis zusammengeschlossen werden, so ist dieser nach der Rechtsnatur des Zusammenschlusses Rechtsnachfolger. Ebensowenig bedarf es in der Regel einer besonderen Regelung der Rechtsnachfolge, wenn die Rechtspersönlichkeit aller bei einer Gebietsänderung beteiligten Landkreise unberührt bleibt. Insoweit scheidet eine Gesamtrechtsnachfolge schon begrifflich aus. Die Regelung der vermögensrechtlichen Beziehungen der Beteiligten vollzieht sich hier im Rahmen der Auseinandersetzung.

b) Nach der revidierten DGO, die in ihren Grundsätzen auf die Landkreise Anwendung fand, war die Auseinandersetzung, wie nach der DGO, Sache der Aufsichtsbehörde; sie folgte der Gebietsänderung regelmäßig nach. Die LKrO sieht jedoch eine Auseinandersetzung im früheren Sinne nicht mehr vor. Die Fragen der Auseinandersetzung sind demgemäß abschließend in dem Gebietsänderungsvertrag oder in den von der Aufsichtsbehörde nach § 13 Satz 3 zu bestimmenden Einzelheiten zu regeln. Dabei hat die Auseinandersetzung, wie bisher, zum Gegenstand,

aa) die durch Gebietsänderung entstandene Gemeinsamkeit von Rechten und Pflichten zu beseitigen und auf die einzelnen Rechtsnachfolger zu verteilen *(Auseinandersetzung im engeren Sinne)*, bb) erforderlichenfalls die Interessen der Beteiligten in billiger Weise auszugleichen *(Ausgleichung).*

Gemeinsamkeiten, die einer *Auseinandersetzung im engeren Sinne* bedürfen, sind insbesondere die Anteile aus dem Finanzausgleich bis zur Feststellung neuer Verteilungsgrundlagen, die für das laufende Rechnungsjahr rechtskräftig veranlagten Umlagen des Landschaftsverbandes und andere Umlagen, das Vermögen und der Kassenbestand. Als Maßstab für die Verteilung kommen die Fläche, die Einwohnerzahl oder das Gesamtverhältnis der zu übernehmenden Vorteile und Lasten in Betracht. Da es sich bei der Auseinandersetzung lediglich um die Beziehungen der von der Gebietsänderung betroffenen Landkreise handelt, gelten nur diese als Beteiligte. Andere Gebietskörperschaften, die etwa einen Nachteil aus der Regelung befürchten, sind nicht beteiligt.

Eine *Ausgleichung* der Interessen kommt sowohl bei der Auseinandersetzung zwischen mehreren Landkreisen wie bei der Auseinandersetzung innerhalb desselben Landkreises in Frage. Im ersteren Falle können die Voraussetzungen etwa vorliegen, wenn durch die gesetzliche Rechtsnachfolge für den einen Teil eine erhebliche unbillige Belastung zugunsten des anderen Teiles eintreten würde. Im einzelnen sind für die Beurteilung der Voraussetzungen des Umfanges und des Inhalts einer solchen Ausgleichung die zahlreichen Entscheidungen der obersten Verwaltungsgerichte heranzuziehen. Dabei ist davon auszugehen, daß *stets ein besonderer Grund für eine solche Ausgleichung vorliegen muß* und daß als ein solcher die Tatsache der Gebietsänderung selbst und die damit stets in gewissem Umfang eintretende Verschiebung der Leistungsfähigkeit und Belastung allein nicht anzusehen sind. Vielmehr kommt ein Ausgleich nur in Frage,

1. wenn der eine Teil durch die Gebietsänderung eine wesentliche Entlastung erfährt;
2. wenn dieser Teil leistungsfähig ist;
3. wenn der andere Teil durch die Gebietsänderung eine wesentliche Mehrbelastung erfährt;
4. wenn der andere Teil in seiner Leistungsfähigkeit beeinträchtigt wird;
5. wenn schließlich besondere Billigkeitsgründe einen Ausgleich erfordern.

Zur Ausgleichung kommen Kapitalzahlungen, laufende Renten und Überweisungen von Vermögensstücken in Frage. Innerhalb ein und desselben Landkreises kommt auch eine Mehr- oder Minderbelastung der betroffenen Gemeinden, gemeindefreien Grundstücke und Gutsbezirke durch die Kreisumlage in Betracht. Doch wird ein solcher Ausgleich so zu bemessen sein, daß die verschiedene Belastung in einem bestimmten, nicht zu weit hinauszuschiebenden Zeitpunkt aufhört und damit die Gleichmäßigkeit innerhalb des Landkreises für die Zukunft sichergestellt ist.

c) Hinsichtlich des Kreisrechts ist Bestimmung über eine möglichst reibungslose Überleitung zu treffen. Als Kreisrecht in diesem Sinne gelten nicht nur Satzungen und Ordnungen, sondern auch andere für die Kreisverwaltung wesentliche Entschließungen. Im übrigen wird für den Regelfall folgende Ordnung der Überleitung empfohlen:

aa) In Gemeinden, gemeindefreien Grundstücken oder Gutsbezirken, die einem anderen Landkreis eingegliedert werden, soll das Kreisrecht des Landkreises, in welchem die Eingliederung erfolgt, nicht sofort, sondern erst nach einem bestimmten Zeitraum, der sechs Monate nicht überschreiten soll, in Kraft treten.

bb) Im Falle des Zusammenschlusses mehrerer Landkreise zu einem neuen Landkreis oder von Gemeinden, gemeindefreien Grundstücken und Gutsbezirken zu einem neuen Landkreis ist regelmäßig vorzusehen, daß bis zur Schaffung neuen Kreisrechts das in jedem Gebietsteil bisher geltende Kreisrecht für eine bestimmte Übergangszeit in Kraft bleibt. Auch hier soll jedoch die Übergangszeit einen Zeitraum von sechs Monaten regelmäßig nicht überschreiten.

d) Zur sonstigen Überleitung gehört in erster Linie die Sicherung des Wahlrechts zum Kreistag für die Einwohner umgegliederter Gebietsteile. Es ist dementsprechend stets vorzusehen, daß, soweit die Wohnung oder der Aufenthalt im Landkreis für Rechte und Pflichten maßgebend ist,

aa) im Falle einer Eingliederung von Gemeinden, gemeindefreien Grundstücken oder Gutsbezirken in einem Landkreis die Dauer der Wohnung oder des Aufenthalts in dem früheren Landkreis auf die Dauer der Wohnung oder des Aufenthalts in dem aufnehmenden Landkreis angerechnet wird,

bb) im Falle des Zusammenschlusses von Landkreisen die Wohnung oder der Aufenthalt in den zusammengeschlossenen Gebieten als Wohnung oder Aufenthalt im neuen Landkreis gilt.

Hinsichtlich der Kreistage der von der Gebietsänderung berührten Landkreise gilt folgendes:

aa) Werden mehrere Landkreise zu einem neuen Landkreis zusammengeschlossen, so endet damit die Wahlzeit der Kreistage.

bb) In den Fällen der Ein- und Ausgliederung von Gemeinden, gemeindefreien Grundstücken und Gutsbezirken bleibt es der gesetzlichen Regelung nach § 14 vorbehalten, Bestimmungen über eine etwaige Auflösung der Kreistage und über ihre Neuwahl zu treffen.

Einer besonderen Regelung der Rechtsfolgen einer Grenzänderung für hauptamtliche Beamte bedarf es in keinem Fall. Insoweit gelten vielmehr die Vorschriften des Kapitels V des Reichsgesetzes vom 30. Juni 1933 (RGBl I S. 433).

3. Gemäß § 14 sind in dem Gebietsänderungsgesetz die Bestimmungen über die Gebietsänderung zu bestätigen. Der Gebietsänderungsvertrag bzw. die von der Aufsichtsbehörde bestimmten Einzelheiten der Gebietsänderung erhalten damit Gesetzeskraft. Die Aufsichtsbehörden haben dementsprechend gegebenenfalls ihre Durchführung mit den Mitteln der Aufsicht zu sichern.

§ 14 Durchführung der Gebietsänderung

Die Änderung des Gebiets eines Landkreises erfolgt durch Gesetz. In diesem sind die Bestimmungen über die Gebietsänderung zu bestätigen und der Tag der Rechtswirksamkeit der Gebietsänderung festzulegen.

Erste Verwaltungsverordnung zu § 14

Nach Abschluß der Verhandlungen nach den §§ 12 und 13 haben die Aufsichtsbehörden auf dem Dienstwege zu berichten. Dem Bericht sind beizufügen

a) die Kreistagsbeschlüsse und deren Abstimmungsergebnis,

b) der Gebietsänderungsvertrag oder die von der Aufsichtsbehörde bestimmten Einzelheiten der Gebietsänderung,

c) die Stellungnahme der unmittelbar beteiligten Gebietskörperschaften.

Der Bericht muß eine eingehende Darstellung der Verhältnisse und insbesondere der mit der Gebietsänderung verbundenen finanziellen Auswirkungen enthalten. Zu diesem Zweck muß er Aufschluß geben über

a) den Umfang der Gebietsänderung nach Fläche und Einwohnerzahl,

b) die soziologische und wirtschaftliche Struktur der unmittelbar und mittelbar betroffenen Gebietskörperschaften,

c) die haushaltsmäßigen Auswirkungen der Gebietsänderung auf die unmittelbar und mittelbar betroffenen Gebietskörperschaften unter Beifügung der erforderlichen Unterlagen.

§ 15 Wirkungen der Gebietsänderung

(1) Der Ausspruch der Änderung des Gebiets eines Landkreises und die Bestätigung des Gebietsänderungsvertrags begründen Rechte und Pflichten der Beteiligten. Sie bewirken den Übergang, die Beschränkung oder Aufhebung von dinglichen Rechten, sofern der Gebietsänderungsvertrag derartiges vorsieht. Die Aufsichtsbehörde ersucht die zuständigen Behörden um die Berichtigung des Grundbuchs, des Wasserbuchs und anderer öffentlicher Bücher. Sie kann Unschädlichkeitszeugnisse ausstellen.

(2) Rechtshandlungen, die aus Anlaß der Änderung des Gebiets eines Landkreises erforderlich sind, sind frei von öffentlichen Abgaben sowie von Gebühren und Auslagen, soweit diese auf Landesrecht beruhen.

Erste Verwaltungsverordnung zu § 15

Abs. 1 Satz 1 entspricht es, daß auch die Bestätigung von Einzelheiten der Gebietsänderung durch die Aufsichtsbehörde (§ 13 Satz 3) Rechte und Pflichten der Beteiligten begründet.

4. Abschnitt: Einwohner der Landkreise

§ 16 Einrichtungen und Lasten

(1) Die Landkreise schaffen *innerhalb der Grenzen ihrer Leistungsfähigkeit die für die wirtschaftliche, soziale und kulturelle Betreuung* ihrer Einwohner *erforderlichen öffentlichen Einrichtungen.*

(2) Alle Einwohner eines Landkreises sind im Rahmen des geltenden Rechts berechtigt, die öffentlichen Einrichtungen des Landkreises zu benutzen, und verpflichtet, die Lasten zu tragen, die sich aus ihrer Zugehörigkeit zum Landkreis ergeben.

(3) Grundbesitzer und Gewerbetreibende, die nicht im Landkreis wohnen, sind in gleicher Weise berechtigt, die öffentlichen Einrichtungen zu benutzen, die im Landkreis für Grundbesitzer und Gewerbetreibende bestehen, und verpflichtet, für ihren Grundbesitz oder Gewerbebetrieb im Gebiet des Landkreises zu den Lasten des Landkreises beizutragen.

(4) Diese Vorschriften gelten entsprechend für juristische Personen und Personenvereinigungen.

Erste Verwaltungsverordnung zu § 16

Es ist selbstverständlich, daß sich die von den Landkreisen zu schaffenden öffentlichen Einrichtungen im Rahmen des ihnen in § 2 zugewiesenen Wirkungsbereichs halten müssen.

§ 17 Anschluß- und Benutzungszwang

Die Landkreise *können bei dringendem öffentlichem Bedürfnis durch Satzung mit Genehmigung der Aufsichtsbehörde* für die Grundstücke des Kreisgebiets den Anschluß an überörtliche, der Volksgesundheit dienende Einrichtungen *(Anschlußzwang) und* die Benutzung dieser Einrichtungen *(Benutzungszwang) vorschreiben.* Die Satzung kann Ausnahmen vom Anschluß- und Benutzungszwang zulassen. Sie *kann den Zwang* auch *auf bestimmte Teile des Kreisgebiets* und *auf bestimmte Gruppen von Grundstücken oder Personen beschränken.*

Erste Verwaltungsverordnung zu § 17

1. Der Zwang zum Anschluß an die in § 17 genannten Einrichtungen bedeutet, daß jeder Einwohner, für den das Gebot des Anschlußzwanges be-

steht, die Vorrichtungen treffen muß, die ihm die Benutzung der gemeindlichen Einrichtungen ermöglichen. Der Benutzungszwang verpflichtet ihn darüber hinaus zur Benutzung der Einrichtung und verbietet ihm damit zugleich die Benutzung anderer Einrichtungen, die dem Bedarf in ähnlicher Weise dienen könnten.

2. In § 17 sind der Umfang, die Voraussetzungen und die Form der Einführung des Anschluß- und Benutzungszwanges abschließend geregelt. Dem Umfang nach ist lediglich ein Zwang zum Anschluß an überörtliche, der Volksgesundheit dienende Einrichtungen sowie ein Benutzungszwang für diese Einrichtungen möglich. Voraussetzung der Einführung eines Anschluß- oder Benutzungszwanges ist stets das Vorliegen eines dringenden öffentlichen Bedürfnisses. *Die Einführung eines solchen Zwanges aus rein fiskalischen Gesichtspunkten kommt somit nicht in Betracht.* Was schließlich die Form betrifft, so kann ein Anschluß- oder Benutzungszwang nur durch eine von der Aufsichtsbehörde genehmigte Satzung ausgesprochen werden. Diese muß die näheren Vorschriften über den Anschluß- und Benutzungszwang enthalten und insbesondere auch das für den Anschluß und die Benutzung zu entrichtende Entgelt regeln.
3. Bei der besonderen Bedeutung des Anschluß- und Benutzungszwanges wird den Landkreisen nahegelegt, die Entwürfe dieser Satzungen nach vorheriger öffentlicher Bekanntmachung 14 Tage lang auszulegen.

Zu § 17. Siehe Anmerkungen zu § 19 GO NW.

§ 18 Ehrenamtliche Tätigkeit und Ehrenamt

(1) Einwohner und Bürger der kreisangehörigen Gemeinden sind zur ehrenamtlichen Tätigkeit und zur Übernahme und Ausübung von Ehrenämtern für den Landkreis unter den gleichen Voraussetzungen und mit den gleichen Folgen verpflichtet wie in der Gemeinde, in der sie Einwohner oder Bürger sind. Die Bestimmungen des *§ 25 Abs. 2 und 3* und des *§ 26 der Gemeindeordnung finden keine Anwendung.*

(2) Als *wichtiger Grund* im Sinne des § 21 der Gemeindeordnung gilt auch, *wenn der Bürger Mitglied des Rates einer kreisangehörigen Gemeinde oder einer Amtsvertretung ist.*

Zu § 18. Bei der Übernahme eines Ehrenamtes ist eine Ernennungsurkunde auszufertigen, in der gem. § 7 des Landesbeamtengesetzes – LBG – v. 15. Juni 1954 (GV NW S. 237) die Worte „unter Berufung in das Beamtenverhältnis als Ehrenbeamter" enthalten sein müssen. Hinsichtlich der Ernennung sind die Vorschriften des § 41 Abs. 2 und 3LKrO zu beachten. Desgleichen wird auf die Bestimmungen des § 185 LBG verwiesen. Im übrigen kann der Ehrenbeamte nie durch einseitige Erklärung, sondern nur durch Ausspruch der Verabschiedung ausscheiden. Hinsichtlich der in bezug genommenen Vorschriften der GO wird auf die Verwaltungsverordnungen zur GO verwiesen.

Siehe § 20 GO (ehrenamtliche Tätigkeit und Ehrenamt, § 21 GO) Ablehnungsgründe), § 25 (Entschädigung) ohne die Abs. 2 und 3 (Entschädigung für ehrenamtliche Gemeindedirektoren und Kassenverwalter, ministerielle Richtlinien).

§ 26 betrifft das Recht der Gemeinde, Ehrenbürger zu ernennen und Ehrenbezeichnungen zu verleihen, was für den Landkreis nicht gilt.

Siehe Anmerkungen zu §§ 20, 21 und 25 GO NW.

5. Abschnitt: Verwaltung der Landkreise

1. Unterabschnitt: Kreistag

§ 19 Allgemeines

Der Kreistag besteht aus den Kreistagsmitgliedern, *die von den Bürgern der kreisangehörigen Gemeinden gewählt werden. Vorsitzender* ist *der vom Kreistag aus seiner Mitte gewählte Landrat. Ihm obliegt die repräsentative Vertretung des Landkreises.*

Erste Verwaltungsverordnung zu § 19

Das Gesetz spricht lediglich von Kreistagsmitgliedern. Es bestehen jedoch keine Bedenken, entsprechend dem in manchen Gegenden des Landes herrschenden Sprachgebrauch die Kreistagsmitglieder als Kreistagsabgeordnete zu bezeichnen.

§ 20 Zuständigkeiten des Kreistags

(1) *Der Kreistag beschließt über die Angelegenheiten des Landkreises, die ihrer Bedeutung nach einer solchen Entscheidung bedürfen oder die er sich vorbehält, soweit nicht in diesem Gesetz etwas anderes bestimmt ist.*

Er ist ausschließlich zuständig für

a) die Aufstellung allgemeiner Grundsätze, nach denen die Verwaltung geführt werden soll,
b) die Wahl der Mitglieder des Kreisausschusses und ihrer Stellvertreter,
c) die Wahl der Mitglieder der anderen Ausschüsse,
d) *die Wahl des Oberkreisdirektors, die Bestellung seines allgemeinen Vertreters und des Kämmerers,*
e) *die allgemeinen Grundsätze für die Ernennung, Einstellung, Beförderung und Entlassung, für* die *Bezüge und Vergütungen sowie die Versorgung von Beamten, Angestellten und Arbeitern des Landkreises, soweit nicht ihre Rechtsverhältnisse durch das allgemeine Beamten- und das Tarifrecht geregelt sind,*
f) Die Änderung des Gebiets des Landkreises, die Bestimmung des Namens des Landkreises und des Sitzes der Kreisverwaltung sowie die Änderung und Einführung von Dienstsiegeln, Wappen und Flaggen, soweit nicht in diesem Gesetz etwas anderes bestimmt ist,

g) den *Erlaß*, die *Änderung* und *die Aufhebung von Satzungen,*
h) den *Erlaß* der *Haushaltssatzung mit Haushaltsplan und Stellenplan* sowie die *Genehmigung überplanmäßiger und außerplanmäßiger Ausgaben,*
i) die *Festsetzung allgemein geltender öffentlicher Abgaben und privatrechtlicher Entgelte* sowie der *Kreisumlage,*
j) die *Abnahme der Jahresrechnung und die Entlastung,*
k) den *Erwerb von Vermögensgegenständen, soweit es sich nicht um Geschäfte der laufenden Verwaltung handelt,*
l) die *Verfügung über Vermögen des Landkreises, die Veräußerung und Belastung von Grundstücken* und die *Vornahme von Schenkungen* sowie die *Hingabe von Darlehen* des Landkreises, soweit es sich nicht um Geschäfte der laufenden Verwaltung handelt,
die *Veräußerung* und die *Verpachtung von Eigenbetrieben oder Teilen von Eigenbetrieben,*
die *Veräußerung* aller oder einer Anzahl *der im Eigentum des Landkreises befindlichen Anteile an einem Unternehmen mit eigener Rechtspersönlichkeit,*
m) die *Errichtung, Erweiterung, Übernahme und Auflösung von öffentlichen Einrichtungen* und *wirtschaftlichen Unternehmen* sowie die *Beteiligung an diesen,*
n) die *Umwandlung der Rechtsform von Eigenbetrieben und von wirtschaftlichen Unternehmen, an denen der Landkreis beteiligt* ist,
o) die Umwandlung des Zweckes, die Zusammenlegung und die Aufhebung von *Stiftungen,* einschließlich des Verbleibs des Stiftungsvermögens,
p) die *Aufnahme von Darlehen,* die *Übernahme von Bürgschaften,* den *Abschluß von Gewährverträgen* und die *Bestellung sonstiger Sicherheiten* für andere sowie solche Rechtsgeschäfte, die den vorgenannten wirtschaftlich gleichkommen,
q) die *Bestellung des Leiters und der Prüfer des Rechnungsprüfungsamts* sowie die *Erweiterung der Aufgaben des Rechnungsprüfungsamts über die Pflichtaufgaben hinaus,*
r) die *Genehmigung von Verträgen* des *Landkreises mit Kreistags- und Ausschußmitgliedern, mit dem Oberkreisdirektor und mit den leitenden Dienstkräften* des Landkreises *nach näherer Bestimmung der Hauptsatzung,*
s) die *Führung von Rechtsstreitigkeiten* und den *Abschluß von Vergleichen,* soweit es sich nicht um Geschäfte der laufenden Verwaltung handelt,
t) die *Übernahme neuer Aufgaben, für die keine gesetzliche Verpflichtung besteht,*
u) alle Angelegenheiten, in denen das Gesetz die Zuständigkeit des Kreistags ausdrücklich vorschreibt.

(2) *Der Kreistag ist durch den Landrat über alle wichtigen Angelegenheiten der Kreisverwaltung zu unterrichten; er überwacht die Durchführung seiner Beschlüsse* sowie *den Ablauf der Verwaltungsangelegenheiten.* Zu diesem Zweck

kann der Landrat vom Oberkreisdirektor jederzeit Auskunft und Akteneinsicht verlangen. Auch kann der Kreistag vom Oberkreisdirektor Einsicht in die Akten durch einen von ihm bestimmten Ausschuß oder einzelne von ihm beauftragte Mitglieder fordern. In Einzelfällen muß auf Verlangen von mindestens einem Viertel der Kreistagsmitglieder auch einem einzelnen, von den Antragstellern zu benennenden *Kreistagsmitglied Akteneinsicht gewährt werden.* Satz 2 bis 4 finden *keine Anwendung, wenn* es sich um Angelegenheiten handelt, deren *Geheimhaltung besonders vorgeschrieben oder von der Landesregierung angeordnet* ist.

(3) Der *Oberkreisdirektor ist verpflichtet, den Landrat über alle wichtigen Angelegenheiten der Kreisverwaltung zu unterrichten. Absatz 2 Satz 5 gilt entsprechend. Wichtige Anordnungen der Aufsichtsbehörden und Anordnungen, bei denen die Aufsichtsbehörden dies bestimmen, sind dem Landrat zur Unterrichtung des Kreistags mitzuteilen.*

Erste Verwaltungsverordnung zu § 20

1. Abs. 1 enthält zugunsten des Kreistages einen Ausschließlichkeitskatalog, in dem alle wesentlichen Angelegenheiten der Selbstverwaltung des Landkreises erfaßt sind. Darüber hinaus kann sich der Kreistag durch Beschluß oder im Rahmen der Hauptsatzung sonstige Entscheidungen entsprechend ihrer Bedeutung vorbehalten. Dieser Vorbehalt findet seine Grenzen in den gesetzlichen Vorschriften. Innerhalb dieses Rahmens kann der Kreistag die erforderliche Abgrenzung im Verhältnis zum Kreisausschuß nach seinem Ermessen bestimmen. Die gesetzliche Regelung des Gesamtaufbaues der Landkreisverwaltung setzt jedoch voraus, daß dem Kreisausschuß ein Maß an Aufgaben belassen bleibt, das ihn zu wirkungsvoller Tätigkeit im Interesse der Kreisselbstverwaltung befähigt. *Nach dem Willen des Gesetzes ist der Kreisausschuß ein wesentliches Verwaltungsorgan des Landkreises,* das sich in einer langen Vergangenheit hervorragend bewährt hat. Nach der Seite des Oberkreisdirektors hin ist die Abgrenzung in § 37 der Landkreisordnung festgelegt.

2. Wie bereits unter Ziff. 3 zu § 3 zum Ausdruck gebracht, sind die Landkreise zur Aufnahme näherer Bestimmungen über die Genehmigung von Verträgen des Landkreises mit Kreistags- und Ausschußmitgliedern, mit dem Oberkreisdirektor und mit den leitenden Dienstkräften des Landkreises in der Hauptsatzung verpflichtet (§ 20 Abs. 1 Buchst. r). Es wird sich zur Hauptsache darum handeln, die Art der Verträge, für deren Genehmigung der Kreistag ausschließlich zuständig ist, festzulegen. Vor allem in größeren Landkreisen wird es jedoch notwendig sein, besonders auch eine Bestimmung darüber zu treffen, welcher Personenkreis außer dem Oberkreisdirektor und seinem allgemeinen Vertreter zu den leitenden Dienstkräften zu zählen ist.

Während nach § 28 GO der Rat „für alle Angelegenheiten der Verwaltung zuständig ist“ beschließt der Kreistag über Angelegenheiten, die ihrer Bedeutung nach einer solchen Entscheidung bedürfen oder die er sich vorbehält. Die in Abs. 1 aufgeführten Angelegenheiten muß er entscheiden (Ausschließlichkeitskatalog). Soweit die Beratungsgegenstände nicht dem Kreistag vorbehalten sind, beschließt der Kreisausschuß (§ 34). Eilentscheidungen fällt ebenfalls der Kreisausschuß, Entscheidungen in Fällen „äußerster Dringlichkeit“ trifft der Landrat mit einem Kreisausschußmitglied. Delegationen-Ermächtigungen des Kreistages zu selbständigen Entscheidungen an Ausschüsse des Kreistags, mit Ausnahme des Kreisausschusses, sind unzulässig.

Das Recht der Verwaltungskontrolle und der Überwachung hat der Landrat. Daneben hat auch der Kreisausschuß überwachende Funktionen (§ 34). Hinsichtlich der Kontrolle gelten die Vorschriften des § 40 GO – Kontrolle der Verwaltung –. Der Gesetzgeber hat im § 20 das zur Kontrollbefugnis gehörende Recht des Landrats auf Akteneinsicht besonders erwähnt.

§ 21 Wahl der Kreistagsmitglieder

(1) Die Kreistagsmitglieder werden in allgemeiner, gleicher, unmittelbarer und geheimer Wahl auf die Dauer von vier Jahren gewählt. *Die näheren* Vorschriften trifft das Kommunalwahlgesetz.

(2) *Nach Ablauf der Wahlzeit üben die bisherigen Kreistagsmitglieder ihre Tätigkeit bis zur ersten Sitzung des neugewählten Kreistags weiter aus.*

Zu § 21. Verlängerung der Wahlperiode 1956–1960 bis 1961; Verkürzung der Wahlperiode 1960–1964 (April 1961 bis Sept. 1964) gemäß Gesetz vom 20.12.1960 (GVNW S. 448).

§ 22 Pflichten der Kreistagsmitglieder

(1) Die Kreistagsmitglieder sind verpflichtet, in ihrer Tätigkeit *ausschließlich nach dem Gesetz und ihrer freien, nur durch Rücksicht auf das öffentliche Wohl bestimmten Überzeugung* zu handeln; *sie sind an Aufträge nicht gebunden.*

(2) Die *Tätigkeit als Kreistagsmitglied oder als Mitglied eines Ausschusses gilt nicht als ehrenamtliche Tätigkeit oder als Wahrnehmung eines Ehrenamts* im Sinne des § 20 der Gemeindeordnung. Die *Vorschriften der §§ 22 bis 24 und 25 Abs. 1, 3 und 4 der Gemeindeordnung gelten jedoch entsprechend.*

(3) *Erleidet der Landkreis infolge eines Beschlusses des Kreistags* einen *Schaden,* so *haften die Kreistagsmitglieder,* wenn sie

a) in *vorsätzlicher oder grobfahrlässiger Verletzung ihrer Pflicht gehandelt haben.*

b) bei der Beschlußfassung *mitgewirkt haben, obwohl sie nach dem Gesetz hiervon ausgeschlossen waren und ihnen der Ausschlußgrund bekannt war,*

c) *der Bewilligung von Ausgaben zugestimmt haben, für die das Gesetz oder die Haushaltssatzung eine Ermächtigung nicht vorsieht, wenn nicht gleichzeitig die erforderlichen Deckungsmittel bereitgestellt werden.*

Erste Verwaltungsverordnung zu § 22

Nach Abs. 2 Satz 2 gelten die Vorschriften der §§ 22 bis 24 und 25 Abs. 1, 3 und 4 der Gemeindeordnung entsprechend. Entsprechend der Vorschrift des

§ 25 Abs. 3 GO erläßt der Innenminister allgemeine Richtlinien auch über den Anspruch der Kreistags- und der Ausschußmitglieder auf Ersatz ihrer Auslagen und des entgangenen Arbeitsverdienstes. Regelmäßig sind insoweit die tatsächlich entstandenen Auslagen zu erstatten bzw. der tatsächlich entgangene Arbeitsverdienst abzugelten. Es bestehen jedoch keine Bedenken, wenn der Ersatz der Auslagen, zu denen auch die Ausgaben für entsprechenden Verzehr zu zählen sind, je Sitzungstag mit nicht mehr als 10,— DM pauschaliert und *für den Bezug von Zeitschriften ein monatlicher Betrag von nicht mehr als 5,— DM gezahlt werden.* Im übrigen bleibt der Erlaß weiterer Richtlinien vorbehalten.

Zu § 22. Die angezogenen Vorschriften der GO und Abs. 3 (Haftung) gelten auch für die Mitglieder des Kreisausschusses (§ 36 Abs. 3), § 22 (Pflicht zur Verschwiegenheit), § 23 (Ausschlußgründe), § 24 (Treuepflicht), § 25 (Entschädigung).
Siehe Anmerkungen zu § 30 GO NW.

§ 23 Einberufung des Kreistags

(1) Der *Kreistag wird von dem Landrat, zu seiner ersten Sitzung nach der Neuwahl von dem bisherigen Landrat, einberufen. Nach der Neuwahl* findet die *erste Sitzung innerhalb von drei Wochen* statt; im übrigen *soll der Kreistag zusammentreten, sooft es die Geschäftslage erfordert, mindestens jedoch alle drei Monate.* Der *Kreistag ist unverzüglich einzuberufen, wenn ein Drittel der Kreistagsmitglieder unter Angabe der zur Beratung zu stellenden Gegenstände es verlangt.*

(2) Die *Ladungsfrist,* die *Form der Einberufung* und die *Geschäftsführung des Kreistages sind durch die Geschäftsordnung zu regeln,* soweit hierüber nicht in diesem Gesetz Vorschriften getroffen sind.

(3) *Kommt der Landrat seiner Verpflichtung zur Einberufung des Kreistags nicht nach, so veranlaßt die Aufsichtsbehörde die Einberufung.*

Erste Verwaltungsverordnung zu § 23

Abs. 1 Satz 3 schreibt vor, daß der Kreistag unverzüglich einzuberufen ist, wenn ein Drittel der Kreistagsmitglieder unter Angabe der zur Beratung zu stellenden Gegenstände es verlangt. Das Verlangen ist regelmäßig schriftlich zu stellen.

§ 24 Wahl des Landrats

(1) Der *Kreistag wählt zu Beginn der ersten Sitzung nach der Neuwahl aus seiner Mitte unter* der *Leitung des Altersvorsitzenden ohne Aussprache* den *Landrat und seinen Stellvertreter. Er kann mehrere Stellvertreter wählen.* Die *Wahlzeit des Landrats und der Stellvertreter beträgt zwei Jahre. Bei vorzeitigem Ausscheiden* wird der Nachfolger *für den Rest der Wahlzeit* seines Vorgänge gewählt. *Wiederwahl ist zulässig.*

(2) Gewählt ist derjenige, für den in geheimer Abstimmung mehr als die Hälfte der gültigen Stimmen abgegeben worden ist. Wird diese Mehrheit nicht erreicht, so ist die Wahl alsbald *in einer neuen Sitzung* in der gleichen Weise zu *wiederholen.* Erreicht auch bei dieser zweiten Wahl niemand mehr als die Hälfte der gültigen Stimmen, so erfolgt ein dritter Wahlgang, jedoch *mit namentlicher Abstimmung.* Ergibt sich auch bei diesem Wahlgang nicht die nach Satz 1 erforderliche Mehrheit für einen der bisher in der Wahl stehenden Bewerber, so *ist derjenige gewählt, der die meisten Stimmen auf sich vereinigt hat. Bei Stimmengleichheit entscheidet das Los.*

(3) Der *Landrat wird von dem Altersvorsitzenden,* sein *Stellvertreter und die übrigen Kreistagsmitglieder werden von dem Landrat eingeführt und* auf die *gewissenhafte Erfüllung* ihrer Pflicht *vereidigt.*

Erste Verwaltungsverordnung zu § 24

1. *Die bei Inkrafttreten der LKrO im Amt befindlichen Landräte und Stellvertreter bleiben im Amt.* Wie sich aus Abs. 1 Satz 1 und 4 ergibt, will der Gesetzgeber, daß die zweijährige Amtszeit des Landrats und seiner Stellvertreter sich mit je einer Hälfte der Wahlzeit des Kreistages deckt. Die Amtszeit der derzeitigen Landräte und ihrer Stellvertreter endet deshalb, wie dies auch in der Verwaltungsverordnung zur Amtsordnung für die Amtsbürgermeister und deren Stellvertreter zum Ausdruck gebracht ist, erst mit Ablauf von zwei Jahren nach ihrer Wahl.
2. Die Wahl des Landrats und seines Stellvertreters wird, unbeschadet des Abs. 2 Satz 3, durch Stimmzettel in getrennten Wahlgängen vorgenommen. Die Wahl von Stellvertretern des Landrats ist ausgeschlossen, solange nicht der Landrat selbst gewählt ist. Bei Verwendung leerer Stimmzettel darf, abgesehen von Stimmenthaltungen, der Stimmzettel nur einen Namen aufweisen. Stimmzettel, die mehrere Namen aufweisen, Zusätze enthalten oder unleserlich sind, sind ungültig. Bei Verwendung von Stimmzetteln mit den Namen sämtlicher Kreistagsmitglieder darf nur ein Name eindeutig kenntlich gemacht sein.
3. Stimmenthaltungen sind dadurch zu bekunden, daß der Stimmzettel unbeschriftet bleibt oder das Kreistagsmitglied, etwa durch das „Wort „Stimmenthaltung“, deutlich zum Ausdruck bringt, daß es sich der Stimme enthält.
4. Soweit die nach Abs. 2 Satz 1 erforderliche Mehrheit nicht erreicht wird, kann eine zweite Wahl nicht in der gleichen Sitzung stattfinden. Wann die neu einzuberufende Sitzung stattfindet, regelt sich nach der Geschäftsordnung (§ 23 Abs. 2). Es entspricht dabei dem Sinn des Abs. 2 Satz 2, daß *den Kreistagsmitgliedern hinsichtlich des zweiten Wahlganges eine Frist zur Überlegung eingeräumt wird, die über den Tag, an welchem der erste ergebnislose Wahlgang stattgefunden hat, hinausgeht.*

5. Die in Abs. 2 Satz 3 vorgesehene dritte Wahl kann in der gleichen Sitzung durchgeführt werden, in der die zweite Wahl stattgefunden hat.
6. Aus Abs. 2 ergibt sich, daß für den Fall der Notwendigkeit eines dritten Wahlganges ein Wechsel der Kandidaten des zweiten Wahlganges unstatthaft ist.
7. Soweit die Wahl des Landrats in der ersten Sitzung nach der Neuwahl nicht zustande kommt, dürfen weitere Angelegenheiten in dieser Sitzung nicht behandelt werden. Bis zur Wahl des Landrats in einer späteren Sitzung wird der Kreistag durch den bisherigen Landrat einberufen. Die Leitung der Wahlhandlung verbleibt auch in diesen Fällen beim Altersvorsitzenden.
8. Sofern der Altersvorsitzende selbst zum Landrat gewählt worden ist, wird er durch das zweitälteste Kreistagsmitglied vereidigt.

Zu § 24. Siehe auch Anmerkung zu § 32 GO.

§ 25 Tagesordnung und Öffentlichkeit der Kreistagssitzungen

(1) Der Landrat setzt *nach Benehmen mit dem Oberkreisdirektor* die Tagesordnung fest. *Zeit und Ort der Sitzung* sowie die *Tagesordnung* sind *von ihm öffentlich bekanntzumachen.*

(2) Die *Sitzungen des Kreistages sind öffentlich. Durch die Geschäftsordnung kann die Öffentlichkeit für Angelegenheiten einer bestimmten Art ausgeschlossen werden. Auf Antrag eines Kreistagsmitglieds oder auf Vorschlag des Oberkreisdirektors kann für einzelne Angelegenheiten die Öffentlichkeit ausgeschlossen werden. Anträge und Vorschläge auf Ausschluß der Öffentlichkeit werden in nichtöffentlicher Sitzung begründet, beraten und entschieden.* Die *Entscheidung ist bekanntzugeben.*

(3) *Die Öffentlichkeit ist über bedeutsame Beratungsgegenstände zu unterrichten. Die Form der Unterrichtung kann* die *Hauptsatzung regeln.*

Erste Verwaltungsverordnung zu § 25

Die in Abs. 3 erwähnte Unterrichtung der Öffentlichkeit über bedeutsame Beratungsgegenstände des Kreistages bezieht sich, im Gegensatz zu § 29 Abs. 2, nicht auf Kreistagsbeschlüsse, sondern auf Gegenstände, die in der bevorstehenden Sitzung des Kreistages zur Beratung anstehen. Eine solche Unterrichtung kann außer den in dieser Verwaltungsverordnung unter Ziff. 3 zu § 29 erwähnten Formen auch dadurch erfolgen, daß die Presse über die betreffenden Beratungsgegenstände mündlich *und* durch Zuleitung geeigneter Unterlagen informiert wird.

Siehe Anmerkungen zu §§ 31 und 32 GO NW.

§ 26 Beschlußfähigkeit des Kreistags

(1) Der *Kreistag ist beschlußfähig, wenn mehr als die Hälfte der gesetzlichen Mitgliederzahl anwesend ist.* Er gilt als beschlußfähig, solange seine Beschluß*unfähigkeit nicht festgestellt ist.*

(2) *Ist eine Angelegenheit wegen Beschlußunfähigkeit des Kreistags zurückgestellt* worden und *wird der Kreistag zur Beratung über denselben Gegenstand einberufen, so ist er ohne Rücksicht auf die Zahl der Erschienenen beschlußfähig. Bei der zweiten Ladung muß auf diese Bestimmung ausdrücklich hingewiesen werden.*

Erste Verwaltungsverordnung zu § 26

Die Feststellung der Beschlußunfähigkeit im Laufe der Sitzung hat keine Rückwirkung auf Beschlüsse, die vor der Feststellung der Beschlußunfähigkeit liegen. Abs. 1 Satz 2 kommt besondere Bedeutung auch deshalb zu, weil Beschlußunfähigkeit auch dadurch eintreten kann, daß Mitglieder des Kreistages die Sitzung, wenn auch nur vorübergehend, verlassen.

Siehe Anmerkungen zu § 34 GO NW

§ 27 Abstimmungen und Wahlen

(1) *Beschlüsse werden mit Stimmenmehrheit gefaßt, soweit nicht das Gesetz etwas anderes vorschreibt. Bei der Beschlußfassung wird öffentlich abgestimmt; die Geschäftsordnung kann eine andere Regelung treffen. Bei Stimmengleichheit gilt ein Antrag als abgelehnt.*

(2) *Wahlen werden, wenn niemand widerspricht, durch Zuruf oder öffentliche Abstimmung, sonst durch Abgabe von Stimmzetteln, vollzogen.*

(3) *Sind Ausschüsse des Kreistages zu besetzen, so wird nach den Grundsätzen der Verhältniswahl in einem Wahlgang abgestimmt. Dabei sind die Wahlstellen auf die Wahlvorschläge nach der Reihenfolge der Höchstzahlen zu verteilen,* die sich durch Vollrechnung, Halbteilung, Drittelung, Viertelung usw. der auf die Wahlvorschläge entfallenden Stimmenzahlen ergeben. *Über die Zuteilung der letzten Wahlstelle entscheidet bei gleichen Höchstzahlen das vom Vorsitzenden zu ziehende Los.*

(4) *Sind besoldete oder ungleichartig unbesoldete Wahlstellen zu besetzen,* so *ist über jede Stelle in einem besonderen Wahlgang mit Stimmenmehrheit abzustimmen, soweit die Wahl nicht durch Zuruf vollzogen wird.*

(5) *Erreicht bei der Einzelwahl (Abs. 4) niemand mehr als die Hälfte der Stimmen,* so *findet* zwischen den Personen, welche die beiden höchsten Stimmenzahlen erreicht haben, *eine engere Wahl statt. Diese engere Wahl* ist, *wenn bei ihr wiederum niemand mehr als die Hälfte der Stimmen erreicht, alsbald in einer neuen Sitzung zu wiederholen, und zwar durch Abgabe von Stimmzetteln. Gewählt ist, wer in der zweiten engeren Wahl die meisten Stimmen auf sich vereinigt. Endet die zweite engere Wahl mit Stimmengleichheit, so entscheidet das Los.*

(6) Bei *Beschlüssen und Wahlen zählen Stimmenthaltungen und ungültige Stimmen zur Feststellung der Beschlußfähigkeit, nicht aber zur Berechnung der Mehrheit mit.*

Erste Verwaltungsverordnung zu § 27

1. Eine Abstimmung ist öffentlich, wenn die Stimmabgabe erkennbar, also nicht geheim ist. Auch in einer nichtöffentlichen Sitzung kann daher eine öffentliche Abstimmung stattfinden, ohne daß deshalb vorher die Öffentlichkeit hergestellt werden müßte.
2. Abs. 2 sieht bei Wahlen für den Regelfall den Zuruf oder die öffentliche Abstimmung vor. Der Widerspruch eines einzigen Kreistagsmitglieds genügt jedoch, um statt dessen eine Wahl durch Stimmzettel auszulösen. Dem entspricht es, daß eine geheime Wahl auch in Fällen stattzufinden hat, in denen sie, wenn auch nur von einem Kreistagsmitglied, ausdrücklich beantragt wird.
3. Die Besetzung der Ausschüsse kann erst erfolgen, sobald der Kreistag ihre Zusammensetzung und die Zahl der zu wählenden Mitglieder bestimmt hat (§ 32 Abs. 3). § 27 Abs. 3 schreibt vor, daß bei der Besetzung der Ausschüsse des Kreistages nach den Grundsätzen der Verhältniswahl in einem Wahlgang abzustimmen ist. Die Vorschrift setzt im Regelfall die Aufstellung mehrerer Wahlvorschläge der Parteien voraus. Die Mitglieder des Kreistages geben alsdann ihre Stimme für einen dieser Wahlvorschläge ab. Die auf die einzelnen Wahlvorschläge entfallenden Wahlstellen werden nach dem d'Hondtschen System nach Maßgabe der für die einzelnen Wahlvorschläge abgegebenen Stimmen ermittelt.

   Statt dessen besteht auch die Möglichkeit, daß sich alle Kreistagsmitglieder vorher auf einen einheitlichen Wahlvorschlag einigen und innerhalb dieses Wahlvorschlages die auf die einzelnen Gruppen des Kreistages entfallenden Wahlstellen aufschlüsseln. In diesem Fall liegt nur ein einziger Wahlvorschlag vor, für den wegen der Einstimmigkeit, mit der er aufgestellt worden ist, nicht erst im Wege der Verhältniswahl ermittelt zu werden braucht, wieviel Stimmen auf ihn entfallen werden. Es genügt vielmehr der einstimmige Beschluß des Kreistages über die Annahme dieses Wahlvorschlages.
4. *Ungleichartige und unbesoldete Wahlstellen sind z. B. die Stelle des Landrats und die seines Vertreters. Gleichartige unbesoldete Wahlstellen sind die Stellen der Kreisausschußmitglieder.*

   Siehe Anmerkungen zu § 35 GO NW

§ 28 Ordnung in den Sitzungen

(1) Der Landrat leitet die Verhandlungen, eröffnet und schließt die Sitzungen, sorgt für die Aufrechterhaltung der Ordnung und übt das Hausrecht aus.

(2) In der *Geschäftsordnung* kann bestimmt werden, in welchen Fällen durch Beschluß des Kreistags einem Kreistagsmitglied bei Verstößen gegen die Ordnung die auf den Sitzungstag entfallenden Entschädigungen ganz oder teilweise entzogen werden und es für eine oder mehrere Sitzungen ausgeschlossen wird.

(3) Enthält die Geschäftsordnung eine Bestimmung gemäß Abs. 2, so kann der Landrat, falls er es für erforderlich hält, den sofortigen Ausschluß des Kreistagsmitglieds aus der Sitzung verhängen und durchführen. *Der Kreistag beschließt in der nächsten Sitzung über die Berechtigung dieser Maßnahme.*

Siehe Anmerkungen zu § 36 GO NW.

§ 29 Niederschrift der Kreistagsbeschlüsse

(1) *Über die* im Kreistag gefaßten *Beschlüsse ist eine Niederschrift aufzunehmen.* Diese wird von dem Landrat, einem vom Kreistag jeweils zu bestimmenden Kreistagsmitglied und einem *Schriftführer* unterzeichnet, *den der Kreistag bestellt.*

(2) *Der wesentliche Inhalt der Beschlüsse ist öffentlich bekanntzugeben, soweit nicht im Einzelfall etwas anderes beschlossen wird.*

(3) *Soweit Beschlüsse des Kreistags nach den geltenden Bestimmungen im Wortlaut öffentlich bekanntzumachen sind, wird* die *Bekanntmachung vom Landrat oder seinem Stellvertreter unterzeichnet.* Die *Hauptsatzung bestimmt* die *Form der Bekanntmachung.*

Erste Verwaltungsverordnung zu § 29

1. Das nach Abs. 1 Satz 2 zur Unterzeichnung der Sitzungsniederschrift vorgesehene Kreistagsmitglied muß nach dem Wortlaut der Vorschrift für jede Sitzung gesondert bestimmt werden. Es empfiehlt sich daher, in der Geschäftsordnung vorzuschreiben, daß zu Beginn einer jeden Sitzung darüber zu beschließen ist, welches Kreistagsmitglied die Niederschrift über die Sitzung zu unterzeichnen hat. Der Schriftführer kann dagegen allgemein, für mehrere Sitzungen oder auf Widerruf bestellt werden. Zur Sicherstellung einer für die Niederschriften wünschenswerten Gleichförmigkeit scheint es jedoch geraten, zum Schriftführer den Oberkreisdirektor oder einen anderen Beamten oder Angestellten der Verwaltung zu bestellen.
2. Eine Bekanntgabe des wesentlichen Inhalts der Beschlüsse des Kreistages darf erst stattfinden, nachdem die Niederschrift über die Beschlüsse gemäß Abs. 1 unterzeichnet worden ist. Das gleiche trifft auch auf die Bekanntmachung der Beschlüsse nach Abs. 3 zu.
3. Die Form der Bekanntmachung von Beschlüssen des Kreistages, die nach den geltenden Bestimmungen im Wortlaut öffentlich bekanntzumachen sind, wird nach Abs. 3 der Entscheidung des Kreistages überlassen, der die Form in der Hauptsatzung festzulegen hat. Den Landkreisen wird eine Regelung empfohlen, nach der die Bekanntmachung wie folgt vorzunehmen ist:

a) in Landkreisen, die ein eigenes amtliches Verkündungsblatt besitzen, in diesem oder einer vom Kreistag für bestimmte Fälle bezeichneten Tageszeitung,

b) in den übrigen Landkreisen in einer vom Kreistag bezeichneten Tageszeitung oder in mehreren im Kreisgebiet verbreiteten Tageszeitungen.

Die gleiche Form der Veröffentlichung wird auch insoweit empfohlen, als es sich nicht um Beschlüsse des Kreistages handelt, die im Wortlaut öffentlich bekanntgemacht werden müssen (z. B. § 25 Abs. 3 Satz 1 und § 29 Abs. 2).

Zu § 29. In textlicher Verbesserung des § 37 GO – Niederschrift der Ratsbeschlüsse – ist in § 29 Abs. 1 ausdrücklich festgestellt, daß der Kreistag den Schriftführer bestellt. Wenn aber die 1. VerwVO zu § 29 in erster Linie empfiehlt, den Oberkreisdirektor zum Schriftführer zu bestellen, so scheint die Funktion eines Protokollanten nicht recht mit der Stellung des Oberkreisdirektors vereinbar. Man sollte diesem Rat nicht folgen.

§ 30 Behandlung der Kreistagsbeschlüsse durch den Landrat

(1) Der Landrat leitet die Beschlüsse des Kreistags dem Oberkreisdirektor zu.

(2) Beschlüsse, die

a) Die Durchführung der Geschäftsordnung,
b) die Geltendmachung von Ansprüchen des Landkreises gegen den Oberkreisdirektor,
c) die Amtsführung des Oberkreisdirektors betreffen, führt der Landrat aus.

Erste Verwaltungsverordnung zu § 30

Die Zuleitung der Beschlüsse des Kreistages an den Oberkreisdirektor kann sich in den einfachsten Formen vollziehen. In der Regel genügt es, wenn dem Oberkreisdirektor alsbald die nach § 29 Abs. 1 unterzeichnete Niederschrift ausgehändigt wird. Ausführungsmaßnahmen auf Grund der Beschlüsse des Kreistages sind selbstverständlich auch bereits vor Zuleitung der Niederschrift möglich. Im Hinblick auf § 31 Abs. 1 empfiehlt es sich jedoch in Zweifelsfällen, die Ausführung von Beschlüssen des Kreistages bis zum Aublauf der Frist von drei Tagen zurückzustellen.

§ 31 Widerspruch und Beanstandung

(1) *Der Landrat kann einem Beschluß des Kreistags spätestens am dritten Tage nach der Beschlußfassung unter schriftlicher Begründung widersprechen,* wenn er der Auffassung ist, daß der *Beschluß das Wohl des Landkreises gefährdet.* Der *Widerspruch hat aufschiebende Wirkung.* Über die Angelegenheit *ist in einer neuen Sitzung des Kreistags,* die *frühestens am dritten Tage und spätestens vier Wochen nach dem Widerspruch* stattzufinden hat, *erneut zu beschließen.* Ein *weiterer Widerspruch ist unzulässig.*

(2) *Verletzt der Beschluß des Kreistags das geltende Recht, so hat der Oberkreisdirektor den Beschluß zu beanstanden.* Die *Beanstandung ist dem Kreistag mit Begründung schriftlich mitzuteilen.* Sie *hat aufschiebende Wirkung. Verbleibt der Kreistag bei seinem Beschluß, so hat der Oberkreisdirektor unverzüglich* die *Entscheidung der Aufsichtsbehörde einzuholen.* Die *aufschiebende Wirkung bleibt bestehen.*

(3) *Abs. 1 und 2 finden in den Fällen des § 34 Abs. 1 bis 3 entsprechende Anwendung.*

Erste Verwaltungsverordnung zu § 31

1. Der Oberkreisdirektor ist gemäß Abs. 2 Satz 1 zur Beanstandung gesetzwidriger Beschlüsse des Kreistages verpflichtet. Gemäß Abs. 3 ist er ebenfalls verpflichtet, gesetzwidrige Beschlüsse des Kreisausschusses und gesetzwidrige Dringlichkeitsentscheidungen, die der Landrat gemeinsam mit einem Kreisausschußmitglied faßt, zu beanstanden. Soweit es sich um Dringlichkeitsentscheidungen handelt, unterliegen sie im Falle ihrer Beanstandung der erneuten Beschlußfassung des Kreisausschusses bzw. des Landrats gemeinsam mit dem betreffenden Kreisausschußmitglied. Verbleiben diese bei ihrem Beschluß bzw. bei ihrer Entscheidung, so greift das Verfahren nach Abs. 2 Satz 4 Platz.
2. Der Oberkreisdirektor kann zur Beanstandung gesetzwidriger Beschlüsse im Sinne des Abs. 2 und 3 von der Aufsichtsbehörde angehalten werden (§ 46 Abs. 3 LKrO in Verbindung mit § 108 Abs. 1 Satz GO.). Außerdem kann er bei einem Verstoß gegen diese Pflicht gegebenenfalls regreßpflichtig gemacht und dienstordnungsrechtlich zur Verantwortung gezogen werden.

Siehe Anmerkungen zu § 39 GO NW.

§ 32 Bildung von Ausschüssen

(1) Zur *Vorbereitung seiner Beschlüsse und zur Überwachung bestimmter Verwaltungsangelegenheiten kann der Kreistag Ausschüsse bilden.*

(2) Der *Kreistag kann für* die *Arbeit der Ausschüsse allgemeine Richtlinien aufstellen.*

(3) Der Kreistag *regelt die Zusammensetzung der Ausschüsse und ihre Befugnisse. Kreistagsmitglieder können an Sitzungen der Ausschüsse als Zuhörer auch* dann *teilnehmen, wenn sie ihnen nicht angehören.* Wird in einer Ausschußsitzung ein *Antrag beraten, den ein solches Mitglied gestellt hat, so kann es sich an der Beratung beteiligen.* Die *Sitzungen der Ausschüsse sind* in *der Regel nicht öffentlich. Auf die Ausschußmitglieder und das Verfahren in den Ausschüssen finden* im übrigen *die für den Kreistag geltenden Bestimmungen entsprechende Anwendung.*

(4) *Zu Mitgliedern der Ausschüsse können neben Kreistagsmitgliedern auch andere zum Kreistag wählbare sachkundige Bürger der kreisangehörigen Gemeinden bestellt werden. Ihre Zahl darf die der Kreistagsmitglieder in den einzelnen Ausschüssen nicht erreichen.* Die *Ausschüsse wählen aus ihrer Mitte ein Kreistagsmitglied zum Vorsitzenden. Gesetzliche Bestimmungen über eine andere Zusammensetzung bestimmter Ausschüsse bleiben unberührt.*

(5) *Über die Beschlüsse der Ausschüsse* ist eine *Niederschrift aufzunehmen. Diese ist* dem *Landrat, den Ausschußmitgliedern und* dem *Oberkreisdirektor zuzuleiten.*

Erste Verwaltungsverordnung zu § 32

1. Die Einrichtung des Kreisausschusses stellt wohl die bedeutsamste Änderung des bisher für die Landkreise geltenden Verfassungsrechts dar. Auch dort, wo bisher unter dem Namen Kreisausschuß Ausschüsse des Kreistages tätig sind, *ist deshalb eine Neuwahl des Kreisausschusses nach Maßgabe der Vorschriften der LKrO durchzuführen.* Da die neue Stellung des Kreisausschusses das gesamte Gefüge der Verwaltungsorganisation des Landkreises berührt, ist es zwangsläufig, daß auch *die übrigen Ausschüsse des Kreistages auf diese neue Einrichtung eingestellt werden.*

2. Während nach der GO der Rat den Ausschüssen auch Entscheidungsbefugnis übertragen kann, *kennt die LKrO beschließende Ausschüsse außer dem Kreisausschuß nicht. Alle übrigen Ausschüsse sind,* soweit nicht sondergesetzliche Vorschriften etwas anderes bestimmen, *vorbereitende Ausschüsse für den Kreistag oder überwachende Ausschüsse, deren Arbeit vom Kreistag oder vom Kreisausschuß auszuwerten ist.* Bei den gegenüber den Gemeinden anders gearteten Verhältnissen der Landkreise *müßten für diese Aufgaben einige wenige Ausschüsse genügen.* Da auch der *Kreisausschuß* die Aufgabe der Vorbereitung der Kreistagsbeschlüsse und der Überwachung der Verwaltung hat (§ 34 Abs. 1 Satz 2), *sollte seine bewährte Stellung als Verwaltungsorgan des Landkreises nicht unnötig beschränkt werden.*

3. Da gemäß Abs. 3 Satz 5 auf die Ausschußmitglieder und das Verfahren in den Ausschüssen die für den Kreistag geltenden Bestimmungen entsprechende Anwendung finden, ist die nach Abs. 5 aufzunehmende Niederschrift vom Vorsitzenden des Ausschusses, einem von dem Ausschuß jeweils zu bestimmenden Ausschußmitglied und einem Schriftführer zu unterzeichnen den der Ausschuß bestellt. Auch sind Ausschußmitglieder, die nicht Mitglied des Kreistages sind, durch den Vorsitzenden des Ausschusses zu vereidigen. Obwohl Abs. 3 Satz 5 vom Verfahren in den Ausschüssen spricht, bezieht sich die Bestimmung ihrem Sinne nach auch auf die Einberufung zu Sitzungen, die Feststellung der Tagesordnung und die Vorbereitung der Sitzungen der Ausschüsse. Danach sind also die Sitzungen von den Vorsitzenden der Ausschüsse einzuberufen, ihre Tagesordnungen von den Vorsitzenden im Benehmen mit dem Oberkreisdirektor festzustellen und die Sitzungen vom Oberkreisdirektor vorzubereiten.

4. Nach Abs. 3 sind die Sitzungen der Ausschüsse in der Regel nicht öffentlich. Das gilt sowohl für die Sitzungen des Kreisausschusses wie die der übrigen Ausschüsse. Die Herstellung der Öffentlichkeit einer Ausschußsitzung im Ausnahmefall kann im Hinblick auf die entsprechende Anwendung der für den Kreistag geltenden Bestimmungen grundsätzlich nur von den Ausschüssen selbst beschlossen werden. Der Kreistag kann aber nach Abs. 2 für die Arbeit der Ausschüsse allgemeine Richtlinien aufstellen. Darin liegt

auch die Ermächtigung, bestimmte Hinweise für die Öffentlichkeit oder die Nichtöffentlichkeit der Ausschußsitzungen zu geben.

5. Der Grundsatz, daß im Landkreis nur der Kreisausschuß als beschließender Ausschuß eingerichtet werden kann, erfährt in einem Falle eine Einschränkung. Die entsprechend anwendbare Vorschrift des § 75 GO sieht die Bildung *von Werksausschüssen* vor, denen bestimmte Zuständigkeiten des Rates übertragen werden können. Werksausschüsse sind demnach notwendig beschließende Ausschüsse, die auch in den Landkreisen in der gleichen Weise wie in den Gemeinden eingerichtet werden können. Die Einrichtung von Werksausschüssen wird jedoch nur dort sinnvoll sein, wo wesentliche wirtschaftliche Unternehmen der Landkreise vorhanden sind. In den anderen Fällen werden die Aufgaben der Werksausschüsse zweckmäßig durch den Kreisausschuß selbst wahrgenommen.
6. Soweit zu Mitgliedern der Ausschüsse neben Kreistagsmitgliedern auch andere zum Kreistag wählbare sachkundige Bürger der kreisangehörigen Gemeinden bestellt werden sollen, sind sie nach § 27 Abs. 3 zusammen mit den Kreistagsmitgliedern in einem Wahlgang zu wählen.

Polizeibeiräte

(§ 21 ff. des Gesetzes über die Organisation und die Zuständigkeit der Polizei im Lande Nordrhein-Westfalen) v. 11. 8. 1953 (GV NW S. 330).

6. Abschnitt: Polizeibeiräte

§ 21: Kreispolizei- und Landespolizeibeiräte

Bei den Kreis- und Landespolizeibehörden werden Polizeibeiträte gebildet.

§ 22: Mitgliederzahl

(1) Der Kreispolizeibeirat besteht in den Kreispolizeibezirken bis zu 10 000 Einwohnern aus sieben Mitgliedern, in den Kreispolizeibezirken von 100 000 bis zu 300 000 Einwohnern aus neun Mitgliedern und in den Kreispolizeibezirken mit 300 000 und mehr Einwohnern aus elf Mitgliedern.

(2) Der Kreispolizeibeirat bei der Wasserschutzpolizeidirektion besteht aus neun Mitgliedern.

(3) Der Landespolizeibeirat besteht aus je einem Mitglied der Kreispolizeibeiräte des Landespolizeibezirks.

§ 23: Wahl der Mitglieder

(1) Die Vertretungskörperschaften der Landkreise und der kreisfreien Städte wählen für die Dauer ihrer Wahlperiode aus ihrer Mitte die Mitglieder und Stellvertreter des Kreispolizeibeirats im Wege der Listenwahl nach dem d'Hondtschen Verhältniswahlsystem. In den Polizeibeirat können auch andere zur Vertretungskörperschaft wählbare Bürger als Mitglieder oder Stellvertreter gewählt werden; ihre Zahl darf die der Mitglieder aus den Vertretungskörperschaften nicht erreichen.

(2) Werden Landkreise, Teile von Landkreisen und kreisfreie Städte nach § 3 Abs. 1 zu einem Kreispolizeibezirk zusammengefaßt, so wählen die Vertretungskörperschaften der beteiligten Landkreise und kreisfreien Städte die Mitglieder und Stellvertreter zum Kreispolizeibeirat nach dem Verhältnis der Einwohnerzahl zur Gesamteinwohnerzahl des Kreispolizeibezirks; jeder Landkreis und jede kreisfreie Stadt soll im Kreispolizeibeirat vertreten sein.

(3) Die Polizeibeiräte bei den beteiligten Landespolizeibehörden wählen aus ihrer Mitte je ein Mitglied und einen Stellvertreter zum Kreispolizeibeirat bei der Wasserschutzpolizeidirektion. Die übrigen Mitglieder und Stellvertreter werden aus den mit der gewerblichen Schiffahrt verbundenen Kreisen der Bevölkerung von dem Polizeibeirat bei der Landespolizeibehörde bestimmt, die die Aufsicht über die Wasserschutzpolizeidirektion führt.

(4) Die Mitglieder und Stellvertreter der Landespolizeibeiräte werden von den Kreispolizeibeiräten aus ihrer Mitte gewählt.

§ 24: Vorsitz und Geschäftsführung

Der Polizeibeirat wählt seinen Vorsitzenden und seinen Schriftführer sowie deren Stellvertreter aus seiner Mitte. Er gibt sich eine Geschäftsordnung. Die Sitzungen des Polizeibeirats sind nicht öffentlich. Der Leiter der Polizeibehörde nimmt an den Sitzungen teil.

§ 25: Aufgaben der Polizeibeiräte

(1) Der Polizeibeirat soll Bindeglied zwischen Bevölkerung, Selbstverwaltung und Polizei sein. Er hat das vertrauensvolle Verhältnis zwischen ihnen zu erhalten und zu fördern und die Tätigkeit der Polizei zu unterstützen.

(2) Der Polizeibeirat erörtert mit dem Leiter der Polizeibehörde polizeiliche Angelegenheiten, die für die Bevölkerung und für die Selbstverwaltung von besonderer Bedeutung sind. Der Leiter der Polizeibehörde hat hierzu auf Verlangen des Polizeibeirats über den Stand der öffentlichen Sicherheit und Ordnung im Polizeibezirk mündlich zu berichten, Beschwerden über die Polizei und die zur Abhilfe vorgesehenen Maßnahmen bekanntzugeben sowie den Polizeibeirat vor der Schaffung sozialer Einrichtungen und der Planung baulicher Maßnahmen für die Polizei zu hören.

(3) Der Polizeibeirat wirkt beim Erlaß von Polizeiverordnungen mit.

(4) Der Polizeibeirat ist vor der Besetzung der Stelle des Leiters der Kreispolizeibehörde *in kreisfreien* Städten zu hören.

Siehe Anmerkungen zu §§ 41 und 42 GO NW.

§ 33 Aufwandsentschädigung

Der Landrat erhält *eine vom Kreistag festzusetzende angemessene Aufwandsentschädigung.* Seinem *Stellvertreter kann eine Aufwandsentschädigung gewährt werden.* Der *Innenminister erläßt allgemeine Richtlinien über* die *Höhe der Aufwandsentschädigung.*

Erste Verwaltungsverordnung zu § 33

Hinsichtlich der Aufwandsentschädigung für die Landräte und ihre Stellvertreter bewendet es bis zur Veröffentlichung neuer Richtlinien bei der bisherigen Regelung. Jetzt gilt:

1. Verw.VO zu § 33 LKO. Runderlaß des Innenministers vom 5. 11. 1956 – III A 1718/1956.

Zu § 33.

Als Aufwandsentschädigung für den Landrat halte ich für angemessen

in Landkreisen bis zu 120 000 Einwohnern höchstens	4200 DM jährlich
von 120 001–200 000 Einwohnern	4800 DM jährlich
über 200 000 Einwohnern höchstens	6000 DM jährlich

Im übrigen gelten die Vorschriften der Ersten Verwaltungsverordnung zu § 45 der Gemeindeordnung für das Land Nordrhein-Westfalen für die Aufwandsentschädigung der Landräte und ihrer Stellvertreter entsprechend.

2. Unterabschnitt: Kreisausschuß

§ 34 Zuständigkeiten des Kreisausschusses

(1) Der Kreisausschuß *beschließt über alle Angelegenheiten, soweit sie nicht dem Kreistag vorbehalten sind oder soweit es sich nicht um Geschäfte der laufenden Verwaltung handelt. Er hat insbesondere* die *Beschlüsse des Kreistags vorzubereiten* und die *Geschäftsführung des Oberkreisdirektors zu überwachen.*

(2) Der Kreisausschuß *entscheidet im Rahmen der vom Kreistag festgelegten allgemeinen Richtlinien über die Planung der Verwaltungsaufgaben von besonderer Bedeutung.* Zu diesem Zweck *hat* der *Oberkreisdirektor* den *Kreisausschuß jeweils über solche Planungsvorhaben zu unterrichten.*

(3) Der *Kreisausschuß entscheidet in allen Angelegenheiten, die der Beschlußfassung des Kreistages unterliegen, falls diese nicht aufgeschoben werden kann. In Fällen äußerster Dringlichkeit kann der Landrat gemeinsam mit einem Kreisausschußmitglied entscheiden. Entscheidungen nach Satz 1 und 2 sind dem Kreistag in der nächsten Sitzung zur Genehmigung vorzulegen. Er kann die Entscheidungen aufheben, soweit nicht* schon *durch die Ausführung der Beschlüsse Rechte anderer entstanden sind.*

(4) Der *Kreisausschuß kann die Erledigung einzelner Verwaltungsaufgaben dem Oberkreisdirektor übertragen.*

Erste Verwaltungsverordnung zu § 34

1. Über die Abgrenzung der Aufgaben zwischen Kreistag und Kreisausschuß wird auf die Ausführungen zu § 20 Bezug genommen. Im Verhältnis zum Oberkreisdirektor bleiben diesem die Geschäfte der laufenden Verwaltung gesetzlich vorbehalten (§ 37 Buchst. a).
2. Nach Abs. 1 hat der Kreisausschuß die Geschäftsführung des Oberkreisdirektors zu überwachen. Dieses Recht des Kreisausschusses bezieht sich lediglich auf solche Maßnahmen, die der Oberkreisdirektor im Bereich der Selbstverwaltung des Landkreises durchführt. Insoweit erfaßt es auch die

Durchführung von Pflichtaufgaben nach Weisung (§ 2 Abs. 2). Der Kreisausschuß kann dabei auch Hinweise für die künftige Erledigung gleichartiger Angelegenheiten geben. Ausgenommen von dem Überwachungsrecht sind demgegenüber die Geschäftsführung und die Maßnahmen, die der Oberkreisdirektor als Träger der staatlichen Verwaltung im Landkreis durchführt.

§ 35 Zusammensetzung des Kreisausschusses

(1) Der *Kreisausschuß besteht aus mindestens fünf* und *höchstens elf Mitgliedern einschließlich des Vorsitzenden. Für jedes Mitglied* ist *ein Stellvertreter* zu wählen.

(2) Die *Mitglieder des Kreisausschusses und ihre Stellvertreter werden vom Kreistag aus seiner Mitte für die Dauer der Wahlzeit des Kreistags gewählt.*

(3) Den *Vorsitz im Kreisausschuß führt der Landrat.* Der *Kreisausschuß wählt aus seiner Mitte einen oder mehrere Vertreter.*

(4) *Nach Ablauf der Wahlzeit des Kreistags üben der bisherige Vorsitzende, die bisherigen Mitglieder des Kreisausschusses und ihre Stellvertreter ihre Tätigkeit bis zur ersten Sitzung des neuen Kreisausschusses weiter aus.*

Erste Verwaltungsverordnung zu § 35

1. Der Kreisausschuß ist ein wesentliches und notwendiges Organ des Landkreises. Es ist deshalb unerläßlich, ihn nach Möglichkeit in der ersten Sitzung des Kreistages nach Inkrafttreten des Gesetzes bzw. nach der Neuwahl des Kreistages zu wählen.

2. Der Landrat ist kraft Gesetzes Vorsitzender des Kreisausschusses. Unbeschadet dessen muß er in diese Funktion zusammen mit den übrigen Kreisausschußmitgliedern vom Kreistag gewählt werden. Bei der Aufstellung der Wahlvorschläge (§ 27 Abs. 2) ist deshalb darauf Bedacht zu nehmen, daß das Ziel des Gesetzgebers unter allen Umständen erreicht wird. Ein ohne den Landrat zusammengesetzter Kreisausschuß entspricht nicht der Vorschrift des Gesetzes. Scheidet der Landrat vorzeitig oder nach Ablauf seiner Wahlzeit aus seinem Amte aus, so ist durch Ersatzwahl der neue Landrat in den Kreisausschuß zu wählen.

   Zu beachten ist, daß der Stellvertreter des Landrats nicht ohne weiteres Stellvertreter im Vorsitz des Kreisausschusses ist. Zu diesem Zwecke hat der Kreisausschuß aus seiner Mitte einen oder mehrere Vertreter zu wählen, wobei selbstverständlich auch der Stellvertreter des Landrats gewählt werden kann, wenn er Kreisausschußmitglied ist.

3. Für das Wahlverfahren für die Kreisausschußmitglieder gelten im übrigen die Vorschriften des § 27, besonders Abs. 3.

§ 36 Verfahren des Kreisausschusses

(1) Der *Landrat beruft den Kreisausschuß* ein und *setzt nach Benehmen mit dem Oberkreisdirektor* die *Tagesordnung fest.*

(2) Der *Kreisausschuß ist beschlußfähig, wenn mehr als die Hälfte der Mitglieder anwesend ist.*

(3) Im übrigen finden die Vorschriften des § 22 Abs. 1, Abs. 2 Satz 2 und Abs. 3, § 23 Abs. 2, § 26 Abs. 2, § 27, § 28, § 29 Abs. 1 und § 32 Abs. 3 Satz 2 bis 4 entsprechende Anwendung.

Zu § 36 Abs. 3. § 22 Pflichten der Kreistagsmitglieder, § 23 Einberufung des Kreistags, § 26 Beschlußfähigkeit, § 27 Abstimmungen und Wahlen, § 28 Ordnung in den Sitzungen, § 29 Niederschriften, § 32 Bildung von Ausschüssen.

3. Unterabschnitt: Oberkreisdirektor

§ 37 Zuständigkeiten des Oberkreisdirektors

In *Angelegenheiten der Kreisverwaltung obliegt dem Oberkreisdirektor*

a) die Führung der *Geschäfte der laufenden Verwaltung,*
b) die *Erledigung der ihm vom Kreisausschuß übertragenen Angelegenheiten,*
c) die *Vorbereitung und Durchführung der Beschlüsse des Kreistags und des Kreisausschusses* sowie der Entscheidungen nach § 34 Abs. 3 Satz 2,
d) die *Ausführung von Weisungen* (§ 2 Abs. 2 Satz 3 und § 53),
e) die *gesetzliche Vertretung des Landkreises in Rechts- und Verwaltungsgeschäften, unbeschadet der §§ 40 und 41 Abs. 3,*
f) die *Erledigung aller Aufgaben, die ihm auf Grund gesetzlicher Vorschriften übertragen sind.*

Erste Verwaltungsverordnung zu § 37

1. Laufende Geschäfte der Verwaltung im Sinne des Buchst. a sind diejenigen Geschäfte, die in der Verwaltung regelmäßig wiederkehren. Der Kreis dieser Geschäfte läßt sich nicht allgemein bestimmen.
2. Nach Buchst. c obliegt dem Oberkreisdirektor die Vorbereitung der Beschlüsse des Kreistages. Diese Vorschrift ist im Hinblick auf § 34 Abs. 1 Satz 2 so zu verstehen, daß die vom Oberkreisdirektor für den Kreistag ausgearbeiteten Vorlagen vorerst noch zur Beratung dem Kreisausschuß vorzulegen sind. Das Recht des Kreisausschusses, auch seinerseits Vorlagen für den Kreistag auszuarbeiten, wird hierdurch nicht berührt.
3. In Angelegenheiten des § 2 Abs. 2 Satz 3 und des § 53 ist der Oberkreisdirektor Empfänger von Weisungen. Nur er ist für die Durchführung solcher Weisungen den weisungsberechtigten Stellen verantwortlich (§ 38 Abs. 6 Satz 2). Dasselbe gilt für die Aufgaben nach § 37 Buchst. f.
4. Im Hinblick auf die Bestimmung des Buchst. e sind Schreiben an den Landkreis grundsätzlich an den Oberkreisdirektor zu richten. Diese Regelung ent-

hebt den Oberkreisdirektor nicht der Verpflichtung nach § 20 Abs. 3, den Landrat auch in solchen Angelegenheiten zu unterrichten, die keine Anordnungen der Aufsichtsbehörde im Sinne des § 20 Abs. 3 Satz 2 sind.

Zu § 37. Dem Oberkreisdirektor sind „die Geschäfte der laufenden Verwaltung" durch Gesetz übertragen. Der Kreistag oder Kreisausschuß hat im Gegensatz zu den Vorschriften in der GO (§ 28) kein Rückholrecht. Dagegen kann der Kreisausschuß von ihm aus seiner Zuständigkeit dem Oberkreisdirektor übertragene Angelegenheiten wieder an sich ziehen.

Bei laufenden Geschäften ist es nicht erheblich, in welchem Umfange sie geldlich von Bedeutung sind (z. B. Heranziehungsverfügungen). Die entgegenstehende Auffassung in Ziffer 1 der 1. Verwaltungsverordnung zu § 37 findet in der Landkreisordnung keine Stütze (OVG Münster Urteil v. 22. 2. 1956 – III A 369/55).

Siehe Anmerkungen zu § 47 GO NW.

§ 38 Bestellung des Oberkreisdirektors und seines allgemeinen Vertreters

(1) *Der Oberkreisdirektor wird vom Kreistag für die Dauer von zwölf Jahren gewählt. Er muß die Befähigung zum Richteramt oder zum höheren Verwaltungsdienst besitzen.* Die Voraussetzungen der Befähigung zum höheren Verwaltungsdienst werden durch Rechtsverordnung mit Zustimmung des Ausschusses zur Beratung der Gemeinde-, Amts- und Kreisordnung geregelt. Die *Wahl des Oberkreisdirektors bedarf der Bestätigung durch die Landesregierung.*

(2) Der *Kreistag bestellt widerruflich aus den leitenden hauptamtlichen Beamten des Landkreises einen allgemeinen Vertreter des Oberkreisdirektors.* Die *Bestellung bedarf der Bestätigung des Innenministers.*

(3) *Wird die Bestätigung nach Abs. 1 versagt,* so *hat* der *Kreistag binnen drei Monaten eine neue Wahl durchzuführen. Wird auch diese nicht bestätigt, so kann* in entsprechender Anwendung des § 110 der Gemeindeordnung bis zur Bestätigung einer neuen Wahl *nach Anhörung des Kreistags ein Beauftragter bestellt werden.*

(4) Der *Oberkreisdirektor und sein allgemeiner Vertreter sind hauptamtlich tätig.* Im übrigen finden auf den Oberkreisdirektor die Bestimmungen des § 49 der Gemeindeordnung über die *Stellenausschreibung und* über die *Wiederwahl* entsprechende Anwendung.

(5) *Die Landkreise sollen einen Beamten des Landkreises zum Kämmerer bestellen.*

(6) Der *Kreistag ist Dienstvorgesetzter des Oberkreisdirektors. In den Fällen des § 37 d) und f) untersucht der Oberkreisdirektor der Dienstaufsicht der Regierungspräsidenten.*

Erste Verwaltungsverordnung zu § 38

1. Im Interesse eines geregelten Fortganges der Verwaltung ist, wenn das Ende der Amtszeit eines Oberkreisdirektors abzusehen ist, die Wahl so rechtzeitig

vorzunehmen, daß mit dem Ablauf der Wahlzeit des Oberkreisdirektors der neue Oberkreisdirektor sein Amt antreten kann.

Es wird darauf hingewiesen, daß die im Gesetz vorgeschriebene Dauer der Wahlzeit von zwölf Jahren die Möglichkeit eines Probejahres ausschließt.

2. Zur Einholung der Bestätigung der Wahl eines Oberkreisdirektors durch die Landesregierung ist dem Innenminister nach der Wahl umgehend auf dem Dienstwege zu berichten. Dem Bericht sind der Beschluß des Kreistages, der Nachweis der Stellenausschreibung, der Nachweis über die Befähigung des Gewählten zum Richteramt oder zum höheren Verwaltungsdienst und die übrigen Bewerbungsunterlagen beizufügen. Der Bestätigung der Landesregierung bedarf es auch bei einer Wiederwahl.
3. Die Entscheidung der Landesregierung ist zuzustellen. Die Frist nach Abs. 3 Satz 1 beginnt mit der Zustellung.
4. Die Amtszeit des Oberkreisdirektors beginnt mit dem Tage der Aushändigung der Ernennungsurkunde, es sei denn, daß in dieser ein späterer Zeitpunkt bestimmt ist. (DVO zum DBG vom 29. Juni 1937 – RGBl. I S. 669 – zu § 24). Die Ernennungsurkunde darf erst nach Eingang der Bestätigung ausgehändigt werden.
5. Abs. 2 geht davon aus, daß der allgemeine Vertreter des Oberkreisdirektors grundsätzlich aus den vorhandenen leitenden hauptamtlichen Beamten zu entnehmen ist. Ihm werden demgemäß die Vertretungsfunktionen neben seinem Hauptamt widerruflich übertragen. Der Widerruf ist in das Ermessen des Kreistages gestellt. Hinsichtlich des Verfahrens für die Bestätigung des zum allgemeinen Vertreter bestellten Beamten gilt entsprechendes wie beim Oberkreisdirektor.
6. Die Vorschrift des Abs. 3 bezieht sich nur auf den Oberkreisdirektor, nicht auf den allgemeinen Vertreter des Oberkreisdirektors.

Zu § 38. (1) § 38 LKrO sieht nur einen Wahlbeamten, den Oberkreisdirektor, und keine Beigeordneten vor. Auch der Kämmerer, dessen Bestellung eine Sollvorschrift darstellt, hat nach dem Gesetz nicht die Eigenschaften eines Wahlbeamten. Siehe auch bezüglich der Wahlbeamten § 6 Abs. 3 des Landesbeamtengesetzes vom 15. Juni 1954 (GV NW S. 237) und die Anmerkung über die Bestellung von Beamten auf Zeit bei § 49 GO.

(2) Das Recht der Betätigung der Wahl des Oberkreisdirektors durch die Landesregierung und die Bestätigung seines allgemeinen Stellvertreters durch den Innenminister verletzen weder die hergebrachten Grundsätze des Berufsbeamtentums noch die institutionelle Garantie der Selbstverwaltung der Gemeindeverbände. Bestätigung der Wahl eines leitenden Kommunalbeamten, der zugleich Träger eines Staatsamtes ist, gehören zu dem Normenkomplex, der den historisch gewordenen Begriff der Selbstverwaltung ausmacht. Bei der Bestimmung des § 38 handelt es sich um eine zulässige Einflußnahme des Staates auf die Personalverhältnisse des Kreises (Urteil des Bundesverfassungsgerichts v. 2. 12. 1958 – 1 BvL 27/55).

(3) Die Vertretungsbefugnis des allgemeinen Vertreters des Oberkreisdirektors erstreckt sich grundsätzlich auf dessen gesamten Wirkungskreis (OLG Hamm v. 30. 5. 1958 – 15 W 252/58).

(4) Zu Abs. 4. der I. Verw.VO. Jetzt gelten die Vorschriften des Landesbeamtengesetzes vom 15. Juni 1954 (GV NW S. 237).

(5) Die Besoldung der Oberkreisdirektoren ist durch VO v. 5. 7. 1956 (VB NW S. 185) festgesetzt. „Die Dienstaufwandsentschädigung für den allgemeinen Vertreter des Oberkreisdirektors" kann bis zu 33 1/3 v. H. der jeweiligen Sätze in § 7 der VO v. 5. 7. 1956 betragen (VO v. 29. 6. 1959 GV NW S. 120 mit Änderungen der VO v. 30. 6. 1960 GV NW S. 203).

§ 3

Oberkreisdirektoren dürfen eingruppiert werden in Landkreisen mit einer Einwohnerzahl

bis	60 000	in Besoldungsgruppe A 15
von	60 001 – 120 000	in Besoldungsgruppe A 16 / B 2
von	120 001 – 200 000	in Besoldungsgruppe B 2 / B 3
von über	200 000	in Besoldungsgruppe B 4

§ 7

Oberkreisdirektoren erhalten eine Aufwandsentschädigung, die in Landkreisen mit einer Einwohnerzahl

bis	120 000	250,– DM monatlich
von	120 001 – 200 000	270,– DM monatlich
von über	200 000	300,– DM monatlich

nicht übersteigen darf.

Allgemeine Vorschriften der VO sind in der Anmerkung zu § 49 GO abgedruckt.

(6) Wegen der Versorgungsansprüche und der Höhe des Ruhegehalts der Zeitbeamten siehe § 125 des Landesbeamtengesetzes vom 15. Juni 1954 (GV NW S. 237). Nähere Angaben unter den Anmerkungen zu § 49 GO.

§ 39 Teilnahme an den Sitzungen

(1) Der *Oberkreisdirektor und sein allgemeiner Vertreter nehmen an den Sitzungen des Kreistages teil.* Der *Oberkreisdirektor ist berechtigt* und *auf Verlangen eines Fünftels der Kreistagsmitglieder verpflichtet,* zu einem Punkt der Tagesordnung vor dem Kreistag *Stellung zu nehmen.*

(2) Der *Oberkreisdirektor und sein allgemeiner Vertreter sind berechtigt* und *auf Verlangen eines Ausschusses verpflichtet,* auch *an dessen Sitzungen teilzunehmen.* Abs. 1 Satz 2 gilt entsprechend.

§ 40 Abgabe von Erklärungen

(1) *Erklärungen, durch welche der Landkreis verpflichtet werden soll, bedürfen der Schriftform. Sie sind vom Oberkreisdirektor oder seinem allgemeinen Vertreter und einem vertretungsberechtigten Beamten oder Angestellten zu unterzeichnen,* soweit nicht dieses Gesetz etwas anderes bestimmt.

(2) *Abs. 1 gilt nicht für Geschäfte der laufenden Verwaltung.*

(3) Geschäfte, die ein für ein bestimmtes Geschäft oder einen Kreis von Geschäften ausdrücklich *Bevollmächtigter* abschließt, bedürfen nicht der Form des Abs. 1, wenn die Vollmacht in der Form dieses Absatzes erteilt ist.

(4) *Erklärungen, die nicht den Formvorschriften dieses Gesetzes entsprechen, binden den Landkreis nicht.*

Anmerkung zu § 40 LKrO. Für die Bestellung bzw. Beauftragung von Beamten und Angestellten des Kreises zur Unterzeichnung von gem. § 40 abzugebenden Erklärungen ist nicht der Kreistag, sondern der Oberkreisdirektor zuständig. Die Bestellung erfolgt zweckmäßig durch den Geschäftsverteilungsplan, da es sich zugleich um eine Angelegenheit der Geschäftsverteilung handelt. Die mit der Unterzeichnung von Verpflichtungserklärungen beauftragten Beamten und Angestellten unterzeichnen mit dem Zusatz „im Auftrage". (MdI Erlaß v. 6. 6. 1959 AZ III A 5563/59).

Siehe Anmerkungen zu §§ 55 und 56 GO NW.

4. Unterabschnitt: Beamte, Angestellte und Arbeiter der Landkreise

§ 41

(1) Der *Oberkreisdirektor ist Dienstvorgesetzter der Beamten, Angestellten und Arbeiter.*

(2) Die *Beamten, Angestellten und Arbeiter* der Landkreise *müssen die für ihren Arbeitsbereich erforderlichen fachlichen Voraussetzungen erfüllen, insbesondere die Ablegung der vorgeschriebenen Prüfungen nachweisen. Die Beamten des Landkreises werden vom Kreistag ernannt, befördert und entlassen. Die Angestellten und Arbeiter werden vom Oberkreisdirektor angestellt, befördert und entlassen; die Hauptsatzung kann eine andere Regelung treffen. Bei der Anstellung ist der Stellenplan einzuhalten.*

(3) *Die nach geltendem Recht auszustellenden Urkunden für Beamte bedürfen der Unterzeichnung durch den Landrat oder seinen Stellvertreter und durch ein weiteres Kreistagsmitglied. Anstellungsverträge und sonstige schriftliche Erklärungen zur Regelung der Rechtsverhältnisse von Angestellten und Arbeitern bedürfen der Unterzeichnung durch den Oberkreisdirektor oder seinen Stellvertreter und einen weiteren vertretungsberechtigten Beamten oder Angestellten; die Hauptsatzung kann eine andere Regelung treffen.*

(4) *§ 50 der Gemeindeordnung findet entsprechende Anwendung.*

Erste Verwaltungsverordnung zu § 41

1. Nach § 29 Abs. 1 DBG dürfen Beamte auf Zeit nur in den gesetzlich vorschriebenen Fällen bestellt werden. Danach dürfen neben dem Oberkreisdirektor nur leitende Beamte auf dem Gebiet des Schul-, Bau- und Gesundheitswesens, der Versorgungs- und Verkehrsbetriebe sowie Leiter von Akademien und ähnlichen Anstalten und Lehrer an solchen Einrichtungen als

Zeitbeamte ernannt werden. Voraussetzung ist eine aufsichtsbehördlich genehmigte Satzung. Die Amtszeit beträgt auch für diese Beamten zwölf Jahre (§§ 3 und 5 der Verordnung über die Fälle und Voraussetzungen der Ernennung von Kommunalbeamten auf Zeit vom 29. Dezember 1937 – RGBl. I S. 1424 –).

2. Da der Stellvertreter des Landrats immer Kreistagsmitglied und der Stellvertreter des Oberkreisdirektors immer vertretungsberechtigter Beamter ist, ist unzweifelhaft, daß die Urkunden, Anstellungsverträge und sonstigen schriftlichen Erklärungen, jeweils im Rahmen ihrer Zuständigkeit, auch vom Landrat und seinem Stellvertreter bzw. vom Oberkreisdirektor und seinem Stellvertreter unterzeichnet werden dürfen. Das gleiche gilt in den Fällen des § 40 Abs. 1.

Anm. zu § 41. § 50 GO. Gründe der Ausschließung vom Amt bei Gemeindedirektoren und Beigeordneten.

Siehe weiter Anmerkung zu § 54 GO. Der Kreistag kann das Recht der Anstellung und Beförderung und Entlassung nicht auf den Kreisausschuß oder den Oberkreisdirektor übertragen.

6. Abschnitt: Kreiswirtschaft

§ 42 Allgemeines

(1) *Für die Haushalts- und Wirtschaftsführung gelten,* soweit nicht nachstehend eine andere Regelung getroffen ist, *die Vorschriften des VI. Teiles der Gemeindeordnung und die dazu erlassenen Rechtsverordnungen entsprechend.*

(2) Bis zum Erlaß neuer Vorschriften sind für die Landkreise entsprechend anzuwenden:

a) die Rücklagenverordnung vom 5. Mai 1936 (RGBl. I S. 435).

Bei der Anwendung dieser Verordnung gelten die Zuständigkeitsvorschriften dieses Gesetzes.

Erste Verwaltungsverordnung zu § 42

Die zum VI. Teil der GO erlassenen Vorschriften der Dritten Verwaltungsverordnung vom 11. August 1953 (MBl. NW S. 1295) sind entsprechend anzuwenden.

Anm. zu § 42. Zu Abs. 2 b, c, d: Jetzt gelten die Verordnung über die Aufstellung und Ausführung des Haushaltplanes der Gemeinden (GemHVO) vom 26. 1. 1954 (GV NW S. 59), die Verordnung über das Kassen- und Rechnungswesen der Gemeinden (KuRVO) vom 1. 3. 1955 (GV NW S. 29), die Eigenbetriebsverordnung vom 22. 12. 1953 (GV NW S. 435).

Siehe auch Anmerkungen zu § 87 und § 90 GV NW.

§ 43 Haushaltssatzung

Über Einwendungen, die von kreisangehörigen Gemeinden oder deren Einwohner gegen die Haushaltssatzung und ihre Anlagen erhoben werden, beschließt der Kreistag in öffentlicher Sitzung.

Zu § 43. Der Gesetzgeber hat nicht nur dem Bürger die Möglichkeit gegeben, Einwendungen zu erheben, sondern auch den kreisangehörigen Gemeinden. Um solchen Einwendungen der Gemeinden das nötige Gewicht zu verleihen, empfiehlt sich, Einwendungen in die Form eines Beschlusses des Rates zu kleiden.

§ 44 Rechnungsprüfungsamt

Jeder Landkreis muß ein Rechnungsprüfungsamt einrichten.

Erste Vewaltungsverordnung zu § 44

Die Stellung des Rechnungsprüfungsamtes als Gemeindeprüfungsamt bleibt unberührt.

Zu § 44. Für die kreisangehörigen Gemeinden nimmt das Rechnungsprüfungsamt des Landkreises die überörtlichen Prüfungen nach § 103 GO vor.

§ 45 Kreisumlage

Die Landkreise können, soweit ihre sonstigen Einnahmen nicht ausreichen, zur Deckung ihres Finanzbedarfs nach den hierfür geltenden Vorschriften eine Kreisumlage von den kreisangehörigen Gemeinden, den gemeindefreien Grundstücken und den Gutsbezirken erheben.

Zu § 45. Die Bestimmung des „Finanzbedarfs" im Rahmen des Haushaltplanes fällt in den Bereich kommunalpolitischer Entscheidungsfreiheit des Kreistages, deren gerichtliche Nachprüfung begrenzt ist (OVG Lüneburg, Urteil vom 5. 9. 1957 I a 49/55).

Der Landkreis ist berechtigt, die allgemeine Kreisumlage zur Deckung aller Kosten zu verwenden, die ihm bei der Erledigung der ihm übertragenen oder von ihm in gesetzlich zulässiger Weise übernommenen Aufgaben entstehen. Die einzelnen Gemeinden haben auf die Verwendung dieser Gelder, soweit sie im Rahmen des Gesetzes geschieht, keinen Einfluß (OVG Koblenz, Urteil v. 3. 10. 1957 1 a 80/56).

Werden mehr als 30 % Kreisumlage erhoben, bedarf der Umlagebeschluß der Genehmigung der Aufsichtsbehörde.

Mehr- oder Minderbelastung nach den Vorschriften des § 10 Abs. 1 Satz 1 des preuß. Kreis- und Provinzialabgabengesetzes vom 23. 4. 1906 (GSS 159) und des § 21 Satz 1 des Lippischen Gemeindeabgabengesetzes ist zulässig. Nach § 20 des Landesfinanzausgleichsgesetzes kann sie nicht nur erfolgen, sondern „soll" geschehen, wenn die Voraussetzungen dazu gegeben sind.

Auch die Kreisumlage kann verschieden festgesetzt werden (v. d. Steuerkraftzahlen der einzelnen Steuern und der Grundsteuerergänzungszuschüsse – Umlagesätze). Der höchste Umlagesatz darf den niedrigsten um nicht mehr als ein Drittel übersteigen. Bei stärkerer Abweichung bedarf der Umlagebeschluß der Genehmigung der Aufsichtsbehörde (§ 20 des Landesfinanzausgleichsgesetzes).

Die Kreisumlage ist in der Haushaltssatzung festzusetzen. Es wird durch sie Kreisrecht geschaffen, das im Wege der Verwaltungsklage nicht angegriffen werden kann, da der Kreistag als Kreisgesetzgeber tätig wird.

Die Vorschrift, daß der Kreistag bei Veranstaltungen des Kreises, welche ausschließlich oder in besonders hervorragendem oder geringem Maße einzelnen Kreisteilen zustatten kommen, eine ausschließliche Belastung oder eine nach Umfang und Maßstab näher zu bestimmende Mehr- oder Minderbelastung dieser Kreisstelle beschließen soll, ist ein landesgesetzlicher Hinweis und eine Empfehlung an den Kreisgesetzgeber, aber keine Mußvorschrift und deshalb keine zwingende „Rechtsnorm". Der Kreisgesetzgeber hat in eigener rechtspolitischer Erwägung und in eigenem gesetzgeberischen Ermessen die Entscheidung, ob er eine Mehr- oder Minderbelastung eintreten lassen will oder nicht. Läßt der Kreisgesetzgeber die landesgesetzliche Empfehlung außer acht, so kann dieser Umstand die Kreishaushaltssatzung nicht ungültig machen (OVG Münster, Urteil vom 26. 3. 1958 – III A 6/58, und OVG Lüneburg vom 5. 9. 1957 – abgedruckt in der Kommunalen Steuerzeitung 57, S. 226).

Das Bundesverwaltungsgericht hat in seinem Urteil vom 18. 3. 1960 VII C 114/59 das Urteil des OVG Münster in der Frage der Mehr- oder Minderbelastung bei der Kreisumlage im wesentlichen bestätigt. Die Festsetzung der Kreisumlage durch die Haushaltssatzung stellt einen Gesetzgebungsakt dar. Es ist nur nachprüfbar, ob der Kreisgesetzgeber, der Kreistag, sich in den äußersten Grenzen des durch den Landesgesetzgeber abgesteckten Ermessens gehalten hat. Die Festsetzung der Kreisumlagesätze trägt normativen Charakter, die einheitliche Festsetzung der Kreisumlage verstößt nicht gegen den Gleichheitsgrundsatz des Art. 3 Abs. 1 GG. Nur wenn eine einheitliche Kreisumlage so hohe Belastungen je Einwohner ergibt, daß sie jedes vernünftige und vertretbare Maß übersteigt und diese Belastung nicht durch besondere Aufwendungen des Kreises aufgehoben oder ausgeglichen ist, kann eine kreisangehörige Gemeinde die Einräumung einer Minderbelastung auf Grund des Gleichheitsgrundsatzes des GG verlangen.

Die Kreisumlage ist kein Beitrag im Sinne des Kommunalabgabenrechts, der in einer angemessenen Relation zu dem Vorteil stehen müßte, für den der Beitrag gefordert wird. Die Kreisumlage ist als eine Steuer zu betrachten, sie trägt alle Merkmale einer Steuer im Sinne des § 1 der Reichsabgabenordnung v. 22. 5. 1931 (RGBl S. 161). Ein Umlagebescheid, der einen Verwaltungsakt darstellt, kann daher mit der Anfechtungsklage angefochten werden.

7. Abschnitt: Aufsicht

§ 46

(1) *Aufsichtsbehörde der Landkreise ist der Regierungspräsident, obere Aufsichtsbehörde der Innenminister* (allgemeine Aufsicht). Der Innenminister kann seine Befugnisse als obere Aufsichtsbehörde allgemein auf den Regierungspräsidenten übertragen. *Die der obersten Aufsichtsbehörde gesetzlich übertragenen Befugnisse nimmt der Innenminister wahr.*

(2) *Soweit die Landkreise ihre Aufgaben nach Weisung erfüllen* (§ 2 Abs. 2 Satz 3) *richtet sich die Aufsicht nach den hierzu erlassenen Gesetzen* (Sonderaufsicht).

(3) Im übrigen *gelten für die Aufsicht über die Landkreise die Bestimmungen des VII. Teiles der Gemeindeordnung entsprechend.*

Erste Verwaltungsverordnung zu § 46

Die zum VII. Teil der GO erlassenen Vorschriften der Zweiten Verwaltungsverordnung vom 4. Februar 1953 (MBl. NW S. 193) gelten entsprechend.

Dritter Teil

STAATLICHE VERWALTUNG IM LANDKREIS

§ 47 Träger der staatlichen Verwaltung

(1) Die *Aufgaben der unteren staatlichen Verwaltungsbehörde werden vom Oberkreisdirektor und vom Kreisausschuß oder dem nach § 51 Absatz 1 Satz 2 eingerichteten Ausschuß wahrgenommen.*

(2) *Aufgaben der unteren staatlichen Verwaltungsbehörde können durch Rechtsverordnung der Landesregierung den Hauptverwaltungsbeamten von Ämtern und kreisangehörigen Gemeinden zugewiesen werden.*

Erste Verwaltungsverordnung zu § 47

1. Die Aufgaben der unteren staatlichen Verwaltungsbehörde stehen außerhalb der Selbstverwaltung des Landkreises und sind dem Oberkreisdirektor und dem Kreisausschuß bzw. dem nach § 51 Abs. 1 Satz 2 eingerichteten Ausschuß übertragen. Daraus folgt zwangsläufig, daß der Kreistag sich mit diesen Angelegenheiten nicht befassen kann.
2. Als untere staatliche Verwaltungsbehörde führt der Oberkreisdirektor den Schriftwechsel unter der Bezeichnung „Der Oberkreisdirektor als untere staatliche Verwaltungsbehörde".

Als Dienstsiegel führt er gemäß Abs. 2 der Verordnung über die Führung des Landeswappens vom 16. Mai 1956 (GV NW S. 163) das kleine Landessiegel.

Soweit der Oberkreisdirektor als untere staatliche Verwaltungsbehörde nach dem Gesetz über die Organisation und die Zuständigkeit der Polizei im Lande Nordrhein-Westfalen vom 11. August 1953 (GV NW S. 330) als Kreispolizeibehörde tätig wird, lautet die Bezeichnung: „Der Oberkreisdirektor als Kreispolizeibehörde".

Als Dienstsiegel führt er das kleine Landessiegel in verkleinerter Form auf einem zwölfzackigen Stern gemäß § 4 Abs. 1 der Verordnung über die Führung des Landeswappens vom 16. Mai 1956 (GV NW S. 163).

Zu § 47. Der Gesetzgeber ist nicht zu der bis 1945 geltenden Regelung, den Landkreis sowohl hinsichtlich der Selbstverwaltung als auch hinsichtlich der staatlichen Verwaltung durch einen staatlichen Beamten (Landrat) verwalten zu lassen, zurückgekehrt. Der Oberkreisdirektor ist Kommunalbeamter. Der Staat, das Land bedient sich dieses von ihm zu bestätigenden Kommunalbeamten zur Durchführung der staatlichen Aufgaben im Bezirk des Landkreises (Organleihe).

Die Landkreise haften auch für Amtspflichtverletzungen, die bei der Wahrnehmung von staatlichen Verwaltungsaufgaben, die kraft Gesetzes zugewiesen sind, begangen werden (Bundesgerichtshof – Urteil v. 3. 12. 1953 III ZR 66/52).

Der Oberkreisdirektor als Kreispolizeiverwalter

§ 6 des Gesetzes über die Organisation und Zuständigkeit der Polizei im Lande Nordrhein-Westfalen vom 11. 8. 1953 (GV NW S. 330)
Kreispolizeibehörden

(1) Kreispolizeibehörden sind

1. in den Landkreisen die Oberkreisdirektoren als untere staatliche Verwaltungsbehörden,
2. in den kreisfreien Städten bis zu 100 000 Einwohnern die Leiter der Polizeiämter, in den Städten von 100 000 bis zu 300 000 Einwohnern die Polizeidirektoren und in den Städten mit 300 000 und mehr Einwohnern die Polizeipräsidenten.
3. für den Zuständigkeitsbereich der Wasserschutzpolizei der Wasserschutzpolizeidirektor.

(2) In den Landkreisen kann die Landespolizeibehörde an Stelle des Oberkreisdirektors einen anderen Beamten mit der Verwaltung der polizeilichen Angelegenheiten beauftragen.

(3) Werden Landkreise, Teile von Landkreisen und kreisfreie Städte nach § 3 Abs. 1 zu einem Kreispolizeibezirk zusammengefaßt, so bestimmt der Innenminister die Kreispolizeibehörde nach Anhörung der Vertretungskörperschaften der beteiligten Landkreise und kreisfreien Städte.

§ 48 Der Oberkreisdirektor als untere staatliche Verwaltungsbehörde

(1) *Der Oberkreisdirektor führt die allgemeine Aufsicht und die Sonderaufsicht über die kreisangehörigen Gemeinden und Ämter* sowie die *Aufsicht über Körperschaften, Anstalten und Stiftungen,* soweit nicht gesetzliche Vorschriften etwas anderes bestimmen. *Der Oberkreisdirektor bedarf der Zustimmung des Kreisausschusses bei Entscheidungen über*

a) die Genehmigung von *Satzungen* (§ 4 Abs. 1 und § 19 GO),
b) die Genehmigung von *Gebietsänderungsverträgen* oder die Bestimmung der Einzelheiten der Gebietsänderung, sofern ein Gebietsänderungsvertrag nicht zustande kommt (§ 15 GO),
c) die Genehmigung zur *Verleihung des Ehrenbürgerrechts an Ausländer* und zum *Entzug des Ehrenbürgerrechts* und von *Ehrenbezeichnungen* (§ 26 Abs. 1 und 3 GO),
d) die Zulassung von *Ausnahmen von den Vorschriften über die Ausschließung vom Amt* (§ 50 Abs. 2 GO),
e) die Genehmigung zur *Einrichtung hauptamtlicher Stellen in der allgemeinen Verwaltung der amtsangehörigen Gemeinden* (§ 60 Abs. 2 GO),

f) die *Versagung der Genehmigung zur Verfügung über Vermögen* nach § 64 Abs. 2 GO,

g) die *Versagung der Genehmigung zur Verwendung des Erlöses aus Vermögensveräußerungen, die nicht der Erhaltung des Vermögens dienen* (§ 65 Abs. 2 GO),

h) die *Genehmigung zur Umwandlung von Gemeindegliedervermögen in freies Gemeindevermögen* (§ 66 Abs. 2 GO),

i) die *Genehmigung zur Umwandlung eines Stiftungszwecks* und zur *Zusammenlegung und Aufhebung von Stiftungen* (§ 67 Abs. 2 GO),

j) die *Zulassung von Beteiligungen an landwirtschaftlichen Kreditgenossenschaften nach § 71 Abs. 2 GO,*

k) die *Übertragung der Führung der Kassengeschäfte in Gemeinden mit weniger als 3000 Einwohnern auf eine benachbarte Gemeinde* oder einen *Gemeindeverband* sowie den *Zusammenschluß solcher Gemeinden zu einem Kassen- und Rechnungsverband* (§ 95 GO),

l) die Erteilung einer *Zulassungsverfügung* nach § 114 GO *zur Einleitung der Zwangsvollstreckung gegen Gemeinden wegen einer Geldforderung,*

m) die Zustimmung zur *Wahrnehmung von Pflichtaufgaben nach Weisung in amtsangehörigen Gemeinden mit einem hauptamtlichen Gemeindedirektor* (§ 3 Abs. 1 der Amtsordnung),

n) den Ausspruch der *Änderung von Amtsgrenzen* sowie die *Neubildung und Auflösung von Ämtern,* wenn die beteiligten Gemeinden und Ämter einverstanden sind (§ 5 Abs. 2 der Amtsordnung),

o) die *Genehmigung von Verwaltungsgemeinschaften nach* § 9 der Amtsordnung,

p) alle unter a) bis o) aufgeführten Angelegenheiten, in denen die Ämter ebenso wie die Gemeinden einer Genehmigung oder einer sonstigen Mitwirkung der Aufsichtsbehörde bedürfen (§ 2 Abs. 1 der Amtsordnung).

Wird die Zustimmung versagt, so *entscheidet die Aufsichtsbehörde, falls die Angelegenheit nicht auf sich beruhen kann.* Die *Mitwirkung des Kreisausschusses bei der Aufsicht über sonstige Körperschaften, Anstalten und Stiftungen ist besonders zu regeln.*

(2) *Ist an einer nach Abs. 1 zu treffenden Entscheidung der Landkreis beteiligt, so entscheidet die Aufsichtsbehörde. Diese entscheidet auch darüber, ob ein solcher Fall vorliegt.*

(3) *Der Oberkreisdirektor nimmt die durch gesetzliche Vorschriften der unteren staatlichen Verwaltungsbehörde übertragenen Aufgaben wahr, soweit diese nicht anderen Stellen zugewiesen sind oder nach Gesetz oder Rechtsverordnung einer kollegialen Entscheidung* bedürfen.

(4) Der *Oberkreisdirektor hat darauf hinzuwirken, daß die im Landkreis tätigen Landesbehörden in einer dem Gemeinwohl dienlichen Weise zusammenarbeiten.*

Erste Verwaltungsverordnung zu § 48

1. Soweit ein Antrag an die Aufsichtsbehörde nach Abs. 1 Satz 3 erforderlich ist, ist hierfür der Oberkreisdirektor zuständig.
2. Es wird ausdrücklich darauf hingewiesen, daß unter die Zuständigkeit des Oberkreisdirektors als untere staatliche Verwaltungsbehörde nicht die Pflichtaufgaben im Sinne des § 2 Abs. 2 fallen. Das gleiche gilt für die echten Auftragsangelegenheiten im Sinne des bisherigen Rechts (§ 53). Eine Zuständigkeit des Oberkreisdirektors als untere staatliche Verwaltungsbehörde ist demnach nur dort gegeben, wo durch Gesetz oder Rechtsverordnung bestimmte Aufgaben der unteren staatlichen Verwaltungsbehörde ausdrücklich zugewiesen sind und hierfür nicht eine kollegiale Entscheidung vorgesehen ist.
3. Bestehen Zweifel, ob an einer nach Abs. 1 zu treffenden Entscheidung der Lankreis beteiligt ist, so hat der Oberkreisdirektor der Aufsichtsbehörde zu berichten.
4. Die Vorschrift des Abs. 4 hat den Zweck, die Tätigkeit aller im Landkreis tätigen Landesbehörden aufeinander abzustimmen. Die Vorschrift gibt dem Oberkreisdirektor gegenüber den übrigen Leitern der Landesbehörden naturgemäß keine Vorgesetztenstellung. In der praktischen Handhabung wird es vielmehr darauf ankommen, daß es dem Oberkreisdirektor gelingt, in regelmäßigen Besprechungen und durch laufende Fühlungnahme ein vertrauensvolles Verhältnis zu den Leitern der anderen Landesbehörden zu gewinnen und mit ihnen die Verwaltungsabsichten der verschiedenen Behörden abzustimmen.

Zu § 48. Der Oberkreisdirektor hat unter beschränkter Mitwirkung des Kreisausschusses die Kommunalaufsicht über die kreisangehörigen Gemeinden, Städte und Ämter ohne Rücksicht auf ihre Größe. Diese Zuständigkeit ist durch Gesetz festgelegt und kann nicht durch AusführungsVO oder RechtsVO ganz oder teilweise an andere Stellen übertragen werden. Insoweit ist § 106 GO Satz 1 gegenstandslos geworden.

§ 49 Verantwortung des Oberkreisdirektors

(1) Der Oberkreisdirektor hat *bei der Wahrnehmung der Aufgaben der unteren staatlichen Verwaltungsbehörde die Richtlinien der Landesregierung zu beachten. Er hat über alle Vorgänge zu berichten, die für die Landesregierung von Bedeutung sind.* Zu diesem Zweck *kann er sich bei den staalichen Verwaltungsbehörden in geeigneter Weise unterrichten; diese sind,* soweit nicht gesetzliche Vorschriften entgegenstehen, *zur Auskunft verpflichtet.*

(2) Der *Oberkreisdirektor untersteht der Dienstaufsicht des Regierungspräsidenten.* Er ist in allen Angelegenheiten der unteren staatlichen Verwaltungsbehörde ausschließlich den ihm übergeordneten staatlichen Behörden verantwortlich.

Erste Verwaltungsverordnung zu § 49

Berichte der Oberkreisdirektoren nach Abs. 1 Satz 2 sind durch die Hand des Regierungspräsidenten vorzulegen.

Siehe Anmerkungen zu § 49 GO NW.

§ 50 Dienstkräfte, Bereitstellung von Einrichtungen

Die *für die Erfüllung der Aufgaben der unteren staatlichen Verwaltungsbehörde erforderlichen Dienstkräfte und Einrichtungen sind von den Landkreisen zur Verfügung zu stellen. Zur Unterstützung* bei der Durchführung dieser Aufaben *können* dem Oberkreisdirektor *Landesbeamte zugeteilt werden. Diese können mit Zustimmung des Kreisausschusses auch in der Selbstverwaltung des Landkreises beschäftigt werden.*

Erste Verwaltungsverordnung zu § 50

1. Grundsätzlich tragen die Landkreise auch die persönlichen Ausgaben für die Dienstkräfte, die für die Erfüllung der Aufgaben der unteren staatlichen Verwaltungsbehörde zur Verfügung zu stellen sind. Dies gilt jedoch nur insoweit, als nichts anderweitiges bestimmt ist.
2. Soweit den unteren staatlichen Verwaltungsbehörden Landesbeamte zugeteilt werden, trägt das Land die finanziellen Ausgaben. Dies gilt auch dann, wenn diese Dienstkräfte mit Zustimmung des Kreisausschusses auch in der Selbstverwaltung des Landkreises beschäftigt werden. Die persönlichen Ausgaben für die im Landkreis tätigen Polizeiexekutivbeamten werden nach Maßgabe der gesetzlichen Bestimmungen vom Lande getragen.
3. Es ist damit zu rechnen, daß den unteren staatlichen Verwaltungsbehörden vor allem auch Dienstkräfte des Landes zum Zwecke der Ausbildung zugewiesen werden. Die Oberkreisdirektoren haben sich der ihnen damit zufallenden Aufgabe selbst anzunehmen.

Zu § 51. Die Vorschriften des § 51 LKrO sind durch § 34 Nr. 8 des 1. Gesetzes zur Neuordnung und Vereinfachung der Verwaltung (Erstes Vereinfachungsgesetz) v. 23. 7. 1957 GV NW S. 189 außer Kraft getreten und durch die Bestimmungen dieses Gesetzes über das Beschlußverfahren §§ 8 ff. ersetzt worden. Siehe Abschnitt Beschlußverfahren im Anhang.

§ 52 Ehrenbeamte

Die Mitglieder oder stellvertretenden Mitglieder des Kreisausschusses sind, soweit sie Aufgaben nach § 48 Abs. 1 und nach § 51 Abs. 1 wahrnehmen, *Ehrenbeamte. Das gleiche gilt für* die *Mitglieder* des *nach § 51 Abs. 1 Satz 2 gebildeten Ausschusses.*

Erste Verwaltungsverordnung zu § 52

1. Die Mitglieder und stellvertretenden Mitglieder des Kreisausschusses sowie des sonstigen ständigen Ausschusses als Beschlußbehörde sind nach § 52

Ehrenbeamte. Ihnen ist demgemäß (§ 149 DBG) eine Ernennungsurkunde auszuhändigen.

2. Die Ernennungsurkunden sind v o r Aufnahme der Tätigkeit des Kreisausschusses bzw. des sonstigen ständigen Ausschusses auszuhändigen. Die Frage der dienststrafrechtlichen Behandlung der Mitglieder des Kreisausschusses bzw. des sonstigen ständigen Ausschusses wird in dem in Vorbereitung befindlichen Disziplinargesetz für das Land Nordrhein-Westfalen geregelt.

Zu § 52 siehe §§ 7 und 185 NRW Landesbeamtengesetz. Jetzt gilt die Disziplinarordnung NRW v. 8. 12. 1953, GVOBl. S. 415 mit Nachträgen.

Vierter Teil

ÜBERGANGS- UND SCHLUSSVORSCHRIFTEN

§ 53 Auftragsangelegenheiten

Bis zum Erlaß neuer Vorschriften sind die den Landkreisen zur Erfüllung nach Weisung übertragenen staatlichen Angelegenheiten (Auftragsangelegenheiten), unbeschadet des § 37 Buchst. d) und f), nach den bisherigen Vorschriften durchzuführen.

§ 54 Oberkreisdirektor und allgemeiner Vertreter

(1) *Im Zeitpunkt des Inkrafttretens dieses Gesetzes im Amt befindliche Oberkreisdirektoren treten in das Amt des Oberkreisdirektors* nach diesem Gesetz *über, soweit bei ihnen die Voraussetzungen des § 38 Abs. 1 gegeben sind und die Bestätigung erteilt wird.* In den Fällen, in denen sie *nicht von gewählten Kreistagen in ihr Amt gewählt oder in ihrem Amt bestätigt* worden sind, bedarf es der *Zustimmung des Kreistages.*

(2) *Soweit die Voraussetzungen des § 38 Abs. 1 nicht vorliegen, oder trotz Vorliegens dieser Voraussetzungen der Kreistag nicht die nach Abs. 1. Satz 3 erforderliche Zustimmung erteilt oder die Bestätigung versagt wird, bedarf es einer Neuwahl, die binnen sechs Monaten nach Inkrafttreten dieses Gesetzes durchzuführen ist.* Bis zum Amtsantritt der Neugewählten nehmen die bisherigen Stelleninhaber die Aufgaben des Oberkreisdirektors nach den Vorschriften dieses Gesetzes wahr. *Mit dem Amtsantritt der Neugewählten treten die bisherigen Stelleninhaber in den Wartestand.*

(3) *Die Kreistage haben alsbald, spätestens nach Ablauf von sechs Monaten* nach Inkrafttreten dieses Gesetzes, *die allgemeinen Vertreter der Oberkreisdirektoren zu bestellen und die Bestätigung der Bestellung zu beantragen.*

(4) *Im Interesse der Überleitung kann der Innenminister für im Amt befindliche Oberkreisdirektoren Ausnahmen von den Vorbildungsanforderungen des*

§ 38 Abs. 1 mit der Wirkung zulassen, daß die Oberkreisdirektoren im Amt verbleiben oder gleiche Ämter in anderen Landkreisen übernehmen können.

Erste Verwaltungsverordnung zu § 54

1. Die Vorschrift des § 54 bezweckt eine möglichst reibungslose Überleitung der bisher im Amte befindlichen Oberkreisdirektoren in den neuen Rechtszustand. Demgemäß verbleiben zunächst sämtliche Oberkreisdirektoren in ihrem Amt. Dabei sind folgende Fälle zu unterscheiden.

a) Oberkreisdirektoren, bei denen die Voraussetzungen des § 38 Abs. 1 Satz 2 gegeben sind, bedürfen lediglich der Bestätigung der Landesregierung, soweit sie von gewählten Kreistagen in ihr Amt gewählt oder in ihrem Amt bestätigt worden sind.

b) Oberkreisdirektoren, bei denen die Voraussetzungen des § 38 Abs. 1 Satz 2 nicht vorliegen, bedürfen, soweit sie von gewählten Kreistagen in ihr Amt gewählt oder in ihrem Amt bestätigt worden sind, ebenfalls der Bestätigung. Im Zusammenhang mit der Entscheidung über die Bestätigung wird gleichzeitig nach Abs. 4 darüber befunden, ob für die betreffenden Oberkreisdirektoren Ausnahmen von den Vorbildungsanforderungen des § 38 Abs. 1 zuzulassen sind. Diese Zulassung ist Voraussetzung für den Ausspruch der Bestätigung.

c) Oberkreisdirektoren, die nicht von gewählten Kreistagen in ihr Amt gewählt oder in ihrem Amte bestätigt worden sind, bedürfen vor Einholung der Bestätigung der Landesregierung der Zustimmung des Kreistages. Wird diese Zustimmung versagt, so erübrigt sich ein Antrag auf Bestätigung. Auch diese Stelleninhaber nehmen jedoch die Aufgaben des Oberkreisdirektors bis zum Amtsantritt eines neu gewählten Oberkreisdirektors wahr.

2. Soweit Oberkreisdirektoren bisher mit einer Amtszeit gewählt worden sind, die von der des § 38 Abs. 1 abweicht, verbleibt es dabei. Dies gilt auch in den Fällen, in denen nach dem bisherigen Recht zulässigerweise eine Probezeit festgesetzt war.

3. Die Bestätigung der Landesregierung ist bis zum 31. Dezember 1953 von den Kreisverwaltungen durch die Hand der Aufsichtsbehörde beim Innenminister zu beantragen. Dem Antrag sind beizufügen:

a) der Beschluß eines gewählten Kreistages über die Wahl oder der Beschluß eines gewählten Kreistages über die Bestätigung einer nicht durch einen gewählten Kreistag vorgenommenen Berufung, in den Fällen des § 54 Abs. 1 Satz 2 der Beschluß des Kreistages über die Zustimmung,

b) die Personalakten,

c) eine lückenlose Übersicht über die Ausbildung und den beruflichen Werdegang,

d) der Nachweis über eine vorhandene Befähigung zum Richteramt oder zum höheren Verwaltungsdienst, soweit er sich nicht aus den Personalakten ergibt.

4. Abs. 3 sieht vor, daß sämtliche Landkreise durch Beschluß des Kreistages eine Neubestellung des allgemeinen Vertreters des Oberkreisdirektors vornehmen und die Bestätigung dieser Bestellung beantragen. Die Beschlüsse der Kreistage müssen spätestens vor Ablauf von sechs Monaten, d. h. vor dem 31. März 1954, gefaßt werden. Hinsichtlich des Verfahrens bei Beantragung der Bestätigung gilt Ziff. 3 sinngemäß.

§ 55 Außer Kraft tretende Vorschriften

Es treten außer Kraft:

a) die Kreisordnung für die Provinz Westfalen vom 31. Juli 1886 (Gesetzsamml. S. 217) mit Ausnahme des § 28,

b) die Kreisordnung für die Rheinprovinz vom 30. Mai 1887 Gesetzsamml. S. 209) mit Ausnahme des § 27,

c) die auf das Kreisverfassungsrecht bezüglichen Vorschriften des Gemeindeverfassungsgesetzes für das Land Lippe vom 1. Dezember 1927 (LV Bd. 30 S. 303) in Verbindung mit den §§ 1 bis 3 des Kapitels des 1. Teiles der Verordnung vom 14. Oktober 1931 (LV Bd. 31 S. 393) und die dazu ergangenen Rechtsverordnungen,

d) die §§ 43 bis 50 des Einführungsgesetzes zu dem Gesetz über die kommunale Neugliederung des Rheinisch-Westfälischen Industriegebiets vom 29. Juli 1929 (Gesetzsamml. S. 137),

e) § 2 des Gesetzes über die Amtsdauer der Bürgermeister und Landräte und die Wahl der leitenden Gemeindebeamten vom 9. Dezember 1947 (GV NW 1948 S. 37) und das Gesetz über die Anwendung des Gesetzes vom 9. Dezember 1947 auf leitende Gemeindebeamte vom 27. Juli 1948 (GV NW S. 245) in seiner Anwendung auf die Landkreise,

f) sonstige im Widerspruch zu den Vorschriften dieses Gesetzes stehende landesrechtliche Vorschriften.

Zu § 55. § 28 der Kreisordnung für die Provinz Westfalen und § 27 der Kreisordnung für die Rheinprovinz bestimmt für die Landgemeinden und Bürgermeistereien – in Westfalen auch für die Ämter – die Zwangsmitgliedschaft zu den Versorgungskassen, die jetzt in die Verwaltung der beiden Landschaftsverbände übergegangen sind. Der Verfassungsgerichtshof für das Land Nordrhein-Westfalen hat entschieden, daß für die kreisangehörigen Städte eine gesetzliche Pflicht zum Beitritt zu den Ruhegehaltskassen nicht besteht.

§ 56 Durchführung des Gesetzes

Der Innenminister erläßt die zur Durchführung dieses Gesetzes erforderlichen Rechtsverordnungen im Einvernehmen mit dem zuständigen Ausschuß des Landtages. Er erläßt die erforderlichen Verwaltungsverordnungen.

§ 57 Inkrafttreten

Das Gesetz tritt am 1. Oktober 1953 in Kraft.

Düsseldorf, den 21. Juli 1953.

Die Landesregierung
des Landes Nordrhein-Westfalen

Erste Verwaltungsverordnung zu § 57

Diese Verwaltungsverordnung tritt mit dem Gesetz am 1. Oktober 1953 in Kraft.

Landschaftsverbandsordnung für das Land Nordrhein-Westfalen

Vom 12. Mai 1953 (GV NW vom 30. 5. 1953 S. 271)

Der Landtag hat das folgende Gesetz beschlossen, das hiermit verkündet wird:

1. Abschnitt: Allgemeines

§ 1 Mitgliedskörperschaften

Die zum Lande Nordrhein-Westfalen gehörenden *Landkreise und kreisfreien Städte der früheren Rheinprovinz* bilden den *Landschaftsverband Rheinland,* die Landkreise und kreisfreien Städte *der früheren Provinz Westfalen und des frühren Landes Lippe den Landschaftsverband Westfalen-Lippe.*

§ 2 Rechtsform

Die Landschaftsverbände Rheinland und Westfalen-Lippe sind *öffentlichrechtliche Körperschaften mit dem Recht der Selbstverwaltung* durch ihre gewählten Organe.

§ 3 Gebiet und Gebietsänderungen

(1) Das *Gebiet der Landschaftsverbände* umfaßt das Gebiet der Mitgliedskörperschaften. Es *kann nur durch Gesetz geändert werden.* Werden die Grenzen von Mitgliedskörperschaften geändert, die zugleich Grenzen der Landschaftsverbände sind, so bewirkt dies ohne weiteres die Änderung der Landschaftsverbandsgrenzen.

(2) Rechtshandlungen, die aus Anlaß der Änderung des Gebietes der Landschaftsverbände erforderlich werden, sind frei von öffentlichen Abgaben einschließlich Gebühren, soweit sie auf Landesrecht beruhen. Das gleiche gilt für die Erstattung von Auslagen.

Zu § 1. Durch das Gesetz werden die für einen sachlich gegliederten Aufbau der Selbstverwaltung notwendigen Kommunalverbände höherer Ordnung wieder errichtet, nachdem infolge Dekret der Militärregierung das Land Preußen und seine Provinzen, die Vorgänger der Landschaften, aufgelöst waren (VO der Brit. Mil.-Reg. v. 23. 8. 46). Das Gebiet des ehemaligen Landes Lippe ist dem Landschaftsverband Westfalen angeschlossen worden. Die Klärung der Auffassungen, ob eine staatliche Verwaltung der Aufgaben der ehemaligen Provinzen oder ihre Verwaltung durch eine kommunale Gebietskörperschaft zweckmäßiger sei, hat erhebliche Zeit in Anspruch genommen. Der Landtag NRW beschäftigte sich mit dieser wichtigen Neuordnungsfrage, seitdem in der 1. Wahlperiode unterm 28. 2. 1949 die Drucksache 894 (und 970) dem Landtag zugeleitet wurde, diese aber nicht zur Weiterberatung kam, in der 2. Wahlperiode des Landtags CDU und Zentrum die Frage mit Antrag Drucksache 30 – 1950 – wieder aufnahmen, die Landesregierung eine Reg.- Vorlage unterbreitete – Drucksache 214 (1951) –, bis am 6. 5. 1953 mit der Annahme des Gesetzes die landschaftliche Selbstverwaltung gesiegt hat.

Die Landschaftsverbände bestimmen den Sitz ihrer Verwaltung selbst.

§ 4 Rechte der Einwohner

Die *Einwohner der Mitgliedskörperschaften* sind berechtigt

1. an der Vertretung und Verwaltung des Landschaftsverbandes nach näherer Vorschrift dieses Gesetzes teilzunehmen,
2. die öffentlichen Einrichtungen des Landschaftsverbandes nach Maßgabe der für diese bestehenden Bestimmungen zu benutzen.

2. Abschnitt: Wirkungskreis

§ 5 Aufgaben

(1) Die *Aufgaben* der Landschaftsverbände sind *in diesem Gesetz festgelegt.* Sie erstrecken sich nach Maßgabe der hierzu erlassenen Vorschriften auf folgende Sachgebiete:

a) Wohlfahrtspflege, Jugendwohlfahrt und Gesundheitspflege.
Die Landschaftsverbände sind *Landesfürsorgeverbände* und errichten und unterhalten eine *Hauptfürsorgestelle für Kriegsbeschädigte und Kriegshinterbliebene* und ein *Landesjugendamt für die Aufgaben der Jugendwohlfahrt* in ihrem Aufgabenbereich. Die *Landschaftsverbände führen* im Auftrage des Landes die *Fürsorgeerziehung durch.* Die Landschaftsverbände errichten und unterhalten die notwendigen *fürsorgerischen, erzieherischen* und *pflegerischen Anstalten* und *Einrichtungen.* Sie *fördern und unterstützen* die *Einrichtungen der freien Wohlfahrtspflege.* Die Landschaftsverbände können die *Trägerschaft* von *Spezialkrankenhäusern* und *Heilstätten,* von *Ausbildungsstätten für soziale und sozialpädagogische Berufe* sowie von anderen Einrichtungen in ihrem Aufgabenbereich übernehmen. Die Landschaftsverbände *fördern das Hebammenwesen.*

b) Straßenwesen.
Den Landschaftsverbänden obliegt
1. *im Rahmen der Planung des Landes* die *Verwaltung der Landstraßen erster Ordnung und ihre Unterhaltung* einschließlich des Um- und Ausbaues; *unter Mitwirkung der Landkreise nehmen sie die Verwaltung der Landstraßen zweiter Ordnung und ihre Unterhaltung einschließlich des Um- und Ausbaues wahr,*
2. im Auftrage des Landes die *Verwaltung der Bundesautobahnen und der sonstigen Bundesstraßen des Fernverkehrs.*

Die Landschaftsverbände *fördern den Gemeindewegebau.*

c) Landschaftliche Kulturpflege, soweit sie sich erstreckt auf die Unterhaltung und Pflege von Bau-, Kunst- und Naturdenkmalen sowie Bodenaltertümern, und auf die Unterhaltung von Landes- und Heimatmuseen sowie der Landesbildstellen und des Archivwesens.

d) Kommunalwirtschaft.

1. Die Mitträgerschaft bei der *Landesbank- und Girozentrale;*
2. die Trägerschaft oder Beteiligung *bei sonstigen Kreditinstituten,* die *mit den Aufgaben des Landschaftsverbandes zusammenhängen,* sowie bei *öffentlichen Versicherungsunternehmen;*
3. die *Viehseuchenentschädigung;*
4. die *Trägerschaft oder Geschäftsführung der kommunalen Versorgunskassen;*
5. die *Mitwirkung bei der Landesplanung;*
6. die *Beteiligung an Siedlungs- und Wohnungsunternehmen;*
7. die *Beteiligung an Versorgungs- und Verkehrsunternehmen;*
8. die *Unterhaltung und Unterstützung* von *Fachschulen;*
9. die *finanzielle* Förderung der *Landeskultur, der Wasser- und Forstwirtschaft.*

(2) Die Landschaftsverbände *können auf dem Gebiete der Sozialversicherung nach Maßgabe besonderer Vereinbarungen* mit den Versicherungsträgern *die Geschäftsführung und Verwaltung*

1. der *landwirtschaftlichen Berufsgenossenschaften,*
2. der *Gemeinde-Unfallversicherungsverbände,*
3. der *Feuerwehr-Unfallversicherungskassen*

übernehmen.

(3) Die in Absatz 1 zu c) bezeichneten *Aufgaben kultureller Art sind für das Gebiet des früheren Landes Lippe Antrag des Landesverbandes Lippe diesem oder einem Zweckverband,* dessen Mitglieder von ihm benannt werden, *zu übertragen.* Die *erforderlichen Mittel* sind *anteilig vom Landschaftsverband* zur Verfügung zu stellen.

(4) *Neue Aufgaben* können den *Landschaftsverbänden nur durch Gesetz oder auf Grund* eines *Gesetzes* übertragen werden. Soweit ihnen dadurch zusätzliche Lasten erwachsen, ist *gleichzeitig* die *Aufbringung der Mittel* zu regeln.

Zu § 5. Der Aufgabenkreis des Landschaftsverbandes entspricht den durch die früheren preuß. Provinzen wahrgenommenen Angelegenheiten der kommunalen Selbstverwaltung höherer Ordnung. Die Aufgaben sind im Landschaftsverbandsgesetz festgelegt. Der Landschaftsverband hat keine Kompetenz-Kompetenz, er kann Aufgaben seiner Mitgliedskörperschaften, der Landkreise und kreisfreien Städte nicht an sich ziehen. Neue Aufgaben können nur durch besonderes Gesetz und bei gleichzeitiger Regelung der Kostendeckung übertragen werden. Hier bestehen Möglichkeiten der Abgabe weiterer staatlicher Angelegenheiten als Auftragsangelegenheiten aus der Ministerial- und aus der Mittelinstanz.

Bei der Verwaltung des Straßenwesens hat der Gesetzgeber die im Jahre 1939 (VO v. 25. 3. 1939 RGBl. S. 629) erfolgte Zentralisation des Straßenbauwesens in der Provinzialverwaltung – die Verwaltung und Unterhaltung der Landstraßen II. Ordnung (Kreisstraßen) – beibehalten. Der Innenminister erläutert in einem Erlaß v. 20. 3. 1939 (VWi. 53/II. 39 – 5050) die Maßnahme wie folgt:

Zweck dieser Regelung ist, die technische Durchführung der Verwaltung aller Straßen eines Gebietes (Reichsstraßen, Landstraßen I. und II. Ordnung) bei *einer* Stelle zusammenzufassen. An der *Straßenbaulast* selbst ändert sich also nichts. Sie wird hinsichtlich der Landstraßen II. Ordnung nach wie vor von den bisherigen Trägern, den Landkreisen, in vollem Umfange getragen. Ebenso bleibt die Verantwortung der Leiter der Kreiskommunalverbände für die Wahrung der Interessen ihrer Kreise unberührt. Die Landkreise bedienen sich lediglich zur technischen Verwaltung und Unterhaltung ihrer Straßen der Einrichtungen der Länder und Provinzen, die insoweit im Auftrage der Landkreise tätig werden. Die Höhe der für den Bau, die Unterhaltung und die Instandsetzung der Landstraßen II. Ordnung alljährlich im ordentlichen und außerordentlichen Haushalt aufzuwendenden Mittel unterliegt der ausschließlichen Bestimmung der Landkreise. Auch über die Verwendung dieser Mittel im einzelnen bestimmen die Landkreise [– vorbehaltlich der Aufsichtsbefugnisse des Generalinspektors –] allein. Ein dem Landtag vorliegendes Landesstraßengesetz wird eine Änderung in der Verteilung der Straßenbaulast bringen.

In kulturellen Angelegenheiten ist der Landschaftsverband auf die „landschaftliche Kulturpflege" im engeren Sinne beschränkt. Das Gebiet des früheren Landes Lippe kann sich nach Abs. 3 eigene Einrichtungen schaffen. Hier besteht der Landesverband Lippe, der Träger kultureller Einrichtungen ist (Gesetz vom 5. 11. 1948). Siehe S. 238.

§ 6 Satzungen

(1) Die *Landschaftsverbände können ihre Angelegenheiten durch Satzungen regeln,* soweit die Gesetze nicht etwas anderes bestimmen.

(2) *Satzungen* sind *im Gesetz- und Verordnungsblatt für das Land Nordrhein-Westfalen bekanntzumachen.* Sie treten, wenn kein anderer Zeitpunkt in der Satzung bestimmt ist, am Tage nach ihrer Bekanntmachung in Kraft.

Zu § 6. Satzungen auch mit rückwirkender Kraft sind nicht genehmigungspflichtig. Regelung durch Satzung schreibt vor § 13 (Bestellung weiterer Fachausschüsse und Ausschüsse für Anstalten, § 16 (Reisekosten), § 25 (Wirtschaftsführung).

3. Abschnitt: Landschaftsversammlung, Landschaftsausschuß, Direktor des Landschaftsverbandes

§ 7 Zuständigkeiten der Landschaftsversammlung

Die *Landschaftsversammlung beschließt* über:

a) die *allgemeinen Grundsätze,* nach denen die Verwaltung geführt werden soll,

b) die *Wahl der Mitglieder des Landschaftsausschusses und der Fachausschüsse,*

c) die *Wahl des Direktors des Landschaftsverbandes und der Landesräte,*
d) den Erlaß, die Änderung und die Aufhebung von *Satzungen* des Landschaftsverbandes,
e) den *Erlaß der Haushaltssatzung mit Haushaltsplan und Stellenplan,* die Landschaftsumlage, die Abnahme der Jahresrechnung und die Entlastung.

Zu Abschnitt 3. Der Landschaftsverband hat drei Organe: Landschaftsversammlung (Vertretungs- und Beschlußorgan), Landschaftsausschuß (Beschluß- und Verwaltungsorgan), Landesdirektor (Verwaltungs- und Vollzugsorgan).

Zu § 7. Die Landschaftsversammlung ist noch stärker als das bei den preuß. Provinziallandtagen der Fall war, in ihren Funktionen auf die wichtigsten Fälle kommunaler Willensbildung beschränkt. Der Schwerpunkt von Beschlußfassung und Verwaltung liegt beim Landschaftsausschuß.

§ 7a Bildung der Landschaftsversammlung

(1) Die Mitglieder der Landschaftsversammlung werden von den Mitgliedskörperschaften gewählt (Absatz 2). Soweit es zur verhältnismäßigen Verteilung der Sitze erforderlich ist, werden weitere Mitglieder aus den Reservelisten berufen (Absatz 3). Wählbar nach Satz 1 und 2 sind die Mitglieder der Vertretungen und die Beamten der Mitgliedskörperschaften sowie die kreisangehörigen Gemeinden und Ämter. Beamte und Angestellte des öffentlichen Dienstes des Landschaftsverbandes dürfen nicht Mitglieder der Landschaftsversammlung oder eines Fachausschusses sein; diese Einschränkung gilt nicht für Inhaber eines Ehrenamtes.

(2) Auf jede Mitgliedskörperschaft entfällt bis zu einer Einwohnerzahl von 75 000 ein Mitglied. Für jede weiteren 75 000 Einwohner sowie für eine Resteinwohnerzahl von mehr als 40 000 ist je ein weiteres Mitglied zu wählen. Ist nur ein Mitglied zu wählen, so darf nur ein Mitglied der Vertretung gewählt werden. Gewählt ist, wer die meisten Stimmen erhält. Bei Stimmengleichheit entscheidet das vom Vorsitzenden der Vertretung zu ziehende Los. Sind mehrere Mitglieder zu wählen, so dürfen nicht mehr Beamte als Mitglieder der Vertretungen gewählt werden. Es findet eine Listenwahl nach dem d'Hondt'schen Höchstzahlenverfahren statt. Über die Zuteilung des letzten Sitzes entscheidet bei gleicher Höchstzahl das vom Vorsitzenden der Vertretung zu ziehende Los. Können sich die Vorschlagsberechtigten über die Verteilung der Sitze auf Mitglieder der Vertretungen und Beamte nicht einigen, so steht ihnen das Entscheidungsrecht in der Reihenfolge der auf sie entfallenden Höchstzahlen zu.

(3) Entspricht die Sitzzuteilung gemäß Absatz 2 nicht dem Ergebnis, das sich bei Anwendung des d'Hondtschen Höchstzahlenverfahrens auf der Grundlage der von den politischen Parteien und Wählergruppen bei den letzten allgemeinen Wahlen zu den Vertretungen der Mitgliedskörperschaften erzielten gültigen Stimmen ergeben würde, so ist eine neue Ausgangszahl für die Verteilung wei-

terer Sitze zu bilden. Diese wird gewonnen, indem die um 100 vervielfältigte Zahl der gemäß Absatz 2 errungenen Sitze durch den Stimmenanteil derjenigen politischen Partei oder Wählergruppe geteilt wird, die das günstigste Verhältnis der Sitze zum Stimmenanteil erreicht hat. Der Stimmenanteil ist der Vomhundertsatz der gültigen Stimmen der betreffenden politischen Partei oder Wählergruppe zur Gesamtstimmenzahl. Auf Grund der neuen Ausgangszahl werden für die politischen Parteien oder Wählergruppen nach dem d'Hondtschen Höchstzahlenverfahren neue Zuteilungszahlen errechnet und ihnen die an dieser Zahl noch fehlenden Sitze zugewiesen. Bei der Berechnung des verhältnismäßigen Sitzanteils (Satz 1) und des Stimmenanteils (Satz 1 und 2) bleiben solche politischen Parteien oder Wählergruppen außer Betracht, die nicht mindestens 5 vom Hundert der bei der letzten allgemeinen Wahl zu den Vertretungen der Mitgliedskörperschaften insgesamt abgegebenen gültigen Stimmen erzielt haben. Sie nehmen am Verhältnisausgleich nicht teil.

(4) Die Reservelisten sind von den für das Gebiet der Landschaftsverbände zuständigen Landesleitungen der politischen Parteien und Wählergruppen bis zum Wahltag einzureichen. Sie können im Laufe der Wahlperiode ergänzt werden. Die Landesleitung bestimmt die Reihenfolge der Sitzzuteilung mit der Maßgabe, daß von den insgesamt auf die Partei oder Wählergruppe entfallenden Mitgliedern nicht mehr Beamte als Mitglieder der Vertretungen sein dürfen. Scheidet ein Mitglied aus der Landschaftsversammlung aus, so wird der Nachfolger aus der Reserveliste derjenigen Partei oder Wählergruppe bestimmt, für die der ausgeschiedene Vertreter aufgestellt war. Der Direktor des Landschaftsverbandes stellt den Nachfolger fest und macht dies öffentlich bekannt.

Zu § 7a. Hinzugefügt durch Art. IV des Gesetzes vom 9. 6. 1954 und ergänzt durch das Gesetz zur Änderung des Kommunalwahlgesetzes usw. Die Wählergruppen sind sowohl bei der Wahl in den Mitgliedskörperschaften wie beim Verhältnisausgleich den politischen Parteien gleichgestellt.

Verlängerung der Wahlperiode 1956–1960 bis 1961; Verkürzung der Wahlperiode 1960–1964 (April 1961 bis Sept. 1964) gemäß Gesetz vom 20. 12. 1960 (GVNW S. 448).

§ 8 Einberufung und Zusammentritt der Landschaftsversammlung

(1) Die Landschaftsversammlung tritt *spätestens am dreißigsten Tage nach ihrer Wahl* zusammen; sie wird von dem bisherigen Vorsitzenden einberufen. Sie *wählt* in der ersten Sitzung *unter der Leitung des Altersvorsitzenden aus ihrer Mitte ohne Aussprache* den *Vorsitzenden* und *einen Stellvertreter.*

(2) Die Landschaftsversammlung *muß jährlich einmal zusammentreten.* Sie wird vom *Vorsitzenden unter Bekanntgabe der Tagesordnung einberufen.* Auf Antrag von mindestens *einem Drittel der Mitglieder* muß die Landschaftsversammlung einberufen werden.

(3) Die *Ladungsfrist,* die *Form der Einberufung* und die *Geschäftsführung* werden durch die *Geschäftsordnung geregelt,* soweit nicht in diesem Gesetz Vorschriften hierüber getroffen sind.

§ 9 Sitzungen der Landschaftsversammlung

(1) Die *Sitzungen* der Landschaftsversammlung *sind öffentlich.* Über die Verhandlungen und Beschlüsse ist eine *Niederschrift* aufzunehmen, die vom *Vorsitzenden und einem Schriftführer zu unterzeichnen* ist.

(2) Der Vorsitzende setzt *im Benehmen mit dem Direktor* des Landschaftsverbandes die *Tagesordnung fest. Zeit und Ort der Sitzung* sowie die *Tagesordnung sind öffentlich bekanntzumachen.*

(3) Die *Landesregierung und ihre Beauftragten sind berechtigt, an den Beratungen teilzunehmen.* Die *Landesregierung* ist *von* der *Einberufung* der Landschaftsversammlung *unter Bekanntgabe der Tagesordnung rechtzeitig zu benachrichtigen.*

§ 10 Beschlußfähigkeit der Landschaftsversammlung

(1) Die Landschaftsversammlung ist beschlußfähig, wenn mehr als die Hälfte ihrer Mitglieder anwesend ist. Sie gilt als beschlußfähig, solange ihre Beschlußunfähigkeit nicht festgestellt worden ist.

(2) Ist eine Angelegenheit wegen *Beschlußunfähigkeit* der Landschaftsversammlung zurückgestellt worden und wird die Landschaftsversammlung *zum zweiten Male* zur Verhandlung über denselben Gegenstand einberufen, so ist sie *ohne Rücksicht auf die Zahl der Erschienenen beschlußfähig.* Bei der *zweiten Ladung muß auf diese Bestimmung ausdrücklich hingewiesen werden.*

(3) Die Landschaftsversammlung faßt ihre *Beschlüsse mit Stimmenmehrheit.* Stimmenthaltungen und ungültige Stimmen werden bei der Feststellung der Beschlußfähigkeit, nicht aber bei der Berechnung der Mehrheit mitgezählt. Bei Stimmengleichheit gelten Anträge als abgelehnt, bei *Wahlen entscheidet das Los.*

Zu § 9. Abgesehen vom allgemeinen Aufsichtsrecht (§ 27) ist die Landesregierung (oder Beauftragte) auf die Teilnahme an den Sitzungen der Landschaftsversammlung beschränkt. Ein ständiger staatlicher Kommissar – wie bei den früheren preuß. Provinzen der Oberpräsident – wurde nicht bestellt.

§ 11 Befugnisse des Landschaftsausschusses

(1) Der *Landschaftsausschuß beschließt über alle nicht der Landschaftsversammlung vorbehaltenen Angelegenheiten, soweit* es sich *nicht* um *Geschäfte* der laufenden Verwaltung *handelt. Er hat insbesondere:*

a) die *Beschlüsse der Landschaftsversammlmng vorzubereiten und durchzuführen,*
b) die *Tätigkeit der Ausschüsse zu überwachen und* aufeinander *abzustimmen,*
c) die *Verwaltungsführung des Direktors des Landschaftsverbandes zu überwachen,*
d) die *Ernennung, Beförderung und Entlassung der Beamten des Landschaftsverbandes zu beschließen.*

(2) Der *Landschaftsausschuß kann den Fachausschüssen (§ 13) bestimmte Angelegenheiten ihres Geschäftsbereichs zur selbständigen Entscheidung übertragen.* Er kann *Entscheidungen der Fachausschüsse aufheben oder ändern. Beschlüsse der Fachausschüsse, die von weniger als zwei Dritteln der stimmberechtigten Mitglieder gefaßt worden sind,* bedürfen der *Zustimmung des Landschaftsaussschusses.*

(3) Der *Landschaftsausschuß kann die Erledigung einzelner Verwaltungsaufgaben dem Direktor des Landschaftsverbandes übertragen.*

(4) Nach Ablauf der Wahlzeit der Landschaftsversammlung übt der Landschaftsausschuß seine Tätigkeit bis zum Zusammentritt der neu gewählten Landschaftsversammlung aus.

Zu § 11. Der Landschaftsausschuß ist in der Organisation der Landschaft das bedeutsamste Kollegialorgan, die verkleinerte Landschaftsversammlung mit erheblichen Befugnissen – gegenüber den Ausschüssen und gegenüber dem Landesdirektor. Seine Rechtsstellung ähnelt der des früheren preußischen Provinzialausschusses.

§ 12 Bildung des Landschaftsausschusses

Der *Landschaftsausschuß* besteht aus dem *Vorsitzenden der Landschaftsversammlung als Vorsitzenden* und *vierzehn weiteren Mitgliedern der Landschaftsversammlung. Für jedes Mitglied ist ein Stellvertreter zu wählen.* Die Mitglieder und ihre Stellvertreter werden *für die Dauer der Wahlperiode der Landschaftsversammlung im Wege der Listenwahl* nach dem d'Hondt'schen Verhältniswahlsystem *gewählt.*

Zu § 12. Bei der Anwendung des Verhältniswahlsystems nach d'Hondt wird der Vorsitzende der Partei oder der Gruppe zugerechnet, zu der er gehört.

§ 13 Bildung und Befugnisse der Fachausschüsse

(1) Zur Entlastung des Landschaftsausschusses *sind Fachausschüsse* für folgende Geschäftsbereiche *zu bilden:*

a) Finanzwesen,
b) Wohlfahrts- und Gesundheitspflege,
c) Jugendwohlfahrt,
d) landschaftliche Kulturpflege,
e) Straßenwesen,
f) Kommunalwirtschaft.

Außerdem sind *die nach Gesetz oder Satzung für bestimmte Anstalten und Einrichtungen vorgesehenen besonderen Ausschüsse* zu bilden.

(2) Die *Landschaftsversammlung kann durch Satzung bestimmen,* daß *für weitere Geschäftsbereiche Fachausschüsse* gebildet werden.

(3) Die *Vorsitzenden der Fachausschüsse müssen der Landschaftsversammlung, die Vorsitzenden der Fachausschüsse* nach Absatz 1 a) bis f) und Absatz 2 *auch dem Landschaftsausschuß angehören. Zu Mitgliedern der Fachausschüsse*

können außer den Mitgliedern der Landschaftsversammlung *auch andere Bürger aus dem Gebiet des Landschaftsverbandes* gewählt werden, die *durch Fachwissen oder Verwaltungserfahrung besondere Eignung* hierfür aufweisen. Ihre Zahl *darf die der Mitglieder der Landschaftsversammlung in den einzelnen Fachausschüssen nicht erreichen.* Die *Zusammensetzung der Fachausschüsse wird durch Satzung geregelt;* die *Abgrenzung ihrer Zuständigkeiten bestimmt der Landschaftsausschuß,* soweit nicht in diesem oder einem anderen Gesetz oder in Satzungen Vorschriften hierüber getroffen sind.

(4) Die *Fachausschüsse haben beratende Befugnis, soweit ihnen nicht bestimmte Angelegenheiten* ihres Geschäftsbereichs *zur selbständigen Entscheidung übertragen* worden sind (§ 11 Absatz 2).

Zu § 13. Für die Mitgliedschaft von Bürgern in den Fachausschüssen, die nicht Mitglieder der Landschaftsversammlung sind, ist Voraussetzung „besondere Eignung" durch „Fachwissen oder Verwaltungserfahrung". Die Vorschrift stellt höhere Anforderungen wie sie GO (§ 42) und LKrO (§ 32) für die „sachkundigen Bürger" in der Selbstverwaltung der Gemeinden und Kreise zur Voraussetzung macht.

§ 14 Sitzungen und Beschlußfassung des Landschaftsausschusses und der Fachausschüsse

(1) Der Landschaftsausschuß und die Fachausschüsse werden von ihren Vorsitzenden einberufen, so oft es die Geschäfte erfodern. Hierbei ist die Tagesordnung, die von den Vorsitzenden *im Benehmen mit dem Direktor des Landschaftsverbandes* festgesetzt wird, bekanntzugeben. Die Einberufung muß erfolgen, wenn wenigstens ein Drittel der Mitglieder es unter Angabe der Beratungspunkte schriftlich beantragt. § 8 Absatz 1 Satz 2 und Absatz 3 gelten entsprechend.

(2) Die Sitzungen des Landschaftsausschusses und der Fachausschüsse sind nicht öffentlich. Im übrigen findet § 9 Absatz 1 Satz 2 Anwendung.

§ 15 Pflichten der Mitglieder der Landschaftsversammlung, des Landschaftsausschusses und der Fachausschüsse

(1) Die Mitglieder der Landschaftsversammlung, des Landschaftsausschusses und der Fachausschüsse handeln ausschließlich nach dem Gesetz und ihrer freien, nur durch die Rücksicht auf das öffentliche Wohl bestimmten Überzeugung. Sie sind an Aufträge nicht gebunden.

Erleidet der Landschaftsverband infolge eines Beschlusses der Landschaftsversammlung, des Landschaftsausschusses oder der Fachausschüsse einen Schaden, so haften deren Mitglieder, wenn sie

a) in vorsätzlicher oder grobfahrlässiger Verletzung ihrer Pflicht gehandelt haben oder
b) bei der Beschlußfassung mitgewirkt haben, obwohl sie nach dem Gesetz hiervon ausgeschlossen waren und ihnen der Ausschließungsgrund bekannt war, oder

c) der Bewilligung von Ausgaben zugestimmt haben, für die das Gesetz oder die Haushaltssatzung eine Ermächtigung nicht vorsieht, wenn nicht gleichzeitig die erforderlichen Deckungsmittel bereitsgestellt werden.

(2) Die Mitglieder der Landschaftsversammlung, des Landschaftsausschusses und der Fachausschüsse sind zur Verschwiegenheit über solche Angelegenheiten verpflichtet, deren Geheimhaltung ihrer Natur nach erforderlich, besonders vorgeschrieben oder beschlossen worden ist. Sie dürfen die Kenntnis vertraulicher Angelegenheiten nicht unbefugt verwerten. Das gilt auch für die Zeit nach Beendigung ihrer Mitgliedschaft.

(3) Die *Mitglieder der Landschaftsversammlung, des Landschaftsausschusses und der Fachausschüsse dürfen weder beratend noch entscheidend bei Angelegenheiten mitwirken,* wenn die Entscheidung *ihnen selbst, ihren Ehegatten, ihren Verwandten* bis zum dritten, oder Verschwägerten bis zum zweiten Grade oder einer von ihnen kraft gesetzlicher oder rechtsgeschäftlicher Vollmacht vertretenen Person einen unmittelbaren Vorteil oder Nachteil bringen kann. Das gilt auch, wenn der Betreffende in der Angelegenheit in anderer als öffentlicher Eigenschaft ein Gutachten abgegeben hat oder sonst tätig geworden oder gegen Entgelt in privater Eigenschaft bei jemand beschäftigt ist, der an der Erledigung der Angelegenheit ein persönliches oder wirtschaftliches Interesse hat. Das gilt jedoch nicht, wenn die in Satz 1 bezeichneten Personen nur insoweit an der Entscheidung der Angelegenheit beteiligt sind, als sie einem Beruf oder einer Bevölkerungsschicht angehören, deren gemeinsame Interessen durch die Angelegenheit berührt werden.

Zu § 15. Das Gesetz übernimmt sinngemäß die Vorschriften der GO § 22 – Pflicht zur Verschwiegenheit – und § 23 – Ausschließungsgründe. Dagegen ist eine besondere Treuepflicht, wie sie § 24 GO für die Ratsmitglieder und § 22 LKrO für die Kreistagsmitglieder vorsieht, die das Geltendmachen von Ansprüchen Dritter gegen den Landschaftsverband verbieten würde, nicht in das Gesetz aufgenommen worden.

§ 16 Entschädigung der Mitglieder der Landschaftsversammlung, des Landschaftsausschusses und der Fachausschüsse

Die *Mitglieder der Landschaftsversammlung, des Landschaftsausschusses und der Fachausschüsse erhalten Fahrkosten und Sitzungsgelder.* Das *Nähere* durch *Satzung* geregelt.

§ 17 Befugnisse des Direktors des Landschaftsverbandes

(1) Der Direktor des Landschaftsverbandes hat:

a) die *Beschlüsse* des Landschaftsausschusses und der übrigen Fachausschüsse *vorzubereiten und auszuführen;*

b) *die ihm vom Landschaftsausschuß übertragenen Verwaltungsaufgaben zu erledigen;*

c) die *Geschäfte der laufenden Verwaltung* zu führen;

d) den *Landschaftsverband in Rechts- und Verwaltungsgeschäften gesetzlich zu vertreten.*

(2) In *Fällen äußerster Dringlichkeit* kann der *Direktor des Landschaftsverbandes Anordnungen, die einen Beschluß des Landschaftsausschusses oder eines Fachausschusses erfordern, ohne eine solche vorgängige Entscheidung im Einverständnis mit dem Vorsitzenden des Landschaftsausschusses treffen.* Er hat den Landschaftsausschuß und den zuständigen Fachausschuß unverzüglich zu unterrichten. Der Landschaftsausschuß kann die Anordnungen aufheben.

§ 18 Teilnahme an Sitzungen

(1) Der Direktor des Landschaftsverbandes und die Landesräte nehmen an den Sitzungen der Landschaftsversammlung und des Landschaftsausschusses mit beratender Stimme teil. Ihre Teilnahme an den Sitzungen der Fachausschüsse regelt sich nach der Tagesordnung. Sie können in Angelegenheiten ihres Geschäftsbereichs jederzeit das Wort verlangen.

(2) Zu den Sitzungen können weitere Beamte des Landschaftsverbandes hinzugezogen werden.

§ 19 Beanstandungsrecht

(1) *Verletzt ein Beschluß der Landschaftsversammlung das geltende Recht, so hat der Direktor des Landschaftsverbandes ihn zu beanstanden.* Die *Beanstandung* ist der Landschaftsversammlung *unter Darlegung der Gründe schriftlich mitzuteilen.* Sie hat *aufschiebende Wirkung. Die Landschaftsversammlung hat innerhalb eines Monats nach der Beanstandung erneut über die Angelegenheit zu beschließen.* Verbleibt sie bei ihrem Beschluß, so hat der Direktor des Landschaftsverbandes unverzüglich die *Entscheidung der Aufsichtsbehörde einzuholen. Die aufschiebende Wirkung bleibt bestehen.*

(2) *Auf Beschlüsse des Landschaftsausschusses und Entscheidungen der Fachausschüsse finden die Vorschriften des Absatzes 1 entsprechende Anwendung, hinsichtlich* der *Fachausschüsse jedoch mit der Maßgabe, daß, falls der Fachausschuß bei seiner Entscheidung verbleibt,* über die Angelegenheit *innerhalb eines weiteren Monats der Landschaftsausschuß beschließt.*

§ 20 Direktor des Landschaftsverbandes, Landesräte und sonstige Beamte, Angestellte und Arbeiter

(1) *Dem Direktor des Landschaftsverbandes* werden zur Mitwirkung bei der Erledigung der Dienstgeschäfte und zur Vertretung in bestimmten Geschäftsbereichen *leitende Beamte (Landesräte) beigeordnet;* ihre *Zahl wird durch Satzung und Stellenplan festgelegt. Allgemeiner Vertreter* des Direktors des Landschaftsverbandes ist der *Erste Landesrat.* Im übrigen richtet sich die *Vertretung und Geschäftsverteilung nach der vom Landschaftsausschuß zu erlassenden Geschäftsordnung.*

(2) Der *Direktor* des Landschaftsverbandes *und die Landesräte werden von der Landschaftsversammlung auf zwölf Jahre gewählt; diese Stellen sind öffentlich auszuschreiben.* Die *Wahl des Direktors* des Landschaftsverbandes *bedarf der Bestätigung durch die Landesregierung. Der Direktor des Landschaftsverbandes oder sein allgemeiner Vertreter muß die Befähigung zum Richteramt oder zum höheren Verwaltungsdienst besitzen.*

(3) *Dienstvorgesetzter des Direktors des Landschaftsverbandes ist der Landschaftsausschuß,* Dienstvorgesetzter aller übrigen Beamten sowie der Angestellten und Arbeiter des Landschaftsverbandes ist der Direktor des Landschaftsverbandes. *Die Beamten des Landschaftsverbandes werden auf Grund eines Beschlusses des Landschaftsausschusses vom Direktor des Landschaftsverbandes ernannt, befördert und entlassen.* Die Angestellten und Arbeiter werden vom Direktor des Landschaftsverbandes angestellt, befördert und entlassen; die Satzung kann eine andere Regelung treffen. *Die Rechtsverhältnisse der Beamten, der Angestellten und der Arbeiter des Landschaftsverbandes bestimmen sich im übrigen nach den Vorschriften des allgemeinen Beamten- und des Tarifrechts.*

Zu § 20 der LVO. Die Besoldung der leitenden Beamten der Landschaftsverbände ist durch VO v. 5. 7. 1956 (VB NW S. 185 mit Änderung der VO v. 30. 6. 1960 GV NW S. 203) wie folgt geregelt:

Leitende Beamte der Landschaftsverbände

A. Eingruppierung (§ 9)

Es dürfen eingruppiert werden: a) die Direktoren der Landschaftsverbände in Besoldungsgruppe B 7, b) die Ersten Landräte in Besoldungsgruppe B 5, c) Landesräte in in besonders herausgehobener Stellung in Besoldungsgruppe B 3, d) sonstige Landesräte in Besoldungsgruppe A 16.

B. Aufwandsentschädigungen (§ 10)

Die Direktoren der Landschaftsverbände erhalten eine Aufwandsentschädigung, die 390,— DM monatlich nicht übersteigen darf. Ihren allgemeinen Vertretern kann eine Aufwandsentschädigung bis zu 50 v. H. dieses Betrages gewährt werden.

Allgemeine Vorschriften der VO sind in der Anmerkung zu § 49 GO abgedruckt.

Nicht einer der Landesräte – wie dies bei den Beigeordneten der kreisfreien Städte vorgeschrieben (– 49 GO) –, sondern der Erste Landesrat, der allgemeine Stellvertreter, muß – falls diese Voraussetzungen beim Landesdirektor nicht vorliegen sollten – Volljurist sein. Über die Anstellung, Beförderung und Entlassung der Beamten beschließt der Landschaftsausschuß, auf Grund dieser Beschlüsse spricht der Landesdirektor die Ernennung, Beförderung und Entlassung aus (anders in der GO § 54 und in der LKrO § 38).

Hinsichtlich der beamten- und besoldungsrechtlichen Gleichstellung der Landschaftsverbandsbeamten mit den Landesbeamten siehe Anm. zu § 54 GO.

§ 21 Verpflichtungserklärungen

(1) *Erklärungen*, durch die der Landschaftsverband verpflichtet werden soll, *bedürfen der schriftlichen Form. Sie sind durch den Direktor des Landschaftsverbandes oder seinen allgemeinen Vertreter und den sachlich zuständigen Landesrat zu unterzeichnen.* Liegt der Erklärung ein *Beschluß der Landschaftsversammlung oder eines Ausschusses zugrunde, so soll dieser dabei angeführt werden.*

(2) Absatz 1 findet *keine Anwendung* auf Geschäfte der *laufenden Verwaltung*, die für den Landschaftsverband *geldlich nicht von erheblicher Bedeutung* sind, und auf Geschäfte, die auf Grund einer in der Form des Absatzes 1 ausgestellten Vollmacht abgeschlossen werden.

§ 22 Verwaltungshilfe

Die *Verwaltungen der Mitgliedskörperschaften*, der *kreisangehörigen Gemeinden* und der *Ämter* sind dem Landschaftsverband gegenüber zur *Verwaltungshilfe* verpflichtet.

4. Abschnitt: Finanzwirtschaft

§ 23 Gebühren und Beiträge

Die Landschaftsverbände sind *berechtigt und verpflichtet, Gebühren und Beiträge zu erheben.* Die auf die Provinzialverbände bezüglichen Vorschriften des *Kreis- und Provinzialabgabengesetzes* vom 23. April 1906 (Gesetzsamml. S. 159) in der zur Zeit geltenden Fassung finden *entsprechende Anwendung.*

Zu § 23. Als Gebühren kommen in Frage Verwaltungs- und Benutzungsgebühren. Beiträge sind Leistungen für die Erstellung und Unterhaltung von im öffentlichen Interesse errichteten Veranstaltungen und Einrichtungen, durch die Grundeigentümern und Gewerbetreibenden besondere wirtschaftliche Vorteile erwachsen. Die Beiträge sind nach den Vorteilen zu bemessen.

§ 24 Landschaftsumlage

Die Landschaftsverbände erheben, *soweit ihre sonstigen Einnahmen nicht ausreichen, zur Deckung ihres Finanzbedarfs* nach den hierfür geltenden Vorschriften von den Mitgliedskörperschaften eine *Landschaftsumlage.* Diese ist *für jedes Rechnungsjahr neu festzusetzen.*

Zu § 24. Die Landschaftsverbände erhalten Landesmittel zugewiesen. Das geschieht regelmäßig durch den kommunalen Finanz- und Lastenausgleich. Abgesehen von zweckgebundenen Mitteln erhalten die Landschaftsverbände einen Betrag von 4 DM je Kopf der Bevölkerung.

§ 25 Haushalt und Wirtschaftsführung

(1) Die Landschaftsverbände haben für jedes Rechnungsjahr über alle Einnahmen und Ausgaben einen Haushaltsplan aufzustellen und nach Schluß des Rechnungsjahres Rechnung zu legen.

(2) Für den Haushalt, die Verwaltung des Vermögens, die wirtschaftliche Betätigung, das Schuldenwesen, das Kassen-, Rechnungs- und Prüfungswesen gelten sinngemäß die Vorschriften der Gemeindeordnung und ihrer Durchführungsverordnungen. *Das Nähere wird durch Satzung geregelt.*

5. Abschnitt: Aufsicht

§ 26 Allgemeine Aufsicht und Sonderaufsicht

(1) *Die Aufsicht* über die Landschaftsverbände *führt der Innenminister.* Die Aufsicht erstreckt sich darauf, daß die Landschaftsverbände im Einklang mit den Gesetzen verwaltet werden (allgemeine Aufsicht).

(2) Soweit die Landschaftsverbände ihre Aufgaben nach Weisung erfüllen, richtet sich die Aufsicht nach den hierüber erlassenen Bestimmungen (Sonderaufsicht).

§ 27 Unterrichtungsrecht

Die Aufsichtsbehörde kann sich jederzeit über die Angelegenheiten der Landschaftsverbände unterrichten.

§ 28 Beanstandungs- und Aufhebungsrecht

(1) Die *Aufsichtsbehörde kann den Direktor des Landschaftsverbandes anweisen, Beschlüsse der Landschaftsversammlung, des Landschaftsausschusses und der Fachausschüsse, die das geltende Recht verletzen, zu beanstanden. Sie kann derartige Beschlüsse auch selbst beanstanden.* § 19 findet entsprechende Anwendung. Nach erfolgloser Beanstandung kann die Aufsichtsbehörde die Beschlüsse aufheben. Sie kann verlangen, daß die auf Grund der Beschlüsse getroffenen Maßnahmen rückgängig gemacht werden.

(2) Die Aufsichtsbehörde kann *Anordnungen des Direktors des Landschaftsverbandes, die das geltende Recht verletzen, beanstanden.* Die *Beanstandung ist dem Landschaftsausschuß* unter Darlegung der Gründe *schriftlich mitzuteilen.* Sie hat *aufschiebende Wirkung.* Billigt der Landschaftsausschuß die Anordnung des Direktors des Landschaftsverbandes, so *kann die Aufsichtsbehörde sie aufheben.*

Zu § 28. Über das Aufsichtsrecht gegenüber den Gemeinden und den Landkreisen (§ 108 GO § 46 LKrO) hinausgehend, behält sich die Aufsichtsbehörde vor, Beschlüsse der Landschaftsverbandsorgane, die das Recht verletzen, selbst zu beanstanden.

§ 29 Anordnungsrecht und Ersatzvornahme

(1) Erfüllt ein Landschaftsverband die ihm gesetzlich obliegenden Pflichten oder Aufgaben nicht, so kann die Aufsichtsbehörde anordnen, daß er innerhalb einer bestimmten Frist das Erforderliche veranlaßt.

(2) Kommt ein Landschaftsverband der Anordnung der Aufsichtsbehörde nicht innerhalb der Frist nach, so kann die Aufsichtsbehörde die Anordnung an Stelle und auf Kosten des Landschaftsverbandes selbst durchführen oder die Durchführung einem anderen übertragen.

§ 30 Anfechtung von Aufsichtsmaßnahmen

Der Landschaftsverband kann die *Maßnahmen der Aufsichtsbehörde unmittelbar mit der Klage im Verwaltungsstreitverfahren anfechten.*

§ 31 Zwangsvollstreckung

(1) Zur Einleitung der Zwangsvollstreckung wegen einer Geldforderung gegen den Landschaftsverband bedarf der Gläubiger einer Zulassungsverfügung der Aufsichtsbehörde, es sei denn, daß es sich um die Verfolgung dinglicher Rechte handelt. In der Verfügung hat die Aufsichtsbehörde die Vermögensgegenstände zu bestimmen, in welche die Zwangsvollstreckung zugelassen wird, und über den Zeitpunkt zu befinden, in dem sie stattfinden soll. Die Zwangsvollstreckung wird nach den Vorschriften der Zivilprozeßordnung durchgeführt.

(2) Ein Konkursverfahren über das Vermögen des Landschaftsverbandes findet nicht statt.

(3) Die Bestimmung des § 29 bleibt unberührt.

6. Abschnitt: Schlußvorschriften

§ 32 Außer Kraft tretende Vorschriften

Es treten außer Kraft:

1. die Provinzialordnung für die Rheinprovinz vom 1. Juni 1887 (Gesetzsamml. S. 249),
2. die Provinzialordnung für die Provinz Westfalen vom 1. August 1886 (Gesetzsamml. S. 254)

in den Fassungen der Gesetze
vom 11. Januar 1932 (Gesetzsamml. S. 9),
vom 17. Juli 1933 (Gesetzsamml. S. 257),
vom 15. Dezember 1933 Gesetzsamml. S. 477) und
vom 9. November 1938 (Gesetzsamml. S. 107),

3. das Wahlgesetz für die Provinziallandtage und Kreistage vom 7. Oktober 1925 (Gesetzsamml. S. 123).

§ 33 Überleitung

(1) *Rechte und Pflichten, welche durch Gesetz, Verordnung, Satzung oder Rechtsgeschäft den Provinzialverbänden übertragen sind,* werden mit Inkrafttreten dieses Gesetzes *Rechte und Pflichten der Landschaftsverbände.* Soweit Rechte und Pflichten außerhalb des Aufgabenbereichs des § 5 liegen, nehmen

die Landschaftsverbände sie bis zu einer anderweitigen Regelung einstweilen wahr; diese Rechte un Pflichten sind sobald wie möglich auf die endgültigen Aufgabenträger zu überführen.

(2) *Beamte und Angestellte im öffentlichen Dienst, die bei Inkrafttreten des Gesetzes im Gebiet des Landes Nordrhein-Westfalen ganz oder überwiegend Aufgaben* nach den §§ 5 und 33 Absatz 1 Satz 2 *wahrnehmen, werden Beamte und Angestellte des zuständigen Landschaftsverbandes; Arbeiter* sind *unter den gleichen Voraussetzungen* von den Landschaftsverbänden zu *übernehmen.* Die Landschaftsverbände sind *zur Zahlung der Versorgungsbezüge für Beamte, Angestellte und Arbeiter sowie deren Hinterbliebene verpflichtet, auf die* bei Eintritt des Versorgungsfalles die *Voraussetzungen des Satzes 1 zutrafen.* Anderweitige vertragliche Abmachungen bleiben unberührt. Die *Landschaftsverbände sind Dienstherren derjenigen Beamten,* Angestellten und Arbeiter *der Provinzialverbände, deren Unterbringung und Versorgung sich nach § 63 des Gesetzes zur Regelung der Rechtsverhältnisse der unter Artikel 131 des Grundgesetzes fallenden Personen* vom 11. Mai 1951 (BGBl. I S. 307) *bestimmt.*

Bestehen im Einzelfall *Zweifel,* ob die Voraussetzungen des Satzes 1 vorliegen, *so entscheidet darüber der zuständige Fachminister im Einvernehmen mit dem Innenminister und dem Finanzminister.*

(3) *Vermögen und Schulden der Provinzialverbände werden mit Inkrafttreten des Gesetzes Vermögen und Schulden der Landschaftsverbände.* Vermögensteile, die bei Inkrafttreten des Gesetzes für Zwecke des Landes benutzt werden, verbleiben bis zu einer vertraglichen oder gesetzlichen Regelung in der Verwaltung und Nutzung des Landes. Vermögen des Landes, das in Wahrnehmung von Aufgaben der Provinzialverbände gebildet worden ist und den in den §§ 5 und 33 Absatz 1 Satz 2 angeführten Aufgaben dient, ist den Landschaftsverbänden zu übertragen; Verpflichtungen des Landes, die unter den gleichen Voraussetzungen entstanden sind, sind von den Landschaftsverbänden zu übernehmen.

§ 34 ist durch § 7a gegenstandslos geworden

§ 35 Durchführung des Gesetzes

Die Landesregierung erläßt die für die Durchführung dieses Gesetzes erforderlichen Rechtsverordnungen im Einvernehmen mit dem zuständigen Ausschuß des Landtags. Die erforderlichen Verwaltungsverordnungen erläßt der Innenminister oder im Einvernehmen mit ihm der jeweils zuständige Fachminister.

§ 36 Inkrafttreten

Das Gesetz tritt am 1. Oktober 1953 in Kraft.

Düsseldorf, den 12. Mai 1953.

Die Landesregierung
des Landes Nordrhein-Westfalen.

DIE ORGANISATION DER LANDSCHAFTSVERBÄNDE

Die Landschaftsversammlung
Wahlperiode 1958/60
Rheinland 123 Mitglieder, Westfalen-Lippe 112 Mitglieder
Der Landschaftsausschuß
15 Mitglieder
einschließlich des Vorsitzenden
Die gesetzlich (§ 13) vorgeschriebenen
Fachausschüsse

für Finanzwesen
Wohlfahrts- und Gesundheitspflege
Jugendwohlfahrt
landschaftliche Kulturpflege
Straßenwesen
Kommunalwirtschaft

Außerdem

Fachausschüsse
gem. § 13 durch Satzung

Rheinland

Bau-, Wohnungs- und Siedlungsausschuß
die Aufgaben des Landesjugendwohlfahrtsausschusses (Landesgesetz vom 23. Oktober 1956) werden vom Fachausschuß für Jugendwohlfahrt wahrgenommen (Satzungsergänzung v. 13. 2. 1959 GV NW S. 34).

Westfalen-Lippe

Siedlungswesen, Wasserwirtschaft, Landeskultur und Landesplanung
Ausschuß für die Hochbauverwaltung des Landschaftsverbandes,
Rechnungsprüfungsausschuß,
Landesjugendwohlfahrtsausschuß.

Aus den Satzungen der Landschaftsverbände

LV Rheinland – Satzung vom 3. 11. 1954 mit Nachträgen.
LV Westfalen-Lippe – Satzungen vom 15. 1. 1954 mit Nachträgen (GV NW S. 39 und 40).

Sitz der Landschaftsverbände

Rheinland: Köln, Westfalen-Lippe: Münster.

Zahl der Landesräte

Rheinland: höchstens 10 Landesräte (Beschluß der Landschaftsversammlung vom 28. Juli 1958).

Westfalen-Lippe: Die Zahl der Landesräte wird durch den Stellenplan festgelegt (§ 4 der Satzung v. 15. 1. 1954 – zur Zeit 10 Landesräte).

Sitzungsgelder und Fahrtkosten

für LV Rheinland und LV Westfalen-Lippe gleichlautende Satzungsbestimmungen.

LV Rheinland (§ 8 der Satzung), LV Westfalen-Lippe (§ 1 der Satzung)
„Die Mitglieder der Landschaftsversammlung, des Landschaftsausschusses und der Fachausschüsse erhalten Fahrkosten und Sitzungsgelder in gleicher Höhe wie Abgeordnete des Landtags Nordrhein-Westfalen."

Organisation der Landschaftsverwaltungen

A. Organisation der Zentralverwaltung im LV Rheinland

Der Direktor des Landschaftsverbandes
und die Landesräte

Abteilung I Haupt- und Personalverwaltung, Versorgungskassen	*Abteilung II* Finanzwesen, Kommunalwirtschaft, Liegenschaften, Statistik	*Abteilung HF* Hauptfürsorgestelle für Kriegsbeschädigte und Kriegshinterbliebene
Abteilung W. Wohlfahrtspflege	*Abteilung IV* Jugendwohlfahrt	*Abteilung V* Straßenwesen
Abteilung VI Gesundheitswesen	*Abteilung H* Hochbau, techn. Anlagen und Versorgungseinrichtungen	*Gruppe K* Landschaftliche Kulturpflege

Abteilung R P A
Rechnungsprüfungsamt

Der Abteilung V *Straßenwesen* unterstehen:

6 Straßenbauämter
1 Autobahnamt
3 Autobahnneubauämter
3 Fernstraßenneubauämter

Der Abteilung VI *Gesundheitswesen* unterstehen:

5 Landesheilanstalten
5 Landeskliniken

B. Organisation der Zentralverwaltung im LV Westfalen-Lippe

Der Direktor des Landschaftsverbandes
und die Landesräte

Abteilung I

Allgemeine Verwaltung
Hauptabteilung
Personalabteilung
Abt. f. Landwirtschaft
u. Viehseuchenkasse
Hochbauabteilung
Pressestelle
Statistische Abteilung
Rechnungsprüfungsamt

Abteilung II

Finanzverwaltung
Kämmerei
Liegenschaftsabteilung
Hauptkasse
und 12
Nebenkassen

Abteilung III

Wirtschaftspflege
Amt für Landespflege
Abteilung Verkehrs-
unternehmen
Abteilung für Wasser-
wirtschaft
Emsunterhaltungs-
bauamt

Abteilung IV

Straßenverwaltung
Straßenbauabteilung
Landesstraßenbauämter
8 Landesstraßen-
bauämter
1 Autobahnamt
1 Autobahnneubau-
amt
1 Neubauabteilung
Ruhrschnellweg

Abteilung V

Landesjugendamt
Fürsorgeerziehungs-
behörde

Abteilung VI

Fürsorge u. Gesundheit
Landesfürsorgeverband
Hauptfürsorgestelle
Abteilung Gesundheits-
wesen
Abteilung Erholungs-
und Heilfürsorge

Abteilung VII

Kultur
Abteilung für Kultur-
pflege
Baupflegeamt
Archivberatungsstelle
Landesdenkmalamt
Landesbildstelle

C. Beide Landschaftsverbände unterhalten in selbständiger Rechtsform Lebensversicherungsanstalten und Feuerversicherungsanstalten.

LV Rheinland:	Rheinische Provinziallebensversicherung Rheinische Provinzial-Feuersozietät
LV Westfalen-Lippe:	Provinzial-Lebensversicherungsanstalt von Westfalen Westfälische Provinzial Feuersozietät. – In Lippe besteht die Lippische Brandversicherungsanstalt. –

Die Landschaftsverbände verwalten ferner je für ihr Gebiet:

die landwirtschaftliche Berufsgenossenschaft
die landwirtschaftliche Familienausgleichskasse
den Gemeindeunfallversicherungsverband
die Versorgungskassen der Gemeinden und Gemeindeverbände
(Ruhegehalts- und Unfallfürsorgekasse)
die Zusatzversorgungskasse für die Gemeinden und Gemeindeverbände
die Zentralstelle für Tuberkulosehilfe.

Landesjugendwohlfahrtsausschuß

Auszug aus dem Gesetz zur Ausführung des Reichsgesetzes für Jugendwohlfahrt vom 23. 10. 1956 (GV NW S. 303)

Zweiter Abschnitt: Landesjugendamt

§ 9 Träger, Zusammensetzung, Verfahren

(1) Jeder Landschaftsverband errichtet ein Landesjugendamt.

(2) Das Landesjugendamt besteht aus dem Landesjugendwohlfahrtsausschuß und der Verwaltung des Landesjugendamtes.

(3) Für Zusammensetzung, Verfassung und Verfahren des Landesjugendamtes gelten, soweit das Reichsgesetz für Jugendwohlfahrt und dieses Gesetz nichts anderes bestimmen, die Vorschriften der Landschaftsverbandsordnung für das Land Nordrhein-Westfalen (LVerbO) vom 12. Mai 1953 (GV NW I S. 271).

(4) Für das Landesjugendamt ist eine Satzung zu erlassen.

§ 10 Zuständigkeit des Landesjugendwohlfahrtsausschusses

(1) Der Landesjugendwohlfahrtsausschuß befaßt sich anregend und fördernd mit den dem Landschaftsverband obliegenden Aufgaben der Jugendwohlfahrt und beschließt im Rahmen der von der Landschaftsversammlung für das Landesjugendamt erlassenen Satzung, der von ihr bereitgestellten Mittel und der von ihr gefaßten Beschlüsse über die Angelegenheiten der Jugendhilfe. Er soll in Fragen der Jugendwohlfahrt vor jeder Beschlußfassung der Landschaftsversammlung gehört werden und hat das Recht, Anträge an sie zu stellen.

(2) Über die Verwendung der vom Land bereitgestellten Mittel beschließt der Landesjugendwohlfahrtsausschuß. Er ist an die von der zuständigen obersten Landesbehörde erlassenen Richtlinien und Weisungen gebunden.

§ 11 Stimmberechtigte Mitglieder des Landesjugendwohlfahrtsausschusses

(1) Dem Landesjugendwohlfahrtsausschuß gehören 20 stimmberechtigte Mitglieder einschließlich des Vorsitzenden an.

(2) Auf die stimmberechtigten Mitglieder, die von den freien Vereinigungen für Jugendwohlfahrt und den Jugendverbänden vorzuschlagen sind, ist § 2 Abs. 4 Satz 1 und 2 entsprechend anzuwenden. Die Mitglieder werden von dem Arbeits- und Sozialminister für die Wahlzeit der Landschaftsversammlung ernannt. Dabei ist auf die Bedeutung der freien Vereinigungen und der Jugendverbände für die Jugendwohlfahrtspflege im Bezirk des Landschaftsverbandes Rücksicht zu nehmen. Vor der Ernennung ist dem Landschaftsausschuß Gelegenheit zur Stellungnahme zu geben.

(3) Als stimmberechtigte Mitglieder müssen dem Landesjugendwohlfahrtsausschuß angehören:

1. Mitglieder der Landschaftsversammlung;
2. Mitglieder von Jugendwohlfahrtsausschüssen im Bezirk des Landschaftsverbandes;
3. Männer und Frauen, die in der Jugendwohlfahrtspflege erfahren oder tätig sind.

Sie werden für die Dauer der Wahlzeit der Landschaftsversammlung von dieser gewählt.

(4) Auf die Ernennung oder Wahl der stimmberechtigten Mitglieder des Landesjugendwohlfahrtsausschusses finden §§ 12 und 13 des Gesetzes über die Kommunalwahlen im Lande Nordrhein-Westfalen (Kommunalwahlgesetz) vom 12. Juni 1954 (GV NW S. 226) entsprechende Anwendung. Sie üben ihre Tätigkeit nach Ablauf der Wahlzeit bis zum Zusammentreten des neu gebildeten Landesjugendwohlfahrtsausschusses aus. Scheidet ein Mitglied vor Ablauf der Wahlzeit aus, so ist ein Ersatzmitglied für den Rest der Wahlzeit auf Vorschlag derjenigen Stelle, die das ausgeschiedene Mitglied vorgeschlagen hatte, zu ernennen oder zu wählen.

(5) Für jedes stimmberechtigte Mitglied ist ein Stellvertreter zu ernennen oder zu wählen. Die Absätze 2 bis 4 gelten entsprechend.

(6) Der Vorsitzende des Landesjugendwohlfahrtsausschusses und sein Stellvertreter werden von den stimmberechtigten Mitgliedern des Ausschusses aus den dem Ausschuß angehörenden Mitgliedern der Landschaftsversammlung gewählt. Der Vorsitzende muß dem Landschaftsausschuß angehören.

§ 12 Beratende Mitglieder des Landesjugendwohlfahrtsausschusses

(1) Als beratende Mitglieder gehören dem Landesjugendwohlfahrtsausschuß an:

1. der Direktor des Landschaftsverbandes oder ein von ihm bestellter Vertreter;
2. der Leiter der Verwaltung des Landesjugendamtes (Dienststellenleiter) oder sein Stellvertreter;
3. ein Vertreter der Gesundheitsverwaltung, der vom Innenminister bestellt wird;
4. ein Richter oder Beamter der Justizverwaltung, der vom Justizminister bestellt wird;
5. ein Vertreter der Schulverwaltung, der vom Kultusminister bestellt wird;
6. ein Vertreter der Arbeitsverwaltung, der vom Präsidenten des Landesarbeitsamtes bestellt wird;
7. je ein Vertreter der katholischen und der evangelischen Kirche und der jüdischen Kultusgemeinde; sie werden von der zuständigen Stelle der Religionsgemeinschaften bestellt.

(2) Für jedes beratende Mitglied des Landesjugendwohlfahrtsausschusses nach Absatz 1 Nr. 3 bis 7 ist ein Stellvertreter zu bestellen.

(3) Durch die Satzung kann bestimmt werden, daß weitere Männer und Frauen, die in der Jugendwohlfahrt oder Jugenderziehung erfahren oder tätig sind, dem Landesjugendwohlfahrtsausschuß als beratende Mitglieder angehören.

§ 13 Verfahren des Landesjugendwohlfahrtsausschusses

(1) Der Landesjugendwohlfahrtsausschuß wird mindestens viermal im Jahre oder auf Antrag von mindestens einem Drittel der stimmberechtigten Mitglieder von dem Vorsitzenden einberufen.

(2) In Fällen äußerster Dringlichkeit kann der Direktor des Landschaftsverbandes Anordnungen, die einen Beschluß des Landesjugendwohlfahrtsausschusses erfordern, ohne eine solche vorgängige Entscheidung im Einverständnis mit dem Vorsitzenden des Landesjugendwohlfahrtsausschusses treffen. Er hat den Landesjugendwohlfahrtsausschuß unverzüglich zu unterrichten. Der Landesjugendwohlfahrtsausschuß kann die Anordnungen aufheben, soweit nicht bereits Rechte Dritter entstanden sind.

(3) § 5 ist entsprechend anzuwenden.

§ 14 Unterausschüsse

Für die Bildung von Unterausschüssen des Landesjugendwohlfahrtsausschusses gilt § 6 entsprechend.

§ 15 Beanstandungs- und Aufhebungsrecht

(1) Verletzt ein Beschluß des Landesjugendwohlfahrtsausschusses das geltende Recht, so hat der Direktor des Landschaftsverbandes ihn entsprechend § 19 LVerbO zu beanstanden. Verbleibt der Landesjugendwohlfahrtsausschuß bei seinem Beschluß, so beschließt der Landschaftsausschuß über die Angelegenheit.

(2) Für das Beanstandungs- und Aufhebungsrecht der Aufsichtsbehörde gilt § 28 LVerbO entsprechend.

§ 16 Zuständigkeit der Verwaltung des Landesjugendamtes

Der Leiter der Verwaltung des Landesjugendamtes führt im Auftrage des Direktors des Landschaftsverbandes die laufenden Geschäfte des Landesjudendamtes im Rahmen der Satzung und der Beschlüsse der Landschaftsversammlung und des Landesjugendwohlfahrtsausschusses.

§ 18 Fürsorgeerziehungsbehörden

Als Fürsorgeerziehungsbehörden werden die Landesjugendämter bestimmt (§ 70 Abs. 1 Satz 1 RJWG). Sie führen die Fürsorgeerziehung im Auftrage des Landes aus. Die Aufsicht hat der Arbeits- und Sozialminister.

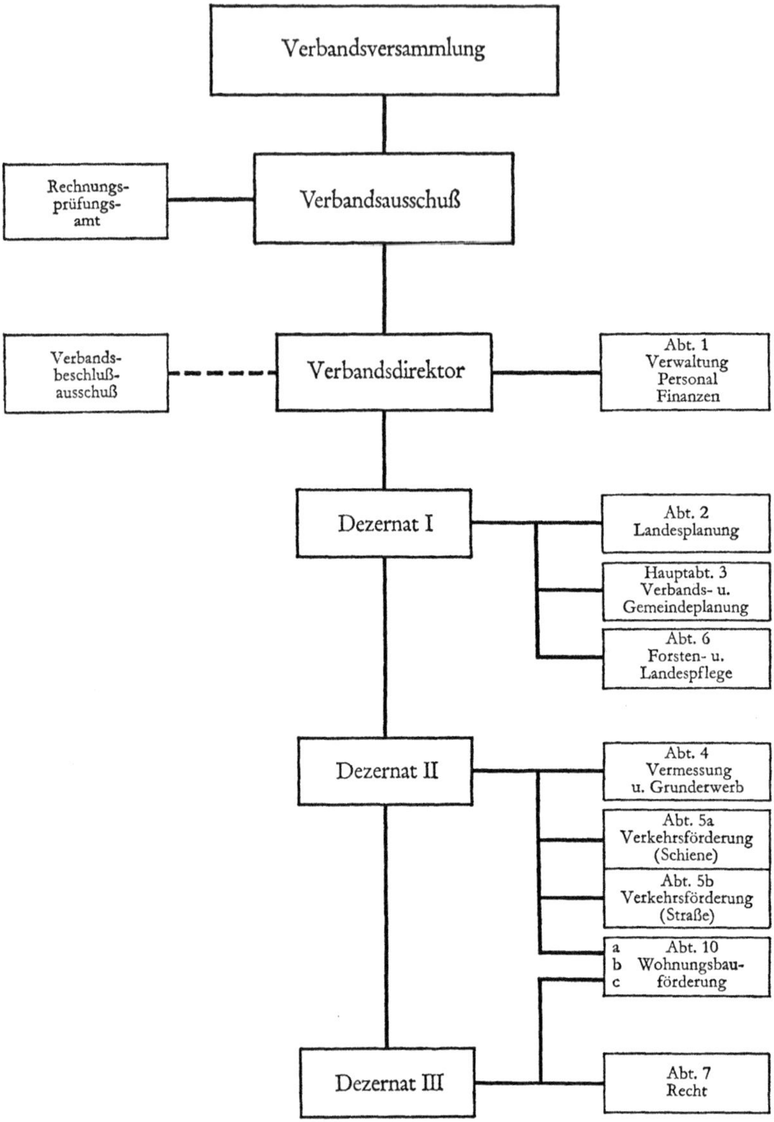
Verbandsversammlung
Rechnungs-prüfungs-amt
Verbandsausschuß
Verbands-beschluß-ausschuß
Verbandsdirektor
Abt. 1 Verwaltung Personal Finanzen
Dezernat I
Abt. 2 Landesplanung
Hauptabt. 3 Verbands- u. Gemeindeplanung
Abt. 6 Forsten- u. Landespflege
Dezernat II
Abt. 4 Vermessung u. Grunderwerb
Abt. 5a Verkehrsförderung (Schiene)
Abt. 5b Verkehrsförderung (Straße)
a b c Abt. 10 Wohnungsbau-förderung
Dezernat III
Abt. 7 Recht

Verbandsordnung für den Siedlungsverband Ruhrkohlenbezirk

in der Fassung des 1. Vereinfachungsgesetzes vom 23. Juli 1957 (GV NW S. 189) – im Auszug –

*Gesetz betr. Verbandsordnung für den Siedlungsverband Ruhrkohlenbezirk**

vom 5. Mai (Gesetzessamml. S. 286) in der Fassung des Gesetzes vom 29. Juli 1929 (Gesetzessamml. S. 91), des Gesetzes über die Abänderung des Gesetzes betr. Verbandsordnung für den Siedlungsverband Ruhrkohlenbezirk vom 28. November 1947 (GS NW S. 204), des Art. 1 des Zweiten Gesetzes zur Änderung des Gesetzes betr. Verbandsordnung für den Siedlungsverband Ruhrkohlenbezirk vom 3. Juni 1958 (GV NW S. 249), des § 1 Nr. 6 des Ersten Gesetzes zur Neuordnung und Vereinfachung der Verwaltung (Erstes Vereinfachungsgesetz) vom 23. Juli 1957 (GV NW S. 189) und des Gesetzes über das Beschlußverfahren im Gebiet des Siedlungsverbandes Ruhrkohlenbezirk vom 2. Dezember 1949 (GS NW S. 204) in der Fassung des § 31 des Ersten Vereinfachungsgesetzes vom 23. Juli 1957 (GV NW S. 189).

§ 1

(1) Im Rheinisch-Westfälischen Kohlenbezirk wird zur Förderung der Siedlungstätigkeit ein Verband gegründet. Der Verband ist eine öffentlich-rechtliche Körperschaft zur Verwaltung aller Angelegenheiten, die der Förderung der Siedlungstätigkeit im Verbandsgebiete dienen; seine Aufgaben auf kommunalem Gebiete (Selbstverwaltungsangelegenheiten) und auf staatlichem Gebiete (Auftragsangelegenheiten) werden durch dieses Gesetz nicht bestimmt.

Aufgaben des Verbandes sind insbesondere:

1. die Beteiligung an der Feststellung der Fluchtlinien- und Bebauungspläne für das Verbandsgebiet (§ 16). Für die Straßen, für die der Verband Fluchtlinien festzusetzen berechtigt ist, ist der Verband auch zur Übernahme der Wegebaupflicht berechtigt;
2. die Förderung des Kleinbahnwesens, insbesondere des zwischengemeindlichen Verkehrs, im Verbandsgebiete;
3. die Sicherung und Schaffung größerer von der Bebauung freizuhaltender Flächen (Wälder, Heide-, Wasserflächen und ähnlicher Erholungsflächen);
4. die Durchführung wirtschaftlicher Maßnahmen im Verbandsgebiete zur Erfüllung des Siedlungszwecks im Rahmen dieses Gesetezes;

* Für die Durchführung der bau- und bodenrechtlichen Aufgaben des Ruhrsiedlungsverbandes gelten jetzt die Vorschriften des Bundesbaugesetzes und seiner bundes- und landesrechtlichen Ausführungsverordnungen.

5. die Erteilung der Ansiedlungsgenehmigung im Verbandsgebiete (§ 20);
6. die Mitwirkung an dem Erlasse von Bau- und Wohnungsordnungen (§ 22 Ziff. 1).

(2) Bei der Durchführung der Aufgaben des Verbandes sind die Interessen der Denkmalspflege, Naturdenkmalspflege und des Heimatschutzes möglichst zu berücksichtigen.

(3) Der Verband erhält die Bezeichnung „Siedlungsverband Ruhrkohlenbezirk". Sein Sitz ist die Stadt Essen.

§ 2

(1) Mitglieder des Verbandes sind die Stadtkreise Bochum, Bottrop, Castrop-Rauxel, Dortmund, Duisburg, Essen, Gelsenkirchen, Gladbeck, Hagen, Hamm, Herne, Lünen, Mülheim (Ruhr), Oberhausen, Recklinghausen, Wanne-Eickel, Wattenscheid und Witten, die Landkreise Dinslaken, Düsseldorf-Mettmann, Ennepe-Ruhrkreis, Geldern, Iserlohn, Moers, Recklinghausen, Rees und Unna.

(2) Innerhalb des Verbandsgebiets neugebildete Stadt- oder Landkreise werden mit der Neubildung Mitglieder des Verbandes. Die Städte Bottrop und Gladbeck stehen in dieser Hinsicht bereits jetzt neugebildeten Stadtkreisen gleich.

(3) Die Aufnahme eines außerhalb des Verbandsgebiets belegenen Stadt- oder Landkreises in den Verband erfolgt mit Zustimmung des Kreises und des Verbandes durch Anordnung der Staatsregierung. Der Beschluß der Verbandsversammlung bedarf einer Mehrheit von drei Vierteln der abgegebenen gültigen Stimmen.

(4) Die Stadtkreise Krefeld und Düsseldorf sowie die Landkreise Kleve, Krefeld, Düsseldorf, Kempen, Lüdinghausen, Rees sind berechtigt, binnen 3 Jahren nach dem Inkrafttreten des Gesetzes dem Verbande beizutreten. Die Frist kann, falls ein Kreis innerhalb dieses Zeitraumes zur Entscheidung über dieses Recht nicht in der Lage war, durch Anordnung der Staatsregierung um einen Zeitraum bis zu längstens weiteren drei Jahren verlängert werden.

(5) Das Verbandsgebiet umfaßt das Gebiet der Mitglieder. Ausgenommen sind die Landkreise Düsseldorf-Mettmann, Iserlohn, Rees. Von diesen Landkreisen gehören dem Verbandsgebiete nur die folgenden Gemeinden an:
Aus dem Landkreise Düsseldorf-Mettmann: die Stadt Kettwig;
aus dem Landkreise Iserlohn: die Stadtgemeinde Schwerte und die Landgemeinden Garenfeld, Geisecke, Holzen, Lichtendorf, Villigst, Wandhofen, Stadt Westhofen;
aus dem Landkreise Rees: die Stadtgemeinde Wesel, die Landgemeinden Bricht, Brünen, Dämmerwald, Damm, Drevenach, Krudenburg, Obrighoven-Lackhausen, Overbeck, Schermbeck, Weselerwald.

Eine Änderung der Kreis- und Gemeindegrenzen, die zugleich Grenzen des Verbandes sind, hat die Veränderung der Verbandsgrenzen zur Folge.

§ 3

Organe des Verbandes sind die Verbandsversammlung (Vertretung des Verbandes), der Verbandsausschuß (Vorstand des Verbandes) und der Verbandsdirektor.

§ 4

(1) Die Mitglieder des Verbandes wählen die sich aus Absatz 2 ergebende Zahl von Mitgliedern der Verbandsversammlung für die Dauer der Wahlzeit ihrer Vertretungen. Wählbar sind die Mitglieder der Vertretungen, die Dienstkräfte der Mitgliedskörperschaften und der kreisangehörigen Gemeinden und Ämter; sie müssen ihren Wohnsitz im Verbandsgebiet haben. Dienstkräfte des Siedlungsverbandes Ruhrkohlenbezirk dürfen nicht Mitglieder der Verbandsversammlung sein; dies gilt nicht für Inhaber eines Ehrenamtes.

(2) Auf jedes Mitglied des Verbandes entfällt bis zu einer Einwohnerzahl von 125 000 des zum Verband gehörigen Gebietes ein Mitglied der Verbandsversammlung. Jedes Mitglied des Verbandes wählt wenigstens ein Mitglied der Verbandsversammlung. Für jede weiteren 125 000 Einwohner und für eine Resteinwohnerzahl von mehr als 50 000 ist je ein weiteres Mitglied der Verbandsversammlung zu wählen. Gewählt ist, wer die meisten Stimmen erhält. Bei Stimmengleichheit entscheidet das vom Vorsitzenden der Vertretung zu ziehende Los. Sind mehrere Mitglieder zu wählen, findet eine Listenwahl nach dem d'Hondtschen Höchstzahlenverfahren statt. Die Zahl der Dienstkräfte darf die Zahl der Mitglieder der Vertretungen nicht übersteigen. Über die Zuteilung des letzten Sitzes entscheidet bei gleicher Höchstzahl das vom Vorsitzenden der Vertretung zu ziehende Los. Können sich die Gruppen der Vertretung über die Verteilung der Sitze auf Mitglieder der Vertretung einerseits und auf Dienstkräfte andererseits nicht einigen, so steht ihnen das Entscheidungsrecht in der Reihenfolge der auf sie entfallenden Höchstzahlen zu.

(3) Ein Mitglied der Verbandsversammlung, das im Laufe der Wahlzeit die Wählbarkeit verliert, scheidet aus der Verbandsversammlung aus. Scheidet ein Mitglied vor Ablauf der Wahlzeit aus der Verbandsversammlung aus, so wird für den Rest der Wahlzeit ein Ersatzmitglied von der zuständigen Mitgliedskörperschaft gewählt. Hatte diese mehrere Mitglieder der Verbandsversammlung gewählt, so wird das Ersatzmitglied von der Gruppe ihrer Vertretung benannt, die das ausgeschiedene Mitglied zur Wahl vorgeschlagen hatte.

(4) Der Minister für Wiederaufbau bestimmt, bis zu welchem Tage die Mitgliedskörperschaften die Wahl durchgeführt haben müssen, und veranlaßt die erste Einberufung der nach Absatz 1 gewählten Mitglieder der Verbandsversammlung.

§ 4a

(1) Die nach § 4 gewählten Mitglieder der Verbandsversammlung wählen für die Dauer ihrer Wahlzeit weitere Mitglieder zur Verbandsversammlung aus

a) den im Verbandsgebiet ansässigen Industrie- und Handelskammern, Handwerkskammern und Landwirtschaftskammern,
b) den im Verbandsgebiet tätigen Gewerkschaften und Arbeitgeberverbänden,
c) den Siedlungsgesellschaften und Heimstätten, den Verbänden des Wohnungswesens, des Verkehrs und der Wasserwirtschaft.

Die zu a bis c genannten Organisationen können dem Siedlungsverband Ruhrkohlenbezirk Vorschläge für die Wahl einreichen.

(2) Die nach Absatz 1 zu wählenden Mitglieder der Verbandsversammlung müssen im Gebiet des Siedlungsverbandes Ruhrkohlenbezirk ansässig sein. Von den nach Absatz 1 zu wählenden Mitgliedern der Verbandsversammlung soll die Hälfte auf Arbeitgeber (Unternehmer), die Hälfte auf Arbeitnehmer entfallen.

(3) Die Zahl der nach Absatz 1 zu wählenden Mitglieder der Verbandsversammlung beträgt zwei Drittel der nach § 4 Abs. 1 gewählten Mitglieder der Verbandsversammlung. Ergibt sich bei der Berechnung der zwei Drittel eine ungerade oder gebrochene Zahl, so ist diese Zahl nach oben auf eine gerade und ganze Zahl aufzurunden.

(4) § 4 Abs. 3 findet entsprechende Anwendung.

§ 5

(1) Die nach § 4 gewählten Mitglieder der Verbandsversammlung treten spätestens am dreißigsten Tage nach dem gemäß § 4 Abs. 4 bestimmten Tage unter Leitung des Altersvorsitzenden zusammen. Nach Durchführung der Zuwahlen gemäß § 4 a tritt die Verbandsversammlung zusammen und wählt aus ihrer Mitte ohne Aussprache den Vorsitzenden und einen Stellvertreter.

(2) Die Verbandsversammlung muß jährlich einmal zusammentreten. Sie wird von dem Vorsitzenden unter Bekanntgabe der Tagesordnung einberufen. Auf Antrag von mindestens einem Drittel der Mitglieder muß die Verbandsversammlung einberufen werden.

(3) Die Ladungsfrist, die Form der Einberufung und die Geschäftsführung werden durch die Geschäftsordnung geregelt, soweit nicht in diesem Gesetz Vorschriften hierüber getroffen sind.

§ 6

(1) Die Sitzungen der Verbandsversammlung sind öffentlich. Über die Verhandlungen und Beschlüsse ist eine Niederschrift aufzunehmen, die vom Vorsitzenden und einem Schriftführer zu unterzeichnen ist.

(2) Der Vorsitzende setzt im Benehmen mit dem Verbandsdirektor die Tagesordnung fest. Zeit und Ort der Sitzung sowie die Tagesordnung sind öffentlich bekanntzugeben.

(3) Die Mitglieder der Landesregierung und deren Beauftragte sind berechtigt, an den Sitzungen mit beratender Stimme teilzunehmen. Die Mitglieder der Landesregierung sind von der Einberufung der Verbandsversammlung unter Bekanntgabe der Tagesordnung rechtzeitig zu benachrichtigen.

§ 8

(1) Die Beschlußfassung über alle Verbandsangelegenheiten, die nicht durch Gesetz oder Satzungen einem anderen Organ übertragen sind, liegt der Verbandsversammlung ob.

(2) Sie beschließt insbesondere über:

1. den Erlaß von Satzungen (§ 15);
2. die Feststellung des Haushaltsplans;
3. die Feststellung der Jahresrechnung und die Erteilung der Entlastung;
4. die Errichtung von Verbandsämtern sowie die Anstellungs- und Besoldungsverhältnise der Verbandsbeamten;
5. die Durchführung wirtschaftlicher Maßnahmen und die Deckung der Ausgaben;
6. die Vorlagen des Verbandsausschusses;
7. Gutachten, die die Aufsichtsbehörde von ihr erfordert.

§ 9

(1) Der Verbandsausschuß besteht aus dem Vorsitzenden der Verbandsversammlung als Vorsitzendem und sechzehn weiteren von der Verbandsversammlung aus ihrer Mitte zu wählenden Mitgliedern. Zehn Mitglieder des Verbandsausschusses sind aus den nach § 4, sechs aus den nach § 4 a gewählten Mitgliedern der Verbandsversammlung zu wählen, von letzteren sollen drei Arbeitgeber und drei Arbeitnehmer sein. Für jedes Mitglied ist ein Stellvertreter zu wählen. Die Mitglieder und ihre Stellvertreter werden für die Dauer der Wahlzeit der Verbandsversammlung gewählt.

(2) Außer dem Verbandsausschuß werden andere Ausschüsse nicht gebildet.

§ 10

(1) Der Verbandsausschuß wird von seinem Vorsitzenden einberufen, so oft es die Geschäfte erfordern. Hierbei ist die Tagesordnung, die von dem Vorsitzenden im Benehmen mit dem Verbandsdirektor festgesetzt wird, bekanntzugeben. Der Verbandsausschuß ist einzuberufen, wenn wenigstens ein Drittel der Mitglieder seine Einberufung unter Angabe der Beratungspunkte schriftlich beantragt.

(2) Die Sitzungen des Verbandsausschusses sind nicht öffentlich.

(3) § 5 Abs. 3, § 6 Abs. 1 Satz 2 und § 7 Abs. 1 bis 3 sind entsprechend anzuwenden.

(4) Im übrigen regelt der Verbandsausschuß seine Geschäftsführung durch eine besondere Geschäftsordnung.

(5) Die Mitglieder des Verbandsausschusses erhalten Fahrkosten und Sitzungsgelder. Das Nähere wird durch Satzung geregelt.

. . .

§ 12

Dem Verbandsausschusse liegt insbesondere ob:

1. die Vorbereitung und Ausführung der Beschlüsse der Verbandsversammlung;
2. die Überwachung der Geschäftsführung des Verbandsdirektors;
3. die Anstellung der Verbandsbeamten mit Ausnahme des Verbandsdirektors und der Beigeordneten;
4. die Erstattung von Gutachten, die die Aufsichtsbehörde von ihm erfordert.

§ 13

(1) Der Verband hat die zur Erledigung der Verbandsaufgaben erforderlichen Beamten, insbesondere den Verbandsdirektor und die erforderliche Anzahl Beigeordneter, anzustellen.

(2) Der Verbandsdirektor und die Beigeordneten werden von der Verbandsversammlung auf zwölf Jahre gewählt. Sie sind im Hauptamt zu bestellen.

(3) Die Beigeordneten führen die Geschäfte, die ihnen der Verbandsdirektor überträgt, nach dessen Weisungen. Sie vertreten den Verbandsdirektor im Behinderungsfall oder bei Erledigung der Stelle in der durch die Verbandsversammlung zu bestimmenden Reihenfolge.

(4) Die Verbandsbeamten werden vom Verbandsdirektor auf die gewissenhafte Erfüllung ihrer Obliegenheiten verpflichtet.

(5) Die Durchführung der Wahl und die Rechtsverhältnisse der Verbandsbeamten, einschließlich des Verfahrens bei Dienstvergehen, regeln sich im übrigen nach den Bestimmungen, welche für städtische Beamte im Geltungsbereiche der Bürgermeisterverfassung gelten, mit der Maßgabe, daß der Verbandsdirektor dem Bürgermeister gleichzustellen ist.

§ 14

(1) Der Verbandsdirektor führt unter Aufsicht des Verbandsausschusses die laufenden Geschäfte des Verbandes. Was laufendes Geschäft ist, entscheidet im Zweifelsfalle der Verbandsausschuß. Der Verbandsdirektor bereitet die Beschlüsse des Verbandsausschusses nach Benehmen mit den beteiligten örtlichen Verwaltungsstellen vor und trägt für ihre Ausführung Sorge.

(2) Er vertritt den Verband nach außen in allen Angelegenheiten. Zur rechtsgeschäftlichen Verpflichtung des Verbandes sowie zur Ausstellung einer Vollmacht ist die Ausstellung einer Urkunde erforderlich, die vom Verbandsdirektor oder seinem Vertreter und einem weiteren Mitgliede des Verbandsausschusses unterzeichnet sein muß.

§ 15

(1) Der Verband ist berechtigt, innerhalb der ihm übertragenen Zuständigkeiten durch Satzungen seine Rechtsverhältnisse und die seiner Mitglieder und seiner Angehörigen insoweit zu ordnen, als dieses Gesetz es zuläßt. Angehörige des Verbandes sind die Einwohner der zum Verbande gehörenden Stadt- und

Landkreise und die juristischen Personen, die in diesen Stadt- und Landkreisen ihren Sitz haben.

...

(5) Der Verband ist berechtigt, zur Aufbringung der für die Erfüllung der Verbandsaufgaben erforderlichen Mittel Steuern, Gebühren und Beiträge zu erheben und Anleihen aufzunehmen, nach Maßgabe der geltenden gesetzlichen Bestimmungen. Dabei ist, soweit es sich um Unternehmungen des Verbandes (insbesondere Kleinbahnen und Verbandsstraßen) handelt, welche ausschließlich oder in besonders hervorragendem oder geringem Maße einzelnen Kreisen zustatten kommen, eine entsprechende Mehr- oder Minderbelastung dieser Kreise vorzunehmen.

(6) Über alle Ausgaben und Einnahmen, die sich im voraus bestimmen lassen, ist alljährlich ein Haushaltsplan zu entwerfen und festzustellen und nach Schluß des Rechnungsjahres Rechnung zu legen. Dabei ist, soweit eine Mehr- oder Minderbelastung in Frage kommt, eine besondere Aufstellung zu führen und ein Plan über den Maßstab aufzustellen, nach dem die in dem besonderen Haushaltsplan geforderten Zuschüsse auf die Mitglieder verteilt werden müssen.

(7) Bei der Erhebung von Steuern, Gebühren und Beiträgen ist auf die Herbeiführung eines Ausgleichs zwischen den Provinzial- und Verbandslasten Rücksicht zu nehmen.

§ 16

(1) Das Fluchtlinienwesen geht für das Verbandsgebiet auf den Verband in folgender Begrenzung über:

1. Der Verband ist zuständig zur Festsetzung von Fluchtlinien:

a) für die Durchgangs- oder Ausfallstraßen, insbesondere auch für solche Straßen und Plätze, die über den Bezirk einer Gemeinde hinausgehenden auf Schienen betriebenen Beförderungsanstalten dienen oder dienen sollen;

b) für die Ausgestaltung der Umgrenzung von Grüngebieten, die für die Gesamtsiedlung des Verbandsgebietes von Bedeutung sind;

c) deren Abänderung oder Aufhebung die notwendige Folge der Festsetzung einer Fluchtlinie nach den Bestimmungen zu a und b ist.

2. Über den vorstehend bestimmten Umfang hinaus kann der Verband nach Maßgabe der folgenden Bestimmungen für einzelne Teile seines Gebiets Fluchtlinien- und Bebauungspläne festsetzen oder bestehende Fluchtlinien- und Bebauungspläne aufheben oder ändern. Kann nach Entscheidung des Verbandsausschusses eine neue Siedlung oder die Erweiterung einer vorhandenen Siedlung nach Lage der gewerblichen Niederlassungen oder der vorhandenen oder geplanten Verkehrswege sowie der ganzen Entwicklung der Gemeinden ohne Überschreitung einer Gemeindegrenze zweckmäßig nicht ausgeführt werden, so hat der Verbandsdirektor die beteiligten Gemeinden aufzufordern, binnen einer von ihm zu bestimmenden Frist einen gemeinschaftlichen Bebauungsplan

aufzustellen, ihn zur Genehmigung einzureichen und nach erfolgter Genehmigung durchzuführen. Kommt ein solcher Bebauungsplan binnen der gestellten Frist nicht zur Durchführung, so kann der Verband nach Anhörung der beteiligten Gemeinden für den betreffenden Teil seines Gebiets einen Bebauungsplan festsetzen und, soweit erforderlich, bestehende Fluchtlinien aufheben.

(2) Der Verband ist ferner zuständig zur Festsetzung von Fluchtlinien für Verkehrsbänder (Geländestreifen, die Verkehrsmitteln jeder Art, insbesondere Eisenbahnen, Kleinbahnen oder Kraftwagen dienen sollen) und für Flughäfen. Die Festsetzung der Fluchtlinien für Verkehrsbänder, auch soweit diese Geländestreifen nicht mit Straßenzügen zusammenfallen, und für Flughäfen hat die gleichen Rechtswirkungen, wie sie im § 11 des Gesetzes betreffend die Anlegung und Veränderung von Straßen und Plätzen in Städten und ländlichen Ortschaften vom 2. Juli 1875 (GS S. 561) für die Festsetzung von Fluchtlinien für Straßen und Plätze vorgesehen sind. Die Rechtswirkungen treten mit dem Tage ein, an welchem die im vorletzten Absatz des § 17 dieses Gesetzes vorgeschriebene Offenlegung beginnt. Auf Verkehrsbänder, soweit diese Geländestreifen nicht mit Straßenzügen zusammenfallen, und auf Flughäfen finden die §§ 12, 13 a, 14, 15 und 15 a des vorgenannten Fluchtliniengesetzes keine Anwendung.

§ 17

(1) Die Festsetzung von Fluchtlinien- und Bebauungsplänen in den Fällen des § 16 Abs. 1 Ziffer 1 und 2 und Abs. 2 erfolgt durch den Verbandsausschuß auf Grund eines Beschlusses der Verbandsversammlung.

...

§ 18

(1) Soweit der Verband für Straßen seines Gebiets die Wegebaupflicht übernommen hat (§ 1 Ziffer 1), hat er auf Grund seiner eigenen und der von ihm seinen Rechtsvorgängern erstatteten oder noch zu erstattenden Aufwendungen alle Rechte und Pflichten, welche einer Gemeinde zustehen und obliegen, insbesondere die Rechte und Pflichten aus den §§ 12, 15 und 15 a des Gesetzes betreffend die Anlegung und Veränderung von Straßen und Plätzen in Städten und ländlichen Ortschaften vom 2. Juli 1875 (GS S. 561) und aus § 9 des Kommunalabgabengesetzes vom 14. Juli 1893 (GS S. 152).

§ 20

(1) Der Verbandsausschuß erteilt die Ansiedlungsgenehmigung innerhalb des Verbandsgebiets an Stelle des Kreisausschusses und der Ortspolizeibehörde.

§ 23

Verbandsausschuß und Verbandsdirektor können für die Ausübung der ihnen obliegenden Geschäfte die Hilfe der Landräte, Ortspolizeibehörden und Gemeindeverwaltungen des Verbandsgebiets, im Streitfall nach Anordnung des Verbandspräsidenten, in Anspruch nehmen.

§ 28

Die amtlichen Veröffentlichungen des Verbandes erfolgen durch die Amtsblätter der Regierungen in Arnsberg, Düsseldorf und Münster.

§ 29

(1) Das Gesetz tritt am 15. Juni 1920 in Kraft.

Gesetz über die Abänderung des Gesetzes
betr. Verbandsordnung für den Siedlungsverband Ruhrkohlenbezirk
vom 28. November 1947 (GS NW S. 204)

§ 1

Die Behörde des Verbandspräsidenten des Siedlungsverbandes Ruhrkohlenbezirk wird aufgelöst.

§ 2

Die Staatsaufsicht über den Verband wird vom Minister für Wiederaufbau des Landes Nordrhein-Westfalen im bisherigen Umfang ausgeübt.

§ 3

Sämtliche von dem Gesetz vom 5. Mai 1920 oder in sonstigen Gesetzen vorgesehenen Aufgaben und Befugnisse des Verbandspräsidenten gehen auf die Landesregierung über.

§ 4

Überzählige Beamte können unter Zahlung des gesetzlichen Wartegeldes in den Wartestand versetzt werden.

§ 5

(1) Beamte, die am 1. Oktober 1947 das 60. Lebensjahr vollendet haben, können auf Antrag, der bis zum 1. April 1948 zu stellen ist, unter Bewilligung des gesetzlichen Ruhegehalts in den Ruhestand versetzt werden.

(2) Auf Angestellte, deren Dienstverhältnis nur aus wichtigem Grunde gekündigt werden kann und deren Anwartschaft auf Ruhegehalt gewährleistet ist (Dauerangestellte), findet Abs. 1 entsprechende Anwendung.

§ 6

Entlassungen von sonstigen Angestellten und von Arbeitern sollen tunlichst nur in solchen Fällen erfolgen, in denen der Arbeitnehmer Anspruch auf Altersversorgung hat. Etwa zur Entlassung ohne Versorgung kommende Angestellte und Arbeiter sind bei den Dienststellen der Landes- und Kommunalverwaltung bevorzugt unterzubringen.

§ 7

Die Durchführungsbestimmungen zu dieser Verordnung erläßt die Landesregierung mit Zustimmung der Militärregierung.

Gesetz
über das Beschlußverfahren im Gebiet des Siedlungsverbandes Ruhrkohlenbezirk
vom 2. Dezember 1949 (GS NW S. 204)
in der Fassung des § 31 des Ersten Vereinfachungsgesetzes vom 23. Juli 1957 (GV NW S. 189)

§ 1

Für den Bezirk des Siedlungsverbandes Ruhrkohlenbezirk wird ein Verbandsbeschlußausschuß mit den Zuständigkeiten des ehem. Verbandsrats als Beschlußbehörde – § 26 des Gesetzes betreffend Verbandsordnung für den Siedlungsverband Ruhrkohlenbezirk vom 5. Mai 1920 (GS S. 286) in der Fassung des Gesetzes vom 29. Juli 1929 (GS S. 91) – gebildet.

§ 2

Der Verbandsbeschlußausschuß besteht aus sieben Mitgliedern, die vom Verbandsausschuß aus den Mitgliedern der Vertretungskörperschaften der Stadt- und Landkreise gewählt werden. Für jedes Mitglied ist in gleicher Weise ein Vertreter zu bestellen.

§ 3

(1) Auf den Verbandsbeschlußausschuß finden die §§ 8 bis 25 des Ersten Gesetzes zur Neuordnung und Vereinfachung der Verwaltung vom 23. Juli 1957 (GV NW S. 189) nach Maßgabe dieses Gesetzes entsprechende Anwendung.

(2) Das Verfahren regelt sich im übrigen nach einer Verfahrensordnung, die vom Minister für Wiederaufbau im Einvernehmen mit dem zuständigen Landtagsausschuß und den beteiligten Ministern zu erlassen ist.

§ 4

Die Kosten des Beschlußverfahrens trägt der Siedlungsverband Ruhrkohlenbezirk. Er ist berechtigt, zur Deckung seiner Unkosten Gebühren zu erheben.

§ 5

Das Gesetz tritt mit dem Tage seiner Verkündung in Kraft.

Gesetz über den Landesverband Lippe
v. 5. 11. 1948, GV NW S. 269.

Der Landesverband Lippe ist eine öffentlich-rechtliche Körperschaft.

Aufgabe des Landesverbandes Lippe ist die Förderung der kulturellen Belange und der Wohlfahrt der Bewohner des früheren Landes Lippe im Rahmen seiner Leistungsfähigkeit.

Die *Verwaltung* des Landesverbandes Lippe geschieht durch die *Verbandsversammlung* und den *Verbandsvorsteher.* Weitere Organe können durch Satzung gebildet werden.

Den Vorsitz in der Verbandsversammlung führt der Verbandsvorsteher.

Die Verbandsversammlung besteht aus je fünf Vertretern der beiden Kreise Detmold und Lemgo. Sie werden auf die Dauer der Wahlzeit der Gemeindevertretungen nach dem Verhältniswahlrecht gewählt. Nach der VO vom 8. 5. 1950 (GV S. 87) ist bei der Wahl nach dem d'Hondtschen System zu verfahren.

Der Verbandsvorsteher wird von der Verbandsversammlung – mit Zustimmung der Aufsichtsbehörde – gewählt.

Der Verbandsvorsteher führt die laufenden Geschäfte des Landesverbandes.

Die *Beamten* des Landesverbandes sind den Landesbeamten gleichzustellen.

Der Verband hat das Recht, Gebühren und Beiträge zu erheben. Die Kassenführung geschieht durch die Regierungshauptkasse in Detmold. Bauangelegenheiten erledigt das staatliche Hochbauamt.

Die *Aufsicht* über den Landesverband führt der Innenminister. Eine ganz oder teilweise Delegation auf den Regierungspräsidenten ist möglich.

Die *Auflösung* des Landesverbandes ist nur mit einer Zweidrittel-Mehrheit möglich. Bei Auflösung des Landesverbandes wird das Vermögen auf die Kreise Detmold und Lemgo übertragen.

Auf den Landesverband Lippe übergegangenes Vermögen

Nach § 4 des Gesetzes über die Vereinigung des Landes Lippe mit dem Lande Nordrhein-Westfalen vom 5. November 1948 (GV NW S. 267) gehen das nachstehend aufgeführte Domanial- und Stiftungsvermögen und weitere Vermögensstücke, Guthaben und Rechte auf den Landesverband Lippe als Rechtsnachfolger über:

1. *Domanialbesitz* 4 340,627 ha	
Friedensbrandkassenwerte der Wohn-, Werk- und Wirtschaftsgebäude	3 326 300 RM
Grundstock	1 400 000 RM
Hypothekenforderungen	1 250 000 RM
2. *Forstbesitz* – einschließlich Fischereirecht, Grundstock und Rücklagen Gesamtgröße 14 465,0776 ha.	
Friedensbrandkassenwert der Dienst-, Wirtschafts- und Werksgebäude	668 400 RM
Fischereirecht-Grundstock	1 338 000 RM
Wiederaufforstungsrücklage	4 050 000 RM
3. *Mietgebäude* 56 Grundstücke Brandkassenwert in Detmold, Lage, Schieder, Schötmar, Barntrup, Lemgo, Salzuflen, Brake, Burg Sternberg, Burg Schwalenberg, Schloß Brake.	2 512 300 RM

4. *Landeskrankenhaus* und *Lindenhaus*, Grundbesitz 16,4400 ha	
Friedensbrandkassenwert	2 198 000 RM
5. *Bäder Salzuflen* und *Meinberg*, Grundbesitz 92,2163 ha	
Friedensbrandkassenwert der Gebäude	4 109 500 RM
Grundstock Bad Salzuflen	65 000 RM
Betriebsmittelzulagen der Bäder zusammen	947 000 RM

6. *Beteiligungen* an der Elektrizitätswerk-Wesertal GmbH in Hameln, Paderborner Elektrizitätswerk und Straßenbahn AG in Paderborn, Westfälische Ferngas AG Dortmund, Extertalbahn AG Hameln.

   Von diesen Vermögensstücken sind wesentliche Teile an die Kreise Detmold und Lemgo zu übertragen.

7. Die *Rechte aus dem* Lippischen *Berggesetz.*

8. *Landesbibliothek* mit festem Zuschuß der Landesregierung.	
Größe 0,7207 ha, Friedensbrandkassenwert	208 700 RM
Museum mit festem Zuschuß der Landesregierung 0,2096 ha	
Friedensbrandkassenwert	207 400 RM
Landestheater mit festem Zuschuß der Landesregierung.	
Größe 0,3798 ha, Friedensbrandkassenwert	857 800 RM
Zuschuß an *Musikakademie*	

9. Verwaltung und Aufsicht über die
   Hermannsdenkmalsstiftung
   Externsteinestiftung
   des Lippischen Anteils am Stift Lippstadt
   das Stift St. Marien in Lemgo und
   das Stift Cappel.

Verordnung über die Aufstellung und Ausführung des Haushaltsplans der Gemeinden (GemHVO.)

Vom 26. Januar 1954
(GVOBl. NRW S. 59)

Auf Grund des § 119 der Gemeindeordnung für das Land Nordrhein-Westfalen vom 21./28. Oktober 1952 (GV NW 1952 S. 283) wird im Einvernehmen mit dem zuständigen Landtagsausschuß und dem Finanzminister für die Gemeinden folgendes verordnet:

1. Abschnitt: Aufstellung des Haushaltsplans
Unterabschnitt I: Gliederung des Haushaltsplans

§ 1 Gliederung und Inhalt des Haushaltsplans

(1) Der Haushaltsplan gliedert sich in den *ordentlichen* und den *außerordentlichen* Haushaltsplan.

(2) Der ordentliche Haushaltsplan enthält die Verwaltungseinnahmen, die allgemeinen Deckungsmittel und die Einnahmen aus Rücklagen, die nicht für einen außerordentlichen Bedarf angesammelt worden sind (ordentliche Einnahmen) und die aus ihnen zu bestreitenden Ausgaben (ordentliche Ausgaben).

(3) Der außerordentliche Haushaltsplan enthält die außerordentlichen Einnahmen und die aus ihnen zu bestreitenden Ausgaben (außerordentliche Ausgaben). *In den außerordentlichen Haushaltsplan sind ferner die Anteilsbeträge aus dem ordentlichen Haushaltsplan für solche Vorhaben aufzunehmen, die nur teilweise aus außerordentlichen Einnahmen bestritten werden sollen.*

Außerordentliche Einnahmen sind:

1. die Erlöse aus der Aufnahme von Darlehen;
2. die Erlöse aus der Veräußerung von Gemeindevermögen mit Ausnahme der beweglichen Vermögensgegenstände, die zum Gebrauch oder Verbrauch in der laufenden Verwaltung bestimmt sind;
3. die Entnahmen aus dem Kapitalvermögen, die für außerordentliche Ausgaben verwendet werden sollen;
4. die Entnahmen aus Rücklagen, die für einen außerordentlichen Bedarf angesammelt worden sind;
5. innere Darlehen;
6. sonstige Einnahmen, die nicht ordentliche Einnahmen darstellen.

Fortdauernde Ausgaben gehören nicht zu den außerordentlichen Ausgaben.

(4) *Erlöse aus der Veräußerung von Gemeindevermögen und ihre Verwendung innerhalb der Vermögenswirtschaft* für den Erwerb gleichartigen Ver-

mögens oder ihre Zuführung zum Kapitalvermögen *sind weder im ordentlichen noch im außerordentlichen Haushaltsplan zu veranschlagen;* dasselbe gilt für Zu- und Rückflüsse, die lediglich dem Kapitalvermögen zugeführt werden.

§ 2 Bestandteile des Haushaltsplans

(1) Der Haushaltsplan besteht aus dem *Gesamtplan* und den *Einzelplänen.* Gesamtplan und Einzelpläne sind *getrennt für den ordentlichen und außerordentlichen Haushaltsplan* aufzustellen.

(1) Der Haushaltsplan besteht aus dem *Gesamtplan* und den *Einzelplänen.* Gesamtplan und Einzelpläne sind *getrennt für den ordentlichen und außerordentlichen Haushaltsplan* aufzustellen.

(2) Dem Haushaltsplan sind ein *Vorbericht und die vorgeschriebenen Anlagen beizufügen.*

§ 3 Gesamtplan

Der *Gesamtplan* stellt zusammen:

1. die Gesamteinnahmen und -ausgaben der Einzelpläne und ihrer Abschnitte für das kommende Rechnungsjahr;
2. die gesamten Reineinnahmen und -ausgaben der Einzelpläne und ihrer Abschnitte für das kommende und das ablaufende Rechnungsjahr und nach der Rechnung für das abgelaufene Rechnungsjahr.

Er weist den Überschuß oder Zuschußbedarf der Einzelpläne und ihrer Abschnitte für die gleichen Jahre nach. In einer Wiederholung werden die Abschlußzahlen für die Einzelpläne zusammengerechnet und der Ausgleich des Haushaltsplans, der Haushaltsüberschuß oder der Haushaltsfehlbedarf nachgewiesen.

§ 4 Einzelpläne

Die Einzelpläne enthalten die Einnahmen und Ausgaben eines einzelnen Verwaltungszweigs oder bestimmte Arten von Einnahmen und Ausgaben, *gegliedert* nach *Abschnitten und Unterabschnitten.* Die Einnahmen und Ausgaben sind hierbei jeweils *in Gruppen* zusammenzustellen (§ 5). Die Einzelpläne und ihre Abschnitte müssen im Abschluß auch die *Reineinnahmen und -ausgaben* sowie den Ausgleich, Überschuß oder Zuschußbedarf ausweisen.

§ 5 Gliederung und Gruppierung der Einzelpläne

In den Einzelplänen und in den Abschnitten sind die Einnahmen und Ausgaben gegenüberzustellen oder hintereinander aufzuführen. *Die Einnahmen und Ausgaben* sind *nach ihrer Art zu gruppieren,* nach *fortdauernden und einmaligen Einnahmen und Ausgaben* zu unterscheiden und *mit einer finanzstatistischen Kennziffer* zu versehen.

§ 6 Vorbericht zum Haushaltsplan

Der *Vorbericht zum Haushaltsplan* gibt einen *Überblick über die Finanzwirtschaft im abgelaufenen und im ablaufenden Rechnungsjahr* und einen *Ausblick auf die voraussichtliche Entwicklung im kommenden Rechnungsjahr.*

Er muß insbesondere

a) über die *Veränderungen der Vermögens-, Schulden- und Kassenlage* seit Beginn des ablaufenden Rechnungsjahres Auskunft geben,
b) auf die *Bedeutung des kommenden Rechnungsjahres in der gesamten Finanzplanung* eingehen, insbesondere über alle von der Gemeinde *in Aussicht genommenen und erforderlichen besonderen Vorhaben und deren Reihenfolge* Auskunft geben; dabei ist auch *auf ihre Finanzierung und ihre Auswirkung* auf die laufende Haushaltswirtschaft des ordentlichen Haushaltsplans *einzugehen,*
c) die wesentlichen Einnahmen und Ausgaben des Haushaltsplans erläutern,
d) *vorübergehend ausgesetzte* Veranschlagungen von *Rücklagezuführungen begründen,*
e) über die *Wirtschaftslage der Eigenbetriebe Aufschluß geben.*

§ 7 Anlagen zum Haushaltsplan

Dem Haushaltsplan sind mindestens folgende *Anlagen* beizufügen:

1. *Sammelnachweise* über die ordentlichen Ausgaben, die ohne Rücksicht auf ihre Veranschlagung in den Einzelplänen zusammenfassend zu bewirtschaften sind; Sammelnachweise sind für die *persönlichen Ausgaben,* für den *Schuldendienst* und für die *Zuführungen zu den Rücklagen* aufzustellen. *Andere Ausgaben, die zusammenfassend bewirtschaftet werden, können in Sammelnachweisen* nachgewiesen werden. Jeder Sammelnachweis muß die auf die einzelnen Verwaltungszweige entfallenden Anteile für jeden Einzelzweck erkennen lassen.
2. Nachweisungen über den *Stand des Vermögens, der Schulden* und der von der Gemeinde übernommenen *Bürgschaften* beim Abschluß des abgelaufenen Rechnungsjahres; erhebliche Änderungen, bei Bürgschaften insbesondere Inanspruchnahme im ablaufenden Rechnungsjahr, sind nachrichtlich anzugeben;
3. eine *Übersicht über die Entwicklung der Steuereinnahmen und der allgemeinen Finanzzuweisungen in den letzten fünf abgeschlossenen Rechnungsjahren* und im ablaufenden Rechnungsjahr nach dem Stande des 31. Dezember dieses Rechnungsjahres;
4. der *Stellenplan;*
5. die *Wirtschaftspläne der gemeindeeigenen oder der von der Gemeinde verwalteten wirtschaftlichen Unternehmen und Einrichtungen,* die nach § 10 Abs. 2 nur mit dem voraussichtlichen Endergebnis im Haushaltsplan veranschlagt werden, sowie der Unternehmen und Einrichtungen mit eigener

Rechtspersönlichkeit, wenn die Anteile sich ganz in der Hand der Gemeinde befinden;

6. ein *Haushalts- und Rechnungsquerschnitt* für den ordentlichen und außerordentlichen Haushaltsplan.

Zu § 7. Nr. 6. Auf die Vorlage des Haushaltsquerschnitts und seine genaue Aufstellung ist besonders zu achten. Kann man doch aus dem Haushaltsquerschnitt erst die richtigen Schlüsse über die finanziellen Auswirkungen des Entwurfs zum Haushaltplan ziehen. Wichtig ist die Gliederung des Haushaltsquerschnitts in nicht vermögenswirksame und vermögenswirksame Einnahmen und Ausgaben. Nachstehend ein Muster.

Haushaltsquerschnitt
Haushaltsplan 19 . . . / 19 . . . (Entwurf)
– in Tausenden –

EINNAHMEN

A. *nicht vermögenswirksam*
- I. Steuern
- II. Gebühren und ähnliche
- III. Andere, eigene
  - a) aus Wirtschaftsunternehmen
  - b) Mieten, Pachten
  - c) Ersätze und sonstige
  - d) Konzessionsabgaben
- IV. Zuweisungen
  - a) Schlüsselzuweisungen
  - b) Kriegsfolge
  - c) Sonstige
- V. Überschüsse Vorjahr
- VI. Zinseneinnahmen

A I–VI

B. *vermögenswirksam*
- I. Tilgung
- II. 1. Entnahmen aus Rücklagen und Kapital
  - 2. Vermögensveräußerung
- III. Staatszuschüsse
- IV. Darlehensaufnahmen
  - a) Kreditmarkt
  - b) öffentliche Mittel
- V. Sonstige (Ausgleichszahlungen im Umlegungsverfahren)
- VI. Anteilsbeträge des o. H.

B I–VI

A + B

C. *Durchlaufende Gelder*

G e s a m t -Einnahmen

AUSGABE

- I. Personalkosten
- II. Verwaltungskosten
- III. Zweckausgaben
  - a) Allg. Fürsorge
  - b) Kriegsfolgenhilfe
  - c) Schulen
  - d) Bauverwaltung
  - e) übrige
- IV. Zuweisungen
  - a) Schulkassen
  - b) Kreisumlage
  - c) übrige
- V. Fehlbetrag Vorjahr
- VI. Zweckausgaben

A I–VI

- I. Tilgung
- II. Zuführungen zu Rücklagen und Kapital
- III. Grunderwerb
- IV. Baumaßnahmen
- V. Anschaffungen
- VI. Darlehenshergabe
- VII. Anteilsbeträge des o. H.

B 1–VII

A + B

G e s a m t -Ausgaben

Unterabschnitt II:

Veranschlagung der Einnahmen und Ausgaben

A. Allgemeine Vorschriften

§ 8 Einnahmen und Ausgaben

(1) Der Haushaltsplan muß alle Einnahmen und Ausgaben der Gemeinde enthalten, die *voraussichtlich im kommenden Rechnungsjahr* fällig werden; Einnahmen, deren Eingang im kommenden Rechnungsjahr nicht erwartet werden kann, sind nicht zu veranschlagen. Als Einnahmen und Ausgaben gelten auch die *Erstattungen zwischen den Verwaltungszweigen; Erstattungen sind in den Einzelplänen besonders kenntlich zu machen.* Beträge, die die Gemeinde für einen anderen lediglich vereinnahmt und an diesen weiterleitet (durchlaufende Gelder), sowie die Beträge nach § 1 Abs. 4 sind nicht in den Haushaltsplan aufzunehmen.

(2) *Die Einnahmen und Ausgaben sind gewissenhaft und sorgfältig zu schätzen,* soweit sie in ihrer voraussichtlichen Höhe nicht nach den Unterlagen errechnet werden können oder nach den Weisungen des Bundes oder des Landes zu veranschlagen sind. Bei der Schätzung sind die Ergebnisse der Vorjahre zu berücksichtigen.

§ 9 Haushaltsausgleich

(1) *Die Ausgaben des ordentlichen Haushaltsplans sind mit den Einnahmen auszugleichen. Bei Gefährdung des Haushaltsausgleichs dürfen Ausgaben für freiwillige Aufgaben der Gemeinde nur veranschlagt und Ausgaben für neue Aufgaben dieser Art nur eingestellt werden, wenn und soweit ihre Abweisung im allgemeinen Interesse oder nach der besonderen Lage der Gemeinde nicht vertretbar ist; läßt sich der Haushaltsplan auch hierdurch nicht ausgleichen, so sind die Einnahmen unter Berücksichtigung der wirtschaftlichen Kräfte der Abgabepflichtigen so festzusetzen, daß der Ausgleich herbeigeführt oder der Haushaltsfehlbedarf nach Möglichkeit vermindert wird.*

(2) *Für den außerorentlichen Haushaltsplan gilt Abs. 1 Satz 1 entsprechend. Im außerordentlichen Haushaltsplan dürfen Ausgaben, die nicht voll durch außerordentliche Einnahmen oder durch Anteilsbeträge aus dem ordentlichen Haushaltsplan ausgeglichen werden, nicht vorgesehen werden.*

§ 10 Bruttoveranschlagung

(1) *Einnahmen und Ausgaben sind getrennt voneinander in voller Höhe im Haushaltsplan zu veranschlagen. Von den Einnahmen dürfen vorweg Ausgaben nicht abgezogen werden; auf Ausgaben dürfen vorweg Einnahmen nicht angerechnet werden.*

(2) *Bei wirtschaftlichen Unternehmen kann statt einer getrennten Veranschlagung der Einnahmen und Ausgaben der Teil des wirtschaftlichen Ergebnisses nach dem Wirtschaftsplan in den Hauhaltsplan aufgenommen werden, der als Gewinnablieferung eingenommen oder als Deckung des Verlustes ausgegeben wird.* Das gleiche gilt für sonstige Unternehmen und Einrichtungen, wenn sie gemäß § 69 Abs. 2 GO nach den Vorschriften über die Eigenbetriebe geführt werden.

§ 11 Einzelveranschlagung

(1) Die Einnahmen sind nach ihrem Entstehungsgrund, die Ausgaben nach *Einzelzwecken getrennt zu veranschlagen; dies gilt nicht für Verfügungsmittel* sowie für Einnahmen und Ausgaben des ordentlichen Haushaltsplans, deren Einzelaufführung wegen ihrer Geringfügigkeit nicht tunlich ist *(vermischte Einnahmen und Ausgaben).*

(2) *Die über einen Sammelnachweis bewirtschafteten Ausgaben können* bei den einzelnen Verwaltungszweigen *in einer Summe zusammengefaßt werden,* wenn die Trennung der Ausgaben nach Einzelzwecken aus dem Sammelnachweis ersichtlich ist.

(3) *Für den gleichen Einzelzweck dürfen Ausgaben nicht an verschiedenen Stellen des Haushaltsplans veranschlagt werden.*

(4) Im Einzelplan „Finanzen und Steuern" des ordentlichen Haushaltsplanes können in angemessener Höhe *Verstärkungsmittel* veranschlagt werden.

§ 12 Zweckverbindung von Einnahmen

Einnahmen dürfen auf die Verwendung für bestimmte Zwecke nur beschränkt werden, soweit dies durch Gesetz oder durch besondere Anordnung vorgeschrieben ist oder soweit sich die Beschränkung aus der Herkunft oder Natur der Einnahmen ergibt. Diese *Beschränkung ist im Haushaltsplan besonders zu vermerken. Im Haushaltsplan kann vorgesehen werden, daß Mehreinnahmen für diese Zwecke, die bei der Gemeindekasse eingegangen sind, für Mehrausgaben für den gleichen Zweck verwendet werden dürfen.* § 93 GO findet hierbei keine Anwendung.

§ 13 Deckungsfähigkeit

(1) *Ausgaben dürfen als gegenseitig oder einseitig deckungsfähig* bezeichnet werden, wenn *zwischen ihnen nach ihrer Zweckbestimmung ein enger verwaltungsmäßiger und sachlicher Zusammenhang besteht;* Ausgaben, die in Sammelnachweisen zusammengefaßt sind, sind stets gegenseitig deckungsfähig, soweit es sich um die gleiche Zweckbestimmung handelt. Für die persönlichen Ausgaben gilt § 16 Abs. 2.

(2) Bei übertragbaren Ausgaben (§ 14) und bei den Ausgaben, die ohne Angabe eines bestimmten Einzelzwecks im Haushaltsplan veranschlagt sind (§ 11 Abs. 1 und 4), sind Deckungsvermerke unzulässig.

§ 14 Übertragbarkeit

(1) *Fortdauernde Ausgaben dürfen als übertragbar bezeichnet werden, wenn sie für eine einheitliche Aufgabe bestimmt sind, deren Durchführung im Laufe des Rechnungsjahres nicht erwartet werden kann, oder wenn die Übertragbarkeit eine sparsame Bewirtschaftung der Mittel fördert.*

(2) Für die Übertragbarkeit gilt im übrigen § 35 Abs. 3.

(3) *Fortdauernde Ausgaben dürfen nicht aus außerordentlichen Einnahmen gedeckt werden.*

§ 15 Künftig wegfallende Ausgaben

(1) *Fortdauernde Ausgaben, die in den kommenden Rechnungsjahren voraussichtlich nicht wiederkehren, sind im Haushaltsplan als künftig wegfallend zu bezeichnen.* Voraussetzung oder Zeitpunkt des künftigen Wegfalls sind schon bei der ersten Veranschlagung der Ausgaben anzugeben. Fehlt diese Angabe, so ist anzunehmen, daß der Wegfall bereits in dem kommenden Rechnungsjahr erwartet wird.

(2) Ausgaben, die als künftig wegfallend bezeichnet sind, dürfen in den kommenden Rechnungsjahren nur mit dem gleichen Vermerk veranschlagt werden. Ist die Voraussetzung oder der Zeitpunkt des Wegfalls eingetreten, so dürfen Ausgaben für denselben Einzelzweck in den Haushaltsplan nicht mehr eingestellt werden. Abweichungen hiervon sind nur in besonderen Ausnahmefällen zulässig.

B. Besondere Vorschriften

§ 16 Persönliche Ausgaben

(1) Die *persönlichen Ausgaben* für die planmäßigen Beamten und die außerplanmäßigen Beamten, für die Angestellten und für die Arbeiter sind *in den Einzelplänen getrennt von anderen Ausgaben zu veranschlagen* und in den Sammelnachweisen je besonders nach *Maßgabe des Stellenplans, der Besoldungsordnung, der Anstellungs- und Tarifverträge und der Vorschriften über die Versorgung nachzuweisen.* Bei den persönlichen Ausgaben sind die *Dienstbezüge, Vergütungen und Löhne und die Versorgungsbezüge gesondert auszuweisen.*

(2) *Ausgaben für die planmäßigen Beamten dürfen mit anderen persönlichen Ausgaben nicht als gegenseitig deckungsfähig bezeichnet werden; sie dürfen als gegenseitig deckungsfähig zugunsten der übrigen persönlichen Ausgaben bezeichnet werden. Entsprechendes* gilt für die *Ausgaben für außerplanmäßige Beamte im Verhältnis zu den persönlichen Ausgaben für die Angestellten und Arbeiter.*

§ 17 Erläuterungen zu den persönlichen Ausgaben

In den Erläuterungen sind bei den Ausgaben für Besoldungen und Vergütungen der Beamten und Angestellten die *ihnen verbleibenden Einnahmen aus genehmigungspflichtigen dauernden Nebenämtern und Nebenbeschäftigungen, getrennt nach ihrem Entstehungsgrund, nachrichtlich anzugeben.*

§ 18 Aufteilung der Versorgungsbezüge auf die Einzelpläne

(1) *Die Versorgungsbezüge der Beamten sind auf die Einzelpläne nach dem Verhältnis der Dienstbezüge für die im Dienst stehenden Beamten des Einzelplans zu den Gesamtausgaben für Dienstbezüge nach dem Sammelnachweis aufzuteilen. Entsprechendes gilt für die Versorgung der Angestellten und Arbeiter.*

(2) Der Innenminister kann im Einvernehmen mit dem Finanzminister für einzelne Gruppen von Beamten, Angestellten und Arbeitern ein abweichendes Verfahren vorschreiben.

(3) *Zahlungen von nicht gemeindeeigenen Ruhegehaltskassen und Zusatzversorgungskassen* an die Beamten und Angestellten *sind im Haushaltsplan auch dann nicht zu veranschlagen,* wenn *diese Zahlungen durch die eigene Kasse bewirtschaftet werden.*

§ 19 Aufteilung der sächlichen Ausgaben der Sammelnachweise auf die Einzelpläne

Soweit sächliche Verwaltungsausgaben in Sammelnachweisen zusammengefaßt werden, müssen die anteiligen Beträge möglichst wirklichkeitsnah berechnet werden.

§ 20 Schuldendienst

(1) Die Ausgaben für die Verzinsung und die Tilgung von Schulden, einschließlich der inneren Schulden, sind bei den Einzelplänen zu veranschlagen, für deren Zwecke die Schulden aufgenommen worden sind. *Der nicht aufteilbare Schuldendienst ist im Einzelplan „Finanzen und Steuern" zu veranschlagen.*

(2) *Der Sammelnachweis für den Schuldendienst weist die Ausgaben für die Verzinsung und Tilgung aller Schulden der Gemeinde nach.*

§ 21 Allgemeines Kapital- und Grundvermögen

Die *ordentlichen Einnahmen und Ausgaben des allgemeinen Kapital- und Grundvermögens sind in besonderen Abschnitten des Einzelplans „Finanzen und Steuern" zu veranschlagen.*

§ 22 Bauvorhaben

(1) *Einmalige und außerordentliche Ausgaben für Bauten und für Erneuerungsarbeiten an Bauten dürfen erst dann in den Haushaltsplan eingestellt werden, wenn Pläne, Kostenberechnungen und Erläuterungen vorliegen, aus*

denen die Art der Ausführung, die Kosten der baulichen Maßnahmen, etwaige Beiträge Anderer und die Auswirkungen auf die künftige Haushaltswirtschaft ersichtlich sind.

(2) *Ausnahmen* hiervon sind *zulässig bei baulichen Maßnahmen nicht erheblichen Umfangs,* wenn es aus besonderen Gründen im Einzelfall nicht möglich ist, die Pläne und Kostenberechnungen rechtzeitig herzustellen, und wenn aus der Hinausschiebung der Ausgabeveranschlagung der Gemeinde ein Schaden erwachsen würde.

§ 23 Fehlbeträge und Überschüsse

(1) *Ein Fehlbetrag des ordentlichen Haushalts ist spätestens im Haushaltsplan des zweitnächsten Rechnungsjahres in einem besonderen Abschnitt des Einzelplans „Finanzen und Steuern" zu veranschlagen.* Wird der Fehlbetrag durch einen voraussichtlichen Überschuß des ablaufenden Rechnungsjahres ganz oder teilweise ausgeglichen, so ist auf der Einnahmeseite eine entsprechende Einnahme zu veranschlagen.

(2) *Ein Überschuß des ordentlichen Haushalts ist spätestens im Haushaltsplan des zweitnächsten Rechnungsjahres in einem besonderen Abschnitt des Einzelplans „Finanzen und Steuern" zu veranschlagen.* Wird der Überschuß zur Abdeckung eines voraussichtlichen Fehlbetrages des ablaufenden Rechnungsjahres ganz oder teilweise benötigt, so ist auf der Ausgabeseite eine entsprechende Ausgabe zu veranschlagen. *Der Überschuß ist vorbehaltlich sondergesetzlicher Vorschriften in erster Linie zum Haushaltsausgleich, zur Bildung von Rücklagen und zur zusätzlichen Tilgung von Schulden zu verwenden.*

(3) Ergibt sich der Fehlbetrag daraus, daß zweckgebundene Einnahmen niedriger sind als die aus ihnen zu bestreitenden Ausgaben, so kann er insoweit bei dem zuständigen Verwaltungszweig veranschlagt werden. Er ist daneben nachrichtlich im Einzelplan „Finanzen und Steuern" anzugeben. Entsprechendes gilt für einen Überschuß.

(4) *Jedes Vorhaben im außerordentlichen Haushalt ist nach seinem Abschluß gesondert abzurechnen. Ergibt sich dabei ein Fehlbetrag oder ein Überschuß, so ist er spätestens im außerordentlichen Haushaltsplan des zweitnächsten, dem Abschluß folgenden Rechnungsjahres zu veranschlagen.* Soweit der Überschuß *ersparte Darlehenserlöse* enthält, ist er *in der Regel zur zusätzlichen Schuldentilgung zu verwenden; ersparte Rücklagemittel und Vermögensentnahmen* sind in der Regel *den Rücklagen bzw. dem Vermögen wieder zuzuführen;* im übrigen ist grundsätzlich der Überschuß zur Bestreitung außerordentlicher Ausgaben, zur zusätzlichen Schuldentilgung oder zur Rücklagenbildung zu verwenden.

§ 24 Erläuterung der Einnahmen und Ausgaben

(1) Die *Einnahmen und Ausgaben des Haushaltsplanes sind,* soweit erforderlich, *zu erläutern.*

(2) *Insbesondere* sind zu erläutern:

1. Einnahmen und Ausgaben im Haushaltsplan, die *von denen des Vorjahres erheblich abweichen* (Einnahmen mit erheblich anderen Ansätzen als im Vorjahr, *fortdauernde Ausgaben,* für die nicht bereits im Vorjahr Mittel in mindestens gleicher Höher bewilligt sind, sowie einmalige und außerordentliche Ausgaben); bei einmaligen und bei außerordentlichen Ausgaben, die für eine auf mehrere Jahre sich erstreckende einheitliche Aufgabe in den Haushaltsplan eingestelllt werden, *sind bei der ersten Einstellung die voraussichtlich Gesamtkosten und etwaigen Beiträge Anderer, bei jeder folgenden Einstellung außerdem die Beträge anzugeben, die in früheren Rechnungsjahren bewilligt und ausgegeben worden sind;*
2. Einnahmen, bei denen erhebliche Beträge nach § 8 Abs. 1 Satz 1 Halbsatz 2 nicht veranschlagt sind, unter Angabe dieser Beträge, sowie *Einnahmen und Ausgaben, bei denen erhebliche Reste aus Vorjahren* bestehen, *unter Angabe der Höhe dieser Reste;*
3. *Ausgaben zur Erfüllung von Verträgen,* durch die die Gemeinde zur Leistung von Zahlungen *über ein Jahr hinaus verpflichtet wird;* bei diesen Ausgaben sind *bei der ersten Einstellung* von Mitteln *Inhalt und Dauer des Vertrages anzugeben;* bei den späteren Einstellungen ist auf die erste Erläuterung zu verweisen; die Erläuterung ist nicht erforderlich, wenn es sich um im Rahmen der laufenden Verwaltung abzuschließende, ihrer Natur nach regelmäßig wiederkehrende Verträge handelt;
4. *Einnahmen und Ausgaben von erheblicher Bedeutung hinsichtlich der bei der Veranschlagung angewandten Berechnungs- oder Schätzungsgrundlagen;*
5. Abweichungen im Sinne der Vorschrift des § 15 Abs. 2 Satz 3 und Ausnahmen nach § 22 Abs. 2.

Zweiter Abschnitt: Ausführung des Haushaltsplans
Unterabschnitt III: Nachtragshaushaltsplan

§ 25 Nachtragshaushaltsplan

Für Nachtragshaushaltspläne gelten die Vorschriften der §§ 1 bis 24 entsprechend. Die *Nachtragshaushaltspläne müssen alle im Zeitpunkt ihrer Aufstellung übersehbaren erheblichen Änderungen der Einnahmen und Ausgaben nachweisen.*

§ 26 Anordnungsbefugnis

Der *Gemeindedirektor bestimmt die Dienstkräfte, die befugt sind, Annahmeanordnungen und Auszahlungsanordnungen zu erteilen, und den Umfang dieser Befugnis* (Anordnungsbefugnis). Die Namen, Amtsbezeichnungen und Unterschriften der Dienstkräfte, die Anordnungsbefugnis haben, sowie der Umfang dieser Befugnis sind der Gemeindekasse mitzuteilen.

§ 27 Form und Inhalt der Anordnungen

(1) *Die Annahmeanordnungen* und *Auszahlungsanordnungen* sind in der Regel *einzeln für jede Zahlung oder für mehrere zusammengehörige Zahlungen durch förmliche Kassenanweisung zu erteilen. Allgemeine Anordnungen sind nur zulässig,* wenn die Zahlungen *in gewissen Zeitabschnitten regelmäßig wiederkehren und ihrem Betrag nach bestimmt sind.*

(2) *Auszahlungsanordnungen sind stets schriftlich vor Leistung der Zahlung* zu erteilen. *Annahmeanordnungen* sollen *in der Regel schriftlich vor Annahme der Zahlung erteilt werden.* Ist eine Annahmeanordnung nicht vorher schriftlich erteilt, so ist der Gemeindekasse unverzüglich nachträglich eine schriftliche Annahmeanordnung zu geben.

(3) Schriftliche Annahmeanordnungen und Auszahlungsanordnungen sind von den Dienstkräften, die zur Anordnung befugt sind, zu unterschreiben. *Diese dürfen Kassenanordnungen dann nicht unterschreiben, wenn sie an den betreffenden Angelegenheiten persönlich beteiligt sind.*

§ 28 Voraussetzung für die Erteilung von Anordnungen

Auszahlungsanordnungen dürfen *nur erteilt werden, wenn Ausgabemittel für den Zweck,* der zu der Anordnung führt, *haushaltsrechtlich zur Verfügung stehen.* Im übrigen müssen die Annahmeanordnungen und Auszahlungsanordnungen *rechtzeitig, spätestens bei Fälligkeit,* erteilt werden.

§ 29 Haushaltsüberwachungslisten

(1) *Die Bewirtschaftung der Ausgabemittel ist von den anordnungsbefugten Dienstkräften zu überwachen.* Zu diesem Zweck sind *Haushaltsüberwachungslisten zu führen, wenn nicht die Überwachung auf andere Weise sichergestellt ist.*
(2) In die Haushaltsüberwachungslisten sind alle Haushaltsausgaben auf Grund der Auszahlungsanordnungen sowie alle Beträge, die bereits festgelegt und künftig auszuzahlen sind, einzutragen. *In die Listen sind auch Vorschüsse* bei den voraussichtlich in Betracht kommenden Ausgabemitteln vorbehaltlich der Übertragung auf die endgültig in Betracht kommenden Ausgabemittel *einzutragen.* Werden Vorschüsse abgewickelt, so ist nur der etwaige Unterschiedsbetrag unter Hinweis auf die Eintragung des Vorschusses einzutragen.

(3) Die *Haushaltsüberwachungslisten* sind *mindestens monatlich aufzurechnen. Zugleich ist festzustellen, inwieweit über die Haushaltsmittel insgesamt bereits verfügt ist.* Die *Übereinstimmung mit den Kassenbüchern* ist im Laufe des Rechnungsjahres *mehrmals festzustellen.*

(4) *Neben den Haushaltsüberwachungslisten sind die erforderlichen Einrichtungen für eine ausreichende Überwachung des Eingangs der Einnahmen zu treffen.*

§ 30 Halbjahresbericht

Der Gemeindedirektor hat dem Rat nach dem Stand vom 30. September des Rechnungsjahres alsbald einen *Bericht über die bisherige Ausführung des Haushaltsplanes und über die voraussichtliche Entwicklung bis zum Ende des Rechnungsjahres zu erstatten.* In dem Bericht *ist besonders auf Fehlbeträge oder auf die Gefahr künftiger Fehlbeträge hinzuweisen; dabei sind* die zu ihrer *Abdeckung oder Vermeidung geplanten oder getroffenen Maßnahmen darzulegen.*

Zu § 30. Nachdem das Kalenderjahr zum Rechnungsjahr durch Gesetz bestimmt worden ist, ist der Bericht nach dem Stande vom 30. Juni zu erstatten.

Unterabschnitt II:

Grundsätze für die Ausführung des Haushaltsplans

A. Allgemeine Vorschriften

§ 31 Ansprüche oder Verbindlichkeiten

Durch den Haushaltsplan werden Ansprüche oder Verbindlichkeiten Anderer weder begründet noch aufgehoben.

§ 32 Bewirtschaftung der Haushaltsmittel

(1) Die im Haushaltsplan zur Verfügung gestellten *Mittel, müssen so verwaltet werden, daß sie zur Deckung aller Ausgaben ausreichen,* die unter die einzelnen Zweckbestimmungen fallen. *Sie dürfen* bei den Zweckbestimmungen *nur so weit und nicht eher in Anspruch genommen werden, als es zur wirtschaftlichen und sparsamen Führung der Gemeindeverwaltung erforderlich ist.*

(2) *Zur Sicherung* einer planmäßigen *Bewirtschaftung der Haushaltsmittel kann angeordnet werden, in welchem Umfang und für welche Zeitabschnitte die Mittel* den Dienststellen *zur Verfügung gestellt werden.*

§ 33 Bindung der Ausgaben an die Veranschlagung

(1) *Für den gleichen Einzelzweck dürfen Mittel nicht an verschiedenen Stellen des Haushaltsplanes verausgabt werden.*

(2) *Ausgaben, zu deren Bestreitung der Haushaltsplan in einer Zweckbestimmung Mittel vorsieht, dürfen weder außerplanmäßig noch auf Verfügungsmittel oder vermischte Ausgaben verausgabt werden. Ausgaben,* für die *im Haushaltsplan nicht* durch Zweckbestimmung *Mittel vorgesehen* sind und die nicht voll in einem Ansatz nach § 11 Abs. 1 Deckung finden, *sind in voller Höhe als außerplanmäßig zu behandeln.*

(3) *Verstärkungsmittel* dürfen *nur mit Zustimmung des Gemeindedirektors* in Anspruch genommen werden. Die Zustimmung darf *nur bei unabweisbarem Bedürfnis erteilt werden.* Ausgaben, die unter Inanspruchnahme von Verstärkungsmitteln geleistet werden, sind an der sachlich zuständigen Stelle zu verrechnen. Die Verstärkungsmittel sind dabei der zuständigen Haushaltsstelle im Wege der Haushaltssollübertragung zuzuführen.

§ 34 Anwendung der Deckungsvermerke

(1) Sind nach dieser Verordnung oder im Haushaltsplan mehrere Ausgaben als *gegenseitig deckungsfähig* bezeichnet, *so dürfen die bei einer Ausgabe ersparten Mittel,* solange sie verfügbar sind, *zur Begleichung von Mehrbedürfnissen bei einer anderen dieser Ausgaben verwendet werden.*

(2) Sind im Haushaltsplan Ausgaben mit anderen Ausgaben als *einseitig deckungsfähig* bezeichnet, so dürfen die bei der deckungspflichtigen Ausgabe ersparten Mittel, solange sie verfügbar sind, *zur Begleichung von Mehrbedürfnissen einer der deckungsberechtigten Ausgaben verwendet werden.*

(3) Für die Verrechnung der gegenseitig oder einseitig deckungsfähigen Mittel gilt § 33 Abs. 3 entsprechend.

§ 35 Zeitliche und sachliche Bindung der Ausgabemittel

(1) Die *Ausgabemittel dürfen nur zu dem im Haushaltsplan oder in einer außerplanmäßigen Bewilligung bezeichneten Zweck, soweit und solange er fortdauert, verwendet werden. Mittel, über die am Schluß des Rechnungsjahres noch nicht verfügt ist, gelten als erspart,* soweit sich nicht aus Abs. 2 und 3 anderes ergibt.

(2) *Ausgaben,* die sich auf einen zum abgelaufenen Rechnungsjahr gehörigen Zeitraum beziehen oder deren Entstehungsgrund noch in das abgelaufene Rechnungsjahr fällt, *müssen bis zum Abschluß der Bücher noch auf die Ausgabemittel des abgelaufenen Rechnungsjahres angewiesen werden;* für die Einnahmen gilt Entsprechendes.

(3) *Die einmaligen und außerordentlichen Ausgaben sowie die Ausgaben, die für übertragbar erklärt sind* (§ 14), *bleiben* für die unter die Zweckbestimmung fallenden Ausgaben über das Rechnungsjahr hinaus *bis zum Rechnungsabschluß für das auf die Schlußbewilligung folgende Rechnungsjahr, bei Bauten bis zum Schluß des Rechnungsjahres, in dem der Bau in seinen wesentlichen Teilen in Benutzung genommen werden kann, verfügbar.* Übertragbare Mittel dürfen im folgenden Rechnungsjahr *nur mit Zustimmung des Gemeindedirektors* verausgabt werden, soweit nicht eine rechtliche Verpflichtung zur Leistung bereits besteht; die Zustimmung darf nur erteilt werden, wenn die Verausgabung bei wirtschaftlicher und sparsamer Verwaltung erforderlich ist.

§ 36 Verfügungsbeschränkung bei künftig wegfallenden Ausgaben

Über Ausgaben, die im Haushaltsplan als künftig wegfallend bezeichnet sind, darf von dem Zeitpunkt an, an dem die Voraussetzung für den Wegfall erfüllt ist, nicht mehr verfügt werden.

§ 37 Überschreitungsverbot für Verfügungs- und Verstärkungsmittel

Verfügungsmittel (§ 11 Abs. 1) und *Verstärkungsmittel* (§ 11 Abs. 4) *dürfen nicht überschritten werden.*

§ 38 Stundung, Niederschlagung und Erlaß von Forderungen

(1) *Die der Gemeinde zustehenden Einnahmen sind rechtzeitig und vollständig einzuziehen.*

(2) *Forderungen der Gemeinde dürfen,* soweit eine Stundung bei Leistungen der in Frage kommenden Art nicht allgemein üblich ist, *nur unter besonderen Umständen gestundet werden.* Eine Stundung ist *nur zulässig, soweit die Erfüllung der Verbindlichkeiten* durch sie *nicht gefährdet erscheint. Gestundete Beträge sollen angemessen verzinst werden.*

(3) *Forderungen* der Gemeinde *dürfen nur dann niedergeschlagen werden, wenn die Beitreibung wegen der wirtschaftlichen Verhältnisse des Schuldners vorübergehend keinen Erfolg verspricht.* Die niedergeschlagenen Forderungen sind *in einer Niederschlagungsliste festzuhalten und* dort *weiter zu verfolgen.* Die zuständige Dienststelle hat die wirtschaftlichen Verhältnisse des Schuldners zu überwachen. *Die Einziehung ist erneut zu versuchen, wenn sie nach der Entwicklung der wirtschaftlichen Verhältnisse des Schuldners Erfolg verspricht.* Andernfalls ist nach Abs. 4 zu verfahren.

(4) *Forderungen* der Gemeinde *dürfen nur* dann *erlassen werden, wenn*

1. *die Forderung wegen der wirtschaftlichen Verhältnisse des Schuldners* oder aus anderen Gründen *nachweislich dauernd nicht einziehbar ist, oder*
2. die *Einziehung* nach Lage des Falles für den Schuldner eine *unbillige Härte* bedeuten würde, oder
3. die *Kosten der Einziehung* zu dem Betrag der Forderung *in keinem angemessenen Verhältnis* stehen, es sei denn, daß wegen der grundsätzlichen Bedeutung des Falles eine Einziehung geboten ist.

Ansprüche gegen Beamte oder Angestellte auf Erstattung von Fehlbeständen sowie Ansprüche gegen Beamte, Angestellte und Arbeiter auf Ersatz von Schäden infolge schuldhaften Verhaltens im Dienst dürfen nur mit Zustimmung des Rates der Gemeinde erlassen werden.

(5) *Für Stundung, Niederschlagung und Erlaß öffentlicher Abgaben gelten die hierüber bestehenden besonderen Vorschriften.*

Zu § 38. Stundungen gehören im allgemeinen zu den Aufgaben der laufenden Verwaltung. Die Gemeindevertretung sollte sich durch ihre Ausschüsse bei einer nach der Größe der Gemeinde verschiedenen Höhe des zu stundenden Betrages bei der Entscheidung über die Stundung einschalten. Erlaß und Niederschlagungen gehören in jedem Falle zur Zuständigkeit des Rates und seiner Organe. Auf die nach § 23 GO zu beobachtende Verschwiegenheit wird besonders hingewiesen.

§ 39 Gesamtdeckung und Einzeldeckung

(1) *Alle Einnahmen des ordentlichen Haushaltsplanes dienen als Deckungsmittel für den gesamten Ausgabenbedarf des ordentlichen Haushaltsplans,* soweit sie nicht nach § 12 auf die Verwendung für bestimmte Zwecke beschränkt sind.

(2) *Einnahmen des außerordentlichen Haushaltsplans dürfen nur für die Ausgaben des außerordentlichen Haushaltsplans verwendet werden, für die sie in den Haushaltsplan eingestellt sind.*

§ 40 Leistung von Vorschüssen und Abwicklung der Sammelnachweise

(1) *Vorschüsse* dürfen *nur geleistet* werden, *wenn die Verpflichtung zur Leistung zwar feststeht,* die *Verrechnung aber trotz gewissenhafter Prüfung nicht endgültig möglich ist.* Sind für derartige Ausgaben Mittel im Haushaltsplan nicht oder nicht in ausreichendem Maße vorgesehen, so finden die Vorschriften über überplanmäßige und außerplanmäßige Ausgaben Anwendung.

(2) *Die in Sammelnachweisen zusammengefaßten Ausgaben sind zunächst auf diese anzuordnen.* Sie sind *spätestens zum Jahresschluß durch* besondere *Aufteilungsanordnungen* auf die einzelnen Verwaltungszweige *aufzuteilen.*

§ 41 Verwahrgelder

Einnahmen dürfen als Verwahrgelder nur behandelt werden, solange eine endgültige Verrechnung nicht möglich ist. Ausgaben dürfen aus den Verwahrgeldern nur insoweit geleistet werden, als sie mit ihnen in Zusammenhang stehen.

B. Besondere Vorschriften

§ 42 Bewirtschaftung der Personalausgaben

Besoldungen und *andere Dienstbezüge* dürfen *nur nach dem Stellenplan, der Besoldungsordnung, den Anstellungs- und Tarifverträgen, den Versorgungsvorschriften und aus den im Haushaltsplan bereitgestellten Mitteln gewährt werden.* Eine *Überschreitung* dieser Mittel im Rahmen der haushaltsrechtlichen Bestimmungen ist *nur zulässig, soweit die Notwendigkeit im Laufe des Rechnungsjahres auf Grund gesetzlicher oder tariflicher Vorschriften oder unzutreffender Veranschlagung eintritt oder es sich um Ausgaben für Stellvertreter handelt.*

§ 43 Ausführung von Bauten

Bei der Ausführung von Bauten dürfen Dienststellen der Gemeinden von den Unterlagen des § 22 *im Rahmen der dem Gemeindedirektor vom Rat der Gemeinde erteilten Ermächtigung nur insoweit abweichen, als hierdurch eine Überschreitung der Ausgabe nicht eintritt;* im übrigen gilt § 93 GO.

§ 44 Ausschreibung von Vergebungen

Den *Vergebungen* soll eine *öffentliche Ausschreibung vorhergehen,* sofern nicht die Natur des Geschäfts oder besondere Umstände eine Abweichung rechtfertigen. *Bei den Vergebungen sind die bundesrechtlichen Vergebungsvorschriften zugrunde zu legen.*

Zu § 44. Die Verdingungsordnung für Bauleistungen VOB) ist gemäß der Vorschrift in § 44 für die Gemeinden und Gemeindeverbände verbindlich. Sie enthält in Teil A Vorschriften über die Vergabe von Bauleistungen, im Teil B Allgemeine Vertragsbedingungen für die Ausführungen der Bauleistungen, und im Teil C allgemeine technische Vorschriften. Es empfiehlt sich aber in Ergänzung dieser Bestimmungen, das Vergabewesen für Bauleistungen noch örtlich zu regeln und durch Ratsbeschluß zu bestimmen, wer und in welchen Fällen und in welchem Umfang über die Vergabe zu entscheiden hat. Auch sind Vorschriften darüber zweckmäßig, in welchen Fällen öffentlich ausgeschrieben werden muß, beschränkte Ausschreibung oder freihändige Vergabe stattfinden kann.

§ 45 Haushaltsrechtliche Voraussetzungen für Vertragsabschlüsse

Verträge, durch die die Gemeinde verpflichtet werden soll, über ein Rechnungsjahr hinaus Zahlungen zu leisten, dürfen endgültig erst abgeschlossen werden, nachdem die Ausgabemittel zur Deckung der dadurch erwachsenden Ausgaben erstmalig durch den Haushaltsplan oder durch einen Nachtragshaushaltsplan bereitgestellt sind. Das gilt nicht für im Rahmen der laufenden Verwaltung abzuschließende, ihrer Natur nach regelmäßig wiederkehrende Verträge.

§ 46 Vorleistungen und Vorausleistungen

(1) Leistungen der Gemeinde vor Empfang der Gegenleistung (Vorleistungen) sollen nur vereinbart oder bewirkt werden, soweit dies im allgemeinen Verkehr üblich oder durch besondere Umstände gerechtfertigt ist.

(2) Für die Vorauszahlungen auf die Bezüge der Beamten, Angestellten und Arbeiter gelten die hierfür maßgebenden besonderen Vorschriften.

3. Abschnitt: Stiftungen

§ 47 Sonderhaushaltsplan für Stiftungen

(1) *Für Stiftungen mit eigener Rechtspersönlichkeit* sind *Sonderhaushaltspläne* aufzustellen; dabei können bei gleichbleibenden Einnahmen und Ausgaben Sonderhaushaltspläne für mehrere Rechnungsjahre aufgestellt werden. Entsprechendes gilt für sonstige Stiftungen, wenn die Veranschlagung ihrer Einnahmen und Ausgaben im Haushaltsplan nicht zweckmäßig ist.

(2) Im übrigen finden die Vorschriften der §§ 1 bis 46 sinngemäß Anwendung.

4. Abschnitt: Schlußvorschriften

§ 48 Begriffsbestimmungen

Bei der Anwendung dieser Verordnung sind die nachfolgenden Begriffe zugrunde zu legen:

1. Haushaltsplan
   die nach den Vorschriften der Gemeindeordnung und dieser Verordnung festgestellte, für die Wirtschaftsführung der Gemeinde maßgebende Zusammenstellung der für ein Rechnungsjahr veranschlagten Einnahmen und Ausgaben;
2. Nachtragshaushaltsplan
   die nach den Vorschriften der Gemeindeordnung und dieser Verordnung im Laufe des Rechnungsjahres festgestellten Änderungen oder Ergänzungen des Haushaltsplans;
3. Gesamtplan
   die Zusammenstellung der Ergebnisse der Einzelpläne und Abschnitte des Haushaltsplans;
4. Einzelplan
   die Zusammenstellung der Einnahmen und Ausgaben eines einzelnen Verwaltungszweigs oder bestimmter Gruppen von Einnahmen und Ausgaben;
5. Gruppe
   die Zusammenstellung von Einnahmen und Ausgaben des Einzelplanes oder Abschnitts, Unterabschnitts usw. nach Einnahme- und Ausgabearten;
6. Wirtschaftsplan
   der Voranschlag der wirtschaftlichen Unternehmen sowie der Unternehmen und Einrichtungen, die nach den Vorschriften über die Eigenbetriebe geführt werden;
7. Sammelnachweis
   die Zusammenfassung sachlich zusammengehöriger und gemeinsam zu bewirtschaftender Ausgaben in einer Anlage zum Haushaltsplan;
8. Gesamteinnahmen und -ausgaben des Haushaltsplans
   die gesamten im Haushaltsplan veranschlagten Einnahmen und Ausgaben ohne Aussonderung der Erstattungen;
9. Reineinnahmen und -ausgaben des Haushaltsplans
   die gesamten im Haushaltsplan veranschlagten Einnahmen und Ausgaben nach Aussonderung der Erstattungen;
10. Ordentliche Einnahmen
    die Verwaltungseinnahmen (Haushaltseinnahmen, die sich aus der laufenden Verwaltung ergeben, einschließlich Gebühren und Beiträge), die allgemeinen Deckungsmittel (Steuereinnahmen, Finanzzuweisungen, Erträge des allgemeinen Kapital- und Grundvermögens, Ablieferungen der wirtschaftlichen Unternehmen und sonstige allgemeine Zuweisungen) sowie die Entnahmen aus Rücklagen, die nicht für einen außerordentlichen Bedarf angesammelt worden sind;

11. Ordentliche Ausgaben
    Ausgaben, die aus den ordentlichen Einnahmen zu bestreiten sind;
12. Fortdauernde Einnahmen und Ausgaben
    die ordentlichen Einnahmen und Ausgaben, die ihrer Natur nach regelmäßig wiederkehren;
13. Einmalige Einnahmen und Ausgaben
    die ordentlichen Einnahmen und Ausgaben, die ihrer Natur nach nicht oder nur in längeren Zeitabschnitten wiederkehren oder deren Wiederkehr für die nächsten Rechnungsjahre ungewiß ist;
14. Planmäßige Einnahmen und Ausgaben
    die Einnahmen und Ausgaben, die im Haushaltsplan vorgesehen sind;
15. Überplanmäßige Einnahmen und Ausgaben
    die Einnahmen und Ausgaben, die die im Haushaltsplan vorgesehenen Beträge und die aus dem Vorjahr übertragenen Haushaltsreste übersteigen;
16. Außerplanmäßige Einnahmen und Ausgaben
    die Einnahmen und Ausgaben, die weder unter eine Zweckbestimmung des Haushaltsplans fallen noch bei den aus dem Vorjahr übertragenen Haushaltsresten zu verrechnen sind;
17. Haushaltsvorgriffe
    die Beträge, um die die im Haushaltsplan für ein Rechnungsjahr vorgesehenen übertragbaren Ausgabemittel einschließlich der aus dem abgelaufenen Rechnungsjahr übertragenen Haushaltsreste überschritten worden sind, und die auf die im Haushaltsplan des nächsten Rechnungsjahres für den gleichen Zweck vorgesehenen Ausgabemittel angerechnet werden;
18. Verfügungsmittel
    Beträge, die dem Bürgermeister und dem Gemeindedirektor zur besonderen Verfügung stehen;
19. Vermischte Einnahmen und Ausgaben
    Einnahmen und Ausgaben, die im Haushaltsplan ohne Angabe bestimmter einzelner Entstehungsgründe und Zwecke veranschlagt werden, weil deren Einzelaufzählung wegen der Geringfügigkeit nicht tunlich ist;
20. Verstärkungsmittel
    Ausgaben im Einzelplan „Finanzen und Steuern“ zur Verstärkung sonstiger überschreitbarer Ausgaben, bei denen ohne Heranziehung der Verstärkungsmittel überplanmäßige Ausgaben entstehen würden;
21. Zweckgebundene Einnahmen
    Einnahmen, die auf die Verwendung für bestimmte Zwecke beschränkt sind;

22. Außerordentliche Einnahmen
    a) Erlöse aus der Aufnahme von Darlehn,
    b) Erlöse aus der Veräußerung von Gemeindevermögen mit Ausnahme der beweglichen Vermögensgegenstände, die zum Gebrauch oder Verbrauch in der laufenden Verwaltung bestimmt sind,
    c) Entnahmen aus dem Kapitalvermögen, die für außerordentliche Ausgaben verwendet werden sollen,
    d) Entnahmen aus Rücklagen, die für einen außerordentlichen Bedarf angesammelt worden sind,
    e) innere Darlehen sowie die sonstigen Einnahmen, die nicht ordentliche Einnahmen darstellen.
23. Außerordentliche Ausgaben
    die Ausgaben, die aus außerordentlichen Einnahmen oder z. T. aus derartigen Einnahmen, z. T. aus Anteilsbeträgen des ordentlichen Haushaltsplans zu bestreiten sind;
24. Vorschüsse
    Ausgaben, bei denen die Verpflichtung zur Leistung zwar feststeht, die Verrechnung aber trotz gewissenhafter Prüfung nicht endgültig möglich ist;
25. Verwahrgelder
    Einnahmen, bei denen eine endgültige Verrechnung noch nicht möglich ist;
26. Erstattungen zwischen den Verwaltungszweigen
    Verrechnungen innerhalb des Haushaltsplans, die sich in Einnahme und Ausgabe ausgleichen;
27. Durchlaufende Gelder
    Einnahmen und Ausgaben, die die Gemeinde für einen Anderen lediglich vereinnahmt und an diesen weiterleitet;
28. Überschuß des Einzelplans
    der Betrag, um den im Einzelplan die Einnahmen höher sind als die Ausgaben;
29. Zuschußbedarf des Einzelplans
    der Betrag, um den im Einzelplan die Einnahmen die Ausgaben nicht decken;
30. Haushaltsüberschuß
    der Betrag, um den nach dem Haushaltsplan die Einnahmen höher sind als die Ausgaben;
31. Haushaltsfehlbedarf
    der Betrag, um den nach dem Haushaltsplan die Ausgaben höher sind als die Einnahmen;

32. Überschuß
    der Betrag, um den bei dem Rechnungsabschluß die Einnahmen höher sind als die Ausgaben unter Berücksichtigung der Haushalts- und Kassenreste;
33. Fehlbetrag
    der Betrag, um den beim Rechnungsabschluß die Ausgaben höher sind als die Einnahmen unter Berücksichtigung der Haushalts- und Kassenreste;
34. Haushaltsreste
    Beträge, um die bei übertragbaren Ausgabemitteln die tatsächlichen Ausgaben eines Rechnungsjahres hinter den im Haushaltsplan eingestellten Beträgen einschließlich aus dem abgelaufenen Rechnungsjahr übertragener Haushaltsreste oder abzüglich der Haushaltsvorgriffe zurückgeblieben sind;
35. Kassenreste
    a) Kasseneinnahmereste
       Beträge, um die bei den Einnahmen die tatsächlich bewirkten Zahlungen hinter dem Anordnungsbetrag zurückgeblieben und die in einem späteren Rechnungsjahr zu zahlen sind;
    b) Kassenausgabereste
       Beträge, um die bei den Ausgaben die tatsächlich bewirkten Zahlungen hinter dem Anordnungsbetrage zurückgeblieben und die in einem späteren Rechnungsjahr zu zahlen sind;
36. Niederschlagung
    Zurückstellung der Beitreibung eines fälligen Anspruchs der Gemeinde ohne Verzicht auf den Anspruch selbst;
37. Erlaß
    Verzicht auf einen Anspruch der Gemeinde;
38. Finanzbedarf
    die erforderlichen Ausgabemittel bei Zugrundelegung der Reinausgaben;
39. Zuschußbedarf
    der durch eigene Einnahmen der Verwaltungszweige nicht gedeckte und daher durch allgemeine Deckungsmittel zu deckende Teil des Finanzbedarfs;
40. Steuerbedarf
    der durch andere allgemeine Deckungsmittel nicht gedeckte und daher durch Steuereinnahmen zu deckende Teil des Zuschußbedarfs;
41. Innere Darlehn
    die vorübergehende Inanspruchnahme von Rücklagen oder Beständen des allgemeinen Kapitalvermögens an Stelle einer Darlehnsaufnahme.

§ 49 Muster

Die zuständigen Minister können zur Ausführung dieser Verordnung Muster vorschreiben, die für die Gemeinden verbindlich sind, insbesondere
1. für die Haushaltssatzung und ihre Bekanntmachung,
2. für die Form, Gliederung und Gruppierung des Haushaltplans,
3. für die Anlagen zum Haushaltsplan,
4. für die Nachtragssatzungen zum Haushaltsplan und ihre Bekanntmachung,
5. für den Nachtragshaushaltsplan,
6. für das Anordnungswesen.

§ 50 Weitergehende Regelung in größeren Gemeinden

Größere Gemeinden können durch Satzung für die Aufstellung und Ausführung des Haushaltsplans eine weitergehende Regelung treffen; sie darf den Vorschriften dieser Verordnung nicht widersprechen.

§ 51 Geltung

Diese Verordnung gilt erstmalig für das Rechnungsjahr 1954. Die Gemeindehaushaltsverordnung vom 7. 12. 1937 ist im Lande Nordrhein-Westfalen letztmalig für das Haushaltsjahr 1953 anzuwenden.

Zu § 51. Diese Verordnung ist keine Verwaltungsvorschrift, sondern eine Verordnung mit Gesetzeskraft (§ 119 GO). Ihre Bestimmungen müssen formell und materiell beachtet werden.

Düsseldorf, den 26. Januar 1954.

Der Innenminister
des Landes Nordrhein-Westfalen

Eigenbetriebsverordnung

Vom 22. Dezember 1953 (GVOBl S. 435)

Auf Grund der §§ 74 und 119 der Gemeindeordnung für das Land Nordrhein-Westfalen (GO) vom 21./28. Oktober 1952 (GV NW S. 283) wird im Einvernehmen mit dem zuständigen Ausschuß des Landtages und im Einvernehmen mit dem Finanzminister folgendes verordnet:

Erster Teil

VERFASSUNG UND VERWALTUNG

§ 1 Rechtsgrundlagen des Eigenbetriebs

Die wirtschaftlichen Unternehmen der Gemeinde *ohne Rechtspersönlichkeit* (§ 69 GO) werden als Eigenbetrieb nach den Vorschriften der Gemeindeordnung und dieser Verordnung sowie *nach den Bestimmungen der Betriebssatzung des Eigenbetriebs* geführt (§ 74 GO).

§ 2 Werkleitung

(1) Der *Eigenbetrieb wird von der Werkleitung selbständig geleitet,* soweit nicht durch die Gemeindeordnung, diese Verordnung oder die Betriebssatzung etwas anderes bestimmt ist. Der Werkleitung obliegt insbesondere die *laufende Betriebsführung.* Sie ist *für die wirtschaftliche Führung des Eigenbetriebs verantwortlich.*

(2) Die *Werkleitung* besteht *aus einem oder mehreren Werkleitern.* Der Rat kann einen Werkleiter zum Ersten Werkleiter bestellen. Die Betriebssatzung regelt, wie bei Meinungsverschiedenheiten innerhalb der Werkleitung zu verfahren ist.

(3) Ist ein Werkleiter Beigeordneter der Gemeinde, so ist er Erster Werkleiter.

(4) Die *Geschäftsverteilung* innerhalb einer Werkleitung, die aus mehreren Mitgliedern besteht, regelt der Gemeindedirektor mit Zustimmung des Werksausschusses durch Dienstanweisung.

Zu § 2. Wegen der Ernennung von Werkleitern auf Zeit siehe Anm. zu § 49 GO. Die Verordnung vom 5. 7. 1956 (GV NW S. 185 mit Änderungen der VO v. 30. 6. 1960 GO NW S. 203) enthält über die Besoldung der Leiter gemeindlicher Versorgungs- und Verkehrsbetriebe folgende Bestimmungen:

LEITER GEMEINDLICHER VERSORGUNGS- UND VERKEHRSBETRIEBE

A. Allgemeines

§ 15

(1) Für die Eingruppierung der Werkleiter sind bei Elektrizitäts-, Gas- und Wasserwerken die nutzbare Abgabe, bei Verkehrsbetrieben die Zahl der beförderten Personen

zugrunde zu legen. Hierbei sind Strom, Gas, Wasser sowie Anzahl der beförderten Personen durch Vervielfältigung mit den sich aus nachstehender Übersicht ergebenden Bewertungszahlen auf Betriebszahlen umzurechnen.

		Erzeugung	Bezug
Wasser:	1 cbm =	6–12	3–6
Gas:	1 cbm =	4	2
Strom:	1 kWh =	2	1
		1 beförderte Person	
Verkehr:		3	

B. *Eingruppierung*

§ 16

Die Werkleiter dürfen eingruppiert werden

bei Betriebszahlen (in Millionen)		
bis 5 Millionen	in Besoldungsgruppe	A 9 / A 10
von über 5 – 10 Millionen	in Besoldungsgruppe	A 10 / A 11
von über 10 – 15 Millionen	in Besoldungsgruppe	A 11 / A 12
von über 15 – 20 Millionen	in Besoldungsgruppe	A 12 /A 13
von über 20 – 50 Millionen	in Besoldungsgruppe	A 13 / A 14
von über 50 – 100 Millionen	in Besoldungsgruppe	A 14 / A 15
von über 100 – 200 Millionen	in Besoldungsgruppe	A 15 / A 16
von über 200 – 350 Millionen	in Besoldungsgruppe	A 16 / B 2
von über 350 – 600 Millionen	in Besoldungsgruppe	B 2 / B 3
von über 600 – 1000 Millionen	in Besoldungsgruppe	B 3 / B 4
von über 1000 Millionen	in Besoldungsgruppe	B 4 / B 5

jedoch nicht höher als der Erste Beigeordnete.

* Änderung durch das Besoldungsanpassungsgesetz v. 13. 5. 1958 (GV NW S. 149).

§ 17

(1) Ist ein Werkleiter Beigeordneter, so kann er als solcher eingruppiert werden.

(2) Ist ein Erster Werkleiter eingesetzt, so müssen andere mindestens eine der für Beamte der allgemeinen Verwaltung in Frage kommenden Besoldungsgruppen unter der für ihn nach § 16 festgesetzten Gruppe bleiben.

(3) Zwei gleichberechtigte Werkleiter an Stelle eines Ersten Werkleiters können gleich hoch eingruppiert werden.

C. *Aufwandsentschädigungen*

§ 18

(1) Werkleiter erhalten eine Aufwandsentschädigung. Sie darf die Aufwandsentschädigung des Ersten Beigeordneten und bei Betriebszahlen

bis 5 Millionen	40,– DM monatlich
von über 5 – 10 Millionen	60,– DM monatlich
von über 10 – 20 Millionen	80,– DM monatlich

von über 20 – 100	Millionen	100,– DM monatlich
von über 100 – 350	Millionen	120,– DM monatlich
von über 350 – 600	Millionen	140,– DM monatlich
von über 600	Millionen	160,– DM monatlich

nicht übersteigen.

(2) Mehrere gleichberechtigte Werkleiter erhalten eine Aufwandsentschädigung nur, wenn sie an Stelle eines Ersten Werkleiters bestellt sind, ihre Aufwandsentschädigungen dürfen zusammen die Sätze nach Abs. 1 nicht übersteigen.

§ 3 Vertretung des Eigenbetriebs

(1) *In den Angelegenheiten des Eigenbetriebs, die der Entscheidung der Werkleitung unterliegen, vertritt diese die Gemeinde.* Die *Betriebssatzung* kann ihr *weitergehende Vertretungsbefugnisse einräumen.* Besteht die Werkleitung aus mehreren Mitgliedern, so vertreten zwei von ihnen gemeinschaftlich den Eigenbetrieb.

(2) Der Kreis der Vertretungsberechtigten und der Beauftragten sowie der Umfang ihrer Vertretungsbefugnis werden von der Werkleitung öffentlich bekanntgemacht. Die Vertretungsberechtigten unterzeichnen unter dem Namen des Eigenbetriebs.

(3) Bei verpflichtenden Erklärungen für die Eigenbetriebe ist nach den Vorschriften der §§ 54 und 56 GO zu verfahren. Die Erklärungen nach § 54 Abs. 2 Satz 2 und nach § 56 Abs. 1 sind von dem Gemeindedirektor oder seinem Stellvertreter und einem Werkleiter zu unterzeichnen. Die Geschäfte der laufenden Betriebsführung gelten als einfache Geschäfte der laufenden Verwaltung (§ 56 Abs. 3 GO).

Die Wasserversorgung ist nach dem örtlichen Schwierigkeitsgrad von Förderung und Bezug zu bewerten.

(2) Für den Ersten, zwei gleichberechtigte (§ 17 Abs. 3) oder den einzigen Werkleiter gelten die Betriebszahlen aller Betriebe.

(3) Maßgebend ist das letzte vor dem 30. Juni 1955 abgelaufene Wirtschaftsjahr.

§ 4 Zuständigkeiten des Rats der Gemeinde

Der *Rat der Gemeinde entscheidet* über die Angelegenheiten, *die er nach der Gemeindeordnung nicht übertragen kann, und über*

a) die *Bestellung der Werkleiter,*

b) die *Feststellung und Änderung des Wirtschaftsplans,*

c) die *Feststellung des Jahresabschlusses* und die *Verwendung des Jahresgewinns* oder die *Deckung eines Verlustes,*

d) die *Rückzahlung von Eigenkapital an die Gemeinde.*

§ 5 Werksausschuß

(1) Der Rat bildet für den Eigenbetrieb einen *Werksausschuß.* Für *mehrere Eigenbetriebe* einer Gemeinde *kann ein gemeinsamer Werksausschuß gebildet werden.*

(2) *Zu Mitgliedern des Werksausschusses* können *neben Ratsmitgliedern auch andere zum Rat wählbare sachkundige Bürger* bestellt werden; ihre Zahl darf die der Ratsmitglieder nicht erreichen. Im übrigen wird die *Zusammensetzung des Werksausschusses durch die Betriebssatzung geregelt.* Dem Werksausschuß sollen keine Mitglieder angehören, für die Ausschließungsgründe nach § 23 GO vorliegen. *Der Werksausschuß wählt aus seiner Mitte ein Ratsmitglied zum Vorsitzenden.*

(3) An den Beratungen des Werksausschussses nimmt die Werkleitung teil; sie ist berechtigt und auf Verlangen verpflichtet, ihre Ansicht zu einem Punkt der Tagesordnung darzulegen.

(4) Der *Werksausschuß berät die Beschlüsse des Rats vor. Über alle wichtigen Angelegenheiten ist er von dem Gemeindedirektor und der Werkleitung zu unterrichten.*

(5) Der *Werksausschuß* setzt unbeschadet der Vorschrift des § 4 *die allgemeinen Lieferbedingungen* fest; er erteilt die *Zustimmung zu erfolggefährdenden Mehraufwendungen und zu Mehrausgaben nach den §§ 14 und 15* dieser Verordnung und *benennt den Prüfer* für den Jahresabschluß. *Die Betriebssatzung kann dem Werksausschuß die Entscheidung in weiteren Angelegenheiten übertragen, soweit sie nicht zu den Geschäften der laufenden Betriebsführung gehören.*

(6) Der *Werksausschuß entscheidet* in den *Angelegenheiten,* die der *Beschlußfassung des Rats unterliegen, falls die Angelegenheit keinen Aufschub duldet.* In Fällen äußerster Dringlichkeit kann der Bürgermeister mit dem Vorsitzenden des Werksausschusses entscheiden. § 43 Abs. 1 Satz 4 und 5 GO gilt entsprechend.

Zu § 5. Der Werksausschuß ist das Organ, in dem sich der Wille der Bürgerschaft auf die Betriebsführung des Eigenbetriebes auswirken soll. Der Werksausschuß vereinigt in sich die Funktionen eines Verwaltungsrats und eines Aufsichtsrats. Der Gesetzgeber hat in § 75 GO die Erwartung ausgesprochen, daß der Rat seine Zuständigkeit soweit wie möglich dem Werksausschuß überträgt. Das bedeutet innerhalb der Grenzen des § 28 GO (ausschließliche Zuständigkeiten des Rates) eine größtmöglichste Stärkung des Werksausschusses. Der Werksausschuß hat in den Fällen, die ihm zur selbständigen Erledigung übertragen sind, die letztinstanzliche Entscheidungsbefugnis. Der Werksausschuß hat die Beschlüsse des Rates, soweit die Zuständigkeit des Rates gegeben ist, vorzuberaten. Die in der Praxis anzutreffende Übung, zusätzlich noch den Hauptausschuß mit der Vorberatung zu befassen, widerspricht der Absicht des Gesetzgebers, der dem Werksausschuß eine Sonderstellung unter den Ausschüssen des Rates eingeräumt hat. Der Werksausschuß hat auch anstelle des Hauptausschusses das Notbeschlußrecht in Dringlichkeitsfällen.

§ 6 Stellung des Gemeindedirektors

(1) Der *Gemeindedirektor ist Dienstvorgesetzter der Dienstkräfte des Eigenbetriebs.* Die Angestellten und Arbeiter werden von dem Gemeindedirektor

oder in seinem Auftrage von der Werkleitung angestellt, befördert und entlassen. Die Hauptsatzung kann etwas anderes bestimmen, insbesondere die Anstellung, Beförderung und Entlassung der Angestellten und Arbeiter der Werkleitung übertragen. Soweit dies nicht geschieht, *regelt die Betriebssatzung die Mitwirkung der Werkleitung.*

(2) Die *Werkleitung hat den Gemeindedirektor über* alle *wichtigen Angelegenheiten rechtzeitig zu unterrichten.* Der *Gemeindedirektor kann von der Werkleitung Auskunft verlangen und ihr im Interesse der Einheitlichkeit der Verwaltungsführung Weisungen erteilen.* Glaubt die *Werkleitung* nach pflichtmäßigem Ermessen die Verantwortung für die Durchführung einer Weisung des Gemeindedirektors nicht übernehmen zu können, *so hat sie sich an den Werksausschuß zu wenden.* Wird *keine Übereinstimmung zwischen dem Werksausschuß und dem Gemeindedirektor erzielt, so ist die Entscheidung des Hauptausschusses herbeizuführen.*

§ 7 Unterrichtung des Kämmerers

Die *Werkleitung hat dem Kämmerer oder dem sonst für das Finanzwesen zuständigen Beamten den Entwurf des Wirtschaftsplans und des Jahresabschlusses,* die *Vierteljahresübersichten* oder *vierteljährlichen Zwischenabschlüsse,* die Ergebnisse der *Betriebsstatistik* und die *Selbstkostenrechnungen zuzuleiten;* sie hat ihm ferner *auf Anfordern alle* sonstigen *finanzwirtschaftlichen Auskünfte* zu erteilen.

Zweiter Teil

WIRTSCHAFTSFÜHRUNG UND RECHNUNGSWESEN

§ 8 Eigenbetriebsvermögen

(1) Der *Eigenbetrieb* ist finanzwirtschaftlich *als Sondervermögen der Gemeinde gesondert zu verwalten und nachzuweisen;* auf die Erhaltung des Sondervermögens ist Bedacht zu nehmen.

(2) Das *Stammkapital* des Eigenbetriebs ist *in der Betriebssatzung* in angemessener Höhe *festzusetzen.*

§ 9 Maßnahmen zur Vermögenserhaltung

(1) Der Eigenbetrieb hat in seinem *Jahresabschluß die gesamten Erträge und Aufwendungen ordnungsgemäß und stichtaggerecht anzusetzen.*

(2) *Zu den Erträgen gehören* auch *angemessene Vergütungen für sämtliche Lieferungen, Leistungen und Leihgelder* des Eigenbetriebs *an die Gemeinde oder an sonstige Eigenbetriebe* und *an Eigengesellschaften der Gemeinde.*

(3) Zu den Aufwendungen gehören auch *angemessene Ansätze für den Unterhaltungsaufwand* und den *Versorgungsaufwand angemessene Abschreibungen*

entsprechend § 20 Abs. 2, die *Steuern*, die *Zinsen* für die zu Zwecken des Eigenbetriebs aufgenommenen Schulden, angemessene Vergütungen für sämtliche Lieferungen, Leistungen und Leihgelder der Gemeinde, sonstiger Eigenbetriebe und der Eigengesellschaften der Gemeinde, *angemessene Aufwands- und Gefahrenrückstellungen.*

(4) *Aus dem Jahresgewinn soll das für die technische und wirtschaftliche Fortentwicklung* des Eigenbetriebs *notwendige Rücklagekapital* (Erweiterungs- und sonstige offene Rücklagen) *rechtzeitig und in ausreichender Höhe gebildet werden.*

(5) Der *Jahresgewinn* des Eigenbetriebs als Unterschied der Erträge und Aufwendungen *soll so hoch sein, daß außer dem notwendigen Rücklagekapital* gemäß Abs. 4 *mindestens eine marktübliche Verzinsung des Eigenkapitals erwirtschaftet wird.*

(6) *Der nicht* an die Gemeinde *abzuführende Teil des Jahresgewinns ist dem Rücklagekapital zuzuweisen.* Der *Jahresverlust ist, soweit er nicht* auf neue Rechnung vorgetragen und *aus den Gewinnen der nächsten drei Jahre abgedeckt wird, aus dem Rücklagekapital oder aus Gemeindemitteln auszugleichen.*

(7) *Der Rat* der Gemeinde *darf die Rückzahlung von Eigenkapital nur ausnahmsweise und nur dann fordern, wenn dadurch die Erfüllung der Aufgabe und die zukünftige Entwicklung des Eigenbetriebs nicht beeinträchtigt werden.* Dem Rat muß vor der Beschlußfassung eine *schriftliche Stellungnahme der Werkleitung* vorliegen. Kapitalrückzahlungen sind in den Rechnungen des Eigenbetriebs und bei der Rechnungslegung der Gemeinde besonders darzustellen.

§ 10 Kassen- und Kreditwirtschaft

(1) *Für jeden Eigenbetrieb* ist *eine Sonderkasse* einzurichten, *die einen gesonderten Jahresabschluß des Eigenbetriebs ermöglicht.*

(2) Der *Gemeindedirektor bestimmt nach Anhörung der Werkleitung, wieweit der Eigenbetrieb seine vorübergehend nicht benötigten Geldmittel selbst bewirtschaftet, wieweit die Gemeinde sie für den Betrieb anlegt* oder *wieweit sie der Gemeinde für ihre Zwecke vorübergehend als Kassenmittel zur Verfügung gestellt* werden. Wenn der Betrieb die Geldmittel selbst bewirtschaftet, ist bei zweckbestimmten Mitteln dafür zu sorgen, daß sie *für den Aufbringungszweck rechtzeitig verfügbar* sind. *Wenn die Gemeinde die Mittel anlegt* oder vorübergehend als Kassenmittel beansprucht, *müssen sie dem Eigenbetrieb bei Bedarf wieder zur Verfügung stehen;* zu diesem Zweck sind feste Rückzahlungszeiten vorzusehen.

§ 11 Wirtschaftsjahr

Wirtschaftsjahr jedes Eigenbetriebs *ist nach näherer Bestimmung der Betriebssatzung* das *Kalenderjahr oder* das *Rechnungsjahr* der Gemeinde. Wenn die Art des Betriebs es erfordert, kann die Betriebssatzung ein hiervon *abweichendes Wirtschaftsjahr* vorsehen.

§ 12 Aufbau des Rechnungswesens

(1) Das *Rechnungswesen* des Eigenbetriebs umfaßt den *Wirtschaftsplan, die Buchführung, den Jahresabschluß, den Jahresbericht und die Selbstkostenrechnung.*

(2) Alle Zweige des Rechnungswesens sind in einer Dienststelle des Eigenbetriebs zu vereinigen. Hat der Eigenbetrieb einen *Werkleiter für die kaufmännischen Angelegenheiten,* so ist *dieser für das Rechnungswesen verantwortlich.*

§ 13 Wirtschaftsplan

(1) Der *Wirtschaftsplan vertritt die Stelle des Haushaltsplans.* Er unterliegt unbeschadet des § 14 Abs. 4 und des § 15 Abs. 4 und 5 nicht den Vorschriften des Haushaltsrechts.

(2) Der *Wirtschaftsplan* besteht aus dem *Erfolgsplan,* dem *Finanzplan* und der *Stellenübersicht.*

(3) Der *Wirtschaftsplan ist spätestens bis zum Ablauf des Wirtschaftsjahres zu ändern, wenn von den im Erfolgsplan veranschlagten Erträgen und Aufwendungen oder von den im Finanzplan veranschlagten Einnahmen und Ausgaben in erheblichem Umfange abgewichen werden muß.*

§ 14 Erfolgsplan

(1) Der Erfolgsplan muß *alle voraussehbaren Erträge und Aufwendungen* des Wirtschaftsjahres enthalten. Er ist *wie die Jahreserfolgsrechnung* (§ 19) *zu gliedern.* Die *Löhne, Vergütungen, Gehälter* und die *sozialen Abgaben* sind *nachrichtlich am Schlusse des Erfolgsplans gesondert anzugeben.*

(2) Die veranschlagten Erträge, Aufwendungen und Zuweisungen an das Rücklagekapital sind ausreichend zu begründen, insbesondere soweit sie von den Vorjahreszahlen erheblich abweichen. *Zum Vergleich sind die Zahlen des Erfolgsplans des laufenden Jahres und die abgerundeten Zahlen der Jahreserfolgsrechnung des Vorjahres daneben zu stellen.*

(3) Die im Erfolgsplan veranschlagten *Einzelansätze des Betriebsaufwands sind gegenseitig deckungsfähig; das gleiche gilt für die Einzelansätze des Geschäftsaufwands* mit Ausnahme des Versorgungsaufwands (Formblatt 4, Anlage 4). Stellt der Eigenbetrieb für seine Betriebszweige *getrennte Wirtschaftspläne* auf, so sind sämtliche gleichartigen Ansätze für die einzelnen Betriebszweige untereinander insoweit deckungsfähig, als es sich um gemeinsame Aufwendungen handelt, die auf alle oder mehrere Betriebszweige schlüsselmäßig umgelegt sind.

(4) Sind *bei Ausführung des Erfolgsplans wesentliche Abweichungen* notwendig *oder erfolggefährdende Mindererträge zu erwarten, so hat die Werk-*

leitung den Gemeindedirektor und den Werksausschuß unverzüglich zu unterrichten. Erfolggefährdende Mehraufwendungen bedürfen der *vorherigen Zustimmung des Werksausschusses,* es sei denn, daß sie unabweisbar sind oder keinen Aufschub dulden. Sind sie *unabweisbar, so sind der Gemeindedirektor und der Werksausschuß unverzüglich zu unterrichten.* Dulden sie *keinen Aufschub, so genügt* die *vorherige Zustimmung des Gemeindedirektors;* die *Genehmigung des Werksausschusses* ist *nachträglich einzuholen.* Gefährden diese Mindererträge oder Mehraufwendungen die im Haushaltsplan der Gemeinde veranschlagten Ablieferungen des Eigenbetriebes oder erfordern sie voraussichtlich höhere Zuschüsse an den Eigenbetrieb, so hat die Werkleitung in ihrem Bericht nachzuweisen, daß die Haushaltsgefährdung auch bei Ausnutzung jeder Sparmöglichkeit nicht beseitigt werden kann. § 94 GO gilt insoweit auch für die Werkleitung.

§ 15 Finanzplan

(1) Der *Finanzplan* muß mindestens *alle voraussehbaren Einnahmen und Ausgaben des Wirtschaftsjahres enthalten,* die sich aus Anlageänderungen (Ersatz, Erweiterungen, Neubau, Anlageveräußerungen) und aus der Kreditwirtschaft des Eigenbetriebs ergeben.

(2) Die *Ausgaben für Anlageänderungen sind für jedes Vorhaben getrennt zu veranschlagen.* Die Ausgabenansätze sind nach Anlageteilen und, soweit dies möglich ist, auch nach Ausgabearten zu gliedern und unter Beifügung der erforderlichen Unterlagen zu begründen. Dabei ist anzugeben, *welcher Anteil auf Erneuerung (Ersatz)* und *welcher auf Erweiterung und Neuanlage* entfällt.

(3) Die *Ausgabenansätze für Anlageumänderungsvorhaben sind übertragbar.*

(4) Auf der Einnahmeseite des Finanzplans sind die vorhandenen oder zu beschaffenden Deckungsmittel nachzuweisen. *Soweit die Deckungsmittel aus dem Haushalt der Gemeinde stammen, müssen sie mit den entsprechenden Haushaltsplanansätzen der Gemeinde übereinstimmen. Vorhaben des Eigenbetriebs, deren Kosten aus* Mitteln des *außerordentlichen Haushaltsplans der Gemeinde ganz oder teilweise zu decken sind, dürfen erst in Angriff genommen werden, wenn die dafür vorgesehenen Einnahmen bei der Gemeinde eingegangen sind oder wenn der rechtzeitige Eingang* bei der Gemeinde *rechtlich und tatsächlich gesichert ist (§ 92 GO).*

(5) *Ausgaben für verschiedene Vorhaben sind nicht deckungsfähig. Mehrausgaben* für ein Vorhaben bedürfen der *vorherigen Zustimmung des Werksausschusses.* Die *Zustimmung darf nur bei unabweisbarem Bedürfnis* erteilt werden; *gleichzeitig ist über die Deckung der Mehrausgaben zu entscheiden.* Dulden sie keinen Aufschub, so können sie mit Zustimmung des Gemeindedirektors geleistet werden; die Genehmigung des Werksausschusses ist nachträglich einzuholen. Bei unerheblichen Mehrausgaben genügt die Anzeige an den Werksausschuß.

(6) Der *Finanzplan soll durch* eine *Planungsübersicht für die folgenden Wirtschaftsjahre ergänzt werden.*

§ 16 Stellenübersicht

(1) Die Werkleitung entwirft für jedes Wirtschaftsjahr eine *Stellenübersicht für die Angestellten und Arbeiter* des Eigenbetriebs. Dabei sind *die für Zwecke des Finanzplans erforderlichen Angestellten- und Arbeiterstellen in einem besonderen Teil auszuweisen. Beamte,* die bei den Eigenbetrieben beschäftigt werden, *sind im Stellenplan der Gemeinde zu führen* und *in der Stellenübersicht des Eigenbetriebs nachrichtlich anzugeben.*

(2) Die Bestimmungen für den Erfolgsplan und den Finanzplan gelten für die entsprechenden Teile der Stellenübersicht sinngemäß.

§ 17 Buchführung

(1) Die Eigenbetriebe führen ihre *Rechnung nach den Regeln der kaufmännischen doppelten Buchführung oder einer entsprechenden Verwaltungsbuchführung.* Die Art der *Buchungen muß die zwangsläufige Fortschreibung der Vermögens- und Schuldenseite ermöglichen.* Die Buchführung muß zusammen mit der *Bestandsaufnahme* die beweiskräftige Aufstellung von Jahresabschlüssen gestatten, die den Grundsätzen ordnungsmäßiger Buchführung entsprechen. *Sie muß ferner die regelmäßige Entwicklung von Zwischenabschlüssen und Selbstkostenrechnungen gestatten.*

(2) Die Zahlen der Nebenbuchhaltungen und von Selbstkostenrechnungen müssen im Ergebnis mit den Zahlen der entsprechenden Abrechnungskreise der Buchhaltung übereinstimmen. Eine Anlagebuchhaltung muß vorhanden sein. An die Stelle einer Betriebsbuchhaltung kann eine entsprechend stärkere Gliederung in der Buchhaltung treten.

§ 18 Zwischenberichte

(1) Die Werkleitung hat *Vierteljahresübersichten* über die Entwicklung der Erträge und Aufwendungen *oder vierteljährliche oder monatliche Zwischenabschlüsse aufzustellen.* Für die Zwischenabschlüsse bedarf es keiner Bestandsaufnahme (Inventur) und keines förmlichen Bücherabschlusses.

(2) Die *Vierteljahresübersichten* oder die vierteljährlichen *Zwischenabschlüsse* sind dem *Gemeindedirektor und dem Werksausschuß mit einem Bericht vorzulegen,* in dem *wesentliche Abweichungen vom Erfolgsplan zu erläutern* sind.

§ 19 Jahresabschluß

(1) Auf den *Jahresabschluß,* der aus der *Jahresbilanz* und der *Jahreserfolgsrechnung besteht,* finden die Vorschriften dieser Verordnung *und ergänzend die Vorschriften* der §§ 129, 131 und 133 *des Aktiengesetzes* vom 30. Januar 1937 (RGBl. I S. 107) Anwendung.

(2) In der Jahresbilanz, die den Vermögens- und Schuldenstand zum Abschlußstichtag auszuweisen hat, haben alle Eigenbetriebe mindestens die im Formblatt 1 (Anlage 1) angeführten Posten gesondert auszuweisen.

(3) Die *einzelnen Gruppen* des *Anlagesachvermögens und ihre Bewegung sind mit den zugehörigen Abschreibungen und ihrer Bewegung in einem Anhang der Jahresbilanz* (Anlagenachweis) gemäß Formblatt 2 (Anlage 2) *darzustellen.* Der *Anlagenachweis ist* ein *Bestandteil der Jahresbilanz,* in die nur die Summe der Buchrestwerte des Anlagenachweises zum Abschlußstichtag übertragen wird. Für die Gliederung des Anlagesachvermögens nach Gruppen im Anlagenachweis *gelten die Vorschriften des Aktiengesetzes,* soweit nicht besondere Formblätter vorgeschrieben werden.

(4) *Bestandsvergleiche* des Anlagesachvermögens mit der Anlagebuchhaltung *sollen alle drei Jahre vorgenommen werden.*

(5) Anlagefinanzvermögen, Umlaufvermögen und Verbindlichkeiten zum Abschlußstichtag sind, soweit sie nicht nach einem festen Plan stetig überprüft werden, alljährlich unabhängig von der Buchführung durch Bestandsaufnahme festzustellen; Abweichungen von den Aufzeichnungen der Buchhaltung sind noch im abzuschließenden Wirtschaftsjahr erkennbar zu verrechnen.

(6) Die *Jahreserfolgsrechnung* ist, soweit nicht andere Formblätter vorgeschrieben werden, *wie die Erfolgsrechnung der Versorgungsbetriebe* (§ 24 Abs. 1) *zu gliedern,* wobei Betriebsaufwand und Betriebsertrag nach den Bedürfnissen des Betriebs unterteilt werden sollen; soweit für bestimmte Betriebszweige besondere aktienrechtliche Formblätter bestehen, ist nach diesen statt nach dem Formblatt für Versorgungsbetriebe zu gliedern, jedoch ist der Jahresertrag ohne Abzug von Aufwendungen auszuweisen; Geschäftsaufwand und Geschäftsertrag, Finanzaufwand und Finanzertrag, außergewöhnlicher Aufwand und außergewöhnlicher Ertrag sowie Gewinne und Verluste sind in der Gliederung des Formblattes für die Jahreserfolgsrechnung der Versorgungsbetriebe (Formblatt 4, Anlage 4) auszuweisen.

§ 20 Einzelvorschriften für den Jahresabschluß

(1) Die *Jahresbilanz soll keine stillen Rücklagen enthalten.* Eine *Bewertung zu den Höchstansätzen* der aktienrechtlichen Bewertungsvorschriften sowie *steuerlich zugelassene Sonderabschreibungen gelten nicht als Bildung stiller Rücklagen.*

(2) *Bei* den Gegenständen des *Anlagevermögens* ist, *soweit nicht* die Grundsätze ordnungsmäßiger Buchführung eine *höhere Abschreibung erfordern,* in *der Regel für jedes Jahr der geschätzten Nutzdauer der gleiche Hundertsatz des Anschaffungswertes* zu Lasten der Erfolgsrechnung *abzuschreiben.* Die Abschreibungssätze dürfen nur geändert werden, wenn sich die Schätzung der Nutzdauer als unrichtig herausgestellt hat. *Bei der Festsetzung der Abschrei-*

bungssätze darf auf das Jahresergebnis des Eigenbetriebs und auf den Zuschußbedarf der Gemeinde keine Rücksicht genommen werden.

(3) *Scheidet ein Gegenstand aus dem Anlagevermögen aus, so ist sein Anschaffungswert voll abzubuchen.* Liegen für den abgehenden Anlagegegenstand aufgebrachte Abschreibung und der etwaige Abgangsertrag unter dem Anschaffungswert, so ist der *Unterschied als außergewöhnliche Abschreibung,* liegen sie *über dem Anschaffungswert,* so ist der *Unterschied als außergewöhnlicher Ertrag in der Jahreserfolgsrechnung auszuweisen.*

(4) Bei dem Rücklagekapital, der Wertberichtigung zum Umlaufvermögen und den Rückstellungen sind in der Jahresbilanz der Anfangsstand, die Zuführungen, die Entnahmen und der Endstand gesondert auszuweisen.

(5) Die *Wertberichtigung* zu den Forderungen ist so hoch zu bemessen, daß sie das jeweilige Ausfallwagnis deckt. Die *Ausbuchung oder buchmäßige Herabsetzung von Forderungen* ist *als Abgang bei der Wertberichtigung nachzuweisen. Durch Kürzung des Einnahmesolls dürfen Forderungen nicht ausgebucht oder herabgebucht werden. Eingänge auf früher ausgebuchte* oder herabgebuchte *Forderungen* sind *der Jahreserfolgsrechnung als außergewöhnlicher Ertrag zuzuführen.*

(6) Von den empfangenen *Bauzuschüssen,* für die keine Rückzahlungspflicht besteht, sind

a) Ertragszuschüsse (empfangene Vorschüsse auf künftige Betriebsleistungen) einer Rückstellung zuzuführen,
b) Kapitalzuschüsse anderer als der Gemeinde, die zur Stärkung kapitalschwacher Eigenbetriebe oder zur Ermöglichung gemeinnütziger Bauten gegeben werden, als Zugang zu den Abschreibungen (Formblatt 2) zu buchen,
c) Überteuerungszuschüsse von den Ausgaben für die überteuerten Bauten abzusetzen.

Aus der Rückstellung der Ertragszuschüsse sind jährlich diejenigen Teilbeträge als außergewöhnlicher Ertrag in die Jahreserfolgsrechnung zu übernehmen, die an der Wirtschaftlichkeit der bezuschußten Betriebsleistungen jeweils fehlen. *Soweit der Eigenbetrieb Bauzuschüsse auf Grund allgemeiner Lieferbedingungen erhebt, gelten sie als Ertragszuschüsse;* von ihnen ist jährlich ein Zwanzigstel der Rückstellung zu entnehmen. Als abzuschreibender Anschaffungswert nach Abs. 2 gelten im Falle der Ertragszuschüsse der ungekürzte, im Falle der Kapital- und Überteuerungszuschüsse der um die Zuschüsse gekürzte Ausgabenwert. Bei Kapitalzuschüssen ist in Höhe des Zuschusses eine Erneuerungsrücklage nach den Grundsätzen der Abschreibungsbemessung zu bilden.

(7) *Verbindlichkeiten, die die Gemeinde zugunsten des Eigenbetriebs eingegangen ist, gelten* für die Gliederung in der Jahresbilanz *als Verbindlichkeiten gegenüber Dritten.*

(8) *Wird die Sonderkasse des Eigenbetriebs in der Gemeindekasse mitgeführt, so ist ihr Bestand in der Bilanz als Forderung an die Gemeinde aus laufender Rechnung auszuweisen.*

§ 21 Jahresbericht

(1) Der *Jahresbericht besteht* aus dem *Lagebericht und dem Abschlußbericht.* Die *Berichterstattung hat den Grundsätzen einer gewissenhaften und getreuen Rechenschaft zu entsprechen. Sozialberichte* für den Eigenbetrieb werden *nur im Rahmen gemeindlicher Gesamtberichte* erstattet.

(2) Im Lagebericht ist über die Gesamtverhältnisse, die Marktstellung und die Entwicklungsmöglichkeiten des Betriebs am Schluß des Wirtschaftsjahres und bis zum Zeitpunkt der Berichterstattung zu berichten. Über wichtige Vorkommnisse während und nach Ablauf des Wirtschaftsjahres ist auch dann zu berichten, wenn sie im Jahresabschluß keinen Niederschlag gefunden haben.

(3) Im Abschlußbericht sind der Reihe nach die Posten der Vermögensseite, der Schuldenseite, der Vermögensstand, die Posten der Ertragsseite und der Aufwandsseite zu erläutern. Soweit Änderungen nicht vorliegen, genügt ein Hinweis auf frühere Jahresberichte.

(4) Beim Anlagesachvermögen ist über die Leistungsfähigkeit und den Ausnutzungsgrad der wichtigsten Anlagen, über Veränderungen während des Wirtschaftsjahres, über die unvollendeten und über die geplanten Umbauten, Ersatz-, Erweiterungs- und Neubauten und über die Abschreibungen zu berichten. Sind Abschreibungssätze wesentlich geändert, so sind die Gründe dafür anzugeben. Veränderungen im Bestand der zum Eigenbetrieb gehörenden Grundstücke und grundstücksgleichen Rechte während des Wirtschaftsjahres sind einzeln nachzuweisen.

(5) Beim Anlagefinanzvermögen ist über den Stand am Anfang des Wirtschaftsjahres, die Zugänge, die Abgänge und die Abschreibungen zu berichten. Der Stand am Abschlußstichtag ist durch Angabe der Nennwerte, Bilanzansätze und, *soweit es sich um börsengängige Werte handelt, der Kurswerte am Abschlußstichtag* zu erläutern.

(6) Der Betriebsertrag ist durch eine sorgfältig gegliederte *Erzeugungs-, Mengenverlust-, Absatz- und Tarifstatistik des Vorjahres und des Berichtsjahres* zu erläutern; über wesentliche Veränderungen ist zu berichten; errechnete und geschätzte Mengen sind als solche zu kennzeichnen.

(7) Bei der Besprechung der Aufwendungen soll die *zahlenmäßige Entwicklung der Belegschaft durch eine gegliederte Statistik* dargelegt werden. Die *Gesamtsummen der Löhne, der Vergütungen, der Gehälter, der sozialen Abgaben und des Versorgungsaufwandes* für das Wirtschaftsjahr sind anzugeben.

§ 22 Rechenschaft

(1) Die *Werkleitung* hat den *Jahresabschluß und* den *Jahresbericht aufzustellen, zu unterschreiben* und *über den Gemeindedirektor dem Werksausschuß*

vorzulegen, der sie *mit dem Beratungsergebnis an den Rat der* Gemeinde *zur Feststellung* weiterleitet. Jahresabschluß und Jahresbericht sind *bis zum Ablauf von drei Monaten nach Schluß des Wirtschaftsjahres aufzustellen.* Die *Betriebssatzung kann eine andere Frist* von *nicht mehr als fünf Monaten bestimmen.*

(2) Der *Jahresabschluß ist mit dem Prüfungsvermerk des Bilanzprüfers in der ortsüblichen Form zu veröffentlichen.* Hierbei kann die *Gewinn- und Verlustrechnung so gegliedert werden, wie es das Aktiengesetz vorsieht.* Der Prüfungsvermerk muß sich auch auf diese Gliederung beziehen. Der Anlagenachweis braucht nicht veröffentlicht zu werden.

Dritter Teil

BESONDERE VORSCHRIFTEN FÜR DIE ZUSAMMENFASSUNG VON EIGENBETRIEBEN SOWIE FÜR VERSORGUNGS- UND VERKEHRSBETRIEBE

§ 23 Zusammenfassung von Betrieben

Die *Versorgungsbetriebe einer Gemeinde sind zu einem Eigenbetrieb zusammenzufassen. Das gleiche gilt für die Verkehrsbetriebe.* Die Versorgungsbetriebe sollen *durch die Betriebssatzung* den *Namen „Gemeindewerke" („Stadtwerke") erhalten.* Die *Betriebssatzung kann*

a) die *Einbeziehung der Verkehrsbetriebe* sowie *sonstiger Eigenbetriebe* in *die Gemeindewerke* und

b) *in Ausnahmefällen* die *gesonderte Führung von einzelnen Versorgungsbetrieben oder von einzelnen Verkehrsbetrieben*

vorsehen.

§ 24 Jahresabschluß der Versorgungsbetriebe

(1) In dem Jahresabschluß der Versorgungsbetriebe ist der Anlagenachweis (§ 19 Abs. 3) nach Formblatt 3 (Anlage 3), die Jahreserfolgsrechnung (§ 19 Abs. 6) nach Formblatt 4 (Anlage 4) zu gliedern.

(2) Der Ertrag aus Strom-, Gas- und Wasserlieferungen muß in jedem Jahr 365 (366) Tage umfassen. Ablesestichtag (mittlerer Tage des letzten Ablesezeitraums des Wirtschaftsjahres) soll der Abschlußstichtag sein.

§ 25 Gemeinsamer Jahresabschluß

(1) In Eigenbetrieben gemäß § 23, die aus mehreren Betriebszweigen bestehen, *ist für alle Betriebszweige ein gemeinsamer Jahresabschluß vorzulegen, der durch besondere Jahreserfolgsrechnungen* für die einzelnen Betriebszweige *ergänzt werden muß.* In den besonderen Rechnungen sind *geschlüsselte oder geschätzte Anteile als Anteilsbeträge zu kennzeichnen.*

(2) *Zu den Aufwendungen und Erträgen* in der gemeinsamen Erfolgsrechnung und in den besonderen Erfolgsrechnungen *gehören auch angemessene Vergütungen für die Lieferungen und Leistungen der einzelnen Betriebszweige untereinander.*

(3) Die gemeinsame Erfolgsrechnung ist einheitlich zu gliedern. Sind Versorgungsbetriebe mit anderen Eigenbetrieben zusammengefaßt, so ist für die einheitliche Gliederung das Formblatt für Versorgungsbetriebe (Anlage 4) zu verwenden.

Vierter Teil

SCHLUSSVORSCHRIFTEN

§ 26 Befreiungen

(1) Der *Regierungspräsident kann als Kommunalaufsichtsbehörde bestimmte Eigenbetriebe allgemein oder auf Antrag von den Vorschriften dieser Verordnung befreien.*

(2) Eine *Befreiung ist ausgeschlossen für Elektrizitätswerke, Gaswerke, Elektrizitäts- und Gasverteilungsbetriebe, Straßenverkehrs- und Hafenbetriebe in Gemeinden oder in Versorgungs- und Einzugsgebieten mit mehr als 10 000 Einwohnern.*

§ 27 Inkrafttreten

Die Verordnung *tritt am Tage nach ihrer Veröffentlichung in Kraft.* Von dem gleichen Tage ab findet die Eigenbetriebsverordnung vom 21. November 1938 (RGBl. I S. 1650) im Lande Nordrhein-Westfalen keine Anwendung mehr.

Düsseldorf, den 22. Dezember 1953.

Der Innenminister
des Landes Nordrhein-Westfalen:
Dr. Meyers.

(Anmerkung: Die Anlagen sind mit Rücksicht auf ihren Charakter als Spezialvorschriften nicht abgedruckt.)

KOMMUNALWAHLGESETZ

(KWG)

GRUNDSÄTZLICHES ZUM NRW-KOMMUNALWAHLRECHT

Die Bestimmung über Form und Inhalt des Kommunalwahlrechts liegt beim Landesgesetzgeber. Er hat dabei die Vorschriften des Grundgesetzes, insbesondere Art. 3 (Gleichheitsgrundsatz) und des Art. 28 GG (allgemeine, unmittelbare, freie, gleiche und geheime Wahl – in den Kreisen und Gemeinden – Garantie der Selbstverwaltung), zu beachten.

In Nordrhein-Westfalen ist die Verhältniswahl mit Elementen der Mehrheitswahl verbunden. Die Gemeindevertreter werden zur Hälfte als Einzelpersonen in direkter Wahl in Wahlbezirken mit relativer Mehrheit und auf Grund von Reservelisten gewählt. Durch letztere erfolgt der Verhältnisausgleich nach dem d'Hondtschen Verhältniswahlsystem. Um den Ausgleich herbeizuführen, ist damit u. U. eine Vermehrung der gesetzlichen Vertreterzahl verbunden.

Bis zum Erlaß des neuen Kommunalwahlgesetzes konnten nur politische Parteien Reservelisten aufstellen. Gegen dieses Listenprivileg der politischen Parteien sind immer wieder Einwendungen erhoben worden. Als die Länder Niedersachsen, Nordrhein-Westfalen und das Saarland die Bestimmungen über das Listenprivileg der politischen Parteien noch verschärften bzw. das Saarland es neu einführte, kam es zu Verfassungsbeschwerden gem. § 90 des Ges. über das Bundesverfassungsgericht v. 27. 9. 1950. Das Bundesverfassungsgericht erklärte in drei Urteilen vom 12. Juli 1960 2 BvR 373/60, 2 BvR 442/60 (Saar), 2. November 1960 2 BvR 504/607 (Nordrhein-Westfalen) und 15. November 1960 2 BvR 536/60 (Niedersachsen) die Vorschriften der Kommunalwahlgesetze über das Listenprivileg der politischen Parteien für verfassungswidrig und nichtig. Der Gleichheitsgrundsatz (Art. 3 GG) und die konstitutionelle Garantie der Selbstverwaltung des Art. 28 GG fordere Chancengleichheit sowohl für das aktive wie für das passive Wahlrecht. Der Wähler wie der Wahlbewerber müsse in allen Phasen des Wahlverfahrens gleiche Rechte haben. Die sog. freien Wählergruppen seien in allem den politischen Parteien – auch hinsichtlich der Einreichung von Reservelisten – gleichzustellen. Im Prozeß der Willensbildung im überschaubaren kommunalen Bereich müssen allen Gruppen gleiche Chancen offengehalten werden. Diesem Gebot ist nur Genüge getan, wenn die Bürger Reservelisten auch für die nicht parteigebundenen Kandidaten aufstellen können.

Dieser Forderung hat das neue Kommunalwahlgesetz Rechnung getragen. Die „Wählergruppen" sind in allen Stufen des Wahlverfahrens den politischen Parteien gleichgestellt worden. Die Wählergruppen sind auch hinsichtlich des sog. Unterschriftenquorums (Festlegung einer Mindestzahl für die Unterschriften bei den Wahlvorschlägen) gleichgestellt worden. Die Sperrklausel (5 v. H.) gilt für alle Wahlvorschläge.

Da gleiche Rechte auch gleiche Pflichten bedeuten, bestimmt das neue Kommunalwahlgesetz, daß die Wählergruppen Nachweise über ihr Programm, ihre Organisation usw. beibringen müssen. Diese Vorschrift stützt sich auf folgende Ausführungen des BuVerfG i. d. Urteilsgründen:

> „Das Aufstellen von Listen freier Wählergruppen ist nur sinnvoll, wenn die auf ihnen zusammengefaßten Bewerber sich durch ein gemeinsames Programm verbunden fühlen. Diese Voraussetzung kann aber auch von den örtlichen Wählergemeinschaften erfüllt werden, es müssen nicht Zufallsbildungen heterogener Elemente sein, denen eine kurze Lebensdauer beschieden sein würde."

Auch die Amtsordnung und die Landschaftsverbandsordnung berücksichtigen neben den politischen Parteien die Wählergruppen.

Gesetz über die Kommunalwahlen im Lande Nordrhein-Westfalen (Kommunalwahlgesetz)

vom 24. 12. 1960 (veröffentlicht im GV NW Nr. 51 vom 28. 12. 1960 S. 449)

Erster Teil

WAHLGEBIET

§ 1 Geltungsbereich

(1) Dieses Gesetz gilt für die Wahl der folgenden Vertretungen:
des Rates in den Gemeinden,
des Kreistages in den Landkreisen.

(2) Das Gebiet der Körperschaft, deren Vertretung gewählt wird, bildet das Wahlgebiet.

Zu § 1. Für die Wahlen zur Amtsvertretung gelten besondere Bestimmungen – mittelbare Wahl mit Verhältnisausgleich nach § 7a der Amtsordnung.

§ 2 Wahlorgane

(1) Wahlorgane sind
für das Wahlgebiet der Wahlleiter und der Wahlausschuß der Briefwahlvorsteher und der Briefwahlvorstand,
für den Stimmbezirk der Wahlvorsteher und der Wahlvorstand.
Für die *Briefwahl* können mehrere Wahlvorsteher und Wahlvorstände eingesetzt werden.

(2) *Wahlleiter* ist der Hauptverwaltungsbeamte des Wahlgebiets, stellvertretender Wahlleiter ist sein Vertreter im Amt. Hauptverwaltungsbeamter ist
der Gemeindedirektor in den Gemeinden,
der Oberkreisdirektor in den Landkreisen.
Der Wahlleiter ist für die ordnungsmäßige Vorbereitung und Durchführung der Wahl verantwortlich, soweit nicht dieses Gesetz und die Wahlordnung bestimmte Zuständigkeiten anderen Wahlorganen übertragen.

(3) Der Wahlausschuß besteht aus dem Wahlleiter als Vorsitzenden und vier, sechs, acht oder zehn Beisitzern, die die Vertretung des Wahlgebiets wählt. Auf den Wahlausschuß finden die allgemeinen Vorschriften des kommunalen Verfassungsrechts mit der Maßgabe entsprechende Anwendung, daß der Wahlausschuß in öffentlicher Sitzung entscheidet, daß er ohne Rücksicht auf die Zahl der erschienenen Mitglieder beschlußfähig ist, daß bei Stimmengleichheit die Stimme des Wahlleiters den Ausschlag gibt und daß § 41 Abs. 3 der Gemeindeordnung und § 32 Abs. 2 der Landkreisordnung außer Betracht bleiben.

(4) Der *Wahlvorstand* besteht aus dem Wahlvorsteher, dem stellvertretenden Wahlvorsteher und drei bis sechs Beisitzern. Der Gemeindedirektor beruft die Mitglieder des Wahlvorstandes und berücksichtigt hierbei nach Möglichkeit die in der Gemeinde vertretenen Parteien und Wählergruppen. Die Beisitzer des Wahlvorstandes können im Auftrage des Gemeindedirektors auch vom Wahlvorsteher berufen werden. Der Wahlvorstand entscheidet mit Stimmenmehrheit. Bei Stimmengleichheit gibt die Stimme des Wahlvorstandes den Ausschlag.

(5) Die Beisitzer in den Wahlausschüssen und Wahlvorständen und die Wahlvorsteher und ihre Stellvertreter üben eine ehrenamtliche Tätigkeit aus, auf die die allgemeinen Vorschriften des kommunalen Verfassungsrechts Anwendung finden.

Zu § 2. Abs. 1 Für die Ermittlung des Wahlergebnisses der Briefwahl (§ 9 Abs. 3) ist ein besonderer Wahlvorstand zu bilden. Die Vorschrift des § 2 Abs. 4, die zuläßt, daß die Beisitzer des Wahlvorstandes im Auftrage des Gemeindedirektors vom Wahlvorsteher berufen werden können, stellt eine Vereinfachung dar.

§ 3 Zahl der Vertreter

(1) Die Vertreter werden in den Wahlbezirken und aus den Reservelisten gewählt.

(2) Die Zahl der in den Wahlbezirken zu wählenden Vertreter beträgt:

a) für kreisangehörige Gemeinden mit einer Bevölkerungszahl von

1000 und weniger	3 Vertreter,
über 1 000 aber nicht über 3 000	6 Vertreter,
über 3 000 aber nicht über 10 000	9 Vertreter,
über 10 000 aber nicht über 20 000	12 Vertreter,
über 20 000 aber nicht über 40 000	15 Vertreter,
über 40 000	18 Vertreter;

b) für kreisfreie Städte mit einer Bevölkerungszahl von

40 000 und weniger	15 Vertreter,
über 40 000 aber nicht über 80 000	18 Vertreter,
über 80 000 aber nicht über 160 000	21 Vertreter,
über 160 000 aber nicht über 300 000	24 Vertreter,
über 300 000 aber nicht über 450 000	27 Vertreter,
über 450 000 aber nicht über 600 000	30 Vertreter,
über 600 000	33 Vertreter;

c) für Landkreise mit einer Bevölkerungszahl von

50 000 und weniger	18 Vertreter,
über 50 000 aber nicht über 75 000	21 Vertreter,
über 75 000 aber nicht über 100 000	24 Vertreter,
über 100 000 aber nicht über 200 000	27 Vertreter,
über 200 000 aber nicht über 300 000	30 Vertreter,
über 300 000 aber nicht über 400 000	33 Vertreter,
über 400 000	36 Vertreter.

(3) *Aus den Reservelisten* werden *mindestens* gewählt:

a) in den Gemeinden ebensoviel Vertreter wie in den Wahlbezirken;

b) in den Landkreisen halbsoviel Vertreter wie in den Wahlbezirken; Bruchteile werden auf ganze Zahlen aufgerundet.

Weitere Vertreter werden aus den Reservelisten gewählt, soweit dies zur Durchführung des Verhältnisausgleichs gemäß § 31 Abs. 3 erforderlich ist.

Zu § 3. Es ist eine Änderung insofern eingetreten, als § 3 jetzt auch bestimmt, wieviel Vertreter in den kreisangehörigen Gemeinden von 1000 Einwohner und weniger und in den kreisangehörigen Gemeinden über 1000 aber nicht über 3000 Einwohner zu wählen sind. Für diese Gemeindegrößen sind weiter die Vorschriften der §§ 45 ff. – Sonderregelung für Gemeinden von 3000 und weniger Einwohnern zu beachten.

Da es in Nordrhein-Westfalen keine kreisfreien Städte von 20 000 und weniger Einwohnern gibt, wurde diese Gemeindegrößengruppe gestrichen.

§ 4 Wahlbezirke

(1) Der Wahlausschuß teilt das *Wahlgebiet* in so viele *Wahlbezirke* ein, wie Vertreter gemäß § 3 Abs. 2 zu wählen sind.

(2) Bei der Abgrenzung der Wahlbezirke ist darauf Rücksicht zu nehmen, daß räumliche Zusammenhänge möglichst gewahrt werden und daß die Zahl der Einwohner, auf die im Wahlgebiet ein Vertreter entfällt, in den Wahlbezirken möglichst gleich ist.

(3) Finden Gemeinde- und Kreiswahlen gleichzeitig statt, so dürfen die Grenzen der Wahlbezirke der Gemeinde durch die Grenzen der Wahlbezirke des Landkreises nicht durchschnitten werden. Bei Gemeinden, die aus mehreren Wahlbezirken bestehen, hat der Wahlleiter der Gemeinde dem Wahlleiter des Landkreises die Abgrenzung der Wahlbezirke in der Gemeinde mitzuteilen.

Zu § 4 Abs. 3. Bei gleichem Termin der Gemeinde- und Kreiswahlen dürfen sich die Grenzen der Wahlbezirke der Gemeinde und der Wahlbezirke für den Landkreis nicht überschneiden.

§ 5 Stimmbezirke

(1) Der *Gemeindedirektor* teilt, soweit erforderlich, die Wahlbezirke in *Stimmbezirke* ein.

(2) Die Stimmbezirke sollen nach den örtlichen Verhältnissen so abgegrenzt sein, daß allen Wahlberechtigten die Teilnahme an der Wahl möglichst erleichtert wird. Die Verwaltungsbezirksgrenzen sollen eingehalten werden. Kein Stimmbezirk soll mehr als 2500 Einwohner umfassen. Die Einwohnerzahl eines Stimmbezirks darf nicht so gering sein, daß sich die Wahlentscheidung der einzelnen Wahlberechtigten ermitteln ließe.

(3) Finden mehrere Wahlen zu verschiedenen Vertretungen gleichzeitig statt, so müssen die Stimmbezirke für sämtliche Wahlen dieselben sein. Bei Wahlgebieten, die aus mehreren Gemeinden bestehen, hat der Hauptverwaltungsbeamte jeder Gemeinde, deren Gebiet in Stimmbezirke eingeteilt worden ist,

dem Hauptverwaltungsbeamten des größeren Wahlgebiets die Abgrenzung der Stimmbezirke in seiner Gemeinde mitzuteilen.

§ 6

Die Einteilung des Wahlgebiets in Wahlbezirke und in Stimmbezirke ist von dem Wahlleiter des Wahlgebiets öffentlich bekanntzugeben.

§ 7 Wahlberechtigung

II. Wahlberechtigung und Wählbarkeit

Wahlberechtigt für die Wahl in einem Wahlgebiet ist, wer am Wahltag Deutscher im Sinne von Art. 116 Abs. 1 des Grundgesetzes und 21 Jahre alt ist und mindestens seit drei Monaten in dem Wahlgebiet seinen Wohnsitz hat. Wer in mehreren Gemeinden einen Wohnsitz hat, ist in der Gemeinde wahlberechtigt, in der er seinen Hauptwohnsitz im Sinne der Anordnung zur Durchführung des Meldegesetzes hat. Er kann sein Wahlrecht in einer anderen Wohngemeinde begründen durch Erklärung, die er gegenüber der Meldebehörde des Hauptwohnsitzes abgibt.

§ 8

Ausgeschlossen vom Wahlrecht ist,

1. wer entmündigt ist oder unter vorläufiger Vormundschaft steht,
2. wer durch Richterspruch die bürgerlichen Ehrenrechte oder das Wahlrecht rechtskräftig verloren hat. Dies gilt nicht für den, dem sie aus politischen Gründen in der Zeit vom 30. Januar 1933 bis 8. Mai 1945 entzogen worden sind,
3. wem das Wahlrecht im Entnazifizierungsverfahren rechtskräftig aberkannt ist.

§ 9 Wählerverzeichnisse und Wahlscheine

(1) Wählen kann nur, wer in ein Wählerverzeichnis (Wählerliste oder Wahlkartei) eingetragen ist oder einen Wahlschein hat.

(2) Ein Wahlberechtigter, der in das Wählerverzeichnis eingetragen ist, erhält auf Antrag einen Wahlschein, wenn er glaubhaft macht, daß er

1. sich am Wahltag während der Wahlzeit aus wichtigen persönlichen oder beruflichen Gründen außerhalb seines Stimmbezirks aufhält;
2. nach Ablauf der Einspruchsfrist seine Wohnung in einen außerhalb seines Wahlbezirks gelegenen Stimmbezirk verlegt;
3. infolge eines körperlichen Leidens oder Gebrechens in seiner Bewegungsfreiheit behindert ist.

(3) Ein Wahlberechtigter, der nicht in das Wählerverzeichnis eingetragen ist, erhält auf Antrag einen Wahlschein, wenn

1. er nachweist, daß er ohne Verschulden die Einspruchsfrist versäumt hat;

2. sich seine Berechtigung zur Teilnahme an der Wahl erst nach der Einspruchsfrist herausstellt.

(4) Ein Wahlberechtigter erhält einen Briefwahlschein, wenn er glaubhaft macht, daß er

1. sich am Wahltag während der Wahlzeit aus wichtigen persönlichen oder beruflichen Gründen außerhalb seiner Gemeinde aufhält;
2. infolge Krankheit, hohen Alters, eines körperlichen Gebrechens oder sonst seines körperlichen Zustandes wegen den Wahlraum nicht oder nur unter nicht zumutbaren Schwierigkeiten aufsuchen kann.

(5) Wird der Wahlschein versagt, so kann dagegen Einspruch eingelegt werden. § 11 ist sinngemäß anzuwenden.

§ 10

(1) In jedem Stimmbezirk wird ein Wählerverzeichnis (Wählerliste oder Wahlkartei) geführt. In das Wählerverzeichnis werden alle Personen eingetragen, bei denen am Stichtag feststeht, daß sie wahlberechtigt und nicht vom Wahlrecht ausgeschlossen sind. Stichtag ist der vierzehnte Tag vor dem Beginn der Auslegungsfrist.

(2) Der Wähler kann nur in dem Stimmbezirk wählen, in dessen Wählerverzeichnis (Wählerliste oder Wahlkartei) er eingetragen ist.

(3) Inhaber eines Wahlscheines können in jedem Stimmbezirk ihres Wahlbezirks wählen. *Inhaber eines Briefwahlscheins können durch Briefwahl wählen.*

(4) Das *Wählerverzeichnis wird vom einundzwanzigsten bis zum fünfzehnten Tage* vor der Wahl zur allgemeinen Einsicht öffentlich ausgelegt. Vom Beginn der Auslegungsfrist an können Personen nur auf rechtzeitigen Einspruch in das Wählerverzeichnis aufgenommen oder darin gestrichen werden, es sei denn, daß es sich um offenbare Unrichtigkeiten handelt, die vom Gemeindedirektor bis zum Tage vor der Wahl zu berichtigen sind.

Zu § 10. Für die Aufnahme in die Wählerliste oder Wahlkartei ist jetzt ein Stichtag bestimmt: der 14. Tag vor Beginn der Auslegungsfrist. Die Auslegungssfrist ist um einen Tag verkürzt (vom 21. bis zum 15. Tage vor der Wahl – bisher bis zum 14. Tage).

§ 11

(1) Wer das Wählerverzeichnis (Wählerliste oder Wahlkartei) für unrichtig oder unvollständig hält, kann innerhalb der Auslegungsfrist bei der Gemeindeverwaltung Einspruch einlegen.

(2) Richtet sich der Einspruch gegen die Eintragung eines anderen, so ist dieser vor der Entscheidung zu hören.

(3) Der Gemeindedirektor hat die Entscheidung unverzüglich zu fällen und dem Antragsteller und dem Betroffenen zuzustellen.

(4) Gegen die Entscheidung des Gemeindedirektors kann binnen drei Tagen nach Zustellung Beschwerde eingelegt werden, über die die Aufsichtsbehörde entscheidet.

(5) Die Einspruchs- oder Beschwerdenentscheidung ist für die Berechtigung zur Teilnahme an der Wahl endgültig. Sie schließt die Erhebung eines Einspruchs im Wahlprüfungsverfahren nicht aus (§ 37 Abs. 2).

§ 12 Wählbarkeit

(1) Wählbar ist jeder Wahlberechtigte, der am Wahltag 25 Jahre alt ist.

(2) Nicht wählbar ist, wenn am Wahltag

a) durch rechtskräftigen Richterspruch oder

b) durch eine rechtskräftige Entscheidung im Entnazifizierungsverfahren

die Wählbarkeit aberkannt ist.

§ 13

(1) Beamte und Angestellte, die *im Dienst einer der in den Buchst. a) bis g)* genannten Körperschaften stehen, *können in den folgenden Fällen nicht gleichzeitig einer Vertretung angehören:*

a) Sie können nicht der Vertretung ihrer Anstellungskörperschaft angehören.

b) Stehen sie im Dienste des Amtes, so können sie nicht der Vertretung einer amtsangehörigen Gemeinde angehören.

c) Stehen sie im Dienste eines Zweckverbandes, so können sie nicht der Vertretung einer Mitgliedskörperschaft angehören.

d) Stehen sie im Dienste des Landes und werden sie in einer staatlichen Behörde beschäftigt, die die allgemeine Aufsicht oder die Sonderaufsicht über Gemeinden und Gemeindeverbände führt, so können sie nicht der Vertretung einer beaufsichtigten Gemeinde oder eines beaufsichtigten Gemeindeverbandes angehören.

e) Stehen sie im Dienste des Landes und werden sie in einem Schulamt beschäftigt (§ 18 Abs. 1 des Schulverwaltungsgesetzes), so können sie nicht der Vertretung der Körperschaft angehören, bei der das Schulamt errichtet ist.

f) Stehen sie im Dienste eines Landkreises, so können sie nicht der Vertretung einer kreisangehörigen Gemeinde angehören, es sei denn, daß sie bei einer Kreissparkasse, einer öffentlichen Einrichtung (§ 42 Abs. 1 der Landkreisordnung, § 69 Abs. 2 der Gemeindeordnung) oder einem Eigenbetrieb des Landkreises beschäftigt sind.

g) Stehen sie im Dienste einer Gemeinde oder eines Amtes, so können sie nicht Mitglied der Vertretung des Landkreises sein, dem ihre Anstellungskörperschaft angehört, es sei denn, daß sie bei einer Sparkasse, einer öffentlichen Einrichtung (§ 69 Abs. 2 der Gemeindeordnung, § 2 Abs. 1 der Amtsordnung) oder einem Eigenbetrieb der Anstellungskörperschaft beschäftigt sind.

(2) Bewerben sich Beamte oder Angestellte des öffentlichen Dienstes um einen Sitz im Wahlgebiet, so ist ihnen der zur Vorbereitung der Wahl erforderliche Urlaub auch dann zu erteilen, wenn im Falle der Wahl ein Hindernis für die gleichzeitige Zugehörigkeit zur Vertretung gemäß Absatz 1 vorliegen würde.

(3) Werden Beamte oder Angestellte des öffentlichen Dienstes gewählt, die gemäß Absatz 1 an der gleichzeitigen Zugehörigkeit zur Vertretung gehindert sind, so können sie die Annahme der Wahl nur erklären, wenn sie die Beendigung ihres Dienstverhältnisses nachweisen.

(4) Werden Mitglieder einer Vertretung Beamte oder Angestellte des öffentlichen Dienstes, die gemäß Absatz 1 an der gleichzeitigen Zugehörigkeit zur Vertretung gehindert sind, so scheiden sie mit ihrer Anstellung aus der Vertretung aus.

(5) Absätze 1 bis 4 finden auf Lehrer an Hochschulen und auf Ehrenbeamte keine Anwendung.

Zu § 13. Der Kreis der Angehörigen des öffentlichen Dienstes, die einer Vertretung noch angehören können (Inkompatibilität), ist erweitert worden. Hinzugekommen sind die Landesbeamten, die in einem Schulamt (§ 18 des Schulverwaltungsgesetzes) beschäftigt sind für die Vertretungskörperschaft des Schulamtsbezirks. Ferner können Gemeinde- oder Amtsbedienstete nicht gleichzeitig Mitglied der Kreisvertretung sein. (Nicht darunter fallen – wie bei Abs. f – Bedienstete einer Sparkasse, einer öffentlichen Einrichtung oder eines Eigenbetriebes.

III. Wahlvorbereitung

§ 14 Wahltag

(1) Wahltag ist ein Sonntag. Der Wahltag wird für allgemeine Neuwahlen vom Innenminister, im übrigen von der Aufsichtsbehörde festgelegt, soweit dieses Gesetz und die Wahlordnung nichts anderes bestimmen.

(2) Die Wahlzeit dauert von 8 bis 18 Uhr. Der Wahlausschuß der Gemeinde kann die Wahlzeit schon mit einem früheren Beginn festsetzen und längstens bis 21 Uhr ausdehnen, wenn besondere Gründe es erfordern.

§ 15 Wahlvorschläge

(1) *Beim Wahlleiter* können *bis zum siebenundzwanzigsten Tage vor der Wahl,* 18 Uhr, *Wahlvorschläge für die Wahl in den einzelnen Wahlbezirken* des Wahlgebiets eingereicht werden. Wahlvorschläge können von politischen Parteien im Sinne des Art. 21 des Grundgesetzes (Parteien) von Gruppen von Wahlberechtigten (Wählergruppen) und von einzelnen Wahlberechtigten (Einzelbewerbern) eingereicht werden.

(2) Die *Wahlvorschläge* von Parteien und Wählergruppen müssen von der für das Wahlgebiet zuständigen Leitung unterzeichnet sein. Ist die Partei oder Wählergruppe in der im Zeitpunkt der Wahlausschreibung (§ 14 Abs. 1) laufenden Wahlperiode nicht ununterbrochen in der zu wählenden Vertretung, in der Vertretung des zuständigen Landkreises, im Landtag oder auf Grund eines

Wahlvorschlages aus dem Land im Bundestag vertreten, so kann sie einen Wahlvorschlag nur einreichen, wenn sie nachweist, daß sie einen nach demokratischen Grundsätzen gewählten Vorstand, eine schriftliche Satzung und ein Programm hat. Die Wahlvorschläge dieser Parteien oder Wählergruppen müssen ferner

in Wahlbezirken bis zu 5000 Einwohnern von 5,
in Wahlbezirken von 5000 bis 10 000 Einwohnern von 10,
in Wahlbezirken von mehr als 10 000 Einwohnern von 20

Wahlberechtigten des Wahlbezirks persönlich und handschriftlich unterzeichnet sein; dies gilt auch für Wahlvorschläge von Einzelbewerbern, es sei denn, daß sie in der zu wählenden Vertretung einen Sitz auf Grund eines Wahlvorschlages haben, in dem sie als Einzelbewerber benannt waren, und der Wahlvorschlag von ihnen selbst unterzeichnet ist. Die ordnungsgemäße Unterzeichnung bis zum Ablauf der Einreichungsfrist ist Voraussetzung für das Vorliegen eines gültigen Wahlvorschlages.

(3) Jeder Wahlvorschlag muß Name, Vorname, Geburtstag, Geburtsort, Anschrift und Beruf und, falls der Bewerber von einer Partei oder Wählergruppe aufgestellt ist, die Bezeichnung der Partei oder der Wählergruppe angeben. Jeder Wahlvorschlag darf nur einen Bewerber enthalten. Ein Bewerber darf, unbeschadet seiner Bewerbung in einer Reserveliste, nur in einem Wahlvorschlag benannt werden. In einen Wahlvorschlag darf nur aufgenommen werden, wer seine Zustimmung schriftlich erteilt hat. Die ordnungsgemäße Abgabe der Zustimmungserklärung bis zum Ablauf der Einreichungsfrist ist Voraussetzung für die Abgabe eines gültigen Wahlvorschlags.

(4) In jedem Wahlvorschlag sollen ein Vertrauensmann und ein Stellvertreter bezeichnet sein. Fehlt diese Bezeichnung, so gilt der erste Unterzeichner als Vertrauensmann, der zweite als sein Stellvertreter.

Zu § 15. Die Fristen für die Einreichung der Wahlvorschläge sind verkürzt. Sie müssen jetzt bis zum 27. Tage vor der Wahl eingereicht werden (bisher zum 17. Tage vor der Wahl).

§ 16

(1) Für die Reserveliste können nur Bewerber benannt werden, die für eine Partei oder für eine Wählergruppe auftreten. Die Reserveliste muß von der für das Wahlgebiet zuständigen Leitung unterzeichnet sein. Ist die Partei oder Wählergruppe in der im Zeitpunkt der Wahlausschreibung (§ 14 Abs. 1) laufenden Wahlperiode nicht ununterbrochen in der zu wählenden Vertretung, in der Vertretung des zuständigen Landkreises, im Landtag oder auf Grund eines Wahlvorschlages aus dem Land im Bundestag vertreten, so muß die Reserveliste von 1 vom Tausend der Wahlberechtigten des Wahlbezirks mindestens von 5, höchstens von 100 Wahlberechtigten, persönlich und handschriftlich unterzeichnet sein.

(2) Auf der Reserveliste kann vorgesehen werden, daß ein Bewerber, unbeschadet der Reihenfolge im übrigen, Ersatzmann für einen im Wahlbezirk aufgestellten Bewerber sein soll.

(3) § 15 Abs. 1 Satz 1, Abs. 2 Satz 2 und 4, Abs. 3 Satz 1, 3 bis 5 und Abs. 4 gelten sinngemäß.

Zu § 16. Der Begriff der politischen Partei ist ein bundesrechtlicher Begriff (Art. 21 des Grundgesetzes). Dem Landesgesetzgeber ist eine gesetzliche Bestimmung des Begriffs „politische Partei" verwehrt.

§ 17

(1) Der Wahlleiter hat die Wahlvorschläge sofort zu prüfen. Stellt er Mängel fest, so fordert er unverzüglich den Vertrauensmann auf, sie rechtzeitig zu beseitigen. Der Vertrauensmann kann gegen Verfügungen des Wahlleiters den Wahlausschuß anrufen.

(2) Mängel des Wahlvorschlags können nur so lange behoben werden, als nicht über seine Zulassung entschieden ist. Sind in einer Reserveliste die Anforderungen nur hinsichtlich einzelner Bewerber nicht erfüllt, so werden ihre Namen aus der Reserveliste gestrichen.

(3) Der Wahlausschuß entscheidet spätestens am zweiundzwanzigsten Tage vor der Wahl über die Zulassung der Wahlvorschläge. Er hat Wahlvorschläge zurückzuweisen, wenn sie verspätet eingereicht sind, den durch dieses Gesetz oder durch die Wahlordnung aufgestellten Anforderungen nicht entsprechen oder auf Grund einer Entscheidung nach Art. 9 Abs. 2, Art. 21 Abs. 2 des Grundgesetzes oder Art. 32 Abs. 2 der Landesverfassung unzulässig sind.

(4) Weist der Wahlausschuß einen Wahlvorschlag zurück, so kann binnen zwei Tagen nach Verkündung in der Sitzung des Wahlausschusses vom Vertrauensmann des Wahlvorschlags oder vom Wahlleiter oder von der Aufsichtsbehörde Beschwerde eingelegt werden. Der Wahlleiter, die Aufsichtsbehörde oder die oberste Aufsichtsbehörde kann auch gegen eine Entscheidung, durch die ein Wahlvorschlag zugelassen wird, Beschwerde erheben. Die Beschwerde ist bei Entscheidungen der Wahlausschüsse der kreisangehörigen Gemeinden an den Wahlausschuß des Landkreises und bei Entscheidungen der Wahlausschüsse der kreisfreien Städte und Landkreise an den Landeswahlausschuß (§ 9 Abs. 2 des Landeswahlgesetzes) zu richten. Legt die oberste Aufsichtsbehörde Beschwerde ein, so ist die Beschwerde an den Landeswahlausschuß zu richten, der für die Entscheidung auch dann ausschließlich zuständig ist, wenn gegen die Zulassung oder Nichtzulassung desselben Wahlvorschlags Beschwerde zum Wahlausschuß des Landkreises erhoben ist. Die Beschwerde kann nur auf die in Absatz 3 Satz 2 genannten Gründe gestützt werden. In der Beschwerdeverhandlung sind die erschienenen Beteiligten zu hören. Die Entscheidung über die Beschwerde muß vom Landeswahlausschuß spätestens am achtzehnten Tage, von den Wahlausschüssen der Landkreise spätestens am siebzehnten Tage vor der Wahl getroffen werden. Die Beschwerdeentscheidung ist für die Aufstellung der Be-

werber zur Wahl endgültig. Sie schließt die Erhebung eines Einspruchs im Wahlprüfungsverfahren nicht aus (§ 37 Abs. 2).

Zu § 17. Für die Entscheidung über die Zulassung der Wahlvorschläge sind Fristen gesetzt: für die Wahlvorschläge zur Gemeindewahl und zur Kreiswahl der 22. Tag vor der Wahl.

Die Wahlausschüsse der Landkreise müssen bis zum 17. Tage vor der Wahl, der Landeswahlausschuß muß bis zum 18. Tage vor der Wahl über die Beschwerden entschieden haben.

In Abs. 3 letzter Satz handelt es sich um die durch die Verfassungsgerichte verbotenen staatsfeindlichen Vereinigungen und Parteien.

Nach der Neufassung des Kommunalwahlgesetzes kann jetzt auch die oberste Aufsichtsbehörde – der Innenminister – Beschwerde erheben, und zwar beim Landeswahlausschuß.

§ 18

(1) Der Wahlleiter macht die zugelassenen Wahlvorschläge spätestens am *fünfzehnten Tage* vor der Wahl öffentlich bekannt.

(2) Für die Reihenfolge der Bekanntmachung gilt § 21 Satz 3.

Zu § 18. Der Termin für die öffentliche Bekanntmachung der Wahlvorschläge ist vorverlegt auf den fünfzehnten Tag vor der Wahl (bisher spätestens am achten Tage vor der Wahl). Nach der Wahl kann eine unberechtigte Zurückweisung von Wahlvorschlägen nicht mehr mit einer Anfechtungsklage gegen den Wahlleiter geltend gemacht werden, sondern nur noch im Wahlprüfungsverfahren (§§ 36 ff.). (Urteil des OVG Münster vom 2. 3. 1955 – III A 876/53.)

§ 19

Ein Wahlvorschlag kann durch gemeinsame schriftliche Erklärung des Vertrauensmannes und seines Stellvertreters zurückgenommen werden, solange nicht über seine Zulassung entschieden ist. Wahlvorschläge, die von Wahlberechtigten unterzeichnet sind, können auch von der Mehrheit der Unterzeichner durch eine von ihnen persönlich und handschriftlich unterzeichnete Erklärung zurückgenommen werden.

§ 20 Nachwahl

(1) Eine Nachwahl findet statt, wenn

1. in einem Wahlgebiet, einem Wahlbezirk oder einem Stimmbezirk die Wahl nicht durchgeführt worden ist,
2. ein im Wahlbezirk vorgeschlagener Bewerber nach der Zulassung des Wahlvorschlags, aber noch vor dem Wahltage stirbt oder seine Wählbarkeit verliert und ein Ersatzmann auf der Reserveliste (§ 16 Abs. 2) nicht vorhanden ist,
3. in einem Wahlbezirk keine oder weniger Bewerber zugelassen werden, als Vertreter zu wählen sind.

(2) Die Nachwahl muß spätestens *fünf* Wochen nach dem Tag der aus-

gefallenen Wahl stattfinden; sie kann im Falle des Absatzes 1 Ziff. 3 auch auf einen späteren Zeitpunkt festgelegt werden. Den Tag der Nachwahl und die für ihre Vorbereitung maßgeblichen Fristen und Termine bestimmt die Aufsichtsbehörde.

(3) Die Nachwahl findet auf denselben Grundlagen und nach denselben Vorschriften wie die ausgefallene Wahl statt, soweit nicht eine Ergänzung der Wahlvorschläge erforderlich ist.

(4) *Briefwahl findet nicht statt.*

Zu § 20. Eine Nachwahl findet auch statt, wenn ein im Wahlvorschlag zugelassener Bewerber vor dem Wahltag seine Wählbarkeit verliert. Die Frist für den Termin der Nachwahl ist von drei auf fünf Wochen verlängert worden.

§ 21 Stimmzettel

Die Stimmzettel werden amtlich hergestellt. Sie enthalten die für den Wahlbezirk zugelassenen Wahlvorschläge. Die Reihenfolge auf dem Stimmzettel richtet sich nach der Stimmenanzahl, die die Parteien, Wählergruppen und Einzelbewerber bei der letzten Wahl zur Vertretung des Wahlgebiets erreicht haben; sonstige Wahlvorschläge schließen sich in der Reihenfolge ihres Eingangs an.

IV. Durchführung der Wahl

§ 22 Anwesenheit im Wahllokal

(1) Die Wahlhandlung und die Ermittlung des Wahlergebnisses in den Stimmbezirken sind öffentlich. Der Wahlvorstand kann aber im Interesse der Wahlhandlung die Zahl der im Wahllokal Anwesenden beschränken.

(2) Den Anwesenden ist jede Einflußnahme auf die Wahlhandlung und das Wahlergebnis untersagt.

(3) *In und an dem Gebäude,* in dem sich der Wahlraum befindet, *ist jede Beeinflussung der Wähler durch Wort, Ton, Schrift oder Bild verboten.*

Zu § 22. Die Vorschrift über die Bannmeile von 50 m Umkreis ist fortgefallen. Die Anbringung eines Wahlplakates einer Partei in einem Wahllokal bedeutet zwar einen Verstoß gegen § 23. Es kann aber nicht angenommen werden, daß durch das Anheften eines einzelnen Plakates die Wähler in ihrer Stimmabgabe beeinflußt werden (Urteil des OVG Münster vom 21. 10. 1953 – III A 369/53).

§ 23 Stimmabgabe

(1) Der Wähler gibt seine Stimme in der Weise ab, daß er durch ein auf den Stimmzettel gesetztes Kreuz oder auf andere Weise eindeutig kenntlich macht, welchem Bewerber sie gelten soll.

(2) Darauf legt der Wähler den Stimmzettel in den vom Land gelieferten amtlichen Umschlag und wirft diesen in die Wahlurne.

(3) Ein Wähler, der des Lesens unkundig oder durch körperliches Gebrechen behindert ist, den Stimmzettel zu kennzeichnen oder in den Umschlag zu legen

und diesen in die Wahlurne zu werfen, kann sich der Hilfe einer Vertrauensperson bedienen.

(4) Der Innenminister kann zulassen, daß an Stelle von Stimmzetteln amtlich zugelassene *Stimmenzählgeräte* verwendet werden.

Zu § 23. Die Vorschriften über die Stimmabgabe eines des Lesens Unkundigen oder eines durch körperliches Gebrechen Verhinderten – Hilfe durch einen Dritten – sind vervollständigt worden. Entsprechend der fortschreitenden Technisieung ist die Verwendung von Stimmzählgeräten zugelassen worden.

§ 24

(1) Bei der *Briefwahl* hat der Wähler dem Wahlleiter in einem verschlossenen von der Gemeinde freigemachten Wahlbriefumschlag

a) seinen Briefwahlschein,

b) in einem besonderen verschlossenen Wahlumschlag seinen Stimmzettel

so rechtzeitig zu übersenden, daß der Wahlbrief am Wahltage bis 15 Uhr eingeht.

(2) Auf dem Briefwahlschein hat der Wähler eidesstattlich zu versichern, daß er den Stimmzettel persönlich gekennzeichnet hat. Hat sich ein Wähler zur Kennzeichnung des Stimmzettels einer Vertrauensperson bedient (§ 23 Abs. 3), so hat die Vertrauensperson eidesstattlich zu versichern, daß sie den Stimmzettel gemäß dem erklärten Willen des Wählers gekennzeichnet hat.

Zu § 24. Die Briefwahl ist für die Kommunalwahl eine Neuerung. Zur Ausübung der Briefwahl ist die Beifügung eines Wahlscheins notwendig. Auch bei Ausübung der Briefwahl kann der Wähler, der des Lesens unkundig oder durch körperlichen Schaden behindert ist, sich eines Vertrauensmannes bedienen.

§ 25

(1) Der *Briefwahlvorstand* öffnet den Wahlbrief, prüft die Gültigkeit der Stimmabgabe und legt den Wahlumschlag im Falle der Gültigkeit der Stimmabgabe ungeöffnet in die Wahlurne des Wahlbezirks, der auf dem Wahlbrief bezeichnet ist.

(2) Die Stimmabgabe ist ungültig, wenn

1. der Wahlbrief nicht rechtzeitig eingegangen ist,
2. dem Wahlumschlag kein oder kein mit der vorgeschriebenen eidesstattlichen Versicherung versehener Briefwahlschein beigefügt ist,
3. der Wahlbrief und der Wahlumschlag unverschlossen sind,
4. der Stimmzettel nicht in einen Wahlumschlag gelegt ist.

(3) Die Feststellung des Briefwahlergebnisses im Wahlbezirk obliegt dem Wahlvorstand eines vom Gemeindedirektor bestimmten Stimmbezirks.

§ 26 Wahlurnen

Für die Wahlhandlung sind Wahlurnen zu benutzen.

§ 27 Stimmenzählung

(1) Die Stimmenzählung erfolgt unmittelbar im Anschluß an die Wahlhandlung durch den Wahlvorstand.

(2) Bei der Stimmenzählung ist zunächst die Gesamtzahl der abgegebenen Stimmen an Hand des Wählerverzeichnisses und der eingenommenen Wahlscheine festzustellen und mit der Zahl der in den Urnen befindlichen amtlichen Umschläge zu vergleichen. Danach wird die Zahl der gültigen Stimmen und der auf jeden Wahlvorschlag entfallenen Stimmen ermittelt.

(3) Über die Gültigkeit der Stimmen entscheidet der Wahlvorstand.

Zu § 27. Die Vorschrift, daß über die Gültigkeit der Stimmen der Wahlvorstand entscheidet, besagt nicht, daß der Wahlvorstand in seiner Gesamtheit über die Gültigkeit jedes einzelnen Stimmzettels entscheiden muß. Es widerspricht nicht dem Wahlgesetz, wenn einzelne Mitglieder des Wahlvorstandes mit einer Vorprüfung beauftragt werden und der Wahlvorstand sich die Beschlußfassung nur über diejenigen Stimmzettel vorbehält, die Anlaß zu Zweifeln an ihrer Gültigkeit geben (Urteil des OVG Münster vom 21. 10. 1953 – III A 369/53).

§ 28

Ungültig sind Stimmzettel,

1. die nicht in einem amtlichen Umschlag oder die in einem mit Kennzeichen versehenen Umschlag übergeben worden sind,
2. die als nicht amtlich hergestellt erkennbar sind,
3. aus denen sich der Wille des Wahlberechtigten nicht unzweifelhaft ergibt,
4. die mit Vermerken oder Vorbehalten oder Anlagen versehen sind.

V. Wahlsystem und Verteilung der Sitze

§ 29 Wahlsystem

Jeder Wähler hat eine Stimme. Mit ihr wählt er den Vertreter im Wahlbezirk (§ 30) und, falls der Bewerber von einer Partei oder Wählergruppe aufgestellt ist, die von ihr für das Wahlgebiet aufgestellte Reserveliste. Die Sitze werden auf die an der Listenwahl teilnehmenden Parteien und Wählergruppen nach den Grundsätzen des d'Hondtschen Höchstzahlenverfahrens unter Anrechnung der in den Wahlbezirken errungenen Sitze (§ 31) verteilt.

§ 30 Wahl im Wahlbezirk

Im Wahlbezirk ist derjenige Bewerber gewählt, der die meisten Stimmen auf sich vereinigt. Bei Stimmengleichheit entscheidet das vom Wahlleiter zu ziehende Los.

§ 31 Wahl aus der Reserveliste

(1) Zur Errechnung der auf die Parteien und Wählergruppen entfallenden Sitzzahlen werden für jede Partei und für jede Wählergruppe die im Wahlgebiet

für sie abgegebenen gültigen Stimmen zusammengezählt. Von der gemäß § 3 in jedem Wahlgebiet mindestens zu wählenden Gesamtzahl von Vertretern wird die Zahl der erfolgreichen Wahlbezirksbewerber abgezogen, die als Einzelbewerber aufgetreten oder von einer nach Absatz 6 nicht zu berücksichtigenden Partei oder Wählergruppe vorgeschlagen sind (erste Ausgangszahl). Von den hiernach zu verteilenden Sitzen werden jeder Partei und jeder Wählergruppe soviel Sitze zugeteilt, wie ihnen im Verhältnis der auf sie entfallenden Stimmen zur Gesamtzahl der auf die an der Listenwahl teilnehmenden Parteien und Wählergruppen entfallenden Stimmen nach dem d'Hondtschen Höchstzahlenverfahren zustehen (erste Zuteilungszahl). Über die Zuteilung des letzten Sitzes entscheidet bei gleicher Höchstzahl das vom Wahlleiter zu ziehende Los.

(2) Ist die erste Zuteilungszahl bei den an der Listenwahl teilnehmenden Parteien und Wählergruppen gleich der in den Wahlbezirken errungenen Sitzzahl oder höher, so erhalten die Parteien und Wählergruppen mit gleicher Zuteilungszahl keinen, mit höherer Zuteilungszahl die an ihr fehlenden Sitze aus der Reserveliste.

(3) Ist die erste Zuteilungszahl bei einer oder mehreren an der Listenwahl teilnehmenden Parteien und Wählergruppen kleiner als die Zahl der in den Wahlbezirken errungenen Sitze, so wird eine zweite Ausgangszahl gebildet. Diese wird gewonnen, indem die um 100 vervielfältigte Zahl der in den Wahlbezirken errungenen Sitze durch den Stimmenanteil derjenigen Partei oder Wählergruppe geteilt wird, die das günstigste Verhältnis der in den Wahlbezirken errungenen Sitze zur ersten Zuteilungszahl erreicht hat. Der Stimmenanteil ist der Vomhundertsatz der gültigen Stimmen der betreffenden Partei oder Wählergruppe zur Gesamtzahl der auf die an der Listenwahl teilnehmenden Parteien und Wählergruppen entfallenen gültigen Stimmen. Auf Grund der zweiten Ausgangszahl wird in entsprechender Anwendung von Absatz 1 Satz 3 und 4 für jede Partei und für jede Wählergruppe die zweite Zuteilungszahl errechnet und die noch fehlenden Sitze zugewiesen.

(4) Die Stimmenanteile sind auf zwei Stellen hinter dem Komma zu berechnen; liegt die dritte Kommastelle unter 5 (0,005), so wird die zweite Stelle nicht erhöht, liegt sie bei 5 (0,005) oder höher, so wird die zweite Stelle um eins erhöht. Die zweite Ausgangszahl für die Sitzzuteilung ist auf eine ganze Zahl zu berechnen; liegt die erste Kommastelle unter 5 (0,5), so wird die Zahl nicht erhöht, liegt sie bei 5 (0,5) oder höher, so wird die ganze Zahl um eins erhöht.

(5) Die Sitze werden aus den Reservelisten in der dort festgelegten Reihenfolge besetzt. Bewerber, die in einem Wahlbezirk gewählt sind, bleiben auf der Reserveliste unberücksichtigt. Entfallen auf eine Partei oder Wählergruppe mehr Sitze als Bewerber auf der Reserveliste benannt sind, so bleiben diese unbesetzt.

(6) Bei der Verteilung der Sitze aus der Reserveliste werden nur Parteien und Wählergruppen berücksichtigt, die mindestens 5 vom Hundert der im Wahlgebiet abgegebenen gültigen Stimmen erhalten haben.

(7) *Gesetzliche Mitgliederzahl ist im Falle des Absatzes 2 die Mindestzahl der in jedem Wahlgebiet zu wählenden Gesamtzahl von Vertretern* (§ 3). *Sie erhöht sich im Falle des Absatzes 3 um die zuzuteilenden weiteren Sitze. Sie vermindert sich im Falle des Absatzes 5 um die unbesetzt bleibenden Sitze.*

Zu § 31. Ein Kommunalwahlgesetz, das die 5%-Klausel enthält, ist mit dem Grundgesetz vereinbar (Urteil des Bundesverfassungsgerichts v. 23. 1. 1957 – 2 BvF 3/56). Beispiele zur Berechnung der Wahlergebnisse am Schluß S. 301.

§ 32 Feststellung des Wahlergebnisses

(1) Der Wahlausschuß stellt fest, wieviel Stimmen für die Bewerber in den Wahlbezirken und für die Parteien und Wählergruppen abgegeben worden sind und welche Bewerber in den Wahlbezirken und aus den Reservelisten gewählt sind.

(2) Der Wahlausschuß ist an die vom Wahlvorstand getroffenen Entscheidungen gebunden, jedoch berechtigt, Rechenfehler zu berichtigen.

Zu § 32. Gegen die Feststellung des Wahlergebnisses durch den Wahlausschuß kann nur im Wahlprüfungsverfahren (§§ 36 ff.) angegangen werden. Eine Klage gegen den Wahlleiter oder den Wahlausschuß mit dem Ziel der Zuweisung eines weiteren Sitzes ist nicht zugelassen (Urteil des OVG Münster v. 16. 3. 1955 – III A 490/54).

§ 33

Der Wahlleiter gibt die Namen der in den Wahlbezirken und aus den Reservelisten gewählten Bewerber öffentlich bekannt.

§ 34 Annahmeerklärung

(1) Ein gewählter Bewerber erwirbt die Mitgliedschaft in der Vertretung mit dem Eingang der Annahmeerklärung beim zuständigen Wahlleiter. Eine Erklärung unter Vorbehalt gilt als Ablehnung. Eine Ablehnung kann nicht widerrufen werden. Gibt der Gewährte bis zum Ablauf der gesetzten Frist keine Erklärung ab, so gilt die Wahl zu diesem Zeitpunkt als angenommen. *Wer die Annahme der Wahl im Wahlbezirk ablehnt, scheidet auch als Bewerber der Reserveliste aus.*

(2) Für die Annahmeerklärung eines Beamten oder eines Angestellten des öffentlichen Dienstes gelten die besonderen Vorschriften des § 13 Abs. 3.

VI. Wahlprüfung, Ausscheiden und Ersatz von Vertretern

§ 35 Mandatsverlust

Ein Vertreter verliert seinen Sitz

1. durch Verzicht,
2. durch nachträglichen Verlust der Wählbarkeit,
3. durch strafgerichtliche Aberkennung der Rechte aus öffentlichen Wahlen,
4. durch ein Parteiverbot gemäß Art. 21 des Grundgesetzes, durch eine Entscheidung nach Art. 9 Abs. 2 des Grundgesetzes und durch eine Entscheidung nach Art. 32 Abs. 2 der Landesverfassung (§ 44 Abs. 1 und 3),
5. durch Ungültigkeit seiner Wahl gemäß einer Entscheidung im Wahlprüfungsverfahren.

§ 36

Der Verzicht ist nur wirksam, wenn er dem Wahlleiter oder einem von ihm Beauftragten zur Niederschrift erklärt wird; er kann nicht widerrufen werden.

§ 37 Wahlprüfung

(1) Gegen die Gültigkeit der Wahl können
jeder Wahlberechtigte des Wahlgebiets,
die für das Wahlgebiet zuständige Leitung solcher Parteien und Wählergruppen, die an der Wahl teilgenommen haben, sowie
die Aufsichtsbehörde
binnen eines Monats nach Bekanntgabe des Wahlergebnisses Einspruch erheben, wenn sie eine Entscheidung über die Gültigkeit der Wahl gemäß § 38 Abs. 1 Buchst. a) bis c) für erforderlich halten. Der Einspruch ist bei dem Wahlleiter schriftlich einzureichen oder mündlich zur Niederschrift zu erklären.

(2) Gegen die von den Wahlbehörden bei der Vorbereitung der Wahl oder bei der Wahlhandlung getroffenen Entscheidungen kann Einspruch gemäß Absatz 1 eingelegt werden, um eine Entscheidung über die Gültigkeit der Wahl gemäß § 38 Abs. 1 herbeizuführen. § 9 Abs. 5 Satz 2, § 11, § 17 Abs. 4 bleiben unberührt.

Zu § 37. Klage gegen eine Kommunalwahl. Das Recht zur Klage gegen eine Kommunalwahl hat auch derjenige nicht verwirkt, der an Unregelmäßigkeiten während der Wahl beteiligt war.

Für die Klage gegen eine Kommunalwahl ist kein Rechtsschutzinteresse erforderlich.

Ohne Wahlgeheimnis gibt es keine freie Wahl.

Das Verwaltungsgericht darf einen Wähler nicht darüber befragen, wie er sein Wahlrecht ausgeübt hat.

Die Verletzung des Wahlgeheimnisses ist kein absoluter Wahlungültigkeitsgrund.

Das Verwaltungsgericht muß, wenn es einer Klage gegen eine Wahl stattgibt, nicht nur die Ungültigkeit der Wahl feststellen, sondern in der Spruchformel des Urteils auch die Wiederholungswahl anordnen (OVG Münster, Urteil vom 17. 12. 1958 – III A 1014/58).

Die Mitglieder einer Gemeindevertretung sind nicht von einer Beschlußfassung darüber ausgeschlossen, ob gegen die Ungültigkeitserklärung einer Wahl durch die Gemeinde Klage erhoben werden soll. Das Interesse aller oder einzelner Ratsmitglieder an einer solchen Maßnahme ist kein Sonderinteresse (OVG Rheinland-Pfalz vom 13. 1. 1959 – 2 A 50/58).

Die politischen Parteien und ihre örtlichen und bezirklichen Gliederungen sind partei- und prozeßfähig. Ihnen kann daher ein berechtigtes Interesse an der Feststellung nicht abgesprochen werden, ob das durch die Wahl zustande gekommene öffentliche Rechtsverhältnis zwischen den gewählten Gemeindevertretern und der Vertretungskörperschaft zu Recht oder infolge von Wahlungültigkeit nicht zu Recht besteht (Urteil des OVG Münster vom 21. 10. 1953 – III A 309/53). Partei- und prozeßfähig sind jetzt auch die Wählergruppen.

§ 38

(1) Die neue Vertretung hat nach Vorprüfung durch einen hierfür gewählten Ausschuß *unverzüglich* über die Einsprüche sowie über die Gültigkeit der Wahl von Amts wegen in folgender Weise zu beschließen:

a) Wird die Wahl wegen mangelnder Wählbarkeit eines Vertreters für ungültig erachtet, so ist das Ausscheiden dieses Vertreters anzuordnen.

b) Wird festgestellt, daß bei der Vorbereitung der Wahl oder bei der Wahlhandlung Unregelmäßigkeiten vorgekommen sind, die im jeweils vorliegenden Einzelfall auf das Wahlergebnis im Wahlbezirk oder auf die Zuteilung der Sitze aus der Reserveliste von entscheidendem Einfluß gewesen sein können, so ist die Wahl in dem aus § 40 Abs. 1 ersichtlichen Umfang für ungültig zu erklären und dementsprechend eine Wiederholung anzuordnen (§ 40).

c) Wird die Feststellung des Wahlergebnisses für ungültig erklärt, so ist sie aufzuheben und eine Neufeststellung anzuordnen (§ 41).

d) Wird festgestellt, daß keiner der unter Buchst. a) bis c) genannten Fälle vorliegt, so ist die Wahl für gültig zu erklären.

(2) Die Mitglieder der Vertretung sind auch dann nicht gehindert, an der Entscheidung gemäß Absatz 1 mitzuwirken, wenn sich die Feststellungen im Einzelfall auf ihre Wahl erstrecken.

(3) Die Vertreter scheiden aus, sobald der Beschluß der Vertretung unanfechtbar geworden oder im verwaltungsgerichtlichen Verfahren rechtskräftig bestätigt ist. Die Rechtswirksamkeit ihrer bisherigen Tätigkeit wird durch das Ausscheiden nicht berührt.

Zu § 38. Nach der Absicht des Kommunalwahlgesetzes sollen regelmäßig nur Verstöße, die das Wahlergebnis beeinflussen können, die Ungültigkeit der Wahl bewirken. Es ist an Verstöße gedacht, die unmittelbare Verletzungen des Wahlrechts bedeuten oder an sonstige Unregelmäßigkeiten (z. B. strafbare Handlungen), die störend in den Ablauf der Wahlen eingreifen. Im allgemeinen wird die Außerachtlassung oder unrichtige Anwendung von wahlgesetzlichen Vorschriften die Ungültigkeit der Wahl nur dann zur Folge haben, wenn der Verstoß das Wahlergebnis beeinflußt haben kann, und zwar muß die Beeinflussung nicht nur allgemein, sondern auf Grund der Lebenserfahrung nach den Umständen des einzelnen Falles möglich oder wahrscheinlich sein (Urteil des OVG Münster vom 21. 10. 1953 – III A 309/53).

Wenn die Stimmzettel infolge mangelnder Versiegelung nicht mehr prüfungsfähig sind, ist die Wahl für ungültig zu erklären, da durch diesen Zustand der Stimmzettel das Wahlverfahren an einer Unregelmäßigkeit leidet, die auf das Wahlergebnis oder die Zuteilung der Sitze aus der Reserveliste von entscheidendem Einfluß sein kann (Urteil des OVG Münster vom 6. 10. 1954 – III A 721/53).

§ 39

Gegen den Beschluß der Vertretung kann binnen eines Monats nach Bekanntgabe Klage erhoben werden. Die Klage steht auch der Aufsichtsbehörde zu. Ein Vorverfahren nach dem 8. Abschnitt der Verwaltungsgerichtsordnung findet nicht statt.

§ 40

(1) *Sind in einem Stimmbezirk Unregelmäßigkeiten gemäß* § 38 Abs. 1 Buchst. b) *vorgekommen, so ist die Wahl im ganzen Wahlbezirk zu wiederholen. Erstrecken sich die Unregelmäßigkeiten auf mehr als die Hälfte der Wahlbezirke, so ist die Wahl im ganzen Wahlgebiet zu wiederholen.*

(2) Bei der Wiederholungswahl wird, vorbehaltlich einer anderen Entscheidung im Wahlprüfungsverfahren, nach denselben Wahlvorschlägen und, wenn seit der Hauptwahl noch nicht sechs Monate verflossen sind, auf Grund derselben Wählerverzeichnisse gewählt wie bei der für ungültig erklärten Wahl.

(3) Die Verteilung der Sitze aus den Reservelisten ist nach den Ergebnissen der Wiederholungswahl neu zu berechnen.

(4) Wiederholungswahlen sind spätestens sechs Wochen nach Feststellung der Ungültigkeit der Hauptwahl abzuhalten. Die Aufsichtsbehörde setzt den Tag der Wiederholungswahl fest.

Zu § 40. In Zukunft ist bei Unregelmäßigkeiten in *einem* Stimmbezirk die Wahl im ganzen Stimmbezirk zu wiederholen.

§ 41

(1) Ist der Beschluß über die Neufeststellung des Wahlergebnisses gemäß § 38 Abs. 1 Buchst. c) unanfechtbar geworden oder im verwaltungsgerichtlichen Verfahren rechtskräftig bestätigt, so hat der von der neuen Vertretung gewählte Wahlausschuß das Ergebnis neu festzustellen. Er ist hierbei an die Grundsätze der Entscheidung gemäß Satz 1 gebunden.

(2) Das Wahlergebnis ist vom Wahlleiter neu bekanntzumachen. Auf seine Nachprüfung finden die Vorschriften der §§ 37 bis 39 Anwendung.

§ 42

(1) Die Vertretung entscheidet darüber, ob ein Vertreter seinen Sitz verloren hat, weil die Voraussetzungen seiner Wählbarkeit nach der Wahl weggefallen

sind; § 37 Abs. 1, § 38 Abs. 2 und 3 und § 39 finden entsprechende Anwendung.

(2) Die allgemeinen Vorschriften des kommunalen Verfassungsrechts über das Beanstandungsrecht des Hauptverwaltungsbeamten und über die Befugnisse der Aufsichtsbehörden bleiben unberührt.

§ 43 Ersatzbestimmung von Vertretern

(1) Wenn ein gewählter Bewerber stirbt oder die Annahme der Wahl ablehnt oder wenn ein Vertreter stirbt oder sonst aus der Vertretung ausscheidet, so wird der Sitz nach der Reserveliste derjenigen Partei oder Wählergruppe besetzt, für die der Ausgeschiedene bei der Wahl aufgetreten ist; ein späterer Wechsel der Zugehörigkeit des Ausgeschiedenen zur Partei oder Wählergruppe bleibt unberücksichtigt. Auf der Reserveliste bleiben diejenigen Bewerber außer Betracht, die aus der Partei oder Wählergruppe, für die sie bei der Wahl aufgestellt sind, ausgeschieden sind oder in der gemäß § 36 vorgesehenen Form auf ihre Anwartschaft verzichtet haben. Ist der Ausgeschiedene im Wahlbezirk gewählt, so tritt, unbeschadet der Reihenfolge im übrigen, an seine Stelle der für ihn in der Reserveliste ausdrücklich bezeichnete Ersatzmann (§ 16 Abs. 2). Ist der Ausgeschiedene bei der Wahl nicht als Bewerber für eine Partei oder Wählergruppe aufgetreten oder ist die Reserveliste erschöpft, so bleiben die betreffenden Sitze unbesetzt; die gesetzliche Mitgliederzahl vermindert sich entsprechend. Wer die Annahme der Wahl ablehnt, scheidet aus der Reserveliste aus.

(2) Der Wahlleiter stellt den Nachfolger oder das Freibleiben des Sitzes fest und macht dies öffentlich bekannt. § 37 Abs. 1, § 38 Abs. 3 und § 39 finden mit der Maßgabe entsprechende Anwendung, daß an die Stelle des Beschlusses der Vertretung die Entscheidung des Wahlleiters tritt.

§ 44 Folgen des Verbots einer Partei oder Wählergruppe

(1) Wird eine Partei oder die Teilorganisation einer Partei durch das Bundesverfassungsgericht gemäß Art. 21 des Grundgesetzes für verfassungswidrig erklärt, so verlieren die Vertreter, die dieser Partei oder Teilorganisation zur Zeit der Antragstellung oder der Verkündung des Urteils angehören, ihren Sitz.

(2) Die nach Absatz 1 freigewordenen Sitze bleiben unbesetzt, die gesetzliche Mitgliederzahl der Vertretung vermindert sich entsprechend. Dies gilt nicht, wenn die Vertreter auf Grund eines Wahlvorschlags einer nicht für verfassungswidrig erklärten Partei oder Wählergruppe gewählt waren; in diesem Fall rücken Vertreter aus der Reserveliste gemäß § 43 nach.

(3) Absatz 1 und 2 finden sinngemäß Anwendung, wenn eine Partei oder Wählergruppe als Ersatzorganisation einer für verfassungswidrig erklärten Partei festgestellt, wenn eine Wählergruppe nach Art. 9 Abs. 2 des Grundgesetzes verboten oder wenn eine Entscheidung nach Art. 32 Abs. 2 der Landesverfassung getroffen ist.

(4) Den Verlust der Mitgliedschaft nach Absatz 1 oder 3 stellt der Wahlleiter fest.

§ 43 Abs. 2 findet Anwendung.

VII. Sonderregelung für Gemeinden von 3000 und weniger Einwohnern

§ 45 Allgemeines

Auf die Wahlen in Gemeinden von 3000 und weniger Einwohnern finden die Sonderbestimmungen der §§ 46 bis 53, im übrigen die allgemeinen Vorschriften Anwendung.

§ 46 Wahlbezirk

(1) In Gemeinden von 1000 und weniger Einwohnern bildet das *Wahlgebiet einen Wahlbezirk.*

(2) In Gemeinden von über 1000 Einwohnern sind zwei *Wahlbezirke* zu bilden. § 4 gilt entsprechend.

Zu § 46. Wie bisher bildet in Gemeinden von nicht mehr als 1000 Einwohnern das Wahlgebiet = Gemeinde, den Wahlbezirk. Es sind 3 + 3 = 6 Vertreter zu wählen (§ 3). In Gemeinden über 1000 Einwohner sind künftig zwei Wahlbezirke zu bilden. § 4 enthält die Vorschriften über die Bildung der Wahlbezirke. Es sind 6 + 6 = 12 Vertreter zu wählen.

§ 47 Wahlvorschläge

§ 15 findet mit der Maßgabe Anwendung, daß die Parteien und Wählergruppen Gesamtwahlvorschläge mit jeweils bis zu drei Bewerbern einreichen. Sofern die Wahlvorschläge auch von Wahlberechtigten unterzeichnet sein müssen, ist die Unterschrift von 5 vom Hundert der Wahlberechtigten des Wahlbezirks, höchstens jedoch von zwanzig Wahlberechtigten, erforderlich.

Zu § 47. Während die Parteien und Wählergruppen bisher bis zu 6 Bewerber einreichen konnten, ist die Zahl der Bewerber jetzt auf 3 beschränkt.

§ 48 Stimmzettel

Die Gesamtwahlvorschläge sind geschlossen in den Stimmzettel aufzunehmen. men.

Zu § 48. Der Einheitsstimmzettel wird beibehalten.

§ 49 Stimmabgabe

Der Wähler kann auf dem Stimmzettel *bis zu drei Namen* ankreuzen.

Zu § 49. Der Wähler kann jetzt nur drei Namen (bisher 6) auf dem Stimmzettel ankreuzen. Wenn mehr als drei Bewerber angekreuzt werden, ist der Stimmzettel ungültig (§ 51). Das Häufeln von Stimmen (kumulieren) auf einen Bewerber ist unzulässig. Dagegen ist das Ankreuzen von Bewerbern auf verschiedenen Wahlvorschlägen (Panaschieren) erlaubt.

§ 50 Stimmenzählung

Es ist die Zahl der auf jeden Bewerber entfallenden gültigen Stimmen festzustellen.

§ 51

Ein Stimmzettel ist auch *ungültig, wenn auf ihm mehr als drei Bewerber angekreuzt sind.*

§ 52 Wahlsystem

(1) Im Wahlbezirk gewählt sind diejenigen drei Bewerber, die die höchsten Stimmenzahlen erhalten haben.
(2) § 31 findet Anwendung.

Zu § 52. Abs. 2 § 30 enthält die Vorschriften über die Wahl aus der Reserveliste und § 31 die Vorschriften über die Feststellung des Wahlergebnisses.

§ 53 Gemeindeversammlung

In Gemeinden bis zu 100 Einwohnern bestimmt die Gemeinde durch ihre Hauptsatzung, ob eine Gemeindevertretung gewählt wird oder ob die Gemeindeversammlung die Gemeindevertretung bildet.

VIII. Schlußbestimmungen

§ 54 Wahlkosten

Jedes Wahlgebiet trägt die Kosten der Wahl seiner Vertretung. Finden Wahlen zu den Vertretungen der Gemeinden und Landkreise gleichzeitig statt, so hat hinsichtlich der Kosten, die im Interesse der verschiedenen Wahlgebiete aufgewendet werden, ein billiger Ausgleich zwischen den Wahlgebieten zu erfolgen. Falls diese sich nicht einigen, entscheidet die für den Landkreis zuständige Aufsichtsbehörde.

§ 55 Wahlordnung

(1) Der Innenminister erläßt in der Kommunalwahlordnung Rechtsvorschriften zur Ausführung der Vorschriften in

§ 2 über Bildung, Beschlußfähigkeit und Verfahren der Wahlausschüsse und Wahlvorstände einschließlich der Briefwahlvorstände, über die Berufung in ein Wahlehrenamt, über den Ersatz von Auslagen der Inhaber von Wahlehrenämtern sowie die Pauschalierung dieses Auslagenersatzes,

§§ 4 bis 6 über die Einteilung der Stimmbezirke sowie über die Bekanntmachung der Wahlbezirke, Stimmbezirke und Wahlräume; hierbei ist den besonderen Verhältnissen in amtsangehörigen Gemeinden Rechnung zu tragen,

§ 7 über die Ausübung des Wahlrechts durch Personen mit mehrfachem Wohnsitz,

§ 9 über die Ausgabe von Wahlscheinen,

§§ 10 und 11 über Führung und Auslegung der Wählerverzeichnisse, über das Verfahren bei Einsprüchen und über die Benachrichtigung der Wahlberechtigten,

§§ 14, 20, 40 und 44 über die Durchführung von einzelnen Neuwahlen, Nachwahlen und Wiederholungswahlen,

§§ 15 bis 19 über Art, Einreichung und Form der Wahlvorschläge, über das Verfahren für ihre Prüfung, Zulassung und Bekanntgabe, über die Befugnisse der Vertrauensmänner, über die Berechnung der Zahl der Wahlberechtigten im Zusammenhang mit der Unterzeichnung von Wahlvorschlägen und über die Befugnisse zur Unterzeichnung von Wahlvorschlägen, wobei ein vereinfachtes Nachweisverfahren für solche Parteien und Wählergruppen vorgesehen werden kann, die sich gleichzeitig in mehreren Wahlgebieten oder innerhalb eines Wahlgebietes in mehreren Wahlbezirken bewerben,

§ 21 über Form und Inhalt des Stimmzettels und des Wahlumschlags,

§§ 23 und 26 über Wahlschutzvorrichtungen, Wahlurnen, die Stimmabgabe sowie die Zulassung von Stimmzählgeräten und die Stimmabgabe am Stimmzählgerät,

§§ 24, 25 über die Briefwahl,

§ 27 über die Stimmenzählung, wobei besondere Bestimmungen über die Feststellung der am Stimmzählgerät abgegebenen gültigen und ungültigen Stimmen getroffen werden können,

§ 28 über die Ungültigkeit der Stimmzettel,

§§ 32 und 33 über die Feststellung des Wahlergebnisses und die Aufbewahrung der Wahlunterlagen,

§§ 37 bis 42 über die Bekanntmachung von Entscheidungen im Wahlprüfungsverfahren,

§ 43 über die Durchführung der Ersatzbestimmung,

§§ 45 bis 53 über das vereinfachte Wahlverfahren für Gemeinden von 3000 und weniger Einwohnern, insbesondere über die Berechnung der Zahl der Wahlberechtigten im Zusammenhang mit der Unterzeichnung von Wahlvorschlägen,

§ 54 über die Erstattung von Kosten, insbesondere durch Festlegung von Pauschsätzen.

(2) In der Wahlordnung kann das Wahlverfahren

1. in Kranken- und Pflegeanstalten und in Klöstern,

2. für Bewohner von Sperrgehöften,
3. in Gefangenenanstalten

unter Anpassung an die Besonderheiten dieser Fälle besonders geregelt werden.

(3) In der Wahlordnung sind besondere Bestimmungen zu treffen über die gemeinsame Durchführung der Kommunalwahlen mit anderen Wahlen, um die gemeinsame Benutzung der Wahlunterlagen und die Zusammenarbeit der Wahlorgane sicherzustellen.

(4) In der Wahlordnung sind besondere Bestimmungen zu treffen, in welcher Weise Wahlbekanntmachungen zu veröffentlichen und ob und in welcher Weise amtliche Vordrucke zu verwenden und von Amts wegen zu beschaffen sind.

(5) Die Wahlordnung kann nähere Bestimmungen darüber treffen, in welchem Umfang für die Zwecke der Wahlstatistik die Wahl nach Geschlechtern und Altersgruppen getrennt durchgeführt werden kann oder auf Anordnung des Innenministers getrennt durchzuführen ist. Sie regelt das hierbei anzuwendende Verfahren.

(6) Die Wahlordnung trifft nähere Bestimmungen darüber, in welchem Umfang in amtsgehörigen Gemeinden die Aufgaben des Gemeindedirektors bei der Wahl vom Amtsdirektor wahrzunehmen sind.

GV NW 1960 S. 449

Zu § 54. Auf folgende Ergänzungen gegenüber dem bisherigen Status ist hinzuweisen:

1. es können Bestimmungen über die Pauschalierung des Auslagenersatzes für die Inhaber von Wahlehrenämtern erlassen werden (§ 2);
2. in die Wahlordnung können Vorschriften über die Zulassung von Stimmzählgeräten aufgenommen werden (§§ 24 und 25);
3. die Einführung der Briefwahl bedingt Ausführungsvorschriften über diese Wahlform (§§ 24 a und 24 b);
4. die Wahlordnung kann bestimmen, in welchem Umfang in amtsangehörigen Gemeinden die Aufgaben des Gemeindedirektors bei der Wahl vom Amtsdirektor wahrzunehmen sind.

Hinsichtlich der einzelnen Bestimmungen wird auf den Text der Kommunalwahlordnung verwiesen. Sie enthält die technischen Vorschriften über das Wahlverfahren nebst den notwendigen Vordrucken. Besonders wichtig ist der Abschnitt Wahlsystem und Feststellung des Wahlergebnisses und der Vordruck über die Feststellung des Wahlergebnisses.

Beispiele für die Berechnung des Wahlergebnisses

1. Beispiel: Normalfall, d. h. keine Partei oder Wählergruppe erhält in direkter Wahl mehr Sitze, als ihr nach der Verhältnisrechnung zustehen – ohne Mehrsitze (§ 34 Abs. 2) –.

In einer kreisangehörigen Gemeinde mit 23 400 Einwohnern und 18 000 Wahlberechtigten werden 14 000 Stimmen abgegeben. In der Gemeinde sind 15 Sitze direkt in Wahlbezirken (§ 3 Abs. 1a) und mindestens 15 weitere Sitze aus der Reserveliste zu besetzen (§ 3 Abs. 2a).

Die Stimmen und Sitze verteilen sich wie folgt:

Lfd. Nr.	Gegenstand	Parteien – Wählergruppen A	B	C	D	E	insgesamt
1	Verteilung der Stimmen	5 600	3 500	2 800	1 400	700	14 000
2	Stimmenanteile der politischen Parteien (Vomhundertzahl der von der einzelnen politischen Partei erzielten Stimmen im Verhältnis zur Gesamtzahl der für die politischen Parteien abgegebenen Stimmen)	40,00	25,00	20,00	10,00	5,00	100,00
3	Direkte Sitzzahl	9	4	2			15
4	Erste Ausgangszahl	30 (Mindestzahl insgesamt)					
5	Erste Zuteilungszahl für 30 Sitze (nach d'Hondt) Anzahl	12	8	6	3	1	30
6	Aus der Reserveliste noch zuzuteilende Sitze (Lfd. Nr. 5 — Lfd. Nr. 3)	3	4	4	3	1	15
	Sitzberechnung nach dem bisherigen System: $\frac{\text{Lfd. Nr. 4} \times \text{Lfd. Nr. 2}}{100}$ Anzahl	12	8	6	3	2	31 [1])
	v. H.	38,7	25,8	19,4	9,7	6,4	100,0

2. Beispiel: Sonderfall, d. h. eine Partei oder Wählergruppe (es können auch mehrere sein) erhält in direkter Wahl mehr Sitze, als ihr nach der Verhältnisrechnung zustehen – mit Mehrsitzen (§ 30 Abs. 3) –.

In einer kreisangehörigen Gemeinde mit 19 000 Einwohnern und 15 400 Wahlberechtigten werden 12 000 Stimmen abgegeben. In der Gemeinde sind 12 Sitze direkt in Wahlbezirken und mindestens 12 weitere Sitze aus der Reserveliste zu besetzen (§ 3 Abs. 2a).

(1) Die fertiggestellte Gesamtzahl ist 30, durch Aufrundungen ergab sich ein Mehrsitz.

Die Stimmen und Sitze verteilen sich wie folgt:

Lfd. Nr.	Gegenstand	Parteien oder Wählergruppen A	B	C	D	Einzel-Bewerber	insgesamt
1	Verteilung der Stimmen	4 000	3 000	2 500	1 500	1 000	12 000
2	Stimmenanteil der Parteien oder Wählergruppen (Vomhundertzahl der von der einzelnen Partei und Wählergruppe erzielten Stimmen im Verhältnis zur Gesamtzahl der für die Parteien oder Wählergruppen abgegebenen Stimmen)	36,36	27,27	22,73	13,64		100,00
3	Direkte Sitzzahl	10	1	—	—	1	12
4	Erste Ausgangszahl	23 = 24 (Mindestzahl insgesamt) — 1 (parteiloser Vertreter)					
5	Erste Zuteilungszahl für 23 Sitze (nach d'Hondt)	9	6	5	3		23
6	Günstigstes Verhältnis der direkten Sitze zur ersten Zuteilungszahl (lfd. Nr. 3 zu lfd. Nr. 5)	Partei A oder WG					
7	Zweite Ausgangszahl (abgeleitet aus der Gleichung $\frac{10}{36,36} = \frac{\text{2. Ausgangszahl}}{100}$)	$\frac{10 \text{ (direkte Sitzzahl)} \times 100}{36,36 \text{ (Stimmenanteil – lfd. Nr. 2 –)}}$					= 27,5 aufgerundet 28
8	Zweite Zuteilungszahl für 28 Sitze (nach d'Hondt)	10	8	6	4		28
	(Sitzberechnung nach dem bisherigen System: $\frac{\text{lfd. Nr. 7} \times \text{lfd. Nr. 2}}{100}$)	10 (10,18)	8 (7,63)	6 (6,36)	4 (3,81)		28 (27,98)
9	Aus der Reserveliste noch zuzuteilende Sitze (lfd. Nr. 8 — lfd. Nr. 3)	—	7	6	4		17

Die gesetzliche Mitgliederzahl beträgt 29 (28 = zweite Zuteilungszahl und 1 = Sitz des Einzelbewerbers).

ANHANG

Gesetz
über Aufbau und Befugnisse der Ordnungsbehörden
— Ordnungsbehördengesetz (OBG) —

Vom 16. Oktober 1956, GV NW S. 289.

Der Landtag hat das folgende Gesetz beschlossen, das hiermit verkündet wird:

Erster Teil

AUFGABEN UND ORGANISATION DER ORDNUNGSBEHÖRDEN

§ 1 Aufgaben der Ordnungsbehörden

(1) Die Ordnungsbehörden haben die Aufgabe, Gefahren abzuwehren, durch die die öffentliche Sicherheit oder Ordnung bedroht wird (Gefahrenabwehr).

(2) Die Ordnungsbehörden führen diese Aufgaben nach den hierfür erlassenen besonderen Gesetzen und Verordnungen durch. Soweit gesetzliche Vorschriften fehlen oder eine abschließende Regelung nicht enthalten, treffen die Ordnungsbehörden nach pflichtgemäßem Ermessen die notwendigen Maßnahmen zur Gefahrenabwehr nach diesem Gesetz.

(3) Andere Aufgaben nehmen die Ordnungsbehörden nach den Vorschriften dieses Gesetzes insoweit wahr, als es durch Gesetz oder Verordnung bestimmt ist.

§ 2 Ordnungsbehörden und Polizei

Die Polizei hat zur Gefahrenabwehr in eigener Zuständigkeit nach pflichtgemäßem Ermessen die notwendigen unaufschiebbaren Maßnahmen zu treffen. Sie hat die Ordnungsbehörden von allen Vorgängen unverzüglich zu unterrichten, die deren Eingreifen erfordern. Sie leistet den Ordnungsbehörden nach den gesetzlichen Vorschriften Vollzugshilfe.

§ 3 Aufbau

(1) Die *Aufgaben der örtlichen Ordnungsbehörden nehmen die Gemeinden, für amtsangehörige Gemeinden die Ämter, die Aufgaben der Kreisordnungsbehörden die Landkreise und kreisfreien Städte* als Pflichtaufgaben zur Erfüllung nach Weisung (§ 9) wahr; dies gilt auch für die ihnen als Sonderordnungsbehörden übertragenen Aufgaben.

(2) Die Landesordnungsbehörden sind die Regierungspräsidenten.

§ 4 Örtliche Zuständigkeit

(1) Die Zuständigkeit der Ordnungsbehörde ist auf ihren Bezirk beschränkt. Örtlich zuständig ist die Ordnungsbehörde, in deren Bezirk die zu schützenden Interessen verletzt oder gefährdet werden.

(2) Ist es zweckmäßig, eine Angelegenheit der Gefahrenabwehr in benachbarten Bezirken einheitlich zu regeln, so erklärt die den beteiligten Ordnungsbehörden gemeinsame Aufsichtsbehörde eine dieser Ordnungsbehörden für zuständig.

§ 5 Sachliche Zuständigkeit

(1) Für die Aufgaben der Gefahrenabwehr sind die örtlichen Ordnungsbehörden zuständig.

(2) Die Zuständigkeit der Landes- und Kreisordnungsbehörden bestimmt sich nach den hierüber erlassenen gesetzlichen Vorschriften.

(3) Für den Erlaß von ordnungsbehördlichen Verordnungen gelten die §§ 29 und 30.

§ 7 Aufsichtsbehörden

(1) Die Aufsicht über die örtlichen Ordnungsbehörden in den Landkreisen führt der Oberkreisdirektor als untere staatliche Verwaltungsbehörde.

(2) Die Aufsicht über die kreisfreien Städte als örtliche Ordnungsbehörden und über die Kreisordnungsbehörden führt der Regierungspräsident. Er ist gleichzeitig obere Aufsichtsbehörde über die kreisangehörigen amtsfreien Gemeinden und Ämter als örtliche Ordnungsbehörden.

(3) Oberste Aufsichtsbehörde ist der jeweils zuständige Minister.

§ 8 Unterrichtungsrecht

Die Aufsichtsbehörden können sich jederzeit über die Angelegenheiten der Ordnungsbehörden unterrichten.

§ 9 Weisungsrecht gegenüber örtlichen und Kreis-Ordnungsbehörden

(1) Die Aufsichtsbehörden können Weisungen erteilen, um die gesetzmäßige Erfüllung der ordnungsbehördlichen Aufgaben zu sichern.

(2) Zur zweckmäßigen Erfüllung der ordnungsbehördlichen Aufgaben dürfen die Aufsichtsbehörden

a) allgemeine Weisungen erteilen, um die gleichmäßige Durchführung der Aufgaben zu sichern,
b) besondere Weisungen erteilen, wenn das Verhalten der zuständigen Ordnungsbehörde zur Gefahrenabwehr nicht geeignet erscheint oder überörtliche Interessen gefährden kann.

(3) Weisungen zur Abwehr einer bestimmten Gefahr im Einzelfalle führt der Hauptverwaltungsbeamte als staatliche Verwaltungsbehörde durch, sofern die Aufsichtsbehörde dies in der Weisung festlegt. Dies gilt auch für solche Weisungen, deren Geheimhaltung im Interesse der Staatssicherheit erforderlich ist.

(4) Das Weisungsrecht der Aufsichtsbehörden erstreckt sich nicht auf den Erlaß ordnungsbehördlicher Verordnungen.

§ 10 Selbsteintritt

(1) Führt der Hauptverwaltungsbeamte die Weisung nach § 9 Abs. 3 nicht innerhalb der bestimmten Frist durch, so können die Aufsichtsbehörden die Befugnisse der ihrer Aufsicht unterstehenden Ordnungsbehörden in entsprechender Anwendung des § 109 Abs. 2 der Gemeindeordnung für das Land Nordrhein-Westfalen in der Fassung vom 28. Oktober 1952 (GV NW I S. 283) selbst ausüben oder die Ausübung einem anderen übertragen.

(2) Die allgemein zuständige Ordnungsbehörde ist über die getroffene Maßnahme unverzüglich zu unterrichten.

§ 11 Befugnisse der Kommunalaufsichtsbehörden

Die Behörden der allgemeinen Aufsicht über die Gemeinden und Gemeindeverbände haben auch in ordnungsbehördlichen Angelegenheiten die Befugnisse der §§ 107 bis 111 der Gemeindeordnung für das Land Nordrhein-Westfalen in der Fassung vom 28. Oktober 1952 (GV NW I S. 283).

§ 12 Sonderordnungsbehörden

(1) Sonderordnungsbehörden sind die Behörden, denen durch Gesetz oder Verordnung auf bestimmten Sachgebieten Aufgaben der Gefahrenabwehr oder in ihrer Eigenschaft als Sonderordnungsbehörden andere Aufgaben übertragen worden sind.

(2) Für die Sonderordnungsbehörden gelten die Vorschriften dieses Gesetzes, soweit nicht durch Gesetz oder Verordnung Abweichendes bestimmt ist.

§ 13 Dienstkräfte der Ordnungsbehörden

(1) Die Ordnungsbehörden führen solche Aufgaben, für die Vollzugshilfe der Polizei nach den gesetzlichen Vorschriften nicht zu gewähren ist oder nicht in Anspruch genommen wird, mit ihren eigenen Dienstkräften durch. Die Dienstkräfte müssen einen behördlichen Ausweis bei sich führen und ihn bei Ausübung ihrer Tätigkeit auf Verlangen vorzeigen.

(2) Die Dienstkräfte haben im Rahmen ihres Auftrages die den Polizeibeamten zustehenden Befugnisse. Waffengewalt dürfen die Dienstkräfte bei der Durchführung unmittelbaren Zwangs nur anwenden, wenn sie hierzu gesetzlich ermächtigt sind. Befugnisse, die die Polizei nach den strafprozessualen Vorschriften ausübt, stehen den Dienstkräften nur dann zu, wenn sie auch zu Hilfsbeamten der Staatsanwaltschaft bestellt sind.

Zweiter Teil

BEFUGNISSE DER ORDNUNGSBEHÖRDEN

Abschnitt 1: Ordnungsverfügungen

§§ 14—27

Voraussetzungen des Eingreifens, Verhältnismäßigkeit, Ordnungspflicht, Verantwortlichkeit für das Verhalten von Personen, Verantwortlichkeit für den Zustand von Sachen, Inanspruchnahme (dritter) nicht verantwortlicher Personen, Form, Austausch der Mittel, Fortfall der Voraussetzungen, Versagung oder Einschränkung ordnungsbehördlicher Erlaubnisse, Zurücknahme oder nachträgliche Einschränkung ordnungsbehördlicher Erlaubnisse, Zwangsmittel, Vorladung, Rechtsbehelfe.

Diese Vorschriften gehen die Verwaltung an, deshalb wurde vom Abdruck abgesehen.

Abschnitt 2: Ordnungsbehördliche Verordnungen

§ 28 Allgemeines

Ordnungsbehördliche Verordnungen sind die auf Grund der Ermächtigung in den §§ 29 und 30 oder auf Grund besonderer gesetzlicher Ermächtigung erlassenen Gebote oder Verbote, die für eine unbestimmte Anzahl von Fällen an eine unbestimmte Anzahl von Personen gerichtet sind.

§ 29 Verordnungsrecht der Minister

(1) Der Innenminister und im Benehmen mit ihm die zuständigen Minister können innerhalb ihres Geschäftsbereichs ordnungsbehördliche Verordnungen zur Abwehr von Gefahren für die öffentliche Sicherheit oder Ordnung erlassen.

(2) Die Minister dürfen Verordnungen nach Absatz 1 nur erlassen, wenn eine einheitliche Regelung für das ganze Land oder für Landesteile, die mehr als einen Regierungsbezirk umfassen, geboten ist.

(3) Die von den Ministern erlassenen Verordnungen sind unverzüglich dem Landtag vorzulegen. Sie sind auf Verlangen des Landtags aufzuheben. Die Aufhebung wird mit ihrer Veröffentlichung gemäß § 36 rechtswirksam.

§ 30 Verordnungsrecht der Ordnungsbehörden

(1) Die Ordnungsbehörden können zur Abwehr von Gefahren für die öffentliche Sicherheit oder Ordnung Verordnungen erlassen.

(2) Die Landesordnungsbehörden dürfen Verordnungen nur erlassen, wenn eine einheitliche Regelung für den ganzen Regierungsbezirk oder für Gebiete, die mehr als einen Landkreis oder eine kreisfreie Stadt umfassen, geboten ist.

(3) Die Kreise dürfen Verordnungen nur erlassen, wenn eine einheitliche Regelung für den Landkreis oder für Gebiete, die mehr als eine amtsfreie Gemeinde oder mehr als ein Amt umfassen, geboten ist.

(4) Die Kreise, kreisfreien Städte, amtsfreien Gemeinden und Ämter erlassen die Verordnungen nach den für Satzungen geltenden Vorschriften. Hebt der Kreistag im Falle des § 34 Abs. 3 Satz 4 der Landkreisordnung für das Land Nordrhein-Westfalen vom 21. Juli 1953 (GV NW I S. 305), der Rat der Gemeinde im Falle des § 43 Abs. 1 Satz 5 der Gemeindeordnung für das Land Nordrhein-Westfalen in der Fassung vom 28. Oktober 1952 (GV NW I S. 283) oder die Amtsvertretung im Falle des § 2 der Amtsordnung für das Land Nordrhein-Westfalen vom 10. März 1953 (GV NW I S. 218) eine Verordnung auf, so wird die Aufhebung mit ihrer Veröffentlichung rechtswirksam.

§ 31 Vorrang höherer Rechtsvorschriften

(1) Ordnungsbehördliche Verordnungen dürfen keine Bestimmungen enthalten, die mit den Verordnungen einer höheren Behörde in Widerspruch stehen.

(2) Ist eine Angelegenheit durch ordnungsbehördliche Verordnung einer höheren Behörde geregelt, so darf sie nur insoweit durch Verordnung einer nachgeordneten Ordnungsbehörde ergänzend geregelt werden, als die Verordnung der höheren Behörde dies ausdrücklich zuläßt.

§ 32 Inhalt

(1) Ordnungsbehördliche Verordnungen müssen in ihrem Inhalt bestimmt sein. Sie dürfen nicht lediglich den Zweck haben, die den Ordnungsbehörden obliegende Aufsicht zu erleichtern.

(2) Hinweise auf Bekanntmachungen, Festsetzungen oder sonstige Anordnungen außerhalb der ordnungsbehördlichen Verordnungen sind unzulässig, soweit die Anordnungen, auf die verwiesen wird, Gebote oder Verbote von unbeschränkter Dauer enthalten. Soweit ordnungsbehördliche Verordnungen der Minister überwachungsbedürftige oder sonstige Anlagen betreffen, an die bestimmte technische Anforderungen zu stellen sind, kann in ihnen hinsichtlich der technischen Vorschriften auf Bekanntmachungen besonderer sachverständiger Stellen unter Angabe der Fundstelle verwiesen werden.

§ 33 Form

Ordnungsbehördliche Verordnungen müssen

a) eine Überschrift tragen, die ihren Inhalt kennzeichnet;
b) in der Überschrift als „Verordnung" bezeichnet sein;
c) im Eingang auf die Bestimmungen des Gesetzes Bezug nehmen, auf Grund deren sie erlassen sind;
d) auf die Zustimmung der Stellen hinweisen, deren Zustimmung gesetzlich vorgeschrieben ist;

e) den örtlichen Geltungsbereich angeben;
f) das Datum angeben, unter dem sie erlassen sind;
g) die Behörde bezeichnen, die die Verordnung erlassen hat.

§ 34 Geldbuße und Einziehung

(1) In ordnungsbehördlichen Verordnungen können für den Fall einer Zuwiderhandlung Geldbuße und die Einziehung der durch die Zuwiderhandlung gewonnenen oder erlangten Gegenstände angedroht werden, soweit die Zuwiderhandlung nicht nach Bundes- oder Landesrecht mit Strafe oder Geldbuße bedroht ist.

(2) Der Höchstbetrag der Geldbuße darf in den Verordnungen der örtlichen Ordnungsbehörden, der Kreisordnungsbehörden, der Landesordnungsbehörden und der Sonderordnungsbehörden 500 DM, in den Verordnungen der Minister 1000 DM nicht überschreiten.

(3) Bei Zuwiderhandlungen gegen Verordnungen nach Absatz 1 findet das Gesetz über Ordnungswidrigkeiten vom 25. März 1952 (BGBl I S. 177) Anwendung. Zuständige Behörden im Sinne dieses Gesetzes sind die Ordnungsbehörden nach § 5 und die sachlich zuständigen Sonderordnungsbehörden. Die Geldbußen fließen in die Kasse derjenigen Körperschaft, welche die Aufgaben der Ordnungsbehörde, die die Geldbuße festgesetzt hat, wahrnimmt. Das Eigentum an den eingezogenen Gegenständen wird von derjenigen Körperschaft erworben, welche die Aufgaben der Ordnungsbehörde, die die Einziehung angeordnet hat, wahrnimmt.

(4) Ist die Zuwiderhandlung gegen eine ordnungsbehördliche Verordnung nach Bundes- oder Landesrecht mit Strafe bedroht, so soll in der Verordnung auf die Strafvorschrift hingewiesen werden.

§ 35 Geltungsdauer

(1) Die ordnungsbehördlichen Verordnungen sollen eine Beschränkung ihrer Geltungsdauer enthalten. Die Geltung darf nicht über 20 Jahre hinaus erstreckt werden. Verordnungen, die keine Beschränkung der Geltungsdauer enthalten, treten 20 Jahre nach ihrem Inkrafttreten außer Kraft.

(2) Die Vorschrift des Absatzes 1 findet keine Anwendung auf Verordnungen, durch die ordnungsbehördliche Verordnungen abgeändert oder aufgehoben werden.

§ 36 Verkündung

Ordnungsbehördliche Verordnungen der Minister sind in dem Gesetz- und Verordnungsblatt für das Land Nordrhein-Westfalen zu verkünden. Verordnungen der Landesordnungsbehörden, der Kreisordnungsbehörden und der örtlichen Ordnungsbehörden sind in den Regierungsamtsblättern zu verkünden. Die Verordnungen der örtlichen Ordnungsbehörden und der Kreisordnungsbehörden sind außerdem wie Satzungen bekanntzumachen; diese Bekanntmachung hat nachrichtliche Bedeutung.

§ 37 Inkrafttreten

Ordnungsbehördliche Verordnungen treten, soweit in ihnen nichts anderes bestimmt ist, eine Woche nach dem Tage ihrer Verkündung in Kraft. Ein früherer Zeitpunkt für das Inkrafttreten soll nur dann bestimmt werden, wenn es im öffentlichen Interesse geboten ist; jedoch darf dieser Zeitpunkt nicht vor dem Tage nach der Verkündung liegen.

§ 38 Änderung oder Aufhebung

Eine ordnungsbehördliche Verordnung wird durch Verordnung derjenigen Behörde geändert oder aufgehoben, die sie erlassen hat oder die für ihren Erlaß im Zeitpunkt der Änderung oder Aufhebung sachlich zuständig ist.

§ 39 Vorlage an die Aufsichtsbehörde

(1) Die Verordnungen der örtlichen Ordnungsbehörden und Kreisordnungsbehörden sind dem Regierungspräsidenten im Entwurf vorzulegen. Sie dürfen erst erlassen werden, wenn der Regierungspräsident nicht innerhalb eines Monats nach Vorlage festgestellt hat, daß durch die Verordnung gesetzliche Vorschriften verletzt werden.

(2) Werden Verordnungen der örtlichen Ordnungsbehörden oder der Kreisordnungsbehörden durch Maßnahmen der Aufsichtsbehörden aufgehoben, so ist die Aufhebung nach § 36 zu verkünden.

Dritter Teil

ALLGEMEINE BESTIMMUNGEN

§ 42 Zur Entschädigung verpflichtende Maßnahmen

(1) Ein Schaden, den jemand durch Maßnahmen der Ordnungsbehörden erleidet, ist zu ersetzen, wenn er

a) infolge einer Inanspruchnahme nach § 19 oder
b) durch rechtswidrige Maßnahmen, gleichgültig, ob die Ordnungsbehörden ein Verschulden trifft oder nicht,

entstanden ist.

(2) Ein Ersatzanspruch besteht nicht,

a) soweit der Geschädigte auf andere Weise Ersatz erlangt hat oder
b) wenn durch die Maßnahme die Person oder das Vermögen des Geschädigten geschützt worden ist.

(3) Soweit die Entschädigungspflicht wegen rechtmäßiger Maßnahmen der Ordnungsbehörden in anderen gesetzlichen Vorschriften geregelt ist, finden diese Anwendung.

§ 43 Art, Inhalt und Umfang der Entschädigungsleistung

(1) Die Entschädigung nach § 42 Abs. 1 wird nur für Vermögensschaden gewährt. Für entgangenen Gewinn, der über den Ausfall des gewöhnlichen Verdienstes oder Nutzungsentgelts hinausgeht, und für Vermögensnachteile, die nicht in unmittelbarem Zusammenhang mit der zu entschädigenden Maßnahme stehen, ist jedoch eine Entschädigung nur zu leisten, wenn und soweit dies zur Abwendung unbilliger Härten geboten erscheint.

(2) Die Entschädigung ist in Geld zu gewähren. Hat die zur Entschädigung verpflichtende Maßnahme der Ordnungsbehörde die Aufhebung oder Verminderung der Erwerbsfähigkeit oder eine Vermehrung der Bedürfnisse oder den Verlust oder die Verminderung eines Rechts auf Unterhalt zur Folge, so ist die Entschädigung durch Entrichtung einer Geldrente zu gewähren. Statt der Rente kann eine Abfindung in Kapital verlangt werden, wenn ein wichtiger Grund vorliegt.

(3) Die Entschädigung ist nur gegen Abtretung der Ansprüche zu gewähren, die dem Entschädigungsberechtigten auf Grund der Maßnahme, auf der die Entschädigungsverpflichtung beruht, gegen Dritte zustehen.

(4) Hat bei der Entstehung des Schadens ein Verschulden des von der Maßnahme der Ordnungsbehörde Betroffenen mitgewirkt, so ist das Mitverschulden bei der Bemessung der Entschädigung zu berücksichtigen.

(5) Soweit die zur Entschädigung verpflichtende Maßnahme eine Amtspflichtverletzung darstellt, bleiben die weitergehenden Ersatzansprüche unberührt.

§ 44 Verjährung des Entschädigungsanspruchs

Der Entschädigungsanspruch verjährt in drei Jahren von dem Zeitpunkt an, in welchem der Geschädigte von dem Schaden und von der zur Entschädigung verpflichteten Körperschaft Kenntnis erlangt, ohne Rücksicht auf diese Kenntnis in dreißig Jahren von der Entstehung des Entschädigungsanspruchs an.

§ 45 Entschädigung bei Widerruf

Die Vorschriften des § 42 finden in den Fällen des § 24 Abs. 1 Buchst. d und e entsprechende Anwendung mit Ausnahme des Gebiets der Bergaufsicht.

§ 46 Entschädigungspflichtiger

(1) Entschädigungspflichtig ist der Träger der ordnungsbehördlichen Kosten (§ 49). Dies gilt auch dann, wenn die Maßnahme auf Ersuchen der Ordnungsbehörde von der Polizei durchgeführt worden ist. Soweit eine Entschädigungspflicht lediglich durch die Art der Durchführung des Ersuchens entsteht, ist der

Träger der Polizeikosten dem Träger der ordnungsbehördlichen Kosten erstattungspflichtig.

(2) Wer nach § 42 Abs. 1 Buchst. a zum Ersatz verpflichtet ist, kann in entsprechender Anwendung der Vorschriften des Bürgerlichen Gesetzbuches über die Geschäftsführung ohne Auftrag den Ersatz seiner Aufwendungen von den nach §§ 17 und 18 ordnungspflichtigen Personen verlangen.

§ 47 Rechtsweg für Entschädigungs- und Erstattungsansprüche

(1) Über die Entschädigungs- und Ersatzansprüche nach den §§ 42 bis 46 entscheiden im Streitfall die ordentlichen Gerichte.

(2) Über die Erstattungsansprüche nach § 46 Abs. 1 Satz 3 entscheiden im Streitfall die Verwaltungsgerichte.

§ 48 Einschränkung von Grundrechten

Durch dieses Gesetz wird im Rahmen des Art. 19 Abs. 2 des Grundgesetzes das Recht auf

körperliche Unversehrtheit (Art. 2 Abs. 2 Satz 1 des Grundgesetzes),
Freiheit der Person (Art. 2 Abs. 2 Satz 2 des Grundgesetzes),
Unverletzlichkeit der Wohnung (Art. 13 des Grundgesetzes) und auf
Eigentum (Art. 14 des Grundgesetzes)

eingeschränkt.

§ 49 Kosten

Die Kosten, die durch die Tätigkeit der Landesordnungsbehörden entstehen, trägt das Land. Die Kosten, die durch die Tätigkeit der Kreisordnungsbehörden und der örtlichen Ordnungsbehörden entstehen, tragen die Landkreise, die kreisfreien Städte, die amtsfreien Gemeinden und die Ämter.

§ 50 Gebühren

Die Erhebung von Gebühren für die Amtshandlungen der Ordnungsbehörden richtet sich nach dem Gesetz über staatliche Verwaltungsgebühren vom 29. September 1923 (Gesetzsamml. S. 455) und den hierzu erlassenen Verwaltungsgebührenordnungen.

Vierter Teil

ÜBERGANGS- UND SCHLUSSBESTIMMUNGEN

§ 52 Besondere Zuständigkeit

(1) Die besonderen Befugnisse der Außenstelle Essen des Ministers für Wiederaufbau nach dem Gesetz betr. Verbandsordnung für den Siedlungsverband Ruhrkohlenbezirk in der Fassung des Gesetzes vom 29. Juli 1929 (Gesetzsamml. S. 91)

und dem Gesetz über die Abänderung des Gesetzes betr. Verbandsordnung für den Siedlungsverband Ruhrkohlenbezirk vom 28. November 1947 (GV NW 1948 S. 95) und den dazu ergangenen Durchführungsbestimmungen bleiben unberührt.

(2) Den Landesordnungsbehörden obliegt die Genehmigung, Erweiterung und Schließung von öffentlichen Begräbnisplätzen.

„(3) *Paßbehörden* sind die kreisfreien Städte, die Ämter und amtsfreien Gemeinden mit mindestens 10 000 Einwohnern als örtliche Ordnungsbehörden sowie die Landkreise für die Ämter und amtsfreien Gemeinden mit weniger als 10 000 Einwohnern als Kreisordnungsbehörden. Der Innenminister kann durch Rechtsverordnung Ämter und amtsfreie Gemeinden mit weniger als 10 000 Einwohnern zu Paßbehörden bestimmen, wenn dies der Vereinfachung dient."

(Ergänzt durch § 1 bis 24 des Ersten Vereinfachungsgesetzes v. 23. 7. 1957 [GV NW S. 189].)

§ 55 Änderung von Bezeichnungen

(1) Die Bezeichnungen ändern sich wie folgt:

Bauaufsicht
statt Baupolizei

Bergaufsicht
statt Bergpolizei

Bergverordnung
statt Bergpolizeiverordnung oder Polizeiverordnung, soweit es sich um das Gebiet der Bergaufsicht handelt

Deichaufsicht
statt Deichpolizei

Feld- und Forstaufsicht
statt Feld- und Forstpolizei

Gesundheitsaufsicht
statt Gesundheitspolizei

Gewerbeüberwachung
statt Gewerbepolizei

Marktaufsicht
statt Marktpolizei

Ordnungsgemäße Reinigung
statt Polizeimäßige Reinigung

Ordnungsbehördliche Verordnung
statt Polizeiverordnung, soweit es sich nicht um das Gebiet der Bergaufsicht handelt

Veterinäraufsicht
statt Veterinärpolizei

Viehseuchenverfügung
statt Viehseuchenpolizeiliche Anordnung, die an eine bestimmte Person gerichtet ist

Viehseuchenverordnung
statt Viehseuchenpolizeiliche Anordnung, sofern sie verbindliche Kraft für eine unbestimmte Zahl von Personen hat

Wasseraufsicht
statt Wasserpolizei

Wegeaufsicht
statt Wegepolizei

(2) Die sich aus der Überleitung von Zuständigkeiten (§ 51) ergebenden Änderungen bleiben unberührt.

§ 56 Verwaltungsvorschriften

Der Innenminister erläßt im Einvernehmen mit dem zuständigen Minister die zur Durchführung dieses Gesetzes erforderlichen Verwaltungsvorschriften.

§ 57 Besondere Vorschriften für das ehemalige Land Lippe

Solange in den Kreisen Detmold und Lemgo keine Ämter nach der Amtsordnung für das Land Nordrhein-Westfalen vom 10. März 1953 (GV NW S. 218) eingerichtet sind, werden die nach diesem Gesetz den Ämtern als örtlichen Ordnungsbehörden obliegenden Aufgaben

a) von den Amtmännern und, soweit die Amtsvertretungen zuständig sind, von den Kreisen wahrgenommen oder
b) soweit diese Aufgaben durch eine Vereinbarung nach § 13 des Zweckverbandsgesetzes vom 7. Juni 1939 (BGBl I S. 979) einer beteiligten Gemeinde übertragen sind, von dieser Gemeinde wahrgenommen. Für den Erlaß von Verordnungen bleiben die Kreise zuständig.

§ 59 Inkrafttreten

Das Gesetz tritt am 1. Januar 1957 in Kraft.

Düsseldorf, den 16. Oktober 1956.

Die Landesregierung des Landes Nordrhein-Westfalen.

Die Vorschriften über das Beschlußverfahren, die Bildung von Beschlußausschüssen und deren Zuständigkeit

nach den Bestimmungen des ersten Gesetzes zur Neuordnung und Vereinfachung der Verwaltung (Verwaltungsvereinfachungsgesetz) vom 23. Juli 1957 (GV NW S. 189)

— **Auszug** —

Zweiter Abschnitt: Beschlußverfahren

Teil A: Beschlußsachen und Beschlußausschüsse

Anlage 1

§ 6 Beschlußsachen

(1) Beschlußsachen im Sinne dieses Gesetzes sind die Verwaltungsangelegenheiten, welche in der Anlage 1 zu diesem Gesetz (Beschlußsachenverzeichnis) aufgeführt sind, sowie solche, die nach Inkrafttreten dieses Gesetzes durch Gesetz oder Rechtsverordnung zu Beschlußsachen erklärt werden. Über sie entscheiden die hierzu gewählten Ausschüsse (Beschlußausschüsse).

Anlage 2

(2) Die Zuständigkeit in Verwaltungsangelegenheiten, die bei Inkrafttreten dieses Gesetzes von Beschlußausschüssen entschieden wurden, jedoch nach Absatz 1 nicht mehr Beschlußsachen sind, richtet sich nach Anlage 2 dieses Gesetzes (Übergangsverzeichnis) und nach den Gesetzen und Rechtsverordnungen, die nach Inkrafttreten dieses Gesetzes erlassen werden. Ist hiernach der Regierungspräsident zuständig, so kann, falls nicht der ordentliche Rechtsweg zulässig ist, gegen seine Entscheidung nur der Einspruch und anschließend die Klage vor den Verwaltungsgerichten erhoben werden.

(3) Der Innenminister wird ermächtigt, durch Rechtsverordnung das Beschlußsachenverzeichnis und das Übergangsverzeichnis nach Maßgabe des geltenden Rechts auf dem laufenden zu halten.

§ 7 Beschlußausschüsse

(1) Beschlußausschüsse werden von den kreisfreien Städten, von den amtsfreien Gemeinden und Ämtern mit mindestens 20 000 Einwohnern, im übrigen von den Landkreisen eingerichtet.

(2) Der Beschlußausschuß besteht aus mindestens fünf und höchstens neun Mitgliedern. Für jedes Mitglied ist ein Stellvertreter zu wählen. Die gewählten Mitglieder und ihre Stellvertreter sind Ehrenbeamte derjenigen Körperschaft, von der der Beschlußausschuß eingerichtet ist.

(3) Die Geschäfte des Beschlußausschusses führt der zuständige Hauptverwaltungsbeamte oder ein von ihm mit seiner Vertretung beauftragter Beamter oder Angestellter.

(4) Für die Wahl des Beschlußausschusses und seines Vorsitzenden, die Pflichten der Mitglieder und ihre Entschädigung, die Zusammensetzung des Beschlußausschusses aus Mitgliedern der Vertretung und anderen wählbaren Bürgern gelten die Vorschriften des kommunalen Verfassungsrechts.

Teil B: Verfahren

§ 8 Antrag

(1) Das Beschlußverfahren wird durch einen Antrag eingeleitet. Sofern die Zuständigkeit zur Antragstellung sich nicht aus besonderen gesetzlichen Vorschriften ergibt, sind antragsberechtigt:

a) im Falle der Zurücknahme oder des Widerrufs einer Erlaubnis oder Genehmigung die für die Erteilung der Erlaubnis oder Genehmigung zuständige Stelle,

b) in den übrigen Fällen die örtliche Ordnungsbehörde.

(2) Der Antrag ist schriftlich oder mündlich zur Niederschrift bei der Gemeinde, dem Amt oder dem Landkreis, deren Beschlußausschuß für die Entscheidung zuständig ist, einzureichen. Ist der Beschlußausschuß eines Landkreises zuständig, so kann der Antrag auch bei der amtsfreien Gemeinde oder dem Amt gestellt werden.

(3) Dem Antrag sind die zur Durchführung des Verfahrens notwendigen Unterlagen beizufügen. Der Antragsteller kann unter angemessener Fristsetzung zur Vervollständigung der Unterlagen aufgefordert werden.

§ 9 Beteiligte

Beteiligt am Verfahren sind

1. der Antragsteller,
2. der Antragsgegner, soweit ein solcher vorhanden ist,
3. Behörden, Personen oder Personenvereinigungen, sofern sie kraft Gesetzes anzuhören sind.

§ 10 Örtliche Zuständigkeit

(1) In Angelegenheiten, die sich auf ein Grundstück oder ein ortsgebundenes Recht oder Rechtsverhältnis beziehen, ist der Beschlußausschuß ausschließlich örtlich zuständig, in dessen Bezirk das Grundstück oder der Ort liegt.

(2) In allen anderen Fällen ist örtlich zuständig:

1. In Angelegenheiten, die sich auf den Betrieb eines Unternehmens oder eine sonstige dauernde Tätigkeit beziehen, der Beschlußausschuß, in dessen Bezirk das Unternehmen betrieben oder die Tätigkeit ausgeübt wird oder werden soll;
2. in Angelegenheiten, die eine Person, Körperschaft oder Einrichtung betreffen, der Beschlußausschuß, in dessen Bezirk die Person wohnt oder die Behörde,

Körperschaft oder Einrichtung ihren Sitz hat, die in Anspruch genommen wird oder auf deren Angelegenheit sich die Amtshandlung bezieht;
3. wenn keiner dieser Zuständigkeitsgründe in Betracht kommt, der Beschlußausschuß, in dessen Bezirk der Anlaß für die Amtshandlung hervortritt.

(3) Die gemeinsame Aufsichtsbehörde bestimmt die örtliche Zuständigkeit, wenn
1. die Grundstücke oder ortsgebundenen Rechte oder Rechtsverhältnisse in mehreren Bezirken gelegen sind oder zweifelhaft ist, zu welchem Bezirk sie gehören.
2. die Personen, Körperschaften oder Einrichtungen, deren Angelegenheiten den Gegenstand der Entscheidung bilden, in mehreren Bezirken wohnen oder ihren Sitz haben,
3. die Zuständigkeit aus sonstigen Gründen zweifelhaft ist.

(4) Ist die Körperschaft, von welcher der Beschlußausschuß gebildet ist, an dem Verfahren als Trägerin von privaten Rechten beteiligt, so ist an Stelle des in amtsfreien Gemeinden und Ämtern mit mindestens 20 000 Einwohnern eingerichteten Beschlußausschusses der Beschlußausschuß des Landkreises zuständig. In den übrigen Fällen wird die Zuständigkeit durch den Regierungspräsidenten im Einzelfalle bestimmt. Abweichende gesetzliche Vorschriften bleiben unberührt.

§ 11 Rechtliches Gehör und Untersuchungsgrundsatz

(1) Jeder Beteiligte hat Anspruch auf rechtliches Gehör. Ihm oder seinem ordnungsmäßig bevollmächtigten Vertreter ist Gelegenheit zu geben, sich vor der Entscheidung zu dem Antrag und zu den gegen ihn erhobenen Einwendungen zu äußern. Den Beteiligten kann Akteneinsicht gewährt werden.

(2) Der Beschlußausschuß und, im Rahmen seiner Befugnisse, der Vorsitzende erforschen den Sachverhalt von Amts wegen; sie sind an das Vorbringen und die Beweisanträge der Beteiligten nicht gebunden.

§ 12 Vorbereitung der Entscheidung

(1) Der Vorsitzende sorgt für die Vervollständigung der Unterlagen sowie für die Einholung der erforderlichen Stellungnahmen und trifft die übrigen zur Vorbereitung der Entscheidung notwendigen Maßnahmen. Zwischenbescheide, die von einem mit der Vorbereitung der Entscheidung beauftragten Mitglied des Beschlußausschusses erlassen werden, dürfen der Sachentscheidung nicht vorgreifen.

(2) Der Vorsitzende oder ein von ihm beauftragtes Mitglied des Beschlußausschusses kann zur Vorbereitung der Entscheidung Erhebungen anstellen. Die Beteiligten sind von jedem Termin zu benachrichtigen. Sie können dem Termin beiwohnen und sachliche Fragen stellen; hierzu sind auch der Hauptverwaltungsbeamte sowie die von ihm beauftragten Beamten oder Angestellten befugt.

§ 13 Bescheid des Vorsitzenden

(1) Der Vorsitzende kann durch einen mit Gründen und Rechtsmittelbelehrung versehenen Bescheid nach Lage der Akten entscheiden, wenn er das Rechts- und Sachverhältnis für genügend geklärt erachtet und nicht ausdrücklich mündliche Verhandlung vorgeschrieben ist.

(2) Der Vorsitzende hat den Beschlußausschuß bei dessen nächster Sitzung über den wesentlichen Inhalt der von ihm erteilten Bescheide zu unterrichten.

(3) Für Inhalt und Zustellung des Bescheides gelten die Vorschriften über Beschlüsse des Beschlußausschusses entsprechend.

§ 14 Rechtsbehelfe gegen Bescheide

Gegen den Bescheid des Vorsitzenden kann innerhalb einer Frist von einem Monat

a) die Entscheidung des Beschlußausschusses von den Beteiligten beantragt oder

b) Klage vor dem zuständigen Gericht erhoben werden.

Wird Antrag auf Entscheidung des Beschlußausschusses gestellt, so gilt der Bescheid als nicht ergangen.

§ 15 Behandlung im Beschlußausschuß

(1) Über Angelegenheiten, die der Vorsitzende nicht durch Bescheid erledigt, entscheidet der Beschlußausschuß auf Grund einer mündlichen Verhandlung.

(2) Der Vorsitzende kann von der Anberaumung einer mündlichen Verhandlung absehen, wenn alle Beteiligten auf sie verzichten. In diesem Falle entscheidet der Beschlußausschuß auf Grund der ihm vorliegenden Akten und Beweismittel.

§ 16 Ladung zur mündlichen Verhandlung

(1) Der Termin zur mündlichen Verhandlung ist den Beteiligten von Amts wegen bekanntzugeben. Mit der Ladung ist der Hinweis zu verbinden, daß auch bei Ausbleiben von einem oder mehreren Beteiligten entschieden werden kann. Zwischen der Ladung und dem Verhandlungstermin soll eine Frist von mindestens einer Woche liegen, die der Vorsitzende in eiligen Fällen auf Antrag oder von Amts wegen abkürzen kann.

(2) Der Vorsitzende kann die mündliche Verhandlung vom Erscheinen des Antragstellers abhängig machen.

§ 17 Beschlußfähigkeit der Beschlußausschüsse

Der Beschlußausschuß ist beschlußfähig, wenn außer dem Vorsitzenden mindestens die Hälfte der übrigen Mitglieder anwesend ist. Die Beschlußfähigkeit ist vor jeder Sitzung festzustellen.

§ 18 Durchführung der mündlichen Verhandlung

(1) Die mündliche Verhandlung ist öffentlich. Der Beschlußausschuß kann in allen Sachen für die Verhandlung oder für einen Teil davon die Öffentlichkeit

ausschließen, wenn sich eine Gefährdung der öffentlichen Ordnung, insbesondere der Staatssicherheit, eine Gefährdung der Sittlichkeit oder die Gefährdung eines wichtigen Geschäfts- oder Betriebsgeheimnisses besorgen läßt. Über den Ausschluß der Öffentlichkeit wird in nichtöffentlicher Sitzung verhandelt.

(2) Der Vorsitzende kann Beteiligte, Zeugen, Sachverständige oder an der Verhandlung nicht beteiligte Personen, welche seinen zur Aufrechterhaltung der Ordnung erlassenen Anordnungen nicht nachkommen, aus dem Sitzungszimmer entfernen lassen.

(3) Die Verhandlung beginnt mit einer Darstellung des Sachverhalts durch den Vorsitzenden oder einen von ihm beauftragten Berichterstatter an Hand des Akteninhalts. Darauf erhalten die Beteiligten das Wort. Der Hauptverwaltungsbeamte sowie die von ihm beauftragten Beamten oder Angestellten müssen gehört werden.

(4) Der Vorsitzende hat den Antrag mit den Beteiligten zu erörtern. Er hat darauf hinzuwirken, daß sachdienliche Anträge gestellt, unklare Anträge erläutert und ungenügende Angaben tatsächlicher Art ergänzt sowie alle für die Feststellung des Sachverhalts erheblichen Erklärungen abgegeben werden.

(5) Jedes Ausschußmitglied hat das Recht, sachdienliche Fragen zu stellen. Wird eine Frage beanstandet, so entscheidet der Ausschuß über ihre Zulässigkeit.

(6) Der Beschlußausschuß kann jederzeit eine Beweisaufnahme beschließen oder vornehmen. Er kann Zeugen und Sachverständige laden und nichteidlich vernehmen. Nach genügender Erörterung schließt der Vorsitzende die mündliche Verhandlung. Der Beschlußausschuß kann ihre Wiedereröffnung beschließen.

§ 19 Verhandlungsniederschrift

(1) Über den Verlauf und das Ergebnis der Verhandlung sowie über die Beweisaufnahme ist eine Niederschrift zu fertigen, die von dem Vorsitzenden und dem vom Hauptverwaltungsbeamten bestellten Protokollführer zu unterzeichnen ist.

(2) Die Niederschrift soll neben Angaben über die an der Verhandlung Beteiligten insbesondere neue Anträge und Erklärungen über den Verzicht auf Einwendungen oder die Zurücknahme von Anträgen enthalten.

§ 20 Beschlußfassung

(1) Der Beschlußausschuß berät und beschließt in nichtöffentlicher Sitzung. Bei der Beratung und Beschlußfassung dürfen außer den Mitgliedern des Beschlußausschusses nur Personen zugegen sein, die zu ihrer juristischen Ausbildung bei einer Behörde innerhalb des Regierungsbezirks, in welchem der Beschlußausschuß eingerichtet ist, beschäftigt sind, soweit der Vorsitzende deren Anwesenheit gestattet.

(2) Beschlüsse werden mit Stimmenmehrheit gefaßt. Bei Stimmengleichheit ist der Antrag abgelehnt.

(3) Der Beschlußausschuß entscheidet nach seiner freien, aus dem Gesamtergebnis des Verfahrens gewonnenen Überzeugung. Er darf dabei über die Sachanträge der Beteiligten nicht hinausgehen.

§ 21 Inhalt des Beschlusses

(1) Der Beschluß muß eine eindeutige Entscheidung über den Gegenstand des Verfahrens enthalten.

(2) Der Beschluß ist mit Gründen und Rechtsmittelbelehrung zu versehen und vom Vorsitzenden in der bei den Akten verbleibenden Urschrift zu unterschreiben.

(3) In dem Beschluß ist, soweit erforderlich, der Geschäftswert festzusetzen und der Kostenpflichtige festzustellen. Ergeht keine Entscheidung zur Hauptsache, so kann hinsichtlich der Kosten ein selbständiger Beschluß gefaßt werden.

§ 22 Zustellung; Unterrichtung der Aufsichtsbehörde

(1) Die Bescheide des Vorsitzenden sowie die Beschlüsse des Beschlußausschusses sind den Beteiligten zuzustellen.

(2) Verletzt ein Bescheid des Vorsitzenden oder ein Beschluß des Beschlußausschusses das geltende Recht, so hat der Hauptverwaltungsbeamte dies unverzüglich der Aufsichtsbehörde unter Hinweis auf die verletzten Rechtsvorschriften mitzuteilen.

§ 23 Kosten

(1) Die vom Beschlußausschuß oder dessen Vorsitzendem geladenen Zeugen und Sachverständigen erhalten Gebühren nach den für die Verwaltungsgerichte geltenden Vorschriften.

(2) Auf die im Beschlußverfahren zu erhebenden Gebühren finden das Gesetz über staatliche Verwaltungsgebühren vom 29. September 1923 (Gesetzsamml. S. 455) und die hierzu erlassenen Verwaltungsgebührenordnungen entsprechende Anwendung.

§ 24 Klagebefugnis und Prozeßvertretung

(1) Gegen einen Bescheid oder Beschluß kann auch die Aufsichtsbehörde Klage erheben; die Klagefrist beginnt mit dem Tage, an dem der Bescheid oder Beschluß sämtlichen Beteiligten zugestellt ist. Im übrigen richtet sich die Klagebefugnis nach den besonderen hierfür geltenden Vorschriften.

(2) Über die Einlegung eines Rechtsmittels entscheidet der Beschlußausschuß. Er kann die Entscheidung hierüber dem Vorsitzenden durch schriftliche Vollmacht allgemein oder im Einzelfall übertragen.

(3) Der Beschlußausschuß kann den Hauptverwaltungsbeamten oder ein Mitglied mit seiner Vertretung im gerichtlichen Verfahren beauftragen. Er muß sich durch ein Mitglied vertreten lassen, falls die Aufsichtsbehörde klagt.

(4) Landesrechtliche Vorschriften, nach denen gegen einen Beschluß oder einen Bescheid Beschwerde zulässig ist, sind nicht mehr anzuwenden.

§ 25 Unanfechtbarkeit und Erteilung von Genehmigungsurkunden

(1) Sobald ein Bescheid oder ein Beschluß unanfechtbar geworden ist, ist dem Antragsteller und, soweit vorgeschrieben, auch einzelnen oder allen am Verfahren Beteiligten eine Bescheinigung hierüber oder eine nach den gesetzlichen Vorschriften etwa erforderliche Genehmigungs- oder Verleihungsurkunde auszuhändigen.

(2) Die Aushändigung der Urkunden kann von dem Eintritt der in dem Bescheid oder Beschluß enthaltenen aufschiebenden Bedingungen sowie von der vorherigen Entrichtung der Gebühren und der Erstattung der baren Auslagen abhängig gemacht werden.

Verzeichnis der Verwaltungsangelegenheiten, über welche die Beschlußausschüsse entscheiden

(Beschlußsachenverzeichnis)
— nach dem Stande vom 16. Juli 1957 —

Nach Maßgabe dieses Verzeichnisses sind zuständig:

1. Die Beschlußausschüsse
a) der amtsfreien Gemeinden und Ämter mit mindestens 20 000 Einwohnern,
b) der Landkreise, soweit die Aufgaben in amtsfreien Gemeinden und Ämtern mit weniger als 20 000 Einwohnern anfallen,
für die im Abschnitt I aufgeführten Aufgaben (Nr. 1 bis Nr. 30);
2. die Beschlußausschüsse der Landkreise allgemein für die im Abschnitt II aufgeführten Aufgaben
(Nr. 31 bis Nr. 50);
3. die Beschlußausschüsse der kreisfreien Städte für die in den Abschnitten I und II aufgeführten Aufgaben
(Nr. 1 bis Nr. 50).

I. ZUSTÄNDIGKEITEN DER BESCHLUSSAUSSCHÜSSE

a) der amtsfreien Gemeinden und Ämter mit mindestens 20 000 Einwohnern,
b) der kreisfreien Städte,
c) der Landkreise, soweit diese Aufgaben in amtsfreien Gemeinden und Ämtern mit weniger als 20 000 Einwohnern anfallen:

Lfd. Nr.	Rechtsgrundlage	kurze Darstellung der gesetzlichen Aufgabe
1.	§ 33 a Abs. 3 der Gewerbeordnung (GewO)	Zurücknahme der Erlaubnis zur gewerbsmäßigen Veranstaltung von Singspielen usw.
2.	§ 35 GewO	Untersagung der in § 35 Gewerbeordnung aufgeführten Gewerbearten
3.	§ 42 b Abs. 2 GewO	Zurücknahme der Erlaubnis zum Stadthausierhandel für Deutsche
4.	§§ 42 b Abs. 3 Satz 2 und 3, 59 Nr. 1 und 2 GewO	Untersagung des Stadthausierhandels
5.	§ 44 a Abs. 4 GewO	Zurücknahme der nach § 44 a Abs. 1 GewO erforderlichen Legitimationskarte

Lfd. Nr.	Rechtsgrundlage	kurze Darstellung der gesetzlichen Aufgabe
6.	§ 53 GewO	Zurücknahme von Genehmigungen usw. der in § 53 GewO aufgeführten Gewerbebetriebe mit *Ausnahme der Fälle der §§ 30 und 36 GewO*
7.	§ 58 GewO	Zurücknahme des Wandergewerbescheines für Deutsche
8.	§ 59 a GewO	Untersagung des Gewerbebetriebes in den Fällen des § 59 Nr. 1—3 GewO
9.	§ 62 Abs. 2 Satz 2 GewO	Zurücknahme der Erlaubnis zum Mitführen von Personen beim Wandergewerbe
10.	§ 12 des Gaststättengesetzes (GaststG) vom 28. April 1930 (Reichsgesetzbl. I S. 146) in der zur Zeit geltenden Fassung	Zurücknahme der Erlaubnis zum Betrieb eines der im § 1 Abs. 1 des GaststG bezeichneten Gewerbe oder zur Ausübung des Gewerbes durch einen Stellvertreter
11.	§ 13 Abs. 1 GaststG	Untersagung des Kleinhandels mit Bier oder Wein sowie des Ausschanks von Milch
12.	§ 17 Abs. 1 GaststG	Verbot der Beschäftigung von Personen bei der Leitung oder Beaufsichtigung eines der im § 1 Abs. 1 GaststG bezeichneten Betriebe
13.	§ 22 Abs. 2 Satz 4 GaststG	Vorabentscheidung über die vorläufige Schließung einer Schankwirtschaft
14.	§ 2 der Verordnung über Speiseeiswirtschaften (SpEVO) vom 16. Juli 1934 (Reichsgesetzbl. I S. 709), § 12 GaststG	Zurücknahme der Erlaubnis zum Betrieb einer Speiseeiswirtschaft sowie der Erlaubnis zur Ausübung des Gewerbes durch einen Stellvertreter
15.	§ 2 SpEVO, § 22 Abs. 2 Satz 4 GaststG	Vorabentscheidung über die vorläufige Schließung einer Speiseeiswirtschaft
16.	§ 14 Abs. 8 des Milchgesetzes (MilchG) vom 31. Juli 1930 (Reichsgesetzbl. I S. 421) in der zur Zeit geltenden Fassung	Zurücknahme der Erlaubnis zum Handel mit Milch

Lfd. Nr.	Rechtsgrundlage	kurze Darstellung der gesetzlichen Aufgabe
17.	§§ 15 Abs. 3 Satz 2, 14 Abs. 8 MilchG	Zurücknahme der Stellvertretererlaubnis zum Handel mit Milch
18.	§§ 17 Abs. 1 Satz 2, 14 Abs. 8 MilchG	Zurücknahme der Erlaubnis zur Abgabe von Milch durch den Inhaber eines landwirtschaftlichen Betriebes außerhalb der landwirtschaftlichen Betriebsstätte
19.	§ 2 Abs. 2 der Verordnung über das Umfüllen von Milch und die Abgabe von Milch durch den Milchhandel (2. Milchverordnung) vom 22. September 1953 (GV NW S. 375)	Bestimmung der Orte und Ortsteile, in denen die Verbraucher zumutbare Entfernungen zum Milchgeschäft zurückzulegen haben
20.	§ 5 Abs. 1 des Gesetzes über das Versteigerergewerbe (VerstG) vom 16. Oktober 1934 in der Fassung der Bekanntmachung vom 12. Februar 1938 (Reichsgesetzbl. I S. 202)	Zurücknahme der Erlaubnis zur Ausübung des Versteigerergewerbes
21.	§ 5 Abs. 2 VerstG	Vorläufige Untersagung des Versteigerergewerbes
22.	§ 4 Abs. 4 VerstG	Widerruf der Stellvertretererlaubnis
23.	§ 2 Abs. 2 VerstG, § 74 Abs. 3 der Verordnung zur Durchführung des Gesetzes über das Versteigerergewerbe (VV) vom 30. Oktober 1934 (Reichsgesetzbl. I S 1091) in der zur Zeit geltenden Fassung	Widerruf der Erlaubnis zur Vornahme besonderer Handlungen im Versteigerergewerbe
24.	§ 2 Abs. 2 VerstG, § 33 Abs. 5 VV	Widerruf der Gestattung eines sonstigen Gewerbes neben dem Versteigerergewerbe
25.	§ 4 des Gesetzes über den Verkehr mit unedlen Metallen (UMG) vom 23. Juli 1926 (Reichsgesetzbl. I S. 415) in der zur Zeit geltenden Fassung	Zurücknahme der Erlaubnis zum Erwerb von unedlen Metallen

Lfd. Nr.	Rechtsgrundlage	kurze Darstellung der gesetzlichen Aufgabe
26.	§ 6 Abs. 2 Satz 2 UMG, Ausführungsbestimmungen zu dem Gesetz über den Verkehr mit unedlen Metallen zu § 6 vom 23. November 1926 (Ministerialblatt der Handels- und Gewerbeverwaltung S. 337)	Untersagung der Beschäftigung von Hilfspersonal beim Handel mit unedlen Metallen
27.	§ 8 Satz 4 UMG	Vorabentscheidung über die Schließung des Gewerbebetriebes zum Handel mit unedlen Metallen
28.	§ 8 des Gesetzes zum Schutze des Einzelhandels vom 12. Mai 1933 (Reichsgesetzbl. I S. 262 in der zur Zeit geltenden Fassung	Schließung von Einzelhandelsverkaufsstellen
29.	§ 1 des Gesetzes über die Ausübung der Reisevermittlung vom 26. Januar 1937 (Reichsgesetzbl. I S. 31)	Untersagung der Reisevermittlung
30.	§ 13 des Gesetzes betr., die Verteilung der öffentlichen Lasten bei Grundstücksteilungen und die Gründung neuer Ansiedlungen in den Provinzen Preußen, Brandenburg, Pommern, Posen, Schlesien, Sachsen und Westfalen vom 25. August 1876 (Gesetzsamml. S. 405) in der zur Zeit geltenden Fassung	Erteilung einer Genehmigung zur Ansiedlung außerhalb einer geschlossenen Ortschaft

II. ZUSTÄNDIGKEITEN DER BESCHLUSSAUSSCHÜSSE
a) der kreisfreien Städte,
b) der Landkreise:

Lfd. Nr.	Rechtsgrundlage	kurze Darstellung der gesetzlichen Aufgabe
31.	§§ 16, 25 GewO	Genehmigung zur Errichtung oder Veränderung folgender gewerblicher Anlagen: Glas- und Rußhütten Ziegel-, Gips- und Kalköfen mit Ausnahme der Zement- und Dolomitöfen Metallgießereien, sofern sie nicht bloße Tiegelgießereien sind Hammerwerke Schnellbleichen Firnissiedereien Stärkesyrupfabriken Wachstuch-, Darmsaiten-, Dachpappen- und Dachfilzfabriken Leim-, Tran- und Seifensiedereien Knochenbrennereien, Knochendarren, Knochenkochereien, Knochenbleichen Zubereitungsanstalten für Tierhaare Talgschmelzen Schlächtereien Gerbereien Tierkörperbeseitigungsanstalten Hopfen-, Schwefeldörren Asphaltkochereien und Pechsiedereien, soweit sie außerhalb der Gewinnungsorte des Materials errichtet werden Strohpapierstoff-Fabriken Darmzubereitungsanstalten Fabriken, in welchen Dampfkessel oder andere Blechgefäße durch Vernieten hergestellt werden Anstalten zum Imprägnieren von Holz mit erhitzten Teerölen Kunstwollfabriken Dégrasfabriken Fabriken, in welchen Röhren aus Blech durch Vernieten hergestellt werden

Lfd. Nr.	Rechtsgrundlage	kurze Darstellung der gesetzlichen Aufgabe
		Anlagen zur Erbauung eiserner Schiffe, zur Herstellung eiserner Brücken oder sonstiger eiserner Baukonstruktionen Anstalten zum Trocknen und Einsalzen ungegerbter Tierfelle Verbleiungs-, Verzinnung- und Verzinkungsanstalten Anlagen zur Herstellung von Gußstahlkugeln mittels Kugelschrotmühlen (Kugelfräsmaschinen)
32.	§§ 43 Abs. 2, 58 GewO	Zurücknahme des Legitimationsscheines für den gewerbsmäßigen Vertrieb von Druckschriften und Bildwerken
33.	§ 7 VerstG, § 19 Abs. 1 Satz 2 VV, §§ 24, 17 der Verordnung zur Durchführung des Gesetzes über das Versteigerergewerbe und der Versteigerervorschriften (PrVB) vom 3. Dezember 1934 (Gesetzsamml. S. 439) in der zur Zeit geltenden Fassung	Widerruf der öffentlichen Bestellung als Versteigerer
34.	§ 7 VerstG, § 19 Abs. 1 Satz 2 VV, §§ 23, 17 PrVB	Zurücknahme der öffentlichen Bestellung als Versteigerer
35.	§ 29 Abs. 1 des Fischereigesetzes (FG) vom 11. Mai 1916 (Gesetzsamml. S. 55) in der zur Zeit geltenden Fassung	Zulassung von Ausnahmen von der Mindestpachtdauer
36.	§ 34 Abs. 3 FG	Entscheidung darüber, ob die Fischerei in Bewässerungs- oder Entwässerungsgräben oder in Altarmen ruhen darf

Lfd. Nr.	Rechtsgrundlage	kurze Darstellung der gesetzlichen Aufgabe
37.	§ 52 Abs. 3 FG	Entscheidung bei Streitigkeiten über die Aufnahme angrenzender Fischereiberechtigter in die Genossenschaft und über ihre Beteiligung an den bisherigen Aufwendungen
38.	§ 71 Abs. 2 FG	Beschlußfassung über den Wert von Fischereiberechtigungen bei der Bildung einer Wirtschaftsgenossenschaft
39.	§ 74 FG	Entscheidung über die Berücksichtigung zweifelhafter Fischereirechte im Verfahren zur Genossenschaftsbildung
40.	§ 93 Abs. 2 des Wassergesetzes (WG) vom 7. 4. 1913 (Gesetzsamml. S. 53) in der z. Z. geltenden Fassung	Festsetzung des Wasserstandes, wenn keine rechtsverbindlichen und klaren Bestimmungen über die zulässige Stauhöhe vorliegen
41.	§ 93 Abs. 3 WG	Vorläufige Festsetzung des Wasserstandes während eines gerichtlichen Verfahrens oder eines Verfahrens nach § 93 Abs. 2 WG
42.	§ 287 Abs. 1 WG	Genehmigung von Anlagen im Überschwemmungsgebiet bei Wasserläufen 2. und 3. Ordnung
43.	§ 319 Abs. 1 WG	Verpflichtung zur Wiederherstellung von Deichen bei Wasserläufen 2. und 3. Ordnung
44.	§§ 340 Abs. 1, 330 WG	Entscheidung über Ansprüche, Entschädigungen und Leistungen bei der Begründung von Zwangsrechten nach § 330 WG
45.	§§ 341 Abs. 2, 330 WG	Entscheidung über nachträglich erhobene Entschädigungsansprüche wegen nachteiliger Wirkungen der Ausübung eines nach § 330 WG begründeten Zwangsrechtes
46.	§ 20 Abs. 7 der Ausführungsverordnung zur Verordnung über die Fürsorgepflicht (Pr.AVO) vom 17. April 1924 (Gesetz. samml. S. 210) in der zur Zeit geltenden Fassung	Beschwerde gegen Einspruchsentscheidungen der Fürsorgeverbände

Lfd. Nr.	Rechtsgrundlage	kurze Darstellung der gesetzlichen Aufgabe
47.	§ 30 Abs. 1 Pr.AVO	Heranziehung Unterhalts- und Ersatzpflichtiger zur Unterhaltsgewährung an Hilfsbedürftige und zum Ersatz der Fürsorgekosten
48.	§ 30 Abs. 2 Satz 2 Pr.AVO	Entscheidung über Anträge Unterhalts- und Ersatzpflichtiger auf anderweitige Festsetzung oder auf Erlaß der festgesetzten Teilzahlungen
49.	§ 53 Abs. 1 des Gesetzes über die Enteignung von Grundeigentum vom 11. Juni 1874 (Gesetzsamml. S. 221)	Entscheidung über die dem Wegebaupflichtigen gegen den Grundbesitzer einzuräumenden Rechte und die dafür zu gewährende Entschädigung
50.	§ 17 Abs. 2 und 3 des Ausführungsgesetzes zum Viehseuchengesetz vom 25. Juli 1911 (Gesetzsamml. S. 149) in der Fassung des Gesetzes vom 28. März 1928 (Gesetzsamml. S. 45)	Wahl der Schiedsmänner und Bildung von Schiedsmannsbezirken

Verzeichnis der Abkürzungen

aaO	=	am angegebenen Orte
AO	=	Amtsordnung NRW
AusfAnw.	=	Ausführungsanweisung
BesÄndG	=	Besoldungsänderungsgesetz NRW
BesAG	=	Besoldungsanpassungsgesetz NRW
BAG	=	Bundesarbeitsgericht
BGBl	=	Bundesgesetzblatt
BGH	=	Bundesgerichtshof
BVerfG	=	Bundesverfassungsgericht
BVerwG	=	Bundesverwaltungsgericht
BGB	=	Bürgerliches Gesetzbuch
DGO	=	Deutsche Gemeindeordnung
DurchfVO	=	Durchführungsverordnung
EBVO	=	Eigenbetriebsverordnung für Nordrhein-Westfalen
GO	=	Gemeindeordnung für das Land Nordrhein-Westfalen
GemHVO	=	Gemeindehaushaltsverordnung
GS	=	Gesetzsammlung – preußische
GeschO	=	Geschäftsordnung
GV NW	=	Gesetz- und Verordnungsblatt von Nordrhein-Westfalen
KAG	=	Kommunalabgabengesetz – preußisches
KWG	=	Kommunalwahlgesetz Nordrhein-Westfalen
LBG	=	Landesbeamtengesetz Nordrhein-Westfalen
LBesG	=	Landesbesoldungsgesetz Nordrhein-Westfalen
LPVG	=	Landespersonalvertretungsgesetz Nordrhein-Westfalen
LKrO	=	Landkreisordnung
LaVO	=	Laufbahnverordnung
LVO	=	Landschaftsverbandsverordnung Nordrhein-Westfalen
LVG	=	Landesverwaltungsgericht
MBlNW	=	Ministerialblatt des Landes Nordrhein-Westfalen
MinErl.	=	Ministerialerlaß
MindI	=	Minister des Innern
MRVO Nr. 165	=	Militärregierungsverordnung Nr. 165 i. d. brit. Zone
OBG	=	Ordnungsbehördengesetz Nordrhein-Westfalen
OLG	=	Oberlandesgericht
OVG	=	Oberverwaltungsgericht
POG	=	Polizeiorganisationsgesetz für Nordrhein-Westfalen
PrOVG	=	Preußisches Oberverwaltungsgericht
PVG	=	Polizeiverwaltungsgesetz
rev.DGO	=	revidierte Deutsche Gemeindeordnung (brit. Zone)
RGBl	=	Reichsgesetzblatt
SPG	=	Sparkassengesetz für Nordrhein-Westfalen
StGB	=	Strafgesetzbuch
STPO	=	Strafprozeßordnung
VerfNW	=	Verfassung des Landes Nordrhein-Westfalen

VerfGH NW	=	Verfassungsgerichtshof des Landes Nordrhein-Westfalen
VO	=	Verordnung
VerwGH Hess	=	Verwaltungsgerichtshof Hessen
VerwVO	=	Verwaltungsverordnung

Benutzte Quellen:

Die in den Anmerkungen zu den einzelnen Paragraphen aufgeführten Gerichtsentscheidungen und Ministerialerlasse sind den Zeitschriften „Der Städtetag“, „Staats- und Selbstverwaltung“, „Der Gemeinderat“, den Nachrichtendiensten der kommunalen Spitzenverbände und deren Sonderausgaben für Nordrhein-Westfalen (Deutscher Gemeindetag, Deutscher Landkreistag, Deutscher Städtebund und Deutscher Städtetag), der Rechtsprechung zum kommunalen Verfassungsrecht des Landes Nordrhein-Westfalen von Kottenberg-Steffens und der Dissertationsschrift von Franz Josef Giesberts: Das Geschäftsordnungsrecht der Gemeindevertretungen unter besonderer Berücksichtigung der Gemeindeordnung von NRW — Köln 1958, entnommen.

SACHVERZEICHNIS

Bearbeitet von Referendar *Hans-Jürgen Bultmann* und cand. jur. *Gerold Schmidt*, Münster

Die Zahlen bezeichnen die §§ der Amtsordnung (AO), der Gesetzes zur Ausführung des Reichsgesetzes für Jugendwohlfahrt (AusfGJWohlfG), des Beschlußsachenverzeichnisses (BeschlSVerz), des Beschlußverfahrensgesetzes (BeschlVerfG), Eigenbetriebsverordnung (EBVO), der Verordnung über die Aufstellung und Ausführung des Haushaltsplans (GemHVO), der Gemeindeordnung (GO), des Kommunalwahlgesetzes NRW (KomWG), der Landkreisordnung (LKO), des Gesetzes über den Landesverband Lippe (LLG), der Landschaftsverbandsordnung (LVO), des Ordnungsbehördengesetzes (OBG), Der Verbandsordnung für den Siedlungsverband Ruhrkohlenbezirk (VerbO) und dem Verwaltungsvereinfachungsgesetz NRW (VwVereinfG)

GPSR Compliance

The European Union's (EU) General Product Safety Regulation (GPSR) is a set of rules that requires consumer products to be safe and our obligations to ensure this.

If you have any concerns about our products, you can contact us on ProductSafety@springernature.com

In case Publisher is established outside the EU, the EU authorized representative is:

Springer Nature Customer Service Center GmbH
Europaplatz 3
69115 Heidelberg, Germany

Batch number: 10809466

Printed by Printforce, the Netherlands